Imagens Jornalísticas Brasileiras

An Intermediate to Advanced Portuguese Reader

Second Edition

Malcolm Silverman

San Diego State University

McGraw-Hill, Inc.
College Custom Series

New York St. Louis San Francisco Auckland Bogotá
Caracas Lisbon London Madrid Mexico Milan Montreal
New Delhi Paris San Juan Singapore Sydney Tokyo Toronto

McGraw-Hill's College Custom Series consists of products that are produced from camera-ready copy. Peer review, class testing, and accuracy are primarily the responsibility of the author(s).

Imagens Jornalísticas Brasileiras

An Intermediate to Advanced Portuguese Reader

1 2 3 4 5 6 7 8 9 0 HAM HAM 9 0 9 8 7 6

ISBN 0-07-057797-8

Editor: Julie Kehrwald
Cover Design: Maggie Lytle
Printer/Binder: HAMCO Corporation

PREFÁCIO

Redigido inteiramente em português, *Imagens Jornalísticas Brasileiras* é uma antologia anotada da mídia impressa do Brasil contemporâneo. Foi planejada tanto para atender aos requisitos ancilares em língua e redação do estudante médio e avançado, quanto para satisfazer as necessidades primárias inerentes aos cursos de conversação e cultura brasileira.

Os aproximadamente cem artigos individuais, a vasta maioria publicada desde 1990, foram compilados entre as principais revistas e jornais do Brasil. Cada um foi selecionado levando em conta sua habilidade de atrair e reter o interesse do aluno atualizado, cada vez mais sofisticado e exigente; pela qualidade informativa de seu conteúdo; e pela relativa durabilidade de seu impacto temático, o que não deveria ser subestimada por se tratar de material jornalístico. A revisão editorial limita-se à condensação de artigos longos, à remoção de repetição supérflua e à correção de óbvios erros de tipografia, ortografia e sintaxe.

Os artigos são agrupados por tópicos, num total de vinte e uma unidades. Dada a relativa uniformidade em grau de dificuldade de leitura da prosa jornalística convencional, não houve nenhuma intenção de encaixá-los em ordem de complexidade de compreensão. Entretanto, dentro das unidades, e entre elas, foi seguida uma discernível progressão temática. No final da coletânea, fornece-se o Índice Inflacionário, assim permitindo decifrar as alusões estonteantes, porém inevitáveis, ao custo de vida.

Por sua vez, em cada artigo encontram-se indispensáveis porém simplificadas clarificações culturais bem como equivalências sinonímicas do vocabulário ou potencialmente confuso, ou crucial à compreensão do texto. Após cada artigo, ou grupo de artigos curtos, há uma sequência progressiva de atividades que, respectivamente, testam a compreensão básica, incentivam a aquisição léxico-gramatical e personalizam a expressão oral. Denominadas *Compreensão*, *Vocabulário* e *Ampliação*, todas são altamente contextualizadas. Ao mesmo tempo, cada unidade termina com uma série de exercícios ainda mais desafiadores, incluindo tanto uma dramatização estruturada para a sala de aula (*Teatrinho*) quanto uma expansão das leituras da unidade através de observações intrigantes (*Temas para Comentário Oral ou Escrito*).

Como é de se supor, nem todos os artigos (ou exercícios) são sempre apropriados, uma vez que algumas das matérias são bastante explícitas. Por esta razão, cada uma das leituras individuais é completa em si e não pressupõe nenhum conhecimento, por parte do estudante, de artigos prévios ou posteriores. Desta maneira, o instrutor dispõe de uma gama de opções para adaptar *Imagens Jornalísticas Brasileiras* às exigências de sua própria sala de aula.

Finalmente, o conteúdo de cada artigo não foi em nada modificado. Todos refletem, com fidelidade, os obstáculos tremendos e as ansiedades generalizadas de uma nação que, como tantas outras, está atravessando seu período mais difícil. Felizmente, a mídia impressa brasileira, dentro de um contexto de impaciente expressão livre, se sobressai ao reproduzir os eventos correntes, envolvendo o estudante na polêmica contínua em torno da identidade nacional, seus problemas passados e presentes, assim como sua promessa futura.

Aliás, a própria essência da reportagem jornalística, sem nenhum pretexto literário, libera o repórter, o leitor e o instrutor para se concentrarem nos aspectos puramente informativos e comunicativos das matérias. É um resultado propício, especialmente para quem estuda a língua portuguesa, visto que pode agora participar, de perto e sem romantismos, do verdadeiro Brasil no limiar do terceiro milênio e de seus 500 anos de existência.

PREFACE

Written entirely in Portuguese, *Imagens Jornalísticas Brasileiras* is an annotated anthology of contemporary Brazilian print media. It is designed both to serve the ancillary requisites of intermediate and advanced students of language and composition classes as well as the primary needs inherent in courses for conversation and Brazilian culture.

The approximately one hundred individual articles, most all of which were written since 1990, were compiled from among Brazil's major magazines and newspapers. Each piece was selected for its ability to attract and retain the interest of today's ever more sofisticated and demanding student; for the informative, often pressing nature of its content; and for its relative staying power, not to be underestimated in dealing with periodical material. Editing has been limited to condensing occasional lengthy pieces, removing superfluous repetition and correcting obvious errors of typography, orthography and syntax.

Articles are grouped loosely by topic, into twenty-one units, and, given the relative uniformity in reading skills required of conventional journalistic prose, there has been no attempt at arranging them in order of presumed complexity. Instead, theirs is a discerning, thematic progression. All units are followed, at the very end of the anthology, by an Inflation Gauge which allows the student to make sense out of the dizzying but unavoidable allusions to cost of living.

All the articles, in turn, are provided with indispensable if simplified cultural clarifications as well as synonymic equivalencies of potentially confusing or key vocabulary. At the conclusion of each article, or group of short interconnected ones, is a progressive sequence of activities which tests basic understanding, promotes language building and personalizes oral expression. Labled *Compreensão*, *Vocabulário* and *Ampliação*, respectively, all are highly contextualized, as well. At the same time, every unit ends with still more challenging, effective learning exercises, namely structured dramatizations for classroom role playing (*Teatrinho*) and an expansion of the unit's readings through thought provoking statements (*Temas para Comentário Oral ou Escrito*).

Of course, not all the articles (nor exercises) are appropriate for every reader, primarily owing to the strong subject matter of some of the pieces. For this reason, individual readings are self-contained and presuppose no familiarity, on the part of the student, with either previous or succeeding pieces. The instructor is thus allowed a wide range of options in adapting *Imagens Jornalísticas Brasileiras* to the precise needs of his or her classroom.

Lastly, the articles chosen have in no way been sanitized. They faithfully chronicle the tremendous obstacles and general anxieties of a nation which, like many others, is experiencing its most trying period ever. Fortunately, its print media, within a context of belated free expression, excells in replicating the immediacy of cascading events, and actively sweeps the student into the on-going debate around Brazil's national identity, i.e., its past and present problems as well as its future promise.

The very nature of journalistic reporting, with no pretext to literary canon, frees author, reader and instructor alike to concentrate on the informational and communicative side of the articles. It is a propitious outcome, especially for the Portuguese language learner who can now witness and participate, up close and without romanticized niceties, in Brazil's momentous entry into both the third millennium and its sixth century of nation building.

AGRADECIMENTOS

Desejo expressar meu sincero apreço para os jornalistas e publicações que autorizaram a utilização de suas matérias; para todos meus amigos e colegas, no Brasil e nos Estados Unidos, que me forneceram material e sugestões; para Helena M. de Faria e Suzana Camargo dos Centros de Documentação do *Jornal do Brasil* e da Editora Abril, respectivamente, por me permitirem acesso irrestrito e repetido a seus vastos arquivos; para Rachael Litonjua-Witt, do Media Technology Services (SDSU), por sua paciência e ajuda na área de informática; para Dawn Oyer, que me aprontou as provas; e para Marcelo Caram, revisor e amigo.

Um agradecimento especial vai ao Professor Milton M. Azevedo que, junto com seu excelente *Lecturas periodísticas*, me proporcionou valiosa orientação e óbvia inspiração.

Por último, ofereço meu apreço ao Professor Thomas Davies, diretor do Centro de Estudos Latino-Americanos (SDSU) e à Professora Gail Robinson-Stuart, diretora do Centro de Aquisição e de Recursos de Línguas (LARC-SDSU), cujo incentivo e apoio tornaram realidade *Imagens Jornalísticas Brasileiras*.

Este trabalho foi levado a cabo e impresso pelo LARC com uma subvenção do U.S. Department of Education, Center for International Education.

M. S.

SUMÁRIO

UNIDADE 1   A AUTO-ESTIMA NACIONAL

1

O célebre **jeitinho**[1] brasileiro não é mais
orgulho num país **assolado**[2] pela corrupção

Mau jeito nacional

     O brasileiro é **esperto**,[3] caloroso e criativo. Mais flexível que os anglo-saxões, sabe resolver,
5 com bom senso, situações **esclerosadamente**[4] burocráticas. Com talento para a oratória, consegue
matar a avó toda vez que falta ao serviço sem enfrentar problema. Também, por uma boa causa, vende
a sogra por um precinho de liquidação. Colocadas no currículo, tais afirmações já foram verdadeiras e
marotamente[5] elogiosas. Mas, o jeitinho brasileiro envelheceu mal. Ex-artigo de exportação, com status
de símbolo de identidade nacional, como o samba e o futebol, o jeitinho está com a credibilidade quase
10 tão **arranhada**[6] quanto a dos ex-ministros do **governo Collor**.[7]
     "A visão negativa em relação ao jeitinho tem se fortalecido", acredita a antropóloga Lívia
Barbosa, autora do livro O *Jeitinho Brasileiro — A Arte de Ser Mais Igual do que os Outros*. A obra
coloca nas livrarias e no meio acadêmico uma **constatação**[8] que já **dá para se fazer**[9] no cotidiano.
Quem se arrisca hoje a avançar uma **cantada**[10] na senhora que está há uma hora na fila do cinema para
15 pedir que ela compre seu ingresso, ou a **furar**[11] a fila de um banco, alegando uma viagem urgente,
dificilmente cai no agrado da **platéia**.[12]
     "A idéia original do jeitinho era uma certa **malemolência**[13] e picardia usadas para enfrentar as
dificuldades sem **agir**[14] ilegalmente. "Isso acabou", afirma o ator Hugo Carvana, que encarnou no cinema
o bom malandro carioca. "Agora o jeitinho está associado à roubalheira das altas esferas e aos
20 pequenos **dribles**[15] da classe média contra o **fisco**[16]", lamenta. "Essa visão negativa é uma
conseqüência da crise institucional pela qual o país está passando", explica Lívia, que entrevistou 200
pessoas entre 1984 e 1986 para fazer seu livro. O discurso negativo sobre o jeitinho, que aparecia
sempre que o entrevistado se referia às esferas políticas e econômicas, se estende agora também às
relações pessoais do cotidiano.
25   Nos cinemas, por exemplo, é cada vez mais difícil conseguir uma alma caridosa que aceite ter
como vizinho um furador de fila. "Não há justificativa legítima para pedir um jeitinho no cinema", ressalta
Lívia. "As pessoas têm recusado esses pedidos, que prejudicam quem está esperando", comenta o
gerente de uma sala de cinema do BarraShopping, no Rio de Janeiro. As maneiras de pedir um jeito
variam de acordo com a criatividade de cada um. A estratégia mais comum é chorar miséria. As

---

1 Ou *jeito* : modo ou maneira (de encontrar uma solução ou saída para determinada situação)
2 Arrasado ou devastado
3 Inteligente
4 Lentamente (Fig.)
5 Ao estilo de maroto, malicioso ou malandro
6 Comprometida ou diminuída (Fig.)
7 Referência a Fernando Collor, afastado da Presidência sob graves acusações de corrupção
  generalizada
8 Confirmação
9 Isto é, *pode ser feita* ou *confirmada*
10 Ato de flertar com uma pessoa com objetivos libidinosos ou ilícitos
11 Entrar ou avançar sem aguardar sua vez (Fig.)
12 Espectadores e, por extensão, o pessoal afetado`
13 Malandragem
14 Atuar
15 Atos de enganar o adversário
16 Conjunto de órgãos da administração pública destinado à arrecadação de tributos

desculpas vão desde a pressa até a morte de um parente, amigo ou animal de estimação, passando pela briga com o namorado. A intenção é comover. Ou fazer rir. Bom humor é o que o cineasta Ivan Cardoso vem usando no Rio de Janeiro para se livrar das multas pelo estacionamento em fila dupla com seu Porsche prateado. "Sempre apelei para a minha sofrida condição de **careca**[17] para sensibilizar o
5 guarda", ri Ivan. "Mas ultimamente as pessoas estão menos tolerantes".

Alimento do jeitinho, o sentimento de irmandade, em que uns ajudam os outros contra os monstros da burocracia, não acabou. Mas está sendo revisado. "Não pago as contas de ninguém nem deixo passar na minha frente", diz a atriz paulista Cristina Mutarelli. Como a nova geração dos intolerantes com o jeitinho, a atriz já fez uso dele antes. Na sua última viagem à Alemanha, não tendo
10 como embarcar de volta ao Brasil por greve da companhia aérea, Cristina precisou apelar para uma gravidez fictícia. Como estava gordinha, **empinei**[18] a barriga e disse que meu filho poderia nascer", conta. Embarcou na hora. Mas ao chegar, Cristina garante que se arrependeu. "Deveria usar os expedientes normais para fazer valer meus direitos".

A promotora de eventos Liège Monteiro, do Rio de Janeiro, é o tipo de profissional que tem que
15 conviver com incessantes pedidos de jeitinhos. A cada evento que produzia, como o *Hollywood Rock,* o escritório de Liège se transformava no lugar santo para uma **romaria**[19] de pedidos de convites não programados. No último ano o **assédio**[20] a Liège foi reduzido. "Com todos os escândalos de corrupção, as pessoas estão mais atentas ao que está errado", explica.

O chefe do posto do Sistema Nacional de Empregos no centro do Rio também é bombardeado
20 diariamente com dezenas de pedidos de desempregados, mas jura que não **quebra galhos.**[21] "Sei que muitos precisam de solução urgente para seus problemas, mas não abro exceções para não desrespeitar quem faz tudo **direito**",[22] garante. No seu livro, a antropóloga alerta que as **repartições**[23] públicas são focos de resistência da pior versão do jeitinho, aquele que envolve o **suborno.**[24]

O jeitinho brasileiro vem perdendo **fôlego**[25] há algum tempo. Gerson, que inventou a lei da
25 **maior-esperteza**[26] em um comercial do cigarro Vila Rica, há quinze anos, foi a primeira vítima que teve sua imagem involuntariamente ligada a uma postura que caiu em desgraça. A mais recente é a da campanha do governo que vendia o **modelo Beija-Flor**[27] para o brasileiro. O irritantemente certinho Beija-Flor foi o personagem da novela *O Dono do Mundo* que mais **angariou**[28] antipatia do público. Mas foi também o modelo considerado ideal para o brasileiro, em uma **pesquisa**[29] realizada e divulgada no
30 final do ano passado.

Criada pelo stress do cotidiano e pela conscientização de que a única saída viável é pela porta da civilidade, em que normas devem ser cumpridas, a crise do jeitinho é, também, conseqüência da crise de identidade do país. Diante do gigante adormecido que não acordou e do **celeiro**[30] do mundo que não se encheu, o brasileiro passou a questionar as características tidas como genuinamente nacionais. O
35 jeitinho, idílico, transformou-se em símbolo da situação perversa do país e sua eficiência, sintoma da fragilidade das instituições. Para um psicanalista e professor do Instituto de Medicina Social da Universidade Estadual do Rio de Janeiro, a depreciação do jeitinho é resultado de um processo de desagregação social. "Os reveses econômicos estão fazendo com que os brasileiros criem o hábito de desprezar as características de identidade nacional", analisa. "Estamos com um complexo de Terceiro
40 Mundo, em que tudo que nos pertence é inferior", diz.

---

[17] Calvo
[18] Ergui ou tornei proeminente
[19] Peregrinação
[20] Insistência ou cerco
[21] Resolve o problema (de ninguém)
[22] Corretamente
[23] Escritórios de órgãos públicos
[24] Dinheiro ou favores oferecidos para conseguir coisa oposta à justiça, ao dever ou à moral
[25] Força (Fig.)
[26] Habilidade maliciosa
[27] Ao estilo do personagem da telenovela *O Dono do Mundo* que age sempre corretamente
[28] Atraiu ou obteve
[29] Investigação ou estudo
[30] Depósito de cereais ou provisões

Da mesma forma que o **depauperado**[31] futebol brasileiro, o jeitinho não é mais motivo de exaltação **ufanista**[32] como aconteceu até os anos 80. Sua vinculação com a corrupção não significa, porém, que esteja **fadado**[33] a naufragar como mecanismo de navegação social. "O jeitinho funciona muito bem no país já há algum tempo. Acho difícil que deixe de ser utilizado a curto prazo", afirma Lívia Barbosa. "O chamado jeitinho é um recurso para **contornar**[34] a impotência diante de um Estado obsoleto e extremamente opressivo", diz o publicitário paulista Júlio Ribeiro. Só uma mudança radical no estilo de relações sociais poderia **dar cabo do**[35] jeitinho: os brasileiros teriam que deixar de lado as tradicionais relações personalizadas que deram origem ao ditado "aos amigos tudo, aos indiferentes nada e aos inimigos a lei" e optar pela impessoalidade. O antropólogo Roberto DaMatta sustenta que os insistentes e muitas vezes irritantes pedidos de jeitinho não vão sumir do mapa do Brasil. "A tendência é que o jeitinho seja domesticado, como aconteceu com o Carnaval e o futebol, que hoje são praticados em locais determinados e de acordo com regras", raciocina DaMatta.

(Virgínia Leite, *Veja*, 29 de abril de 1992)

Compreensão

1. Supostamente, como é o/a brasileiro/a típico/a?

2. Quais são os símbolos da identidade nacional?

3. Com o que o jeitinho é associado hoje em dia?

4. Quais são as desculpas mais ouvidas para dar um jeitinho?

5. Qual é a intenção de quem pede? Conseguir o que quer através de que?

6. Qual é o pior tipo de jeitinho?

7. O que poderia simbolizar o jeitinho?

8. Exatamente como se reflete a crise de identidade nacional?

9. É possível pôr fim ao jeitinho? Como?

10. Qual é a prognóstico, a longo prazo, do famoso jeitinho?

Vocabulário : (a) Relacione os termos da primeira coluna com os (quase) sinônimos da segunda e (b) empregue-os em sentenças completas.

1.	Dar para	a.	Quebrar o/um galho
2.	Deixar de	b.	Tornar possível
3.	Furar	c.	Correr o risco de
4.	Dar um jeitinho	d.	Parar de (Cessar)
5.	Referir-se a	e.	Sentir mágoa por erros cometidos
6.	Arrepender-se (de)	f.	Estar em direção de
7.	Fazer com que	g.	Penetrar
8.	Arriscar-se	h.	Falar especificamente de

---

[31] Empobrecido
[32] O que reflete o ufanismo ou desmedido orgulho nacional
[33] Destinado
[34] Solucionar de forma às vezes imperfeita ou incompleta
[35] Acabar com o

Ampliação

l. Existe um equivalente do jeitinho em sua terra?

2. Quem tende a usá-lo? Como?

3. Será que há abusos? Caso afirmativo, dê exemplos.

4. E você, também é culpado/a?

5. Você acha que o jeitinho é mais universal ou tipicamente brasileiro? Por que?

2

Os problemões que o país enfrenta, uma vez
reduzidos ao clichê, inspiram humor sarcástico

Que o *Fernandinho* [1] me perdoe: Meu Projetão

Abençoado[2] por Deus--que, aliás, nem é brasileiro, é multinacional--e bonito por natureza, ao Brasil
falta apenas:

5   fazer com que as mulheres voltem ao seu lugar, acabar com essa história de alimentar as crianças (as
que conheço estão sempre querendo mais um *hamburger),* educar os menores **com vara de marmelo,**[3]
estimular ainda mais a indústria das religiões marginais (a "oficial" já é suficientemente subsidiada), fazer
com que as **"raspadinha"**[4] chegue a todos os recantos do País, privatizar a corrupção, melhorar as
prises[5] de coca, construir mais **coberturas**[6] em **mutirão,**[7] só dar acesso a cultura aos ignorantes (o
contrário, está provado, não deu certo), só permitir a riqueza ilícita (os ricos honestos são retrógrados,
10   acham que só se pode ficar rico em três gerações), terminar com a fome dando **brioches**[8] ao povo,
diminuir a violência com muita **porrada**[9] nos violentos, incrementar a natalidade entre os milionários
(teremos cada vez mais ricos), diminuir a assistência hospitalar e aumentar a assistência do futebol,
permitir aos ricos invadirem **assentamentos**[10] populares, cortar as **verbas**[11] para a **geriatria**[12] e dedicar
grandes somas à **pedofilia**[13] (criando boates de proteção às **gatinhas**[14]), estimular o suicídio das feias e
15   dos **chatos,**[15] e por aí vai.
Ah, é absolutamente fundamental, é centro mesmo do nosso projetão, colocar a honestidade fora da
lei. Com penas pesadas, até mesmo pena de morte, para cidadãos presos em flagrante exatidão no
manejo dos dinheiros públicos. Tenho certeza de que, num país com a síndrome do **euqueroomeu,**[16]
haverá imediatamente uma onda de assustadora **probidade.**[17]
20   Aí então, restará apenas, aos verdadeiros samaritanos, ensinar o caminho do bar aos bêbados que se
perderam depois de um dia inteiro no recesso do **lar.**[18]

(Millôr Fernandes, *IstoÉ-Senhor,* 27 de março de 1991)

---

[1] Fernando Collor, o então presidente, mais tarde afastado do poder sob acusações de corrupção
[2] Favorecido (Fig.)
[3] Com disciplina à antiga (Fig.)
[4] Tipo de loteria
[5] Pitadas ou doses de entorpecente
[6] Apartamentos, às vezes de luxo, no último andar
[7] Auxílio coletivo e gratuito
[8] Tipo de pãozinho
[9] Pancada com cacete e, por extensão, violência (Chulo)
[10] Lugares ou construções (Fig.)
[11] Quantias (de dinheiro)
[12] Parte da medicina que se ocupa das doenças dos velhos
[13] Preferência anormal e sexual para criança
[14] Adolescentes muito bonitas (Fig.)
[15] Pessoas cuja companhia é desagradável
[16] Isto é, *Eu quero o meu*
[17] Honradez
[18] Casa (Fig.)

Compreensão

1. O que a esposa brasileira devia fazer?

2. Qual é o estado das religiões no Brasil?

3. Que classe social merece acesso à cultura?

4. Como solucionar a explosão demográfica?

5. Quais são alguns dos males sociais citados?

Vocabulário: (a) Relacione os termos da primeira coluna com os (quase) antônimos da segunda e (b) empregue-os em sentenças completas.

1.	Multinacional	a.	Integrado
2.	Marginal(izado)	b.	Morte
3.	Privatizar	c.	Aumentar
4.	Retrógrado	d.	Desonestidade
5.	Incrementar	e.	Tornar público
6.	Natalidade	f.	Sóbrio
7.	Diminuir	g.	Local
8.	Honestidade	h.	Reformador
9.	Cidadão	i.	Decrescer
10.	Bêbado	j.	Estrangeiro

Ampliação

1. Que ditado famoso está sendo parodiado na primeira linha?

2. A alusão a 'multinacional' tem duplo sentido?

3. Como é que o machismo é ridicularizado?

4. Por que 'privatizar' a corrupção?

5. Que há de irônico em "construir . . . coberturas em mutirão"? Em "permitir . . . invadirem assentamentos populares"? E qual é a inferência?

6. Como o autor alega que os ricos são ignorantes? Ou são mais esnobes?

7. Como é que Millôr ridiculariza o tratamento médico oferecido aos menos privilegiados?

8. E a corrupção é flagrada?

9. Afinal, como se sabe que a esperança de uma melhora é remota?

10. Quem poderia simbolizar os bêbados? Por que?

3

A discrepância rico/pobre continua se alargando
precipitosamente em detrimento dos carentes

Decifra-me ou devoro-te.
Mas o Brasil ainda não entendeu a equação

O país Brasil é um animal caprichoso e indecifrável. Nele, questão social rima com **descaso**[1] estatal, historicamente, e equívocos financeiros, diariamente. E difícil é saber o porquê. Para não dizer que não existem gastos sociais, o Brasil, através dos anos, concedeu subsídios à universidade 18 vezes maiores
5 que os destinados ao ensino primário, no campo da educação, e **desviou**[2] seus recursos da política de prevenção para a medicina curativa, no campo da saúde. Mal soube ele que era melhor e mais barato prevenir do que remediar. Investiu no social, mas aplicou mal. Um relatório recente da **ONU**[3] sobre Desenvolvimento Humano dá conta dessa estratégia de **desperdício**[4] ou, como preferem alguns especialistas, dá conta da "elitização" nos gastos sociais. Mas para além do estudo da ONU, mostram
10 isso também **pesquisas**[5] do **IBGE**,[6] do Banco Mundial, da **Cepal**[7] e vários organismos que trazem agora números para ilustrar uma situação teoricamente bastante denunciada.

O quadro brasileiro é de penúria social, melhor traduzida por miséria e pobreza absoluta de quase 70 milhões de cidadãos, em que pese a **pujança**[8] industrial e o desenvolvimento macroeconômico que os sucessivos governos insistem em priorizar. No discurso, a argumentação se repete. A ministra da
15 Economia, numa entrevista para jornalistas, defendeu que "estabilização" econômica é o primeiro desafio, "o resto vem depois", entendendo-se por "resto", redistribuição de **renda**[9] com aumento de empregos, salários etc., aquilo que pode reverter-se em melhoria de saúde, educação, justiça social em suma. "É a velha idéia de fazer o bolo crescer para depois dividir; a ministra agora quer estabilizar o bolo para depois dividir", avalia o sociólogo Herberto de Souza, diretor do Instituto Brasileiro de Análises
20 Sociais e Econômicas--Ibase. Pergunta Herberto de Souza: Quanto tempo ainda levará para distribuir?

Nesse tema, diz a quase unanimidade dos especialistas, está o **nó**[10] da questão social. Um trabalho do professor Hélio Jaguaribe demonstra que a desigualdade social está fundamentalmente centrada na desigualdade de renda. Basta ver que os 20% mais pobres do País detêm apenas 2% da riqueza nacional, enquanto os 20% mais ricos ficam com 66%. "É uma situação anacrônica", reclama Souza, "a
25 grande massa de brasileiros está fora dessa condição de ser brasileiro, vive na mendicância, na **camelotagem**[11] e nos coloca num estado de perplexidade social incomparável e, o que é pior, a ciência social e a ciência política nunca ignoraram a existência desse estado de coisas, apenas desconsideraram". A essência de um modelo que sempre desenvolveu a riqueza para uma minoria e a pobreza para uma maioria levou também ao **binômio**[12] direito dos ricos e deveres dos pobres.
30 É uma **herança**[13] ainda do final do século passado, uma herança **escravagista**,[14] define o sociólogo. "A concentração de direitos é fruto da concentração de rendas e o social **virou**[15] o território do atraso", diz o economista Carlos Lessa. No decorrer dos anos, até meados da década de 70, o professor Carlos

---

[1] Desatenção
[2] Mudou a direção de
[3] Organização das Nações Unidas
[4] Esbanjamento, perda ou desaproveitamento
[5] Investigações
[6] Instituto Brasileiro de Geografia e Estatística
[7] Centro de Estudos para a América Latina
[8] Grande esforço
[9] Dinheiro adquirido em troca de algum serviço
[10] Centro (Fig.)
[11] Comércio ambulante, em geral nas ruas, de bugigangas e artigos afins
[12] Soma ou diferença de dois termos
[13] Aquilo que se recebeu dos pais, das gerações anteriores ou da tradição; legado
[14] Escravocrata
[15] Tornou-se ou se transformou em

Langoni e outros popularizaram no País o modelo teórico que a ministra abraça. O modelo, então muito em voga no Primeiro Mundo, tem por princípio a teoria de que qualquer nação, para alcançar a maturidade capitalista, viveria, necessariamente, dois ciclos: um concentrador e outro equalizador. Uma versão traduzida aos mortais sob a forma de um alerta contra qualquer forma de "distributivismo
5 prematuro" e de uma **dadivosa**[16] promessa de Delfim, que acenava com a **partilha**[17] "depois que o bolo crescesse".

Os números dos anos 70 demonstraram, no entanto, que ao lado do crescimento do chamado Produto Interno Bruto (PIB) acentuou-se cada vez mais a concentração e não a distribuição. O sociólogo carioca Evaristo de Moraes Filho diz que não importa o tamanho da riqueza que um país produz se ela
10 não se traduzir num desenvolvimento social. "É preciso buscar outros conceitos além de renda per capita e renda nacional para medir o índice de prosperidade de um país", ensina.

Diz o sociólogo Souza que a realidade social brasileira, cujos números "incontestáveis" dos organismos oficiais reforçam, atravessou três fases distintas: a primeira, que parte da década de 50, quando os **bolsões**[18] de miséria estavam **encaixados na**[19] região Nordeste. Na segunda fase, na
15 década de 70, esses bolsões avançaram para os grandes centros. E na etapa seguinte, já durante o governo Figueiredo [1979-1985] e nos que o sucederam, o País entrou na categoria de miséria e pobreza absolutas. Hoje impera, no seu entender, o clientelismo social. "É incrível que o atual governo continue a ter a mesma visão populista, continue nos seus programas sociais--que por enquanto não saíram do papel--a apresentar a mesma dicotomia do passado de assistência para a pobreza e política social-
20 econômica para a elite", **avalia**.[20] Segundo ele, a noção de direito é "uma noção virgem para a imensa maioria".

É, no mínimo, estranho e desconectado do bom senso que na cultura social do Brasil--país cujas dimensões industriais o colocam entre as dez maiores potências econômicas do mundo--a idéia de que direito é um favor esteja firmemente plantada no Estado, nas lideranças políticas e nos partidos. O
25 próprio governo está **incutido**[21] dessa mentalidade que se reproduz na relação dele com a população e na linguagem de "descamisados" e "pés descalços" usada pelo presidente. Enquanto isso, acentuam-se as desigualdades sociais. Três exemplos **flagram**[22] o resultado dessa política.

Distante apenas 15 minutos da praia de Ipanema existe um aglomerado de 20 **barracos**[23] distribuídos ao longo de um extenso **fosso de vala**[24] negra, por onde escorre **esgoto**[25] a céu aberto. No conjunto
30 desses barracos, batizado de "retiro saudoso", uma de suas moradoras, Maria da Conceição Alves, aprende a conviver com a nova situação há pouco tempo. "Mudamos para cá há sete meses porque com Cr$ 14 mil de salário a gente não pode arranjar coisa melhor, mas, antes de morar neste lugar horroroso, vivi muitos anos numa casa muito boa em Ramos", conta Maria, que diz ter sua vida "mais difícil" a cada dia. Dividindo um espaço de 16 metros quadrados com o marido e seis filhos, ela fala que
35 o pior é o mau cheiro que vem do córrego e a invasão de insetos, nos dias de calor, e de água suja, quando chove.

Todos os dias o garoto Luis Carlos da Silva, de 14 anos, acorda às 5 h da manhã, e duas horas depois chega à cidade **de carona**[26] em um ônibus. Não vai à escola. No Largo da Carioca, centro do Rio de Janeiro, arma sua **barraca**[27] e começa a vender frutas. "Já faço isso há dois anos e me acostumei",
40 conta Luis Carlos. "Nunca ganho menos de Cr$ 600 por dia, e dá pra ajudar lá em casa". A mãe de Luis Carlos, chefe da família Silva, sofreu um derrame há pouco mais de um ano e não pode trabalhar. "Meu pai tá pelo mundo, não sei dele não e lá em casa sou eu e meus três irmãos menores para ganhar dinheiro." Luis Carlos abandonou a escola na 3ª série do 1º grau, "mas sei escrever meu nome".

---

[16] Generosa
[17] Divisão
[18] Aquilo que, por determinadas circunstâncias, se encontra isolado de todo a que pertence e envolvido por elementos estranhos ou hostis
[19] Localizados
[20] Opina
[21] Infundido ou inspirado
[22] Revelam (Fig.)
[23] Habitações toscas e precárias
[24] Fossa ou valado, isto é, *uma cavidade aberta na terra*
[25] Aqui, detritos humanos e águas pluviais
[26] Sem pagar a condução (Fig.)
[27] Construção ligeira de remoção fácil, comumente usada em feiras

Há dois anos, o **marceneiro**[28] Vantuio Francisco de Souza era considerado um dos mais empenhados funcionários da DGM Eletro Móveis. Depois de um acidente que o deixou seis meses imobilizado da cintura para baixo e, em seguida, impossibilitado para o serviço, Souza engrossou as fileiras dos que procuram a Justiça do Trabalho, sem solução para o seu caso há mais de um ano. "Tudo que quero é a indenização da Justiça do Trabalho, que é a **aposentadoria**[29] com salário de Cr$ 6 mil pra viver, mas eles vão **adiando**,[30] não sei por quê".

(Carlos José Marques, *IstoÉ-Senhor*, 17 de outubro de 1990)

Compreensão

1. Que nível educativo é favorecido pelo governo federal? Em que proporção?

2. Onde estão as prioridades na área da saúde pública?

3. Como vivem 70 milhões de brasileiros?

4. De que fala a velha metáfora que descreve a melhoria econômica eventualmente visada para os pobres?

5. Exatamente como é desigual a distribuição de renda?

6. Qual é a origem histórica do dilema?

7. Quais são as 3 fases pelas quais o Brasil passou e continua a passar nas décadas de 50 a 90?

8. Descreva a moradia de Maria da Conceição Alves e sua família.

9. Como é o dia-a-dia de Luis Carlos?

10. Qual a tragédia de Vantuio Francisco de Souza?

Vocabulário: (a) Relacione os termos da primeira coluna com os (quase) sinônimos da segunda e (b) empregue-os em sentenças completas.

1.	Renda	a.	Pobreza
2.	Penúria	b.	Fazer crescer
3.	Fruto	c.	Hemorragia cerebral
4.	Prevenir	d.	Resultado
5.	Melhoria	e.	Praça
6.	Dimensões	f.	Melhora
7.	Cá	g.	O que dá lucro
8.	Largo (da Carioca)	h.	Parámetros
9.	Derrame	i.	Aqui
10.	Engrossar	j.	Evitar

---

28 Quem trabalha a madeira com mais arte do que o carpinteiro

29 Quantia recebida mensalmente pelo beneficiário como resultado de suas contribuições durante o tempo que legalmente trabalhou

30 Transferindo para outro dia ou protelando

Ampliação

1. Explique a chamada 'elitização' nos gastos sociais.

2. Será que dá para explicar a disparidade entre o que o Estado gasta no ensino primário e no universitário?

3. Você acha que a dicotomia rico/pobre vai mudar? Como? Por que?

4. Qual o paradoxo de o Brasil ser um dos maiores exportadores de calçados do mundo?

5. Em que consistiria a chamada categoria de miséria e pobreza *absolutas*?

6. No fundo, por que o governo não liga para as necessidades das massas?

7. Você poderia (sobre)viver igual aos carentes descritos no final do texto?

8. Perto de onde você mora, há gente marginalizada? Como vivem?

9. A que se deve a condição destas pessoas?

10. Você sacrificaria alguns de seus privilégios para ajudá-las? Como? Até que ponto?

4

O nome próprio no Brasil desfruta de uma
curiosa variedade cujas repercussões--nem
sempre amenas--finalmente vêm sendo escrutinadas

NOME ESTRANHO, *PIADA* [1] ETERNA
Estalliny, Janykley, Goverton: Essas crianças inocentes e seus absurdos registros

Divertidos os tempos em que os pais podiam liberar a criatividade e dar aos filhos os nomes que bem entendessem. Hoje não se encontram mais pérolas como Prodamordemarichaemariméia, singela forma
5   que o casal Mário Chaves e Maria Amélia encontrou para batizar o produto do seu amor. Ao proibir o registro de nomes que exponham a pessoa ao ridículo, a lei 6.015, em vigor desde 1976, tirou toda a graça das salas de aula, onde os Rolando Escada Abaixo e Um Dois Três de Oliveira Quatro eram levados ao desespero.

Hoje em dia, é raríssimo alguém aparecer na **Vara**[2] de Registros Públicos para pedir a **troca**[3] do
10 nome. Os casos mais comuns são os daqueles que tanto servem para homem como para mulher. Outro dia, uma moça chamada Jurandir requereu um nome mais feminino. E um rapaz chamado Geni, um que **condizesse**[4] com a sua condição de macho. "Ele veio para a audiência e a **escrevente**[5] toda hora se atrapalhava e o chamava de dona Geni", conta o juiz Renato Gomes Correia, da 2ª Vara.

15 *Conceito subjetivo*

Esse caso foi resolvido rapidamente, pois o juiz pôde **constatar**[6] o **constrangimento**[7] do rapaz, de 23 anos, e **fez constar isso da**[8] própria sentença. Mas simplesmente achar o nome horrível e querer trocar não é permitido. Para mudar, tem que ser mais que horroroso, tem que ser ridículo. Só que esse
20 conceito é muito subjetivo, observa o advogado Walter Ceneviva, autor do livro *Lei dos Registros Públicos Comentada*, que **esmiuça**[9] o assunto e está em oitava edição.

Lembra o exemplo da família Rosado, do Rio Grande do Norte, cujos filhos foram recebendo nomes em francês: Un, Deux, Trois, Quatre. O último foi Dix-Huit. Caso semelhante ao do deputado Último de Carvalho. "Aposto que eles não acham isso ridículo". Há nomes que criam problemas para seus
25 portadores: Lênin, Trotsky, Marx, Adolf Hitler, Benito Mussolini—muito usados em certa época. Os pais **ouviam o galo cantar**[10] sem saber onde, achavam bonito ou sonoro e era o bastante.

No entanto, o oficial deve ser cauteloso ao afirmar que determinado nome é ridículo. Em Minas, um rapaz foi registrado como Luiz do Mato Adentro. Isso aludia ao lugar onde ele nasceu e que era caro na memória do seu pai. "Para nós pode soar ridículo mas tinha um significado para ele", mostra Ceneviva.
30 Às vezes, o ridículo está no modo de pronunciar. Caso verídico do japonês Kumio Tanaka. Na entonação original, não havia problema algum. No Brasil, saía "**comi**[11] o Tanaka". Ele pediu e conseguiu mudar seu nome para Nélson.

---

[1] Dito engraçado e espirituoso

[2] Jurisdição

[3] Mudança

[4] Se harmonizasse

[5] Pessoa que copia o que outrem escreve

[6] Confirmar

[7] Embaraço ou insatisfação

[8] Deixou isso claro na

[9] Examina em detalhe

[10] Tinham noção vaga

[11] Copulei com, ou mantive relações sexuais com (Chulo)

Para evitar que, um dia, a vítima precisasse gastar tempo e dinheiro para corrigir uma **insensatez**[12] dos pais, é que o juiz baiano Luís Fernando Britto impediu o **marceneiro**[13] Miraldo de Moura Eugênio de chamar o filho de Rambo. A criança ainda estava na barriga da mãe quando ele, amante de **bangue-bangue**,[14] assistiu *Rambo II, a Missão* e ficou fascinado com "aquele **cabra**[15] forte, batendo em todo mundo". Quando o juiz disse "não", o menino já tinha até **apelido**.[16] Era "Binho", de Rambinho.

Acréscimo ao nome

Não se pode substituir o prenome mas pode-se incluir outro pelo qual se é conhecido. Certamente ninguém ouviu falar em Tereza Puzzi Ferreira Filha. Mas conhece a atriz Nicole Puzzi. Ela entrou com um processo na 2ª Vara, pedindo para ser chamada de Tereza Nicole Puzzi Ferreira. "Não vamos mudar nada, apenas acrescentar o seu nome artístico", explica o juiz. Mesmo caso do presidente do **PT**[17] que, ao se candidatar a governador de São Paulo, adotou o apelido e ficou Luiz Inácio Lula da Silva.

Ceneviva conheceu um cidadão que se chamava João Gomes. Mas por alguma razão misteriosa, todos o conheciam por Martins. Já que era vontade do povo, o homem pediu ao juiz que esse se tornasse o seu nome oficial. Não foi difícil. Bastou que duas **testemunhas**[18] fossem lá: "Nunca soube que ele se chamava Gomes, pra mim sempre foi Martins".

Só aos 21 anos pode-se **pleitear**[19] a mudança. Ou o filho convence os pais que detesta o nome e consegue que eles o representem em **Juízo**[20] ou tem que esperar a maioridade. Talvez por essa razão, tantos Sóis, Luas, Estrelas, Nuvens, Brisas e outros "produtos" das **lisérgicas**[21] viagens dos anos 70 ainda não tenham baixado no Tribunal. O processo é relativamente simples e, se bem instruído, não leva dois meses. Mas não se pode simplesmente apresentar-se ao juiz e dizer que quer trocar de nome. É preciso constituir advogado, apresentar boas razões e testemunhas.

A mais célebre história de nome no Brasil é a da mulher do maestro Heitor Villa-Lobos. Num tempo em que só a mulher legitimamente casada podia acrescentar o nome do marido ao seu, Arminda Neves d'Almeida, a dona Lindinha, ficou registrada como madame Villa-Lobos. Foi assim que ficou depois que o maestro morreu. A partir daí, permitiu-se aditar ao próprio nome o da família do companheiro.

Walter Ceneviva, professor de Direito Civil e jornalista, lembra que, às vezes, as próprias iniciais da pessoa podem dar uma conotação **jocosa**.[22] Ele e Winston Churchil são o próprio exemplo disso. "E fico privado do direito de reclamar", brinca.

Edson Pereira de França, 22 anos, ajudante de **funilaria**,[23] chega ao **cartório**,[24] diz que quer registrar o filho de quatro meses. A escrevente Maria de Fátima pergunta o nome da criança: "É Jason". Ela pede para ele escrever. "Danou-se, não sei, a mãe é quem sabe". Dali a pouco, chega Roseli, mãe e autora da idéia de pôr no menino o nome do personagem que aterroriza os jovens no seriado *Sexta-Feira 13* . Traz Jason em pessoa no colo. "Acho esse nome tão bonitinho! E **combina com**[25] o dos irmãos, Jefferson e Petterson". Tentam passar o nome para o papel. Finalmente entregam o resultado do esforço à escrevente. Lá está: "Dieison".

Esse casal agradeceu quando Maria de Fátima mostrou a forma correta de escrever. Mas outros não se conformam. "São uns, ignorantes, só faltam bater na gente. É impressionante: quanto mais sem instrução, mais gostam de nome estrangeiro", desabafa Maria de Fátima.

Ainda em fevereiro foi feito o registro de Axl da Silva. O pai queria que fosse Axl Rose, exatamente como o do vocalista da banda americana *Guns and Roses*. "Mas senhor, nem o Axl se chama Axl, isso é

---

[12] Falta de bom senso; loucura

[13] Quem trabalha a madeira com mais arte do que o carpinteiro

[14] Filme que retrata cenas da conquista do Oeste norteamericano e, por extensão, qualquer película que retrate especialmente cenas de tiroteio e violência

[15] Homem (Fig.)

[16] Alcunha ou cognome que se põe a alguém ou pelo qual fica sendo conhecido

[17] Partido dos Trabalhadores

[18] Pessoas que viram ou ouviram alguma coisa, e que são chamadas a depor sobre aquilo que viram ou ouviram

[19] Pedir

[20] Foro ou tribunal onde se administra a justiça

[21] Ocasionadas pela ingestão de entorpecentes

[22] Cômica

[23] Estabelecimento onde se concertam carros acidentados.

[24] Lugar onde se registram e guardam documentos importantes

[25] Se harmoniza com, ou vai com

nome artístico", ponderou Maria de Fátima. "Pois o meu vai se chamar!" E também acontece o extremo oposto: querem que o menino se chame Ciço (corruptela de Cícero) ou, em caso de gêmeas, Cosma e Damiana. Uns até aceitam voltar para casa e pensar melhor. Outros **partem pra**[26] briga: "Você quer que eu chame meu filho de João ou José?"

5   Não faz muito tempo, um pai, chegou disposto a nomear o filho de **Pancrácio**.[27] Os outros que aguardavam na ante-sala do cartório começaram a **tirar sarro**.[28] Quando chegou a vez de um dos gozadores, adivinha o nome que ele queria pôr? Vivanco.

    As cinco escreventes do Cartório de Itaquera fazem, em média, 40 registros por dia. Em dia de pagamento, esse número dobra. Há alguns absurdos que não registram de jeito nenhum. "Não tem

10 lógica, é nome de coisa misturada com não sei o quê", diz Maria de Fátima. Se o pai exige que seja daquele jeito, tem que assinar um termo de responsabilidade, confessando estar ciente da estranheza do nome que escolheu.

    Não têm um dia em que Maria de Fátima não registre pelo menos um nome que, aos seus ouvidos, soa estranho. Zelosa cumpridora da lei, a moça procura convencer o pai a não fazer aquilo com a

15 criança. "O senhor não vê que ela, coitada, vai carregar esse nome pela vida afora?" As vezes consegue, mas, freqüentemente, não. "Eles **esmurram**[29] o balcão ou a parede e dizem: o filho é meu e boto o nome que eu quiser".

    Diante de tal fato, não há argumento. E foi assim que, só em uma semana de fevereiro, foram registrados Taffime, Allan Preslen; Ogleston, Estalliny, Lohuana, Janykley, Goverton, Wirly, Aloma,

20 Criston, Ruama, Suendy, Tirley, Kaeny, Harin, Weferson, Nataska, Queren, Kleybe, Cleandho, Ronis, Rhaniel, Netania e Ico, entre muitos outros. A **ladainha**[30] do escrevente pode funcionar em cartórios dos **Jardins**.[31] Mas não em Itaquera.

    Quando sai de casa para registrar o filho, o pai sai decidido, Não adianta mostrar um livro cheio de nomes para ele escolher um melhorzinho. "É este, já disse, e **ai de você**[32] se não botar", berra o

25 pedreiro, tentando esconder uma razão simples para se recusar a consultar o livro: não sabe ler.

(Rosa Bastos, *Jornal do Brasil*, 12 de março de 1992)

---

[26] Apelam à
[27] Tolo (Pop.)
[28] Gozar ou ridicularizar (Pop.)
[29] Dar murros em, bater ou golpear
[30] Conversa longa e fastidiosa (Fig.)
[31] Bairros finos da Cidade de São Paulo (Fig.)
[32] Pobre de você

14

Compreensão

1. Decifre o nome quilométrico do primeiro parágrafo.

2. O que a Lei 6.015 regula?

3. Sob quais circunstâncias um nome pode ser trocado por outro?

4. Há outra maneira de modificar o nome oficial?

5. Pessoal famoso também teve problemas? Quem? Quais?

6. Qual é a relação entre *Jason* e *Dieison* ?

7. Como reagem os pais quando o futuro nome do rebento é rejeitado?

8. Por que, afinal, o pedreiro se recusa a selecionar outro nome para seu filho?

9. A seu ver, quais são alguns dos outros nomes, encontrados no artigo, particularmente estranhos?

10. Achou algum nome simpático entre todos? Qual e por que?

Vocabulário : (a) Relacione os termos da primeira coluna com os (quase) sinônimos da segunda e (b) empregue-os em sentenças completas.

1.	Resolvido	a.	Aprovado
2.	Usado	b.	Pousado
3.	Disposto	c.	Empregado
4.	Baixado	d.	Inscrito
5.	Levado	e	Indicado
6.	Fascinado	f.	Carregado
7.	Registrado	g.	Inclinado
8.	Permitido	h.	Negado
9.	Determinado	i.	Solucionado
10	Privado (Carente)	j.	Maravilha

Ampliação

1. Para você, o que constitui um nome "ridículo"?

2. Criança sofre com um nome assim? Por que?

3. Será que adulto sofre menos--ou mais? Por que?

4. Você acredita que o governo deveria dizer aos pais como chamar os filhos?

5. Por que será que, na observação de Maria de Fátima, quanto mais ignorantes os pais, mais gostam de nome estrangeiro?

6. Aparece nome unissex? Por que apresentaria problemas?

7. De sua própria experiência, você pode pensar num nome esquisito?

8. Você gosta de seu nome ou, se pudesse, preferia trocar? Por qual?

9. Há alguma forma de atenuar o efeito de um nome estigmatizante sem formalmente trocá-lo? Como?

10. Você já pensou, mesmo de passagem, em como vai chamar seus filhos? Elabore.

TEATRINHO

"O banco em dia de pagamento"

Elenco

O/a fura-fila
Os demais na mesma fila

Argumento

Você chega no banco numa sexta-feira, dia primeiro, na hora do almoço. Precisa solucionar um problema urgentemente e ir embora logo depois. Porém, vê que vai ter que entrar na fila e aguardar a sua vez. Daí resolve *dar um jeitinho* e tentar ultrapassar os outros, um a um. As pessoas na sua frente são a fauna costumeira, ficando à discreção de os alunos assumirem o papel que melhor lhes convier.

Expressões úteis

Acreditar
Deixar passar na frente
Desculpar
Estar com pressa
Estar doente
Fazer o favor

Ficar devendo
Jamais na vida
Não costumo
Não vá pensar que
Quebrar um galho
Sentir-se culpado/a
Ter vergonha

TEMAS PARA COMENTÁRIO ORAL OU ESCRITO

1. Há momentos em que dar um jeitinho é justificável.

2. A patética seriedade detrás da sátira hilariante e enganosamente leve de "Meu projetão."

3. Os perigos na área educativa a médio e longo prazo, em o Brasil ignorar a escola primária em benefício da superior.

4. Em termos gerais, a disparidade entre rico e pobre fatalmente contribui para a destruição da sociedade.

5. Botar um nome "diferente" numa pessoa pode influenciar como ela age, se vê e é tratada pelos outros.

6. O que reflete a proliferação de nomes estrangeiros e por que (não) tem importância.

UNIDADE 2   A LÍNGUA PORTUGUESA

1

Apesar de um idioma fonético,
o português tem uma ortografia enganosa

5

Cartazes [1] e *placas*: [2] que língua a nossa!

Atensão para esta menssagem: concerta-se e faz-se limpesa de som e vídeo K-7. Orsamento sem compromiço. Vende-se ainda instintores de incêndio, acçessórios para biçicletas e até infeites de aniversário e artezanato. Procurar ofiçina do Garçia, na Praia das Flexas. Estasionamento grátis. Ali pertinho tem também salão de cabelereiro e campo de footboll.

10

Tantos erros de português juntos em um só parágrafo resultaram de uma brincadeira, ou melhor, da junção de vários absurdos escritos em cartazes, **faixas**,[3] **letreiros**[4] e até **outdoors**[5] de propaganda espalhados pelo Grande Rio, num festival de erros do qual não escapam sequer placas de órgãos oficiais. Em Niterói, por exemplo, a palavra "Flechas" foi substituída por "Flexas" na placa que indica o nome da Praia.

15

A grafia sofre agressões seguidas. Possivelmente em dúvida--"acessórios" tinha ou não cedilha?--o dono do **ferro-velho**[6] da Avenida Nilo Peçanha 623, em Duque de Caxias, não pensou duas vezes: o cartaz anuncia a venda de "acçessórios".

20

Que tal levar seu carro na "ofisina" situada na subida do Morro dos Cabritos em Copacabana? Ou será melhor a "ofiçina" da Rua Piracambu, em Acari, que ainda conserta "biçicletas"?

A confusão entre as palavras "conserto" (restauração) com "concerto" (apresentação musical) criou uma frase pitoresca numa placa colocada na Avenida Getúlio de Moura , onde um técnico **autônomo**[7] anuncia: "concerta-se som". Seria ele maestro também?

25

Nem em cardápios de bares e restaurantes deixa-se de cometer erros grosseiros. Na Adega Real do Flamengo, um cartaz informa aos fregueses que a casa oferece um delicioso frango defumado "a francêzana".

Para justificar as falhas, a maioria alega distração na hora de escrever, como Jorge Lúcio Pinto, dono de uma oficina mecânica na Avenida Automóvel Clube, em Acari, que anuncia, na parede junto à entrada, **orçamentos**[8] sem "compromiso" e serviços de "eletrecista". Jorge garantiu que poucos clientes perceberam os erros.

30

(Laura Antunes, *O Globo*, 6 de agosto de 1989)

35

---

[1] Anúncios ou avisos de grande formato, próprios para afixação em ambientes amplos, geralmente ao ar livre

[2] Chapas ou lâminas de material resistente

[3] Tiras de tecido ou de papel, de todos os tamanhos, em que alguma mensagem é impressa

[4] Inscrições em tabuleta, com qualquer tipo de informação

[5] Designação genérica de qualquer propaganda exposta no ar livre e que se caracteriza por forte apelo visual

[6] Estabelecimento que negocia com sucata (ou com qualquer outra obra metálica inutilizada), em geral carros batidos

[7] Independente

[8] Cálculos dos gastos para a realização de uma obra

"Português é fácil de aprender porque é uma língua que se escreve exatamente como se fala".

Pois é. U purtguêis é muinto fáciu di aprender, purqui é uma língua qui a genti iscrevi ixatamenti cumu si fala. Num é cumu inglêis qui dá até vontadi di ri quandu a genti discobri cumu é qui si iscrevim algumas palavras. Im purtguêis não. É só prestátenção. U alemão pur exemplu. Qué coisa mais doida? Num **bate**[9] nada cum nada. Até nu espanhol qui é parecidu, si iscrevi muinto diferenti. Qui bom qui a minha língua é u portguêis. Quem soubé falá sabi iscrevê.

Agora, falando sério, a nossa língua até que pode ser das
mais incongruentes. Basta observar . . .

Os pequenos paradoxos de todo dia

• Motorista, pegue o táxi e vá voando pro aeroporto.

• Deixe em fogo brando até a **clara**[10] ficar escura.

• Aí ele chorou de tanto rir.

• Essa tua vida é de morte.

• Nunca vi um **cara** tão **coroa**.[11]

• Ele é inteligente **pra burro**.[12]

• Esse carro está ótimo porque foi **envenenado**.[13]

• Gostei. Esse sorvete é quente.

• O time do Santos anda um inferno.

• É **dengue**.[14] Não tem mosquito. É dengue

• Luz de **boate**.[15]

• Nunca comprei óculos **à vista**.[16]

• Aquele cantor alto ali é baixo.

• A **seleção dos amarelos**[17] ainda está muito **verde**.[18]

(Jô Soares, *Veja*, 28 de novembro de 1990)

---

[9] Combina
[10] Isto é, *a clara do ovo*
[11] Trocadilho entre cara/coroa (as duas superfícies da moeda) e cara (indivíduo)/coroa (velho)
[12] Muito
[13] Diz-se do carro que foi preparado para desenvolver velocidade maior que a dos outros de sua série
[14] Alude-se à dengue (encanto feminino) e dengue (doença infecciosa produzida por um vírus transmitido por mosquito)
[15] Casa noturna com luz apagada
[16] Pagando em um único pagamento
[17] Isto é, a *Seleção Brasileira* (de futebol)
[18] Nova ou inexperiente

Compreensão

1. Pode citar alguns dos erros no parágrafo introdutório?

2. Segundo a repórter, a que se atribui tanta confusão?

3. Qual é a reação geral dos fregueses?

4. O que alegam os proponentes do português?

5. Por que a pronúncia do inglês dá "até vontadi di ri"?

6. E o alemão?

Vocabulário : (a) Relacione os termos da primeira coluna com os (quase) sinônimos da segunda e (b) empregue-os em sentenças completas.

1. Time	a. Chapa
2. Flecha	b. Chofer
3. Erro	c. Seta
4. Paradoxo	d. Equívoco
5. Frase	e. Pessoa
6. Cartaz	f. Ironia verídica
7. Incongruente	g. Período
8. Placa	h. Equipe
9. *Cara*	i. Ilógico
10. Motorista	j. Placa

Ampliação

1. Você comete erros de grafia em português? Que tipos?

2. Será que um sotaque diferente pode contribuir à confusão? Elabore.

3. Em sua língua nativa você também se equivoca? Como?

4. Você considera o inglês mais susceptível do que o português a tais erros ortográficos? Por que?

5. Como é que o parágrafo inicial da segunda leitura seria diferente se escrito no português de Portugal?

6. Escolha um dos "pequenos paradoxos" citados e explique.

2

Todos os paises lusófonos finalmente
resolvem uniformizar a língua escrita

Acordo altera 2% da língua portuguesa em 94

Entram em vigor a partir de 1° de janeiro de 1994, as modificações ortográficas na língua portuguesa, acertadas no último final de semana durante o encontro de ministros dos sete países onde se fala português, que ocorreu em Lisboa. O idioma tem um vocabulário de 110 mil palavras. O acordo deve afetar 2 % delas.

5   As principais mudanças foram feitas na língua escrita em Portugal. Foram abolidas as letras "c" e "p" mudas em palavras onde elas não são pronunciadas. No Brasil somente 0,39% do vocabulário será modificado. Serão abolidos, por exemplo, o trema e os acentos diferenciais. Cerca de 180 milhões de pessoas falam português em todo o mundo.

10   O acordo de unificação ortográfica da língua, elaborado por linguistas dos países lusófonos, previa a data de 1992 para a aplicação do projeto. O **adiamento**[1] para 1994 foi feito em função de fortes pressões feitas por editores e livreiros junto ao governo português.

O setor editorial de Portugal se considera o principal prejudicado pela reforma, que implica na modificação gradual de todos os volumes publicados no país. Eles organizaram um **abaixo assinado**[2]

15 com 9 mil pessoas criticando o acordo. Filólogos portugueses e autores da reforma chegaram a temer que o acordo não fosse assinado. Durante o encontro, também foi decidida a formação de um grupo de trabalho para uniformizar o vocabulário técnico e evitar a introdução na língua de neologismos diferentes para os mesmos objetos. Na área de informática, por exemplo, são introduzidas dez novas palavras semanalmente, a maioria de origem inglesa.

20   O projeto de unificação da língua ainda deverá ser encaminhado aos legislativos de cada país para apreciação. Os parlamentares não poderão propor emendas.

Durante o encontro de Lisboa os ministros também decidiram formar um grupo para organizar o Instituto Internacional da Língua Portuguesa. A criação do instituto foi decidida no Brasil no ano passado.

25 (*Folha de S. Paulo*, Caderno 1, 18 de dezembro de 1990)

VEJA COMO FICA A LÍNGUA PORTUGUESA

30 *Fim do "c" mudo*

(Regra) Desaparece da língua escrita em Portugal o "c" em palavras onde ele não é pronunciado.
(Exemplos) Acção, acto, actual, electricidade, inspector, exacto, colectivo, direcção, objecção. Exceção: fica mantido em palavras onde a letra é pronunciada como em secção, compacto, convicto.

35

Fim do "p" mudo

(Regra) Desaparece da língua escrita em Portugal o "p" em palavras onde ele não é pronunciado.
(Exemplos) Adopção, baptizar, óptimo, Egipto, apocalíptico. Exceção: fica mantido em palavras onde a
40 letra é pronunciada como egípcio, apocalipse, rapto.

Dupla grafia

(Regra) Para palavras pronunciadas e escritas de maneira diferente em Portugal e no Brasil, valem as
45 duas grafias.
(Exemplos) Aspecto e aspeto, caracteres e carateres, dicção e dição, facto e fato, sector e setor, ceptro e cetro, corrupto e corruto, recepção e receção, amnistia e anistia, indemnizar e indenizar.

---

1 Transferência para outro dia; ato de protelar ou procrastinar
2 Documento particular assinado por várias pessoas e que, em geral, contém reivindicação, pedido, manifestação de protesto ou de solidariedade

Acentuação

5   (Regra) Será aceita dupla acentuação para palavras que levam acento agudo em Portugal e circunflexo no Brasil.
(Exemplos) **Oxítonas:**[3] bebê e bebé, bidê e bidé, crochê e croché, matinê e matiné, nenê e nené, guichê e guiché, purê e puré. **Paroxítonas:**[4] acadêmico e académico, anatômico e anatómico, cômodo e cómodo, gênero e género, efêmero e efémero.

10
(Regra) Caem os acentos agudos em palavras paroxítonas terminadas em **ditongo**[5] "ei" na sílaba **tônica.**[6]
(Exemplos) Assembléia, idéia, boléia.

15 (Regra) Caem os acentos diferenciais para palavras **homógrafas.**[7]
(Exemplos) Pára (verbo parar), pêlo (substantivo).

(Regra) Caem os acentos circunflexos em palavras paroxítonas terminadas com duplo "o".
(Exemplos) Abençôo, enjôo, vôo.
20
Hifenação

(Regra) Permanece o hífen antes de palavras que começam com a letra "h"
(Exemplos) Anti-higiênico, circum-hospitalar.
25
(Regra) Permanece o hífen em palavras que começam com a mesma letra que termina o prefixo.
(Exemplos) Contra-almirante, hiper-resistente, anti-imperialismo.

(Regra) Não se usa hífen em palavras formadas com os prefixos "des" e "in", mesmo nas que começam
30 por "h".
(Exemplos) Desumano, desumidificado, inábil, inumano.

Trema

35 (Regra) Desaparecem os tremas em toda a língua portuguesa.
(Exemplo) Linguiça, frequência, frequentar.

Alfabeto

40 (Regra) O alfabeto português passa a incorporar as letras "k", "y" e "w".

(*Folha de S. Paulo*, 18 de dezembro de 1990)

---

[3] Diz-se do vocábulo que tem acento na última sílaba
[4] Diz-se da palavra que tem acento tônico na penúltima sílaba
[5] Grupo de duas vogais proferidas numa só sílaba
[6] Diz-se do elemento (vogal, sílaba) que recebe o acento de intensidade
[7] Diz-se de vocábulos que têm a mesma grafia mas significações diferentes

Compreensão

1. Quando entra em vigor o novo acordo ortográfico?

2. Qual é a intenção do acordo?

3. Quantos paises atualmente falam português?

4. Em quantos vocábulos consiste o léxico português?

5. O acordo deverá afetar que porcentagem do vocabulário total?

6. Qual o país mais atingido pelas modificações? E o Brasil?

7. Quantos falantes nativos do português existem no mundo inteiro?

8. Qual setor se considera mais prejudicado pelas reformas? Por que?

9. Em que área há maior influxo de neologismos?

10. Que organização será criada para regular os novos estatutos?

Vocabulário : Onde for possível, modifique a ortografia das seguintes palavras e defenda sua decisão.

1. Pelo	6. Convicto
2. Electricidade	7. Frequência
3. Corruto	8. Adopção
4. Vôo	9. Nova York
5. Idéia	10. Anti-higiênico

Ampliação

1. Qual o propósito de uniformizar a ortografia entre Portugal e o Brasil?

2. Vai ser possível evitar a incorporação de mais neologismos na língua?

3. Você pode pensar em alguns dos muitos anglicismos comuns ao português do Brasil?

4. Você também nota diferenças entre o inglês falado na Inglaterra e a versão norteamericana?

5. Por que será que o mundo lusófono opta pela uniformização e o anglófono não?

6. Não haveria vantagem na diversificação de ortografias dialéticas? Ou só dá complicação?

3

A rivalidade entre as duas maiores metrópoles
brasileiras extende-se ao próprio vocabulário

Outros termos do glossário paulista

SÃO PAULO--Não é só o semáforo que confunde os cariocas pouco habituados ao vocabulário paulista. Aliás, para os motoristas que cruzam a esquina da Ipiranga e São João, o sinal luminoso é mais conhecido como farol. E ao contrário do que pensam os habitantes do balneário--denominação pejorativa

5 que os paulistas dão ao Rio--não é só por causa dos semáforos (ou faróis) que o trânsito é tumultuado em São Paulo. Descer a Augusta a 120 quilômetros por hora é impossível se na frente estiver um *elétrico* (o trolebus no linguajar paulistano).

Para o carioca, pior do que andar neste trânsito de termos tão desconhecidos é enfrentar uma **oficina**[1] em São Paulo. Freqüentemente, os motoristas têm que desembolsar todo seu *hollerite--*

10 sinônimo pomposo do **combalido**[2] **contracheque**[3]--para pagar o *funileiro* (**lanterneiro**[4] paulista). Já o desavisado motorista que for parado pela polícia não precisa entrar em pânico se pedirem seu RG e sua carta. Basta mostrar a identidade e a carteira de **habilitação.**[5]

Para manter a **cabeça fria,**[6] só mesmo comendo *umas* batata frita. Quem não gosta, pode se contentar com um *pingado* (café com leite) e uma *mandioquinha* (batata baroa). Nem a tradicional carne

15 bovina escapa das diferenças de vernáculo. Se um **paulistano**[7] entrar em um **açougue**[8] no Rio pedindo um *coxão mole*, vai ser aconselhado pelo açougueiro a procurar uma loja de colchões de espuma. O que ele queria era o popular **chã de dentro.**[9]

Nas lojas do Rio, em pleno verão, só entra à procura de *abrigo* quem quer se proteger da chuva. Mas no bairro de Pinheiros (zona oeste de São Paulo), os lojistas oferecem logo um ***training,***[10] que pode

20 ser usado até em jogo de *pebolim* --sinônimo do carioca **totó,**[11] que, para os paulistas, é apenas nome de cachorro. (Helton Ribeiro, *O Globo,* 3 de janeiro de 1992)

Papo [12] de carioca

25

O alemão Clements Bernard, 26 anos, veio ao Rio sem se preocupar com estada. Afinal, um **casal**[13] de amigos cariocas lhe avisou que não tinha problema: "**Pinta**[14] lá em casa, meu irmãozinho". Clements levou a sério e pintou mesmo. "Eles disseram que ia chegar um parente e não podiam me hospedar. Achei estranho, pois estava tudo certo", espanta-se, falando com sotaque carregado. Acabou

30 tendo que alugar um apartamento.

---

[1] Isto é, *oficina mecânica*

[2] Abatido ou abalado

[3] Documento emitido no qual se especifica o salário bruto do funcionário, as respectivas deduções ou acréscimos e mediante o qual se acha ele autorizado a receber o que lhe é devido

[4] Operário especializado em lanternagem, realizada em oficina mecânica

[5] Conjunto de documentos apresentados à autoridade competente por quem está interessado em se legitimar

[6] Calma

[7] Residente da cidade de São Paulo

[8] Carniçaria

[9] Carne da parte interior da coxa de bói

[10] Traje esportivo para ambos os sexos, composto, em geral, de calças compridas e blusão

[11] Jogo de mesa que simula uma partida de futebol

[12] Conversa

[13] Duas pessoas de sexo oposto, em geral relacionadas afetivamente

[14] Aparece (Pop.)

Este é apenas um exemplo do terrível papo de carioca, que promete criar as situações mais engraçadas do ano durante a **Rio-92**.[15] Alemães, franceses, italianos e outros turistas ecológicos não vão entender nada. O exótico idioma do balneário é como vaselina esterilizada: **escorrega**[16] e não compromete ninguém. A animação carioca cria nos nativos um desejo irreprimível de dizer coisas como
5 *deixa comigo* (se não querem se comprometer) ou *vamos marcar um chope qualquer dia* (para dispensar um **chato**[17]).

"Isso demonstra a intenção de amizade do carioca", defende-se uma das figurinhas **carimbadas**[18] do Rio, o **vereador**[19] Sérgio Cabral. Amizade que, geralmente, fica na intenção. "Você não convida o **cara**[20] pra ir na sua casa pra que ele vá, mas para ser simpático". No entanto, Sérgio
10 concorda que é uma língua **esquisita**:[21] "Basta dizer que Nelson **Cavaquinho**[22] tocava **violão**[23] e Paulinho da Viola toca cavaquinho. **Carioquice**[24] **da braba**".[25]

Para o inglês Ritchie, o pior é a mania de atrasar. "As pessoas nunca chegam na hora. Olha, já estou no Rio há 20 anos e ainda não me acostumei. Sou pontual, mas levo um livro pra ler enquanto espero. Acho que até a Conferência do Meio Ambiente vai atrasar". Já o gaúcho Kleiton Ramil
15 **apanhou**[26] até entender a expressão *deixa comigo*. "No Sul, se alguém te fala deixa comigo, é para deixar mesmo. Aqui, se tu deixas, estás perdido".

O sambista Moreira da Silva, do alto de seus 90 anos de falsa **malandragem**,[27] dá um **breque**[28] nos estrangeiros **queixosos**.[29] "Eles ficam choramingando mas não deixam o Rio por nada". O alemão Clements concorda, recuperando-se do susto inicial.
20 O botequim é o lugar onde se encontra a maior concentração de *papo de carioca* por metro quadrado. "É ali que acontecem aquelas amizades **fulminantes**.[30] Você entra no bar sozinho e sai com um amigo de infância", diz uma marca registrada do Rio de Janeiro, o compositor Aldir Blanc, profundo conhecedor do assunto. Aldir tem uma história que mostra que ele é um excelente representante da raça.

"Outro dia conheci um cara que me pediu para participar de um seminário numa universidade de
25 Mato Grosso, aquelas bandas. Na hora, **me empolguei**[31] com a idéia e ele foi me incluindo em debates, mesas-redondas, todos os eventos. Acontece que morro de medo de andar de avião e no dia seguinte já tinha até me esquecido do compromisso. Quando o coitado me ligou, de Mato Grosso, para perguntar se estava tudo certo e se podia mandar a passagem, fiquei desesperado. Acabei arranjando uma desculpa e dizendo que, por uma incrível coincidência, eu fora convidado para um debate na Áustria sobre o
30 mesmo tema", conta Aldir. "É **fogo**.[32] Sempre digo que vou e acabo não aparecendo nunca", confessa.

O escritor Fernando Lobo, um típico carioca de Pernambuco, chegou a escrever um livro no qual este é um dos principais assuntos. Trata-se de *A Mesa do Vilariño,* sobre o tradicional reduto da boemia da cidade, em que conta histórias de uma **rapaziada**[33] boa de papo, composta por Vinícius de Moraes, Tom Jobim, Dolores Duran e muitos outros. Fernando Lobo lembra que apesar da experiência, esta
35 turma também já acabou **dançando**.[34] "Um amigo nos convidou para uma **peixada**[35] lá em Bangu e foi

---

[15] Ou Eco92: Conferência das Nações Unidas sobre Meio Ambiente e Desenvolvimento

[16] Desliza ou resvala

[17] Pessoa cuja companhia é desagradável

[18] Conhecidas

[19] Membro de câmara municipal

[20] Sujeito ou pessoa (Pop.)

[21] Rara, estranha ou diferente

[22] Pequena viola de quatro cordas simples e dedilháveis

[23] Guitarra

[24] Mania das coisas cariocas (da cidade do Rio de Janeiro)

[25] No duro, ou completa (Pop.)

[26] Sofreu (Fig.)

[27] Qualidade de malandro ou indivíduo dado a abusar da confiança dos outros

[28] Freio ou alto

[29] Quem se queixa ou reclama

[30] De matar (Fig.)

[31] Animei-me; fiquei excitado

[32] Difícil ou complicado (Pop.)

[33] Grupo de rapazes ou jovens

[34] Dando-se mal

[35] Prato de peixe cozido ou guisado

todo mundo. Estava tudo apagado e de repente surge a mulher do cara, **de bobs**,[36] e nos **botou para**[37] correr."

5   **Não é bem o que parece**

Alô irmãozinho--não se assuste, mesmo que a saudação venha de um desconhecido. É a forma carioca de cumprimentar quem mal se conhece.

10   **A gente se fala**--quer dizer **a gente não se fala, certo?**

Pois sim--não.

Pois não--sim. O **pois**, nesses casos, *troca as bolas*. [38]

15   **Aparece lá em casa**--caso o carioca chegue a lhe dar o endereço (pouco comum), não apareça que vai ser uma cena *constrangedora*. [39] É só uma maneira carinhosa de dizer **por favor, não apareça lá em casa.**

20   **Vamos marcar um chope**--não saque sua agenda. A expressão quer dizer **um dia a gente se encontra.**

Te vejo às 16h (ou outra hora qualquer)--leve um bom livro, se resolver ser pontual. E não esqueça de levar a paciência para ficar esperando.

25   **Me liga**--não ligue. É apenas uma forma de *adiar*[40] a conversa para nunca.

Qualquer coisa, estamos aí--a mesma coisa que "se precisar, não conte comigo".

30   **Um abraço**--tchau, dado de longe, em vez de dar um abraço mesmo.

Pode contar com meu voto--vai ser a grande mentira carioca deste ano eleitoral.

(Ricardo Linck, *O Dia*, 9 de abril de 1992)

Compreensão

1. Qual é a denominação pejorativa que os paulistas dão ao Rio?

2. Cite alguma confusão típica, em torno do linguajar paulistano, para o carioca inexperiente.

3. O que aconteceu quando Clements foi bater na porta dos 'anfitriões' cariocas?

4. Para o carioca, o que realmente quer dizer *deixa comigo* ?

5. No sul do país, a expressão é tratada diferentemente? Como?

6. Especificamente, onde mais se ouve o "papo de carioca"?

7. O que confessa Aldir Blanc?

8. Há outros instantes da inversão de sentidos que tanto caracteriza o papo de carioca? Dê exemplos.

---

[36] Com rolos no cabelo
[37] Fez
[38] Isto é, *muda de sentido* (Pop.)
[39] Embaraçosa ou insatisfatória
[40] Deixar para outra hora

Vocabulário : (a) Relacione os termos da primeira coluna com os (quase) sinônimos da segunda e (b) empregue-os em sentenças completas.

1. Engraçado	a. Alegrar-se
2. Trânsito	b. Alojar-se
3. Desavisado	c. Chorar amiúde e por motivos fúteis
4. Contentar-se	d. Não precisar de
5. Violão	e. Imprudente
6. Dispensar	f. Pronúncia característica de um indivíduo ou de uma região
7. Língua	g. Cômico
8. Choramingar	h. Guitarra
9. Hospedar-se	i. Idioma
10. Sotaque	j. Tráfico

Ampliação

1. Você considera o "papo de carioca" desonesto? Por que (não)?

2. Você costuma dizer aquilo que não pensa? Como?

3. Como você reagiria ao "papo de carioca"? Ficaria ressentido/a?

4. De que você acha que o "papo de carioca" é sinal?

5. Você preferiria receber uma proposta elogiosa porém mentirosa ou ouvir uma verdade possivelmente inquietante?

6. Qual o papel do humor no "papo do carioca"? E a ironia?

4

Confusão no tratamento faz parte
dos usos e costumes nacionais

Você, tu e o senhor

No calor de Manaus, ao **embalo**[1] tropical da cerimônia que, na semana passada, reuniu os países amazônicos para discutir a **Rio92**,[2] produziu-se um diálogo digno de nota. Um repórter da *Folha de S. Paulo* aproximou-se do presidente Fernando Collor e perguntou:

5 —Os jornais estão dizendo que você vai tirar **férias**.[3] É verdade?

Respondeu o presidente, levantando os braços e num tom de voz elevado, segundo descrição da *Folha* :

—Você é **estrebaria**.[4]

Você é estrebaria? Na verdade, Collor não disse isso. Você é estrebaria, segundo a *Estilística da* 10 *Língua Portuguesa* do professor Rodrigues Lapa, é a resposta irada que se dá ao "você" em certas regiões de Portugal onde esse tratamento é considerado ofensivo. O presidente foi direto a um **palavrão:**[5] Você é o . . ." Como esta revista não é a novela das 8, prefere-se o **pudor**[6] das **reticências**[7] à crueza da expressão original.

Em matéria de más maneiras, difícil dizer quem ganha, se o repórter ou o presidente. Ambos se 15 inserem no clima nacional de **zorra**[8] de acordo com o qual telefonistas chamam os interlocutores de "meu bem", caixas de banco dirigem-se aos clientes como "meu filho" e o palavrão tem circulação tão irrestrita que acabou consagrado na televisão.

Não há justificativa nem para o repórter nem para o presidente. Diga-se apenas, sem querer desculpar ninguém, que a questão do tratamento, origem do **qüiproquó**[9] de Manaus, é tão mal resolvida 20 no Brasil que virou fonte de angústia. "Como vou chamá-lo, **de**[10] você ou senhor?" Essa é uma dúvida que pode se apresentar de forma tão aflitiva quanto a do ser ou não ser para o príncipe Hamlet. Já que "o senhor" pode ficar excessivamente formal e o "você" abusivamente íntimo, uma das saídas é habilitar-se na técnica de levar toda uma conversa sem usar nem um nem outro, **driblando**[11]-os com **circunlóquios**[12] ou, quando não der mais, com **grunhidos**[13] inaudíveis.

25 Em outras línguas o problema não se coloca. É até covardia invocar o inglês, que **faz tábula rasa**[14] das distinções de idade, hierarquia ou círculo excelso do panteão social em que a pessoa esteja **empoleirada**[15] em favor de um universal e equânime *you*. Pegue-se uma língua mais próxima do português, porque da mesma origem latina, como o francês. Lá existe o *vous*, literalmente "vós" mas equivalente ao "senhor", e o *tu*, próximo ao "você". Só que está perfeitamente claro que as pessoas 30 devem se tratar por *vous*; e o *tu* só em caso de verdadeira intimidade, dentro da família ou entre colegas.

---

[1] Balanço

[2] Ou Eco92: Conferência das Nações Unidas sobre Meio Ambiente e Desenvolvimento

[3] Período de descanso remunerado previsto em lei

[4] Literalmente o lugar onde se recolhem bestas e arreios, ou cavalariça

[5] Palavra obscena ou grosseira

[6] Sentimento de vergonha gerado pelo que pode ferir a decência, ou recato

[7] Série de três ou mais pontos que, num texto, indicam interrupção do pensamento

[8] Desordem ou bagunça

[9] Confusão de uma coisa com outra

[10] Quando posposto a *chamar*, *de* não é traduzido

[11] Contornando; dando um jeito

[12] Rodeios de palavras

[13] Sons de porco

[14] Suprime inteiramente

[15] Colocada ou posicionada

A ninguém, nem com a mente **avariada**[16] pelo sol de Manaus. ocorrerá chamar o presidente senão por *vous.* Mas há um detalhe importante no francês: o presidente, reciprocamente, também tratará o interlocutor por *vous* . É *vous* na ida e na volta. Não se fale nem de jornalistas, tome-se o exemplo do motorista do presidente da França. Ele cumprimentará o presidente dizendo: "*Comment allez-vous, monsieur le president* ?", o que equivale em português a "Como vai o senhor?" O presidente responderá: *Bien, et vous, monsieur Dupont* ?" Bem, e o senhor?

Um aspecto perverso, na confusão de tratamento no Brasil, é que, além das questões de idade e hierarquia, os pronomes são utilizados para acentuar diferenças de classe. O motorista, aqui, também dirá a seu patrão: "Como vai o senhor?" Mas a resposta mais provável será: "Bem, e você, Zé?" O motorista é, por natureza, "você", assim como a empregada doméstica, o garçom e o porteiro. "Você" aponta de cima para baixo, no abismo social. "O senhor" de baixo para cima, assim como o "doutor", essa suprema forma de premiar os méritos de um brasileiro dos bons, desses excelentíssimos e reverendíssimos.

São hábitos que **deitam raizes**[17] na sociedade de escravos e senhores que fomos. Quando era criança, Brás Cubas, o personagem das *Memórias Póstumas,* de Machado de Assis, gostava de maltratar seu escravo Prudêncio montando-lhe em cima e aplicando-lhe **chicotadas,** [18] como a um cavalo. Prudêncio murmurava: "Ai, nhonhô!", uma maneira familiar de dizer "senhor". Brás Cubas respondia: "Cala a boca, besta".

Não há dúvida de que o presidente tem que ser chamado de "o senhor", mas muito mais gente merece também um tratamento respeitoso. Não é questão de ser formal nem **pernóstico,**[19] acusações de que o brasileiro **foge**[20] mais do que das de "**safado**"[21] ou "ladrão". É questão de suavizar, pelo menos na linguagem, as diferenças entre as pessoas. Em nome do mesmo respeito, da próxima vez que for chamado de "você", **roga-se**[22] ao presidente que deixe de reagir com um palavrão. Ele poderia dizer, como os gentis portugueses: "-Você é estrebaria". (Roberto Pompeu de Toledo, *Veja,* 19 de fevereiro de 1993)

Compreensão

1. Onde é que se dá o bate-boca entre o presidente e o repórter?

2. Por que o presidente se ofendeu?

3. Donde provém a resposta hipotética do presidente?

4. Com que tipo de palavra ele realmente respondeu?

5. O intercâmbio aponta para um dilema sério? Qual?

6. Em que outras áreas de trabalho existem abusos deste tipo?

7. Quando a gente não sabe como se dirigir a alguém, o que se recomenda?

8. Outras línguas já resolveram a dúvida? Quais? Como?

9. Além das questões de idade e hierarquia, onde mais os pronomes são utilizados?

10. Quem tende mais a tratar o outro de o/a senhor/a? E de você?

11. De que é que o brasileiro não gosta de ser chamado?

12. E para que(m) é reservado o 'doutor'?

---

[16] Danificada

[17] Estabelecem-se

[18] Pancadas com chicote ou látego

[19] Pretensioso ou presumido

[20] De *fugir.* Desvia-se ou retira-se apressadamente

[21] Desavergonhado ou descarado

[22] Solicita-se

28

Vocabulário : (a) Relacione os termos da primeira coluna com os (quase) antônimos da segunda e (b) empregue-os em sentenças completas.

1. Aproximar-se
2. Excelso
3. Levantar
4. Perverso
5. Más
6. Intimidade
7. Dúvida
8. Interlocutor
9. Equânime
10. Não deixar de

a. Bondoso
b. Parar de
c. Mundano
d. Certeza
e. Falante
f. Formalidade
g. Baixar
h. Elitista
i. Afastar-se
j. Boas

Ampliação

1. Como é que o repórter devia ter se dirigido ao presidente? E o presidente ao repórter?

2. Por que o autor recusa repetir o palavrão solto pelo presidente?

3. Será que a recusa representa um protesto de maiores dimensões? Quais?

4. Quando alguém o/a trata de o/a senhor/a, exatamente o que está querendo dizer?

5. Há outras interpretações possíveis?

6. E quando o/a tratam de você?

7. Sob quais circunstâncias ter que escolher o pronome poderia ser realmente constrangedor?

8. Existe o mesmo dilema em sua língua nativa? Por que (não)?

9. Se você ocupasse um alto cargo e um desconhecido (ou subalterno) o/a chamasse de você, também desgostaria? Por que (não)?

10. Você considera a imposição de tais distinções fundamentalmente elitista e anti-democrática? Por que (não)?

11. Será que a consolidação dos vários pronomes, caso fosse possível, diminuiria o conceito de classe?

12. Como você prefere ser tratado/a? Por que?

TEATRINHO

"Uma entrevista inesquecível"

Elenco

Ela (de qualquer área professional que vocês julgarem interessante)

Vocês (universitários americanos, apaixonados pelo Brasil e pela língua portuguesa, que dominam surpreendentemente bem)

O neto

O americano visitante

Argumento

Apresenta-se a chance, enquanto em Brasília, de vocês finalmente entrevistarem uma alta, idosa e formal funcionária do governo, cuja cooperação vocês precisam para levar a cabo um projeto importante. Vão falando com ela, tendo presente a necessidade de respeitarem as convenções de praxe. O que mais se ouvem são perguntas--de todos os lados para todos os lados. Após alguns minutos, entra o neto dela, um rapaz de aparência simpática e também universitário, acompanhado de um amigo americano que, sendo recém-chegado ao Brasil, não fala nada bem o português. Introduzem-se na conversa--o primeiro com entusiasmo, o segundo com relutância.

Expressões úteis

Agradecer
Autorizar
Beneficiar
Como devíamos tratá-la?
Como está seu projeto?
Como posso lhes servir?
Como vai (a senhora)?
De que mais gosta?
Encorajar

É um prazer imenso poder conversar com a senhora, com você
Facilitar
Faz tempo que estão no Brasil?
(A senhora) já conhece os Estados Unidos?
Muito prazer (em conhecê-la)
Oferecer
O que (vocês) estudam?
Pesquisar
Publicar os resultados

TEMAS PARA COMENTÁRIO ORAL OU ESCRITO

1. Explique por que é mais fácil soletrar em português do que em inglês, dando exemplos.

2. Os dois dialetos principais do português--da mãe pátria e do Brasil--refletem, até certo ponto, o caráter nacional de cada.

3. Há diferenças entre o inglês americano e o da Inglaterra que também refletem alguma divergência no caráter nacional de ambos os povos.

4. Em carioquês, afirma-se que o que o distingue dos outros dialetos brasileiros, além da gíria, é a intenção ou aplicação da linguagem. Elabore.

5. Acredita-se que as diferenças no uso do pronome podem ser consideradas um vestígio do período escravocrata; e existem paralelos em outras línguas ou dialetos.

UNIDADE 3   A NOVA PERSPECTIVA HISTÓRICA

1

Cerâmicas de 8 000 anos descobertas na
Amazônia **abalam**[1] teses arqueológicas e colocam o
Brasil no centro de um debate científico

O homem na floresta

Taperinha, um lugarejo perdido na Floresta Amazônica perto da cidade paraense de Santarém,
escondia embaixo da terra uma evidência científica que está estremecendo as bases da arqueologia.
5 Num artigo publicado recentemente na revista *Science,* as arqueólogas Anna Roosevelt, do Museu de
História Natural de Chicago, e Sílvia Maranca, da Universidade de São Paulo, USP, anunciaram a
descoberta, em Taperinha, de pedaços de cerâmica com idade entre 7,000 e 8,000 anos. Tais
fragmentos, de **argila**[2] trabalhada, são pelo menos 3,000 anos mais antigos do que qualquer objeto
fabricado pelos povos das três grandes civilizações pré-colombianas da América--incas, maias e astecas.
10 O povoamento da América do Sul é muito mais antigo do que se costuma pensar", afirma Anna
Roosevelt. "A região de Santarém era o centro de uma sociedade complexa." A idade presumível das
lascas[3] de cerâmica é surpreendente o bastante para colocar o Brasil no centro dos debates dedicados
a esclarecer como o homem primitivo chegou e **se espalhou**[4] pelo continente americano. Os desenhos
esculpidos nos fragmentos são um indício da existência de uma civilização avançada na região
15 amazônica há cerca de 10 000 anos--o que contra-diz a hipótese mais aceita sobre a ocupação da
América. Esta teoria sustenta que a ocupação do continente iniciou-se no norte, há 12,000 anos,
através de migrações provenientes da Ásia em que as tribos de *Homo sapiens* cruzaram o Estreito de
Bering--e, num ritmo de 16 quilômetros a cada geração, tomaram o caminho da América do Sul. A
existência de uma sociedade complexa na Amazônia há tanto tempo--como as lascas de cerâmica de
20 Taperinha parecem demonstrar--não **se encaixa**[5] muito bem na teoria das migrações no sentido norte-
sul. Pela simples razão de que essas lascas mais antigas deveriam, obviamente, estar no Hemisfério
Norte, e não na Amazônia.
Os arqueólogos definem uma sociedade primitiva complexa como um agrupamento de **dezenas**[6]
de **milhares**[7] de pessoas, divididas em classes sociais e com o domínio das técnicas com o trabalho
25 manual de cerâmicas. Para atingir esse nível de evolução social, uma civilização gasta alguns milhares
de anos. A grande novidade do trabalho de Anna Roosevelt e Sílvia Maranca é, pela primeira vez,
apresentar evidências concretas da presença do homem na América do Sul há mais de 10,000 anos. Os
traços esculpidos nas lascas apontam para uma civilização cuja inteligência **extrapolava**[8] as
rudimentares técnicas dos povos pré-históricos que habitaram a Floresta Tropical.
30 Os achados de Taperinha constituem uma evidência bastante razoável de que tal civilização
existia no Brasil. A datação dos fragmentos foi realizada nos laboratórios mais confiáveis do mundo,
através de métodos precisos e tradicionais, como o carbono 14 e um exame complementar chamado
termoluminescência, para medir a emissão de luz provocada pelo **aquecimento**.[9] O pesquisador francês
Denis Vialou, do Museu de História Natural de Paris, não acredita que haja propriamente um mistério em
35 se encontrar cerâmica mais antiga num lugar de onde teoricamente deveriam saltar das escavações
peças de fabricação mais recente do que as encontradas no Hemisfério Norte.
Para Vialou, uma peculiaridade dos sítios arqueológicos americanos pode estar na base da
confusão científica que se criou em torno das novas descobertas. "A América é o único continente do

---

[1] Colocam em dúvida (Fig.)
[2] Um sedimento com qualidades plásticas
[3] Fragmentos de madeira, pedra ou metal
[4] Difundiu-se
[5] Se conforma
[6] Conjuntos de dez
[7] Conjuntos de mil
[8] Ultrapassava ou superava
[9] Calor

planeta onde se encontram, num mesmo nível de escavação, artefatos que foram **confeccionados**[10] com tecnologias diferentes e em épocas distintas", explica. Vialou acha razoável a hipótese de que há pelo menos 20,000 anos o homem já circulava pelo continente americano. "Temos vários sítios bem datados que apontam para isso, na América do Norte e na do Sul", diz o arqueólogo.

5   Na prática, a descoberta não **derruba**[11] a teoria da ocupação humana através do Estreito de Bering. O sítio arqueológico mais estudado pela comunidade científica é o de Clóvis, nos Estados Unidos. Lá foram achadas pedras que comprovam a presença do homem no continente há 11 500 anos--e o sítio fica bem próximo da provável rota de migração seguida pelas primeiras **levas**[12] humanas a atravessar o Estreito de Bering. Mas está **em xeque**[13] a primazia do Estreito como a única rota do 10 homem. Datações muito antigas e civilizações primitivas com grau de evolução incompatível com o povoamento recente estão forçando os cientistas a investigar seriamente a possibilidade de o *Homo sapiens* ter chegado ao sul do continente de outra maneira. "Não há dúvida de que o homem e várias espécies de animais passaram por ali, mas o Estreito de Bering não foi a única rota para a ocupação", diz a antropóloga brasileira Nièdé Guidon, cujas descobertas em Pedra Furada, no Piauí, **jogaram** ainda 15 mais **lenha na fogueira**[14] das investigações sobre o povoamento pré-colombiano da América.

    Nièdé sustenta ter encontrado em Pedra Furada vestígios da presença do homem há cerca de 47 000 anos. A comunidade científica internacional ainda se divide quanto à interpretação da origem do material que Nièdé Guidon recolheu e mandou datar: restos de carvão vegetal fossilizados. Para a **pesquisadora**[15] brasileira, há evidências suficientes de que se trata de restos fósseis de uma fogueira 20 feita há milhares de anos por seres humanos. Seus críticos insistem que não se deve associar o carvão-- sobre cuja datação em 47 000 anos não há a menor dúvida--à atividade humana.

    Arqueólogos americanos, os mais tenazes refutadores da tese de Nièdé, sustentam que o carvão encontrado pela pesquisadora brasileira deve ter sido produzido por um dos muitos e freqüentes incêndios florestais espontâneos que **assolavam**[16] a região no passado. Apesar das suspeitas, as teses 25 de Nièdé Guidon acerca da ocupação humana na América do Sul ganharam força agora que vieram a público as descobertas em Taperinha.

    Como não há certezas sobre a ocupação humana na América do Sul, formou-se uma bolsa de **apostas**[17] com novas teorias. Nièdé Guidon acha que o homem pode ter chegado à América do Sul por embarcações rudimentares, através do Oceano Pacífico. A arqueóloga americana Betty Meggers, da 30 Smithsonian Institution, uma ardorosa defensora da teoria de Bering, considera **leviana**[18] a tese de Nièdé. Para Meggers, o problema talvez esteja na marca de 12000 anos para o início da ocupação através do Estreito de Bering. Ela acha que a migração começou há bem mais tempo—e que logo algum arqueólogo descobrirá na América do Norte sítios mais antigos que os do Brasil. Será trabalho para alguém com **fôlego**[19] de Indiana Jones. A industrialização e a ocupação do território dos Estados Unidos 35 foram realizadas mais precocemente do que no Hemisfério Sul e muitos sítios potencialmente preciosos foram destruídos antes que os cientistas pudessem se interessar por eles.

    "Não posso aceitar um único sítio como prova de que tudo que conhecemos sobre a Amazônia e a América está errado", diz Meggers, que não acredita na datação de boa parte das descobertas arqueológicas da América do Sul. "O Estreito de Bering como único caminho para a chegada do homem 40 à América é uma tese imperialista, que nada tem a ver com ciência", **rechaça**[20] a pesquisadora Anna Roosevelt, cuja opinião favorável às datações sul-americanas é insuspeita até por motivos genealógicos. Ela é bisneta do ex-presidente americano Theodore Roosevelt.

(*Veja*, 15 de janeiro de 1992)

---

[10] Feitos

[11] Derriba ou refuta

[12] Grupos

[13] Em dúvida

[14] Atiçaram ou estimularam (Fig.) (*Lenha na fogueira* é uma maneira informal de se referir a uma discussão polêmica)

[15] Investigadora

[16] Arrasavam ou devastavam

[17] Ato de colocar dinheiro em jogo sobre determinado assunto ou evento

[18] Imprudente ou precipitada

[19] Respiração e, por extensão, ânimo

[20] Repele

Compreensão

1. Aonde é que a evidência foi descoberta?

2. Em que consiste e de quando data a evidência?

3. Sendo comprovada, quais as implicações antropológicas?

4. Qual é a hipótese convencional referente à ocupação do hemisfério?

5. Como é que os arqueólogos definem uma sociedade primitiva complexa?

6. Como conseguem datar os fragmentos achados?

7. O que a arquéologa Niède Guidon descobriu?

8. E a explicação de seus detratores?

9. Como é que a antropóloga americana Anna Roosevelt classifica este tipo de rejeição?

10. Por que semelhante alegação pesa mais no caso particular dela?

Vocabulário : (a) Relacione os termos da primeira coluna com os (quase) sinônimos da segunda e (b) empregue-os em sentenças completas.

1.	Sítio	a.	Encontrar
2.	Fragmento	b.	Selva
3.	Debate	c.	Local
4.	Encaixar-se	d.	Clarificar
5.	Esclarecer	e.	Nível
6.	Evidência	f.	Caber
7.	Floresta	g.	Familiar
8.	Achar	h.	Prova
9.	Grau	i	Pedaço
10.	Genológico	j.	Polêmica

Ampliação

1. Por que dar tanta importância à arqueologia?

2. Qual a razão pela notável preponderância de investigadores estrangeiros?

3. Você acha que o/a arqueólogo/a brasileiro/a tenderia a ser mais, menos ou de igual confiança do que alguém de fora?

4. Será que as implicações da nova descoberta são algo mais que anedóticas?

5. Se os descobrimentos no sítio arqueológico de Clóvis são igualmente inconclusivos, por que têm mais proponentes?

2

Há 200 anos, Tiradentes foi **enforcado**[1] acreditando
num movimento que não passou de um rearranjo das elites

Só o *Alferes* [2] era povo

Enforcaram o alferes, não enforcaram os poetas e os homens letrados formados em **Coimbra**,[3]
os oficiais dos Dragões das Minas Gerais, os padres e os comerciantes. Foi só o alferes, embora os
5   outros, como ele, estivessem igualmente envolvidos na Inconfidência Mineira de 1789. Enforcaram
apenas o alferes Joaquim José da Silva Xavier, o Tiradentes (apelido que recebeu porque extraia
dentes), soldo de **72$000 réis**[4] como a mais baixa **patente**[5] das tropas regulares do Brasil colônia e o
único socialmente **desvalido**[6] a participar ativamente da **Conjuração**.[7] Essa questão, a da "punição
exemplar", como **reza**[8] na **Devassa**[9] aberta pela Coroa portuguesa, encobre o universo ideológico no
10   qual **se desenrolou**[10] a Inconfidência: um movimento sem povo. Essa mesma questão acentua as
diferenças que fizeram a Inconfidência tão distante, em seus propósitos, de outros movimentos que lhe
eram tão próximos no tempo, como a Guerra da Independência dos Estados Unidos de 1776 e a
Revolução Francesa de 1789.

Claro que Tiradentes, que **zanzava**[11] de uma casa a outra, sempre alugadas, que tentara sem
15   êxito ser comerciante e então **virara**[12] alferes, que por quatro vezes foi preterido em promoções na tropa
por causa dos "mais bonitos", como ele chamava os soldados portugueses, não foi executado porque era
pobre e endividado. **Traída**[13] a Inconfidência pelo coronel Joaquim Silvério dos Reis, foi o próprio
Tiradentes, como que sofrendo de um extremo complexo de culpa social, quem colaborou para que o
condenassem ao chamar para si toda a responsabilidade. Mas há também o fato de que era preciso
20   punir "exemplarmente". Aí, o desprestígio social do punido tornava a execução menos traumática e o
movimento menos notado no mundo. Ainda assim, a Devassa tomou o cuidado de embrulhar Tiradentes
em acusações que misturavam ao crime político a **pecha**[14] de contrabandista. Quanto aos conjurados
bem nascidos, embora decadentes na riqueza e nadando em dívidas de impostos para com a Coroa, por
que enforcá-los se era possível e interessava tê-los novamente como aliados?
25   Assim, sob o escaldante sol das 11 h da manhã do dia 21 de abril de 1792, o alferes foi
enforcado no Rio de Janeiro, onde **tramitava**[15] volumosa parte dos **Autos**[16] da Devassa. Também às 11
h, a comutação da pena de morte em prisão ou **degredo**[17] para os demais inconfidentes, na verdade já
assinada dois dias antes, era anunciada com **boa dose**[18] de discrição. Pela execução de Tiradentes e
pela salvação da pele de seus companheiros, naquela manhã, a Inconfidência Mineira exibiu o seu forte
30   lado oficial: uma conspiração, nada além de uma conspiração, montada por segmentos das classes

---

[1] Suspenso pelo pescoço em lugar alto até ficar asfixiado
[2] Segundo tenente
[3] Em Portugal, a universidade mais tradicional e prestigiada do mundo luso
[4] Moeda antiga. No dólar de hoje, o soldo de Tiradentes poderia valer aproximadamente $100 anuais.
[5] Grau militar
[6] Desqualificado
[7] Conspiração
[8] Menciona
[9] Processo que encerra as provas de um ato criminoso
[10] Desdobrou-se
[11] Vagueava
[12] Tornara-se
[13] Enganada por traição ou denunciada
[14] Defeito ou falha
[15] Seguia um processo
[16] Atos públicos ou registros
[17] Exílio
[18] Bastante

dirigentes da colônia contra a Coroa, segmentos que a **metrópole**[19] sabia por que devia perdoar. Se esses setores sociais colocaram em cena, em verso e prosa, a questão nacional da ruptura através da independência, atuaram bem menos poeticamente na **coxia**[20] para que tudo não passasse de um rearranjo.

5   A elite intelectual e econômica, as tropas e o clero mineiros fizeram a Inconfidência de 1789. O povo, não. Nela, quase nada havia de popular. Prova isso, por exemplo, a nenhuma clareza que os inconfidentes demonstravam sobre a abolição da escravatura na República que queriam proclamar. O jovem José Álvares Maciel, filho do capitão-mor de Vila Rica, formado em filosofia e História Natural em Coimbra e um dos mais incendiados conspiradores, incendiava-se mais ainda quando ouvia falar em

10 abolição da escravatura--só que daí o fogo era contra. "Com a abolição nós vamos nos destruir", chegou a afirmar Maciel, conforme os Autos da Devassa. Na verdade, a Inconfidência ficou devendo à contemporaneidade de sua época o princípio da soberania popular, sem o qual há conspiração, golpe ou rebelião, nunca ruptura. A ruptura, ou revolução, envolve a questão da **soberania**[21] porque só ocorre com o **deslocamento**[22] do poder de decisão numa sociedade política. A Inconfidência nem sequer

15 passou perto disso--pretendeu a independêneia sem povo, a República sem povo, como então e de fato aconteceria no século seguinte.

    A primeira revolução moderna que se deu à época da Inconfidência é a Guerra da Independência dos Estados Unidos, com a Declaração de 1776 e a *Bill of Rights*, a emenda dos direitos dos cidadãos da qual os inconfidentes tinham cópias e as faziam circular--embora, como

20 anotou o constituinte Martim Francisco (1775-1844), dos quase três milhões de habitantes da colônia, talvez não chegasse a 100 o número de pessoas que tinham algum conhecimento da língua inglesa ou se interessassem por esse tipo de literatura. "Os Estados Unidos resolveram, com sua resistência **cruenta**[23] e uma revolução, um destino nacional", escreveu o jurista e historiador Raymundo Faoró. "Os insurgentes latino-americanos raramente aludem, no entanto, à Guerra da Independência. Seu ideário

25 vem do 89 francês."

    Longe da fixação de um destino nacional como se deu com a Guerra da Independência, a Inconfidência não buscava, também, a ampla aplicação dos princípios que **norteavam**[24] a Revolução Francesa: pode-se afirmar que os **desdobramentos**[25] da Inconfidência não podem ser analisados, porque ela foi traída. É certo, porém, que em seu ideário não chegou a ganhar corpo a noção de

30 descontinuidade política. Na França, corria uma brochura escrita em 1788 pelo abade Emmanuel-Joseph Sieyès (1748-1836), chamada *Qu' est-ce que le Tiers État?* Nela, o abade fazia três **indagações:**[26] "Que é o Terceiro Estado? Tudo. Que foi ele na ordem política até o presente? Nada. Que pede ele? Ser qualquer coisa". O Terceiro Estado compreendia, resumidamente definido, todos os segmentos sociais que não fizessem parte da nobreza e do clero. Assim, entre outros desses

35 segmentos, a **burguesia**[27] o compunha e fez uma revolução. No Brasil, em meados do século XVIII, se formava uma burguesia no instante em que as minas começavam a **se esgotar**[28] e o comércio entre colônia e metrópole entrava no vermelho. Essa burguesia vai, no entanto, ligar-se imediatamente à administração pública, confundindo-se com a própria estrutura governamental da colônia: uma espécie de pecado original do governo do Marquês de Pombal na metrópole, que fez da burguesia do Brasil,

40 segundo Faoró, uma "classe que nunca viu diante de si o Terceiro Estado".

    "Os movimentos sociais no Brasil sempre foram transições conservadoras", afirma o historiador americano Kenneth Maxwell, autor do livro *A Devassa da Devassa*. "Para nos **atermos**[29] ao século XVIII, essa é a explicação para o fato de o Brasil ter uma história tão diferente da de outros países, no mesmo século". Especificamente sobre a Inconfidência, Maxwell gosta de imaginar um diálogo em que

45 os portugueses estão conversando com os inconfidentes e então dizem: "Os senhores ficam falando de

---

[19] Coroa, ou Lisboa

[20] Passagem estreita

[21] Poder ou autoridade suprema

[22] Mudança de um lugar para outro

[23] Sangrenta ou cruel

[24] Orientavam

[25] Consequências

[26] Perguntas

[27] Classe social que surgiu primeiro na Europa em fins da Idade Média, com o desenvolvimento econômico e o aparecimento das cidades

[28] Gastar-se por inteiro

[29] Limitarmos

República, vão acabar enfrentando uma revolta racial. Os inconfidentes se assustam e, então, decidem acertar rearranjar o modelo", diz o historiador.

Esse modelo, o da conciliação, sofreria **abalos**[30] em 1822, com a Proclamação da Independência, e em 1889, com a Proclamação da República. Mas apenas abalos, porque nunca se rompeu.

5

(Antônio Carlos Prado, *IstoÉ-Senhor*, 22 de abril de 1992)

Compreensão

1. Quem é que o governo português colonial deixou de enforcar?

2. Por que aplicou a pena de morte somente a Tiradentes?

3. Qual a posição ocupada por ele no exército colonial?

4. Qual o ingrediente proeminente na Guerra da Independência dos EUA e na Revolução Francesa que faltava à Inconfidência?

5. Qual foi o valor, no ponto de vista colonial, de identificar a insurreição com Tiradentes ao invés dos outros conjurados?

6. Como foram cooptados os outros?

7. De que Tiradentes também foi acusado?

8. Quem realmente fez a Inconfidência de 1789?

9. Qual foi a atitude dos inconfidentes com relação à escravatura?

10. Em que sentido a Inconfidência foi traída?

11. Em termos coletivos, quem a traiu?

12. Esta traição, ou seja, a manutenção do status quo, depois sofreu abalos mortais?

Vocabulário : (a) Relacione os termos da primeira coluna com os (quase) sinônimos da segunda e (b) empregue-os em sentenças completas.

1.	Inconfidente	a.	Autoridade
2.	Perdoar	b.	Agir
3.	Virar	c.	Quentíssimo
4.	Escaldante	d.	Conjurado
5.	Rebelião	e.	Rompimento
6.	Soberania	f.	Enfatisar
7.	Atuar	g.	Desculpar
8.	Acentuar	h.	Revolta
9.	Desdobrar	i.	Fazer-se
10.	Ruptura	j.	Desenrolar

---

[30] Convulsões

Ampliação

1. Você nota algum cinismo ou segundas intenções na forma em que a Devassa se desdobrou?

2. Por que Tiradentes foi também acusado de contrabandista?

3. Por que ele aceitou arcar com o grosso da culpa?

4. Como se sabe que ele não pertencia às classes dominadoras?

5. Muitos dos conspiradores se revelaram hipócritas? Como?

6. Quais as diferenças entre a Inconfidência Mineira e os movimentos revolucionários franco-americanos?

7. Você pensa que nos EUA e na França pós revolucionários, o Terceiro Estado chegou a exercer cada vez mais (ou menos) influência sobre os novos governos?

8. Em que você acha que os conjurados realmente queriam transformar o Brasil?

9. Haveria algum movimento social no Brasil que não começasse (ou terminasse) sendo um arranjo das elites? Qual?

10. A participação popular na política brasileira contemporânea representa uma diminuição na tradicional dominação elitista? Como?

3

Como, há 30 anos, Jânio Quadros tentou
desastradamente ser o DeGaulle brasileiro

O golpe da renúncia

As forças "terríveis" ou "ocultas" que provocaram a renúncia do presidente da República em 25
de agosto de 1961 têm nome e sobrenome: Jânio da Silva Quadros. No 30º aniversário da renúncia, há
5   motivos de sobra para se afirmar que ela não passou de uma tentativa desastrada de **golpe branco**,[1]
empreendida por um presidente inexperiente (44 anos, à época), que **superestimou**[2] sua força popular
e, como emérito provinciano, **escorregou**[3] em uma sequência de articulações políticas mal-sucedidas.
Um **cotejo**[4] de fatos incontestáveis com testemunhos novos sobre o episódio mostra ainda que, antes da
tentativa de golpe branco, Jânio sonhou com um golpe militar ao estilo de Charles de Gaulle.
10   O presidente eleito pela **UDN**[5] com 48% dos votos válidos--exatos 5.636.623--estava disposto a
fechar o Congresso apoiado na força dos militares. A seguir, imporia ao País uma nova Constituição e
convocaria um plebiscito para **referendá-la**.[6] Quando essa manobra **esbarrou**[7] em intransponíveis
problemas de articulação, Jânio colocou em marcha o golpe da renúncia. Supôs que ela imobilizaria o
País, obrigando políticos e militares a suplicar sua volta à Presidência da República, com novos e
15   vastíssimos poderes. Todo esse **arcabouço**[8] **ruiu**,[9] contudo, em poucas horas e não restou a Jânio
senão criar, com evasivas e frases **cifradas**,[10] um intrigante mistério político. Até porque a realidade não
seria nada favorável à sua imagem. E ele ainda esperava voltar à política, como de fato ocorreria.
A principal **testemunha**[11] da versão definitiva da renúncia chama-se Vladimir Toledo Piza, tem
85 anos e vive agora em retiro. Dono de uma indústria farmacêutica, Piza foi contemporâneo de Jânio, a
20   quem chegou a ajudar financeiramente na eleição para o governo do Estado, em 1954. Mas logo se
desiludiu com o seu aliado, qualificando-o, já em 1955, como "um aventureiro **achacador**".[12] Quando
Jânio iniciou seu período presidencial em 1961, Piza, que também fazia política no **PTB**,[13] acompanhava
os acontecimentos de um **patamar**[14] privilegiado: recebia informes confidenciais de militares do chamado
setor nacionalista do Exército, que obedecia à orientação de seu amigo pessoal, o general Estillac Leal.
25   Assim, já em fins de maio daquele ano, Piza tomava conhecimento dos planos do presidente Jânio
Quadros para dar um golpe de Estado.
Segundo seu relato, alguns militares que trabalhavam para o governo de São Paulo haviam
gravado, **sigilosamente**,[15] uma conversa do novo presidente com o então governador paulista, Carvalho
Pinto, durante um almoço no Palácio do Horto Florestal, em São Paulo. Piza garante que teve a
30   gravação em mãos por alguns dias--"até **decorei**[16] alguns trechos, de tanto ouvi-la"--e classifica o seu
teor[17] como "altamente explosivo". A certa altura da conversa, Jânio anunciou a Carvalho Pinto sua

---

[1] Tentativa de ampliar os poderes sem uso de força
[2] Exagerou
[3] Deslizou ou derrapou
[4] Comparação
[5] União Democrática Nacional
[6] Aceitá-la
[7] Tropeçou
[8] Estrutura
[9] Desabou ou caiu com ímpeto
[10] Escritos com caracteres secretos
[11] Pessoa que viu ou ouviu alguma coisa, ou que é chamada a depor sobre aquilo que viu ou ouviu
[12] Ladrão
[13] Partido Trabalhista Brasileiro
[14] Posição (alta)
[15] Secretamente
[16] Memorizei
[17] Conteúdo

intenção de "economizar o que este país gasta com a Câmara e o Senado". O Congresso seria fechado, acrescentou, para a implantação de um novo regime, com Executivo forte, ao estilo gaullista. Previu ainda duração mínima de 15 anos para essa fase, ao fim da qual o Brasil emergiria "como uma grande potência".

5   Seria o testemunho de Piza apenas a intriga tardia de um **desafeto**[18] declarado de Jânio Quadros? Até poderia ser, caso não **se ajustasse**[19] perfeitamente a outros dados pouco conhecidos dessa história. Em seu *Depoimento,* publicado *post-mortem* em 1974, o ex-governador da Guanabara, Carlos Lacerda, relata, por exemplo, "uma estranha conversa" que teve com Jânio no Palácio das Laranjeiras, em fevereiro de 1961. Nela, o presidente **queixou-se de**[20] que não teria condições de
10 governar "com este Congresso". Do mesmo modo, o então deputado estadual Roberto de Abreu Sodré, depois governador de São Paulo, ouviu de Jânio em abril queixas semelhantes numa conversa reservada. Segundo Sodré, o presidente chegou a dizer que "ou bem fechava o Congresso, ou não poderia cumprir as promessas feitas ao povo".

     Somente inexperiência, vocação antidemocrática ou **destrambelhamento**[21] poderiam justificar
15 declarações desse gênero. O jornalista Carlos Castello Branco, à época **assessor**[22] de imprensa do governo Jânio, diz hoje que "quem tivesse um mínimo de conhecimento das coisas de Brasília saberia muito bem que um presidente com quase seis milhões de votos, na verdade, nada tinha a temer do Congresso". Ele acha que Jânio "fantasiava" suas dificuldades com o Congresso para justificar as idéias de uma mudança constitucional. Mas há indícios seguros de que o presidente e seu ministro da Justiça,
20 Oscar Pedroso Horta, realmente se preocupavam com a oposição no Congresso onde 207 dos 320 deputados e 36 dos 60 senadores faziam oposição ao governo. Para isso pode ter contribuído o provincianismo político de ambos.

     É inegável que tanto Jânio quanto Horta pisavam em Brasília território inteiramente desconhecido. O presidente havia feito uma carreira política exclusivamente baseada em São Paulo--
25 mesmo no curto período como deputado eleito pelo Paraná, de 1958 a 1960, jamais chegara a frequentar o Congresso. E também não conhecia a mecânica do poder na capital. Um político de sua intimidade conta hoje que, nos primeiros dias de trabalho no Palácio do Planalto, Jânio já **espantou**[23] todo mundo, ordenando a um general que lhe trouxesse cafezinho. Quanto a Horta, jamais foi deputado. Era um advogado bem-sucedido em São Paulo, que chegou a secretário estadual pela amizade que mantinha
30 com Jânio. Até identidades **de copa e cozinha**[24] os uniam, entre elas, o gosto pelas conversas **regadas**[25] a uísque escocês. Ou ainda a atração irresistível pelas belas mulheres que sempre cercam o poder.

     Com tais antecedentes, não era de estranhar que Jânio e Horta se mostrassem tão ineficientes na articulação do golpe gaullista. Por orientação expressa do presidente, na madrugada do dia 19 de
35 agosto, em Brasília, Horta expôs a idéia do golpe a Carlos Lacerda, que já tinha então fama de **macaco em loja de louça**[26] e seria, para qualquer articulador mais hábil, a última pessoa a quem se confiaria um segredo. Resultado: Lacerda correu de volta ao Rio e **espalhou**[27] a notícia aos seus amigos da UDN. Espalhou falando contra. E não tardou a dar a sua opinião a todo o País, em cadeia nacional de televisão, na noite de 24 de agosto.
40   A versão quase oficial da renúncia atribui a esse pronunciamento de Lacerda a razão do **destempero**[28] de Jânio Quadros na manhã do dia 25. Há porém indícios de que a renúncia já vinha sendo acalentada pelo presidente há mais tempo. Jânio chegara à conclusão de que para o golpe militar faltava justamente um apoio mais amplo na área da **caserna**.[29] Estava certo de contar com o apoio de seus ministros militares. Mas detectara dificuldades irremovíveis na área do Rio de Janeiro (onde se
45 localizava a Vila Militar) e no Rio Grande do Sul (onde o III Exército tinha fama de legalista ao extremo). Em outras palavras, o golpe gaullista comportava o risco de uma guerra civil. Já a renúncia, uma

---

[18] Adversário

[19] Batesse com ou combinasse com

[20] Protestou (Fig.)

[21] Doidice ou loucura

[22] Adjunto, auxiliar ou assistente

[23] Horrorizou

[24] Da mais estrita intimidade

[25] Estimuladas ou incentivadas (Fig.)

[26] Pessoa que faz grandes estragos (Fig.)

[27] Divulgou

[28] Disparate ou despropósito

[29] Quartel militar

espécie de golpe branco, poderia proporcionar ao presidente o mesmo resultado pretendido, sem sangue e aparentemente com maior facilidade de execução.

O cálculo de Jânio parecia tão simples quanto inevitável. A sua renúncia em circunstâncias dramáticas (com acusações ao Congresso, frases heróicas e até mesmo o choro do ministro da Aeronáutica, Grum Moss) se seguiria a viagem para um território de transição--a Base Aérea de Cumbica, comandada por um amigo de fé, o brigadeiro Roberto Faria Lima. A partir daí, a iniciativa ficaria com os militares--e ninguém deu a devida importância a este detalhe do plano. Na reunião em que anunciou a renúncia, Jânio já **desferiu**[30] um golpe nas instituições do País, entregando o governo, declaradamente, aos seus ministros militares. Esqueceu-se, assim, do artigo 79 da Constituição de 1946, que previa a sucessão pelo vice-presidente, ou na falta deste (como era o caso, estando João Goulart em viagem à China Comunista, chefiando uma missão diplomática), pelo presidente da Câmara dos Deputados. Jânio chegou mesmo a recomendar aos ministros militares que formassem uma Junta para governar o País naquela emergência, como depois revelou o próprio marechal Odílio Denys, ministro da Guerra.

Jânio também havia tomado o cuidado de pedir aos chefes militares e aos governadores que guardassem total segredo sobre a renúncia até as três da tarde daquele dia. O motivo logo pareceu claro para pelo menos um político paulista--o então secretário estadual da Agricultura, José Bonifácio Coutinho Nogueira, que almoçava em São Paulo, naquele dia, com o governador Carvalho Pinto e o ministro do Trabalho, Castro Neves. "É que o dia 25 era uma sexta-feira. **Nitidamente**,[31] o Jânio queria que o Congresso só soubesse da renúncia depois que todos os parlamentares já tivessem viajado", explica Bonifácio. As consequências da renúncia, então, seriam óbvias: com o País dirigido por seus chefes militares e o Congresso imobilizado por pelo menos três dias, podia-se esperar a criação rápida de um clima de instabilidade que levaria os militares e a própria área política a procurarem em Cumbica, o salvador da pátria.

A estrutura do golpe branco começou a **desabar**[32] exatamente no seu ponto mais importante--a área militar. Jânio havia discutido o golpe gaullista com pelo menos dois dos militares--Denys e o almirante Sílvio Heck. Nada lhes disse, porém, ao que tudo indica, sobre o golpe branco da renúncia. O resultado foi que os ministros ficaram chocados com a cena do dia 25. Apelaram dramaticamente para que o presidente reconsiderasse a decisão, chegando a lhe oferecer o imediato fechamento do Congresso--como Denys contou depois a políticos de sua confiança. Assim, desorientados quando Jânio os deixou, eles não obedeceram à orientação de guardar o segredo até as três da tarde. Realizaram uma imediata reunião com todos os oficiais generais presentes em Brasília, ainda naquela manhã. Foi quando surgiu um obstáculo inesperado: o general Floriano Peixoto Keller, comandante do III Exército, insistiu em que a solução do impasse deveria obedecer ao artigo constitucional que determinava regras para a sucessão. Denys, **atrapalhado**,[33] encerrou a reunião. E imediatamente chamou, ao seu gabinete, o presidente da Câmara, Ranieri Mazzilli, que recebeu a notícia da renúncia de Jânio inteiramente **atônito**.[34] Não se lembrou de dizer--ou preferiu esquecer--a Denys que a Junta era inconstitucional.

Pouco depois, à hora do almoço, Mazzilli encontrou-se com um político que não estava perplexo. Era o líder do **PSD**[35] na Câmara, o **esperto**[36] mineiro José Maria de Alkmin. Na noite anterior, Alkmin telefonara para o Rio de Janeiro e conversara com o chefe nacional do partido, outra raposa da política da época, o almirante Amaral Peixoto. Os dois haviam chegado à conclusão de que a partir da denúncia de Lacerda, muita coisa iria acontecer no Congresso naquela sexta-feira, 25. Por isso, decidiram convocar todos os deputados para permanecerem em Brasília, **no aguardo dos**[37] acontecimentos. Essa decisão, depois, demonstrou-se fatal para o plano de golpe branco.

Quando o ministro da Justiça, Pedroso Horta, chegou ao Congresso logo depois das duas da tarde do dia 25, a **engrenagem**[38] **pessedista**,[39] alertada por Alkmin, já funcionava **a todo vapor**.[40]

---

[30] Abriu ou levantou

[31] Claramente

[32] Desfazer-se (Fig.)

[33] Perplexo ou embaraçado

[34] Admirado ou pasmado

[35] Partido Social Democrático

[36] Inteligente

[37] Esperando ou aguardando

[38] Organização (Fig.)

[39] Relativo ao PSD, em oposição ao partido do presidente

[40] A toda a velocidade

Horta sorria de orelha a orelha, confiando por certo na **argúcia**[41] do golpe branco **desfechado**[42] por seu chefe. Mas Alkmin logo se revelaria muito mais astuto. Horta entregou a carta-renúncia a Auro de Moura Andrade, presidente do Senado, e saiu às pressas do prédio do Congresso. Auro tinha ainda o papel da renúncia em mãos e se perguntava o que ia fazer com ele, quando Alkmin deu sua opinião: "Você não tem que discutir nada. Renúncia é um ato **irretratável**,[43] apenas comunique ao **plenário**".[44] Estava selado: Jânio já era um ex-presidente.

(José Carlos Bardawil, *IstoÉ-Senhor,* 24 de agosto de 1993)

Compreensão

1. Por que Jânio Quadros realmente renunciou à presidência em 1961?

2. Segundo ele, o que forçou sua decisão?

3. Ele tinha sido eleito por que porcentagem do voto popular?

4. Que tipo de governo ele teria imposto se o plano dele tivesse dado certo?

5. Por que Vladimir Toledo Piza estava em condições de saber a verdade sobre a renúncia?

6. Quais instituições Jânio Quadros considerava um impedimento à sua presidência?

7. No palco mundial, quem é que Jânio Quadros tentava emular e por que?

8. Como é que ele, como novo presidente, se adaptou a Brasília? Por que?

9. Por que o papel das Forças Militares era tão importante no desdobramento dos eventos?

10. A legislatura cooperou com os desígnios de Jânio ?

Vocabulário : (a) Relacione os termos da primeira coluna com os (quase) sinônimos da segunda e (b) empregue-os em sentenças completas.

1.	Renúncia	a.	Sigilo
2.	Provinciano	b.	Ação
3.	Articulação	c.	Avisado
4.	Mal-sucedido	d.	Reclamar
5.	Apoiar	e.	Depoimento
6.	Testemunho	f.	Pouco sofisticado
7.	Intransponível	g.	Pedido de demissão
8.	Queixar-se	h.	Inevitável
9.	Segredo	i.	Fracassado
10.	Alertado	j.	Sustentar

---

[41] Agudeza de espírito; sutileza de raciocínio
[42] Disparado ou dado
[43] Irrevogável ou imutável
[44] Qualquer assembléia que reúne em sessão todos (ou quase todos) os seus membros

Ampliação

1. Quais seriam os motivos verdadeiros do frustrado "golpe branco"?

2. Por que Jânio Quadros subestimou a frágil democracia brasileira?

3. Que tipo de ditador ele teria sido se tivesse triunfado? Teria puxado mais a DeGaulle ou a Castro?

4. Que lado você teria apoiado na luta pelo poder executivo?

5. Por que se pode dizer que a estratégia de Jânio Quadros mais se assemelhou a um golpe de estado do que a uma revolução?

6. Do ponto de vista da atuação de Jânio Quadros e seus seguidores, o que o episódio tem de comédia de erros?

7. Depois do fiasco, Jânio Quadros voltou a participar da vida política brasileira? E antes de assumir a presidência, que cargos deteve?

8. Tudo considerado, como você qualificaria a presença de Jânio Quadros no panorama político nacional?

9. Quem era João Goulart e por que você acha que ele não era tão aceitável à elite quanto Jânio Quadros?

10. Qual foi o legado catastrófico engatilhado pelo vácuo imediato da renúncia?

4

Descoberta **vala**[1] comum onde podem estar
"desaparecidos" pela repressão política

Ditadura *exumada*[2]

5

Com cerca de 30 metros de extensão, 50 centímetros de largura e a 20 metros de um dos muros do cemitério Dom Bosco, no bairro de Perus, em São Paulo, foi encontrada na terça-feira, 4, uma ponta da história da repressão política no Brasil durante o regime militar. **Puxou o fio**[3] o administrador do cemitério Antônio Pires Eustáquio, ao localizar uma vala comum com 1.500 **ossadas**,[4] entre as quais podem estar as de opositores políticos ao regime autoritário instaurado no País com o golpe de 64 ainda hoje catalogados como desaparecidos políticos. Fato na verdade conhecido pelos militantes de grupos armados e pela própria polícia desde o início da década de 70. A vala comum do cemitério de Perus

10

desmonta a outra ponta do período repressivo a que afirma que os desaparecidos são desaparecidos mesmo, não mortos mas sumidos com vida. Essa é a versão oficial que pode ver, assim, **cair por terra**[5] fatos que ela quis literalmente enterrar para sempre.

"A importância de se ter descoberto essa vala com as ossadas é a possibilidade de se enterrar um fantasma que ainda **ronda**[6] o Brasil", diz Paulo de Tarso Venceslau, ex-militante da Ação Libertadora

15

Nacional, a ALN, uma das organizações armadas mais duramente atingidas pela repressão militar. "Esse fantasma chama-se versão oficial". Venceslau explica que não se deve agir **emotivamente**[7] diante do *caso Perus*. Errado é, por exemplo, imaginar que a maioria das ossadas são de vítimas da repressão. "Haverá um ou outro caso", diz ele. **Ressalta**,[8] no entanto, que ainda que seja um único caso de alguém **tombado**[9] pela polícia e lá enterrado clandestinamente, o caráter bárbaro da repressão é o mesmo que

20

se as 1.500 ossadas fossem todas de opositores políticos--bom raciocínio para o mau hábito de alguns que sustentam que a atuação dos órgãos repressivos no Brasil foi menos dura que na Argentina ou no Uruguai, por exemplo, porque aqui menos adversários do regime foram perseguidos.

Inaugurado em março de 1971, desde então o cemitério de Perus era conhecido por alguns militantes de grupos armados e pelos organismos de repressão paulista como um lugar de *desova*.[10]

25

Era comum, nessa época, **algozes**[11] dizerem a suas vítimas que, se não confessassem, "acabariam em Perus", conforme **depoimentos**[12] de Venceslau. Acabar em Perus era, por exemplo, uma frase típica do torturador que se identificava nos interrogatórios e era chamado por seus colegas de "**Risadinha**".[13] A novidade é que Perus agora vem a público: com a prefeita paulistana Luiza Erundina **empenhando-se**[14] pessoalmente para **apurar**[15] responsabilidades, com a formação na quarta-feira, 5, de uma Comissão

30

Parlamentar de Inquérito na Câmara Municipal que teve a aprovação de todos os partidos, finalmente, com 99 ossadas já encaminhadas ao Departamento de Medicina Legal da Universidade de Campinas, a Unicamp--os mesmos que em 1985 trabalharam no reconhecimento da ossada do carrasco nazista Joseph Mengele.

Da vala comum de Perus, podem ser desenterradas, por exemplo, as circunstâncias de morte de

35

Virgílio Gomes da Silva, conhecido entre os guerrilheiros em 1969 como *Jonas*. É essa até hoje uma

---

[1] Espécie de fosso longo e largo
[2] Desenterrada
[3] Chamou a atenção
[4] Os ossos de cadáveres
[5] Revelados (Fig.)
[6] Anda vigiando
[7] Emocionalmente
[8] Enfatisa
[9] Caído ou derrubado
[10] Ato de deixar em determinado lugar, cadáver de pessoa assassinada (Fig.)
[11] Carrascos ou verdugos
[12] Testemunhos
[13] Quem ri
[14] Comprometendo-se
[15] Investigar

história pouco contada. Ele foi barbaramente massacrado a pontapés atras de uma porta numa das **dependências**[16] da Operação Bandeirantes, a Oban--organismo que daria origem ao **Doi-Codi**.[17] Morreu assim porque reagiu às primeiras agressões de seus inquisidores. "Quando fui preso, ainda havia sangue e pedaços do corpo do *Jonas* no chão da sala", afirma Venceslau. "E começou a correr o
5   comentário de que ele tinha fugido". Se forem identificados entre as ossadas do cemitério de Perus os ossos de Silva, como ficará a versão de que teria ele fugido da Oban e do Brasil? Perversa a história de um país que precisa de um cemitério para mostrar que *o desaparecido vivo foi escondido morto*. "Agora se terá provas", diz o ex-preso político Aton Fon Filho, que cumpriu dez anos de prisão. "Eu me lembro do então ministro Armando Falcão falando que pessoas fogem de casa, mudam de país e por isso
10 somem."
O cemitério de Perus começou a se abrir politicamente para o Brasil em 1976, quando Suzana Lisboa, viúva do militante Luís Eurico Tejera Lisboa, encontrou nele o corpo de seu marido. Segundo os órgãos de repressão, Tejera Lisboa havia se suicidado numa pensão em São Paulo, na rua Conselheiro Furtado, no bairro de classe média Aclimação. Depois de **vasculhar**[18] os arquivos do Instituto Medico
15 Legal de São Paulo, Suzana chegou ao **laudo**[19] de seu marido--registrado com o nome de Nelson Bueno, o mesmo que usava na guerrilha urbana. No pé do laudo havia o local para o qual o corpo fora enviado--cemitério de Perus. Suzana, hoje uma ativa integrante do grupo Tortura Nunca Mais, que busca esclarecer o **paradeiro**[20] dos desaparecidos, conseguiu assim recuperar o que de fato acontecera com seu marido: morreu fuzilado em seu quarto de pensão. Estava aberto o caminho para que se chegasse
20 ao cemitério. A partir de 1979, mais familiares de desaparecidos atravessaram a triste ponte **IML**[21]-Perus. Há expectativa que na vala comum clandestina possam estar, além da ossada de *Jonas,* as de José Román, que militava no Partido Comunista Brasileiro, o PCB; de Airton Adalberto Mortati, o *Tenente* do Movimento de Libertação Popular, o Molipo, do físico Wilson Silva e de Sônia Kucinsky, da ALN; de Carlos Danieli, da Vanguarda Popular Revolucionária, a VPR; e de Joaquim Alencar de Seixas, do
25 Movimento Revolucionário Tiradentes, o MRT.
O reconhecimento das ossadas se dará pela comparação de fotos dos desaparecidos com os crânios, por intermédio de telas tridimensionais monitoradas por computadores. Além disso, facilita a identificação a existência de arcadas dentárias com incrustações de ouro. Segundo o administrador Eustáquio, isso mostra que não eram apenas indigentes que foram enterrados no cemitério. Ainda de
30 acordo com Eustáquio, muitos corpos chegavam com perfuração de bala no crânio e roupas que não eram de mendigos.
Em meio à repercussão do encontro das ossadas, veio a público o medico-legista Harry Shibata, diretor do IML à época do regime militar--e que se tornou famoso por ter assinado o laudo de morte do jornalista Vladimir Herzog, morto nas dependências do Doi-Codi de São Paulo em 1975, sem examinar o
35 corpo. Shibata acabou por confirmar aquilo que familiares de desaparecidos politicos descobriram sozinhos em suas solitárias **perambulações**[22] pelo IML--o fato de que o cemitério de Perus fazia parte da rota da repressão. "Toda a guerrilha que morreu nas ruas foi para esse cemitério igual aos indigentes", afirmou Shibata.

(Antônio Carlos Prado, *IstoÉ-Senhor*, 12 de setembro de 1993)

---

[16] Edificações anexas
[17] Departamento de Operações e Informação e Centro de Operações e Defesa Interna
[18] Pesquisar ou investigar
[19] Peça escrita na qual os peritos expõem as observações que fizeram, registrando suas conclusões
[20] Destino (Fig.)
[21] Instituto Médico Legista
[22] Andanças

Compreensão

1. O que foi desenterrado no bairro de Perus?

2. De quando datam as ossadas?

3. Por que os cadáveres foram enterrados clandestinamente?

4. Na época, o que alegava o governo militar referente ao paradeiro dos 'desaparecidos'?

5. Semelhante repressão ocorreu em outras nações da região? Quais?

6. Que fim tinha levado o guerrilheiro Jonas?

7. O cemitério de Perus já era infame?

8. O que descobriu Suzana Lisboa?

9. Quais são os nomes de alguns dos movimentos revolucionários perseguidos pelo governo militar?

10. Em que se empenhou a prefeita de São Paulo?

Vocabulário : (a) Relacione os termos da coluna esquerda com os (quase) antônimos da direita e (b) empregue-os em sentenças completas.

1.	Aparecer	a.	Liberdade
2.	Emotivo	b.	Abastado
3.	Operação Bandeirantes	c.	Comprimento
4.	Indigente	d.	Partidário
5.	Opositor	e.	Defensor
6.	Puxar	f.	Sumir
7.	Repressão	g.	Certeza
8.	Inquisidor	h.	Indiferente
9.	Possibilidade	i.	Guerrilheiros
10.	Largura	j.	Empurrar

Ampliação

1. Os excessos da ditadura militar o/a surpreendem? Por que (não)?

2. Por que, até hoje, esta triste verdade não é tão bem conhecida quanto o que aconteceu nos paises vizinhos?

3. Você acha que o mito do homem cordato--que mantém que o brasileiro é basicamente pacífico--é só isso, um mito?

4. Depois de tantos anos, por que muitos políticos e militares ainda preferem ignorar ou até negar o que ocorreu?

5. Acha que semelhantes excessos poderiam se passar em seu país?

6. Poderia voltar a ocorrer no Brasil? Por que (não)?

7. Poderia haver algum saldo remotamente positivo resultando de toda esta barbárie?

8. O que há de admirável nas ações dos opositores ao regime militar pós 1964?

9. Você seria capaz de pôr em perigo sua própria vida (e possivelmente a de sua família) para reformar um governo injusto? Por que (não)?

10. Como explica o não-envolvimento de tanta gente 'decente' e ciente dos abusos horrendos perpetuados pelo governo?

5

A mãe de um desaparecido fala à
imprensa com coragem e determinação

Duro como a vida

A vida foi dura comigo mas eu consigo ser mais dura do que a vida. Minhas duas filhas mais velhas morreram pequenas, meu marido alguns anos depois, e eu fiquei só com meu único filho homem, o Aylton Adalberto Mortati. Quando ele entrou na Universidade Mackenzie para cursar Direito, nós nos
5   mudamos de Catanduva para São Paulo. Nós morávamos no bairro do Paraíso. Numa noite de outubro de 1968, o Aylton saiu para ir à faculdade e não voltou mais. Nos dias seguintes, procurei os amigos dele mas ninguém sabia informar nada. Cinco dias depois, eu recebi a visita de dois policiais do **Dops**,[1] o delegado Sérgio Paranhos Fleury e mais um policial. Entraram na minha casa pela porta dos fundos, sem tocar a campainha. Perguntaram pelo meu filho, **revistaram**[2] a casa toda. Fleury **encostou**[3] uma
10   metralhadora nas **costas**[4] de minha irmã, Olga, perguntando onde o Aylton estava. Fleury e seu companheiro bateram no meu sobrinho, Antônio, de 12 anos. Foram embora e levaram as fotografias que o Aylton tinha feito para a formatura. Do lado de fora deixararm policiais que passaram a fazer parte da vida da gente.

Poucos dias depois, dez homens **à paisana**,[5] calçando botas e empunhando metralhadoras e
15   revólveres invadiram a minha casa. Mexeram em tudo, não ficou nada no lugar. Fui obrigada a ir com eles. Só então eu soube que eles eram da Aeronáutica. Fui levada com mais duas pessoas. Fomos interrogados separadamente. As perguntas eram as mesmas: onde estava o meu filho, que eu tinha de dizer com quem andava e o que fazia. Eu respondia: só sei que saiu para a faculdade e não voltou mais, e sempre foi um excelente filho.
20   No final do interrogatório, um homem se apresentou como capitão Primo e disse que meu fllho era um terrorista e que ele havia seqüestrado um avião para ir para Cuba, de onde só voltaria em dois anos. Esse capitão Primo me ofereceu apoio e prometeu ajudar o Aylton quando ele aparecesse. **Em troca**,[6] eu deveria cooperar, dar qualquer informação que obtivesse. Eu levei bilhetes para eles, bilhetes que eram assinados com x negro. Esses bilhetes diziam que meu filho logo seria morto. Minha vida
25   transformou-se num inferno. Era gente no telhado, no quintal, no vizinho. Eu era seguida no supermercado. Passou um ano e eu recebi uma carta do Aylton. Ele dizia que estava bem, pedia para que me orgulhasse dele. Eu escondi a carta dentro de uma lata de mantimentos. Nunca revistaram essa lata mas a carta se queimou. Por duas vezes conseguiram pôr fogo na minha casa. Num dos incêndios a **despensa**[7] e o plano de meu filho foram destruídos. Também tentaram me **atropelar**.[8]
30   Eu sabia que enquanto tivesse policiais na porta de minha casa era porque meu filho estava vivo. Em novembro de 1971 um telefonema anônimo mandou que eu o procurasse no **Doi-Codi**.[9] Fui. Disseram que meu filho não estava lá. Eu insisti e fui **ameaçada**[10] de prisão. O mesmo se deu no Dops. Procurei então o promotor da 2ª Auditoria Militar. Ele disse que meu filho estava morto e que acabara de enviar a **certidão de óbito**[11] ao Dops. Ele escreveu uma carta para que eu a levasse ao diretor do Dops.
35   A carta pedia que ele me entregasse a certidão de óbito. Não fui recebida, voltei ao promotor, que disse que tomaria pessoalmente as providências. No dia seguinte o promotor foi transferido para o Rio de Janeiro. Procurei aí o comandante do Doi-Codi.

---

[1] Departamento de Operações

[2] Examinaram com atenção

[3] Colocou

[4] Parte posterior do tronco humano

[5] Em traje civil

[6] De minha parte (Fig.)

[7] Local onde se armazenam os alimentos

[8] Derrubar (com um veículo motorizado)

[9] Departamento de Operações e Informação e Centro de Operações e Defesa Interna

[10] Intimidada

[11] Atestado de morte

Depois de um mês, eu descobri numa manhã um pequeno **embrulho**[12] debaixo da minha porta. Abri o pacotinho. Nele estava um anel de ouro com uma safira ladeada por dois pequenos brilhantes. Era o anel que meu filho usava desde os 18 anos, quando se formara no conservatório. Eu sempre achava que ele ia voltar. Quando recebi o anel imaginei que estava morto. Não sei, mas de novo, pouco tempo depois, voltei a ter esperanças. É muito difícil se convencer da morte de um filho sem ter provas de que de fato ela aconteceu. Hoje já não tenho mais nenhuma esperança mas ainda não posso descansar. Eu quero saber o que houve com meu filho, quero o atestado de óbito, porque meu filho existiu, e quero o corpo dele para enterrar num túmulo decente. Ele era gente, não pode estar enterrado como cachorro.

5

(*IstoÉ-Senhor*, 12 de setembro de 1990)

Compreensão

1. Quem é Aylton Adalberto Mortati?

2. De que é que ele foi acusado pelos órgãos de segurança?

3. Aonde morava e com quem?

4. Ele sumiu sob quais circunstâncias?

5. Que é que sua mãe fez logo depois de seu desaparecimento?

6. Inicialmente, como reagiu a polícia?

7. A mãe foi levada embora?

8. Ela recebeu alguma comunicação do filho?

9. Ela continuou a ser intimidada pela polícia? Como?

10. A mãe ainda tem esperança de encontrar seu filho vivo?

Vocabulário : (a) Relacione os termos da coluna esquerda com os (quase) sinônimos da direita e (b) empregue-os em sentenças completas.

1.	Óbito	a.	Encobrir
2.	Voltar a	b.	Pacote
3.	Macio	c.	Falecimento
4.	Esconder	d.	Comida
5.	Embrulho	e.	Jardim atrás da casa
6.	Marido	f.	Tornar a
7.	Mexer	g.	Mole
8.	Ajudar	h.	Esposo
9.	Mantimento	i.	Auxiliar
10.	Quintal	j.	Revolver

---

[12] Pacote

Ampliação

1. Você acredita que Mortati foi morto? Em que se baseia a sua conclusão?

2. Qual a sua opinião da dedicação da mãe do desaparecido?

3. Se o seu irmão ou irmã subitamente sumisse, o que você sentiria? Que faria?

4. Numa situação similar, você agiria igual ou diferente da mãe de Mortati? Como?

5. Você acha que todos deveríamos nos envolver no processo político, mesmo havendo perigo mortal?

TEATRINHO

"O confronto penoso"

Elenco

Telejornalistas de duas gerações (com perspectivas obviamente diferentes); participantes (presumivelmente já quarentões e cinquentões)

Argumento

Imagine-se numa espécie de mesa redonda, entrevistando participantes dos dois lados da luta armada dos anos 60, disposto/a a fazer perguntas incisivas porque familiar com as circunstâncias em torno da repressão. Não tenha medo de "forçar a barra" como bom/boa repórter investigativo/a.

Expressões úteis

Abusar (de)
Acusar
Anistia (Anistiado/a)
Antidemocrático
A sangue frio
Atos hediondos
Bárbaro
Censura
Clandestino
Cometer crimes
Condenar
Direita (Direitista)
Ditadura
Esconder

Esquerda (Esquerdista)
Forças armadas
Liberdade
Lutar
Matar
Mentir
Pedir desculpas
Perdoar
Perseguir
Questão geracional
Resistir (a)
Revolucionário/a
Senso de responsabilidade
Sentido de culpa

TEMAS PARA COMENTÁRIO ORAL OU ESCRITO

1. Os recentes descobrimentos arqueológicos na Amazônia influenciam o panorama hemisférico.

2. A Inconfidência Mineira é mais um instante em que a história oficial não reflete o que realmente aconteceu. Explique por que e trace paralelos em outros paises.

3. Jânio Quadros traiu a confiança depositada nele pelo povo.

4. Outros mandatários, dentro e fora do Brasil, foram pegos nos últimos anos cometendo atos análogos. Dê exemplos.

5. Desenterrar o cemitério de Perus poderia ser visto como uma metáfora apta para a liberdade de expressão hoje em dia presente no Brasil. A revelação desta dura realidade é sadia e construtiva para a nação.

UNIDADE 4   POLÍTICA

1

Onde a trágica realidade política parodia
a ficção cômica--ou seria ao revés?

"Movies"

Jack e Bill eram muito bem pagos porque tinham um talento muito especial: escreviam juntos **roteiros**[1] de ficção científica e de terror para filmes de televisão. Sua imaginação era sem limites. Os dois tinham um sistema infalível: **tomavam um pileque**[2] e, assim, desligados da realidade, sentavam à
5   máquina. Riam muito enquanto trabalhavam, cada um com as invenções incríveis e absurdas do outro. Geralmente, depois de uma semana, terminavam o pileque e o roteiro ao mesmo tempo. Agora, tinham recebido uma **incumbência**:[3] mais uma história louca a ser filmada em cores e em Cinemascope. Só que, pela primeira vez, depois de anos de um trabalho frutífero, surgira um problema: Jack e Bill já estavam bêbados há dois dias e nenhum dos dois conseguia ter uma idéia que **prestasse.**[4] Ou, no
10 caso, que não prestasse, pois, para o tipo de filmes de segunda categoria que faziam, as más idéias eram boas. De repente, Bill disse:
--Achei, Jack! Achei! Um cara acorda um dia e parece que se transformou numa **barata**.[5]
--Creio que você já está ficando sóbrio, Bill. Essa história já existe. Foi escrita há um tempão por um tal de Kafka.
15   Bill entrou em depressão e tomou mais uma dose de uísque. O silêncio da sala onde os dois trabalhavam, só era rompido pelo tic-tac do relógio. Depois de algum tempo, foi a vez de Jack:
--Bill! Tive uma idéia genial! Vamos escrever um roteiro onde, durante todo o tempo, as pessoas tentam sair de uma casa, sem conseguir. Aí . . .
--Aí vamos ser processados, porque esse filme o Buñuel já fez.
20 --God!---disse Jack (em inglês no original).
Já eram 4 horas da manhã, mas os dois se recusavam a desistir, antes de ter pelo menos a idéia do filme. Jack tomou mais um uísque. **Enxugou**[6] lentamente os lábios com a manga da camisa. De repente parecia em transe. Começou a andar em volta da sala, enquanto falava:
--Já sei, Bill, presta atenção: é um filme de terror. Vamos escrever sobre um país imaginário que
25   fica mais de 25 anos sem ter eleições para presidente. Depois desse tempo todo, finalmente o povo vota de novo. Elegem um presidente jovem, que reúne uma **equipe**[7] também jovem para resolver o pior problema do país: a inflação. Num golpe audacioso, a nova equipe econômica nomeada pelo presidente tira de circulação 80% do dinheiro do país. Passam-se os meses e mesmo assim a inflação volta. Troca-se o ministro da Economia. Ou melhor, a ministra. Para dar um certo **molho**[8] na história, vamos dizer
30 que é uma mulher que comanda a economia. É melhor, por que a gente pode até criar um romance entre ela e um dos ministros, talvez casado. Isso depois a gente resolve. Além disso, começam a aparecer grandes fraudes na **Previdência**,[9] casos de compras **sem licitação**,[10] escândalos nas

---

[1] Textos baseados no argumento, cenas, sequências, diálogos e indicações técnicas de um filme
[2] Ficavam bêbedos ou embriagados
[3] Encargo ou missão
[4] Servisse
[5] Ortóptero onívoro, da ordem dos blatários, de corpo achatado e oval, e com hábitos noturnos
[6] Secou
[7] Grupo ou time
[8] Sabor (Fig.)
[9] Ou Previdência Social: a instituição que aplica as normas de proteção e defesa do trabalhador
[10] Ilegalmente

entidades **beneficentes**,[11] quem sabe até envolvendo a família da primeira-dama! Isso! Vai dar clima! No Congresso do país, aparece um deputado falsificando **carteira**[12] da Câmara para favorecer o irmão que é . . . que é . . . que tal traficante de drogas? Descobre-se também que a distribuição do **orçamento**[13] do país vem sendo mal administrada para favorecer alguns políticos, aí . . .

5
    --Chega, Jack--disse Bill, interrompendo-o.

    --Acho que desta vez você bebeu **além da conta.**[14] Ninguém vai querer comprar essa história.

    --Por quê?

    --Ela é absurda demais.

(Jô Soares, *Veja*, 21 de novembro de 1991)

Compreensão

1. O que fazem Jack e Bill?

2. Seu método de criar é peculiar? Como?

3. Que incumbência recebem?

4. Custa a eles acertarem? Como se sabe?

5. Afinal, como é o roteiro criado?

6. O que o roteiro tem, por exemplo, de "absurdo"?

Vocabulário: (a) Relacione os termos da primeira coluna com os (quase) sinônimos da segunda e (b) empregue-os em sentenças completas.

1. Pago
2. Talento
3. Infalível
4. Prestar
5. Incrível
6. Classe
7. Transformar-se
8. Audacioso
9. Vez
10. Sóbrio

a. Categoria
b. Inacreditável
c. Remunerado
d. Turno
e. Servir
f. Moderado (no beber)
g. Dom
h. O que não falha
i. Virar
j. Disposto a correr risco

---

[11] Filantrópicas
[12] Documento
[13] Arrecadação ou dinheiros (públicos)
[14] Demais

Ampliação

1. Por que Jô Soares chama os roteiristas de Jack e Bill e não, por exemplo, de João e Moacir? Ou botar o título em português?

2. Portanto, esta gozação enfocará mais que a corrupção e incompetência políticas? Como?

3. Que tom você nota através de toda a estória?

4. Que administração presidencial está sendo ridicularizada?

5. Cite algum disparate deste governo.

6. Você acha que o autor está exagerando no tocante à política nacional brasileira? Como?

7. Tal sem-vergonhice pública é presente pelo mundo inteiro? Como se explica?

8. E em seu país? Em que níveis se nota mais?

9. A que se deve o fato de que durante os sucessivos regimes militares no Brasil, tais escândalos não vinham à tona?

10. Em geral, qual é a melhor forma de combater à corrupção?

2

Um novo presidente à vista

O direito à esperança

Se o eleitorado foi às urnas, como diziam as **pesquisas**,[1] para **eleger**[2] quem lhe garantisse paz e estabilidade, o 3 de outubro foi um sonho. Contra os que **previam**[3] confusão com as duas **cédulas**[4], filas formidáveis e ataques **acirrados**[5] de última hora, o dia das eleições materializou-se como um anticlímax. Foi mais um feriado, uma pausa na qual também se votou, do que uma guerra entre candidatos.

5   O brasileiro cansou. Cansou de **bagunça**.[6] De **pacotes**[7] econômicos. De salvadores da pátria. De demagogia. De **roubalheiras**,[8] escândalos, denúnicas. Quer estudar e trabalhar em paz. Quer estabilidade. Por isso, elegeu Fernando Henrique Cardoso presidente da República.

Pessoalmente, o novo presidente é um homem cordial, bem-humorado, **confiável**.[9] Alguém de quem se compra um carro usado. Politicamente, Fernando Henrique é um conciliador, alguém que

10 dialoga, **aglutina**.[10] Como administrador, ainda que sua experiência seja pequena, é o responsável pela obra que explica a sua eleição já no primeiro **turno**;[11] o **Real**,[12] sinônimo de controle da inflação.

"O Brasil não é um país **subdesenvolvido**.[13] É um país injusto", repetiu Fernando Henrique Cardoso durante a campanha. E não há injustiça maior que a inflação. Em benefício de uma minoria **cúpida**,[14] milhões de brasileiros tiveram suas **poupanças**[15] corroídas ao longo dos anos, carreiras e

15 vocações foram cortadas, esperanças **se esfumaçaram**.[16]

A eleição de Fernando Henrique Cardoso pode garantir não apenas o fim da inflação. Pode significar a **virada**[17] há tanto tempo **almejada**:[18] a liberação da formidável potencialidade do Brasil, transformando-o num país rico, justo e livre.

As dificuldades são imensas. Há interesses concretos que devem ser afrontados. Há estruturas

20 arcaicas que preciam vir abaixo. Há as **engrenagens**[19] que produzem e reproduzem injustiça e dela se beneficiam. Mas imensos também são os recursos do povo brasileiro. O brasileiro deposita suas esperanças em Fernando Henrique Cardoso. Boa sorte, presidente.

---

[1]Levantamentos de opinião pública

[2]Escolher *ou* selecionar um candidato

[3]Viam antecipadamente *ou* conjeturavam

[4]No caso, *cédulas eleitorais* (folhas de papel utilizadas na votação dos candidatos. Devido à grande quantidade, foram necessárias duas folhas)

[5]Exasperados *ou* irritados

[6]Confusão *ou* desordem

[7]Aqui, *séries de decretos-leis expedidos de uma só vez, promovendo ajustes econômicos*

[8]Roubos vultosos e escandalosos, frequentemente de bens do Estado ou de qualquer empresa ou organização

[9]Digno de confiança

[10]Une *ou* reune

[11]Cada uma das etapas de disputa (política)

[12]A nova moeda nacional, aproximadamente equivalente, em valor, ao dólar americano

[13]Nação cuja estrutura social, política e econômica reflete uma utilização deficiente dos fatores de produção

[14]Ávida de dinheiro ou cobiçosa

[15]Economias de parte da renda para consumo posterior

[16]Sumiram *ou* desapareceram (Fig.)

[17]Mudança *ou* guinada

[18]Desejada

[19]No caso, *organizações e alianças políticas* (Fig.)

Uma trajetória acadêmica feita com idéias e análises
sociológicas mas sempre de **cunho**[20] político

A prova está na obra

Num domingo do início dos anos 40, o clã Cardoso **se deu conta de**[21] que **o primogênito da linhagem dos dezessete netos presentes**[22] a mais um almoço na casa da avó não seguiria a tradição familiar da carreira militar. Enquanto o **ensopado**[23] de frango fervia no **caldeirão**,[24] os primos **deslizavam de patins**,[25] empurrando uns aos outros nos 30 metros de corredor do **prédio**,[26]
5   próximo ao **Posto 6 de Copacabana**.[27] Só o netinho Fernando Henrique não participava da **algazarra**.[28] Lia **comportadamente**[29] no sofá. "Toda a vida eu li muito e escrevi muito", conta o presidente eleito do Brasil.

O primeiro resultado **impresso**[30] do hábito de ler, pensar e escrever surgiu aos 30 anos, quando já era sociólogo, pesquisador e professor da Faculdade de Filosofia, Ciências e Letras da **USP**[31] havia dez
10 anos. O livro *Cor e Mobilidade Social em Florianópolis* foi sua tese de mestrado. Dois anos depois, em 1962, foi publicada a tese de doutorado com o título *Capitalismo e* **Escravidão**[32] *no* **Brasil Meridional**.[33] Enquanto o primeiro livro era uma bem-comportada pesquisa de campo, *Capitalismo e Escravidão...* comprovava as **suspeitas**[34] da família. Ele mostra que o autor é um intelectual. Nele, Fernando Henrique mistura a sociologia de **Max Weber**,[35] a filosofia de **Emmanuel Kant**,[36] o
15 existencialismo de **Jean-Paul Sartre**[37] e o marxismo de **Georg Lukacs**[38] para analisar a escravidão no sul do Brasil. "Escrevê-lo custou-me um trabalho enorme", reconhece o presidente.

Dependência e Desenvolvimento na América Latina, publicado no Brasil em 1970, lançou Fernando Henrique na órbita acadêmica internacional. As páginas em que se expõe a "teoria da dependência"

---

[20]Caráter, feição *ou* índole (Fig.)
[21]Reconheceu
[22]Isto é, *o futuro presidente*
[23]Prato de carne picada em molho abundante
[24]Espécie de panela grande
[25]Patinavam
[26]Edifício
[27]Localização na Zona Sul do Rio de Janeiro
[28]Gritaria *ou* balbúrdia
[29]De forma bem-educada
[30]Isto é, *publicado*
[31]Universidade de São Paulo
[32]Regime social de sujeição do ser humano e utilização de sua força, explorada para fins econômicos, como propriedade privada
[33]Sul do Brasil
[34]Suposições *ou* opiniões
[35]Economista e sociólogo alemão (1864-1920), promotor de uma sociologia dita "compreensiva", totalmente objetiva, sem julgamento de valor
[36]Filósofo alemão e crítico idealista (1724-1804) que afirma que as coisas nos são conhecidas como fenômenos enquanto nos são dadas no espaço e no tempo, que são formas de sensibilidade
[37]Filósofo e escritor francês (1905- 1980), mantém que o ser humano surge como o arquiteto de sua vida, o construtor de seu próprio destino, submetido embora a limitações concretas
[38]Crítico literário húngaro (1885- 1971)

foram escritas **a quatro mãos,**[39] **em parceria**[40] com o cientista político chileno Enzo Faleno. O livro é categórico ao definir a dependência em relação aos centros de capitalismo como um fator fundamental na História dos países latino-americanos, mas--e aí está a sua novidade--vai **além,**[41] ao defender que o futuro dessas nações não é automaticamente determinado por essa condição. Ao **cravar**[42] a

5   dependência econômica como um fator intrínseco à América Latina, mas **contornável,**[43] **a dupla**[44] **polemizou**[45] com duas correntes de idéias. A primeira **pregava**[46] que os países da periferia do capitalismo **teriam de trilhar,**[47] com atraso, os mesmos caminhos percorridos pelos desenvolvidos. A segunda corrente a que os dois **puxaram o pé**[48] dizia ser totalmente determinante a dependência dos países subdesenvolvidos ao capitalismo americano e as únicas alternativas para os latino-americanos, o

10 fascismo ou o socialismo.

De certa forma, a abertura **embutida**[49] na teoria da dependência--no sentido de não fechar nenhuma porta política--foi um **prenúncio**[50] das posições sociológicas que marcaram o trabalho de Fernando Henrique como fundador, diretor e pesquisador do **Cebrap**[51] durante a década de 70. Os ensaios e artigos sobre o autoritarismo, a democracia e, posteriormente, o sistema político, partidário e

15 eleitoral brasileiro marcam o segundo grande momento do intelectual.

Suas reflexões o levaram a **constatar**[52] que o regime militar não era fascista, não tinha ideologia e tampouco era totalitário. Os cientistas políticos até então usavam basicamente duas classificações: democracia ou fascismo. Fernando Henrique defendeu que o conceito de autoritarismo era mais apropriado para o Brasil. O termo **arrepiou**[53] a **esquerda**[54] que considerava o regime militar brasileiro

20 colonial, fascista e subserviente aos Estados Unidos ou, no mínimo, ditatorial. Chamar de autoritarismo **soava**[55] capitulação.

A segunda conclusão do **cebrapiano**[56] **estarreceu**[57] ainda mais os esquerdistas. Fernando Henrique começou a dizer e escrever que o regime militar modernizava a economia, fato que, por si só, ajudaria a democratização do país. **No seu raciocínio,**[58] o desenvolvimento econômico **gerado**[59]

25 pelos militares **propiciava**[60] a criação de uma classe média forte e um **operariado**[61] numeroso, com

---

[39]Por duas pessoas
[40]Aqui, *junto ou em sociedade*
[41]Mais longe
[42]Fixar
[43]Parcial *ou* imperfeitamente resolvível
[44]Os dois
[45]Causou controvérsia
[46]Dizia *ou* argumentava
[47]Isto é, *teriam que seguir*
[48]Atacaram
[49]Inerente (Fig.)
[50]Anúncio de coisa futura
[51]Centro Brasileiro de Pesquisas
[52]Verificar
[53]Causou horror (Fig.)
[54]Conjunto de indivíduos ou grupos políticos partidários de uma reforma ou revolução socialista
[55]Parecia (Fig.)
[56]Integrante do Cebrap e, aqui, o próprio futuro presidente
[57]Apavorou *ou* assombrou
[58]Em sua opinião
[59]Criado
[60]Encorajava *ou* dava origem
[61]Classe dos operários, isto é, trabalhadores manuais e urbanos

maior possibilidade de organização. **Não deixou de**[62] dizer que o crescimento **se estava dando**[63] de maneira desigual, **acirrando**[64] as diferenças sociais, mas foi uma **trombada**.[65]

A constatação de que estava havendo desenvolvimento não foi o único motivo que levou outros intelectuais a **supor**[66] que Fernando Henrique começava a trilhar raciocínios mais **à direita**.[67] Ele

5 acreditava que o **aparelho**[68] militar do Estado era muito poderoso para ser vulnerável a ataques revolucionários. Como em suas teses sobre desenvolvimento econômico, a questão da democratização também não passava pela mobilização das massas populares. Ao contrário, seriam as próprias contradições internas do sistema de poder que acabariam **por ruir com**[69] o "imobilismo burocrático repressivo". Para acirrar essas contradições e chegar à democracia, Fernando Henrique propunha aos

10 intelectuais a participação política e, aos **empresários,**[70] a pressão.

Em trabalhos anteriores sobre o empresariado latino-americano, Fernando Henrique Cardoso foi um crítico dos ricos. Escreveu que a **burguesia**[71] industrial no Brasil nunca seria **mola**[72] do desenvolvimento, "por não se interessar como classe pelo controle da sociedade e por estar satisfeita com a condição de **sócio**[73] menor do capitalismo ocidental". No meio dos anos 70, no entanto,

15 Fernando Henrique incentivou o descontentamento dos empresários com a **estatização**[74] da economia como mais uma forma de acelerar a transformação do Estado. O objetivo final era a democracia. Os meios, os que viabilizassem uma "transição controlada".

Conquistada a democracia, ainda que incipiente, o intelectual **tornou-se**[75] político de fato, como senador em 1983. Sua produção acadêmica **minguou.**[76] Os livros que surgiram depois são, em geral,

20 coletâneas de artigos e ensaios de análise das **conjunturas**[77] do momento político, do qual se tornou protagonista. Fernando Henrique levou como **bagagem**[78] ao entrar na política o mérito de ter alinhado a esquerda, os intelectuais e o empresariado num lento processo de mudança que acabou por **desembocar**[79] na democracia "É uma **façanha**[80] considerável, ainda que a perspectiva de continuar na atual **'geléia geral da lua-de-mel centrista'**[81] num futuro previsível possa não ser do gosto de

25 todos, sobretudo quando a isso se acrescente um purgatório social e um inferno econômico", escreveu em 1986 o professor David Lehman, da Universidade de Cambridge. A preocupação agora é essa. O primogênito dos netos de dona Linda e vovô Quim poderia exercitar a mente com alternativas para salvar o Brasil da geléia geral. (*Veja*, 12 de outubro de 1994)

---

[62]Não se esqueceu de (Fig.)

[63]Estava acontecendo

[64]Aumentando *ou* tornando maior

[65]Colisão (de filosofias)

[66]Acreditar

[67]Conservadores *ou* reacionários

[68]Organização

[69]Destruindo-se *ou* deteriorando-se

[70]Aqueles que são responsáveis pelo bom funcionamento de uma empresa ou estabelecimento comercial

[71]*Bourgeoisie*

[72]Impulso *ou* incentivo (Fig.)

[73]Aquele que se associa com outro; parceiro

[74]A transformação de empresas particulares em organizações pertencentes ao Estado

[75]Fez-se *ou* veio a ser

[76]Diminuiu

[77]Acontecimentos

[78]Experiência *ou* preparação (Fig.)

[79]Cair (Fig.)

[80]Ato heróico *ou* proeza

[81]Isto é, *moderado clima político*

Compreensão

1. O que o eleitorado procurava ao votar em 3 de outubro?

2. Do que é que o povo brasileiro está farto?

3. Qual o fator que mais contribuiu para a eleição de Cardoso?

4. Como é que a inflação atrapalhou a vida geral?

5. O que estusiasmava, desde cedo, o futuro presidente?

6. Em *Capitalismo e Escravidão no Brasil Meridional*, sua tese de doutorado, quem ele cita com regularidade?

7. Por que *Dependência e Desenvolvimento na América Latina* teve tantas repercussões na órbita acadêmica internacional?

8. Em que sentido *Dependência...* reinterpreta o papel dos Estados Unidos com relação à América Latina?

9. Como é que Cardoso vem a enxergar a ditadura militar?

10. Como a esquerda encara o aparente revisionismo do futuro presidente?

11. Segundo Cardoso, o que realmente pôs fim à ditadura militar e possibilitou uma volta à democracia?

12. Qual a atitude geral de Cardoso a respeito do empresariado?

13. O que ele faz expecificamente para exacerbar a desconfiança do setor empresarial?

14. O que caracteriza a passagem de Cardoso do mundo universitário para o governamental?

15. Como este evento repercutiu em sua produção acadêmica?

Vocabulário: (a) Relacione os termos da primeirta coluna com os (quase) antônimos da segunda e (b) empregue-os em sentenças completas.

1. Estatização	a.	Esquerdista
2. Primogênito	b.	Caçula
3. Direitista	c.	Privatização
4. Puxar	d.	Ordem
5. Bagunça	e.	Por conta própria
6. Autoritarismo	f.	Dívida
7. Em parceria	g.	Liberdade
8. Burguesia	h.	Empurrar
9. Poupança	i.	Democracia
10. Escravidão	j.	Operariado

Ampliação

1. Por que o pensamento existencialista é tão compatível com a "teoria de dependência"?

2. Você considera a América Latina influenciada demais pelos Estados Unidos? Como?

3. Você acha, como Cardoso, que com suficiente vontade nacional a América Latina pode reagir com sucesso ao chamado imperialismo iânque?

4. A seu ver, a América Latina teria mais opções políticas do que o fascismo ou o socialismo?

5. As ditaduras, particularmente na América Latina, têm feito algum bem ao povo ou só prejudicam? Dê exemplos.

6. Como fomentar a democracia?

7. Você vê os acordos comerciais internacionais, tipo MERCOSUL ou NAFTA, como um estímulo para a democracia dos paises membros? Como?

8. O que você considera crucial à manutenção das instituições democráticas?

9. Qual lhe parece o prognóstico da presidência de Fernando Henrique Cardoso?

10. Como você compara FHC, em termos de preparo, com os outros presidentes brasileiros? Encontra paralelos?

3

Disputado por partidos de todo o País e convidado
para ser ministro, o **prefeito**[1] de Curitiba prefere
ficar no cargo apostando no seu futuro político

Lerner *dá as cartas*[2]

Em menos de uma semana Curitiba teve **dois dias do** *fico*.[3] Não houve comemorações. Mas os 97% dos curitibanos que, segundo o **Ibope**[4], aprovam a atual administração municipal, manifestaram discreto alívio ao ouvirem do próprio prefeito, o arquiteto Jaime Lerner, 54 anos, que ele não deixaria a
5   cidade seduzido por **propostas**[5] vindas de outras regiões do País. Primeiro, na quinta-feira, 26 de março, Lerner, eleito pelo **PDT**[6], disse não à pretensão do **PMDB**[7] paulista de tê-lo como candidato à Prefeitura de São Paulo. Depois, na terça-feira, 31, **recusou**[8] uma **vaga**[9] no Ministério, oferecida pelo presidente. Esses foram apenas dois entre os tantos flertes de políticos de diferentes legendas e procedências. Nos últimos dias, enviados de Florianópolis, Belo Horizonte, Vitória e Rio de Janeiro foram
10   ao gabinete de Lerner tentar convencê-lo a transferir seu **título de eleitor**[10] e sua maneira de governar para suas cidades. Não deu certo. Tentaram então, pelo menos, levar a **receita**[11] da alquimia que transformou Curitiba numa referência urbanística para o mundo inteiro. Ouviram todos o mesmo conselho: "Qualquer cidade pode ser como Curitiba", é o que repete o prefeito. "Basta que seus administradores se preocupem em responder a duas questões: qual é o negócio da cidade e em que
15   direção ela vai?"
É por ter essas respostas e saber transformá-las em idéias que Lerner provoca apreensão nos seus conterrâneos--que um ano antes do fim do seu mandato tentam fazer projeções sobre como será a cidade sem ele--e **cobiça**[12] nos moradores de outras cidades. Lerner já experimentou isso antes em duas **gestões**[13] como prefeito (1970-75 e 1980-85), mas nunca com tamanha intensidade. Hoje, cada
20   rua de Curitiba tem alguma marca da sua criatividade e capacidade de reunir as pessoas em torno de seus projetos. "Essa talvez seja a sua maior qualidade", afirma o ex-ministro da Fazenda Karlos Rischbieter, um catarinense radicado em Curitiba há mais de 40 anos. "Ele conseguiu ser um pouco pai de todos os curitibanos, estabelecer um relacionamento de responsabilidade e respeito recíprocos com cada um", analisa. De fato, mais do que as dezenas de obras pioneiras que tornaram a cidade citação
25   obrigatória em qualquer seminário nacional ou internacional que trate da questão urbana, a maior realização do prefeito foi vender uma idéia ao seu público interno. É raro na capital do Paraná encontrar quem não acredite que vive em um lugar especial, uma ilha de Primeiro Mundo cercada de um triste Brasil por todos os lados.
Também é dificil encontrar quem não saiba recitar a série de projetos que resultaram nessa
30   certeza tão **enraizada.**[14] Alguns deles: os ônibus expressos, que desde 1974 circulam em corredores

---

[1] Aquele que dirige o governo municipal
[2] Revela-se
[3] Isto é, *duas vezes* alguém decidiu *ficar* ou *permanecer*
[4] Instituto Brasileiro de Opinião Pública
[5] Ofertas
[6] Partido Democrático Trabalhista
[7] Partido do Movimento Democrático Brasileiro
[8] Rejeitou
[9] Posto
[10] Documento que identifica o domicílio eleitoral do cidadão
[11] Segredo (Fig.)
[12] Desejo desmedido de possuir alguma coisa alheia
[13] Administrações
[14] Arraigada ou fixada

exclusivos chamados pelos curitibanos de canaletas; as ruas centrais transformadas em **calçadões**[15] para pedestres; as **luminárias**[16] e as bancas de jornais **padronizadas**[17] em acrílico; o novo ônibus "Ligeirinho" com as futuristas estações-tubo; a rua 24 Horas, cujas lojas não fecham nunca; e,
5 finalmente, a preocupação com a preservação do meio ambiente, que tem no Jardim Botânico um novo e belo símbolo. Essas e outras realizações serão mostradas no Urban Center de Nova York numa **inédita**[18] exposição dedicada integralmente a uma cidade brasileira. Além disso, a maior metrópole americana será **palco**[19] das primeiras estações internacionais do Ligeirinho, com uma linha experimental no coração de Manhattan.

   Em Curitiba, muitos dizem que aquilo que Lerner toca não **vira**[20] ouro, vira qualidade de vida.
10 Como exemplo, lembram que, quando ele assumiu pela primeira vez a prefeitura, a cidade não tinha mais de 0,5 metro quadrado por habitante e que hoje essa relação cresceu para 50 metros quadrados. Falam ainda de uma medida de Lerner que se tornou orgulho e marca registrada da cidade: **lixeiras**[21] separadas para os **dejetos**[22] orgânicos e para materiais que podem ser reciclados.

(Luis Fernando Sá, *IstoÉ-Senhor*, 4 de abril de 1992)

Compreensão

1. Qual é o cargo de Jaime Lerner e onde o exerce?

2. Ele é um prefeito popular em sua terra?

3. Já ofereceram outros cargos a ele? Quais, por exemplo?

4. Em grande parte graças a ele, de que reputação desfruta Curitiba?

5. Que avanços ele inaugurou em Curitiba (ou até no Brasil)?

6. Está havendo repercussões fora do Brasil? Como?

Vocabulário : (a) Relacione os termos da primeira coluna com os (quase) sinônimos da segunda e (b) empregue-os em sentenças completas.

1. Discreto	a. Oferta
2. Segundo	b. Compatriota
3. Ficar	c. Centro urbano
4. Flerte	d. Proveniente
5. Vindo	e. Circunspeto
6. Seduzido	f. Teatro
7. Conterrâneo	g. Conforme
8. Reunir	h. Permanecer
9. Palco	i. Juntar
10. Metrópole	j. Atraído

---

[15] Largos caminhos pavimentados para pedestres
[16] Iluminação (pública)
[17] Estandardizadas
[18] Nunca antes vista (Fig.)
[19] Local escolhido (Fig.)
[20] Se transforma em
[21] Lugares onde se deposita lixo
[22] Excrementos

Ampliação

1. Explique a referência ao *outro* "Dia do Fico".

2. Você acha Jaime Lerner um político típico? Por que (não)?

3. Se você fosse ele, se sentiria tentado/a servir em cargos mais proeminentes? Por que (não)?

4. Por que você acha que ele vem recusando?

5. Haverá outras explicações por qualificar Curitiba de Primeiro Mundo além da atuação do prefeito?

6. Jaime Lerner poderia ter o mesmo sucesso em cidades brasileiras, maiores e mais tumultuadas, como o Rio ou São Paulo? Por que (não)?

7. As inovações e reformas que ele vem fazendo dão para aplicar em cidades atrasadas? Por que (não)?

8. Como seria possível aumentar cem vezes o espaço por habitante?

9. Como é que seu/sua prefeito/a se compara a Jaime Lerner?

10. Sua cidade parece mais governável ou menos governável do que Curitiba? Por que?

4

As urnas **renderam**[1] bons votos
para as mulheres e colocaram três
biografias **ímpares**[2] no Senado

Histórias exemplares

As mulheres **fizeram bonito**.[3] Quatro estarão na disputa por governo de Estado em 15 de novembro,
num **desempenho**[4] eleitoral **inédito**[5] num país que nunca teve uma governadora. Roseana Sarney,
no Maranhão, e Ângela Amin, em Santa Catarina, chegaram em primeiro lugar para o segundo **turno**.[6]
Lúcia Braga, na Paraíba, e Lúcia Vânia em Goiás, enfrentarão uma **parada**[7] mais dura com adversários
5 mais bem votados. O número de mulheres eleitas para o Parlamento não foi um **estrondo**,[8] mas nunca
foi tão alto. Nas Assembléias, o número de deputadas estaduais passará de 57 para 82. Na Câmara, de
29 para 32. No Senado, pela primeira vez, haverá 5 senadoras. Duas, Marluce Pinto e Júnia Marise, já
exerciam um mandato.[9] Três, Marina Silva (**PT-AC**[10]), Benedita da Silva (**PT-RJ**[11]) e Emília
Fernandes (**PTB-RS**[12]), estrearão na próxima legislatura. A seguir, a história das novas senadoras:

10

Marina, a sobrevivente[13]

A história de Marina Silva, uma moça **miúda**[14] e bonita de 36 anos, de fala firme e sorriso largo,
parece saída de um **conto de fadas**[15] amazônico--**caso**[16] houvesse fadas **esquerdistas**,[17] ou
15 esquerdistas acreditassem em fadas. Há apenas vinte anos, Marina era uma adolescente **analfabeta**[18] e
doente que, numa família de dez irmãos, **lanhava**[19] a mão num **seringal**.[20] Hoje, a ex-empregada
doméstica que sobreviveu cinco ataques de malária e três hepatites é senadora da República (a mais
votada na história do Acre), tem duas profissões (professora e política), curso superior (diplomada em
História) e uma sólida família (quatro filhos, entre dois e treze anos). Nenhuma fada ajudou Marina.
20 "Houve uma hora em minha vida que decidi estudar para ajudar outras pessoas de origem humilde como
eu", explica. Até a última **pesquisa**[21] eleitoral, divulgada quinze dias antes do **pleito**,[22] Marina aparecia
em quarto lugar na disputa pelo Senado. Abertas as urnas, a candidata do PT estava em primeiro, com 64

---

[1] Deixaram como produto; fizeram boa quantidade
[2] Sem igual, únicas ou diferentes
[3] Triunfaram (Fig.)
[4] Atuação
[5] Nunca ocorrido anteriormente
[6] Cada uma das etapas de disputa (eleitoral)
[7] Situação difícil (Gír.)
[8] Grande coisa (Fig.)
[9] Isto é, estavam servindo em cargo eleito
[10] Partido dos Trabalhadores do Estado do Acre
[11] Partido dos Trabalhadores do Estado do Rio de Janeiro
[12] Partido dos Trabalhadores do Estado do Rio Grande do Sul
[13] Aquela que escapa a uma catástrofe
[14] Pequena estatura física
[15] Estória infantil de mulheres de extraordinário encanto e beleza
[16] Desde que ou contanto que
[17] Partidárias da esquerda, isto é, de reformas de base drásticas
[18] Que não sabia ler e escrever
[19] Feria ou machucava
[20] Plantação de árvores seringueiras para extração de latex (borracha)
[21] Investigação ou levantamento
[22] Isto é, pleito eleitoral ou eleição

400 votos, e **cravava**[23] um novo recorde nos seus feitos eleitorais. Marina já detinha o título de vereadora mais votada de Rio Branco, a capital do Acre, e também o de deputada estadual mais votada do Estado. Agora, é parlamentar com maior número de votos da História do Acre.

Batizada com o nome de Maria Osmarina Silva, ela nasceu numa casa **erguida**[24] com paxiúba--**ripas de açaí**[25] --sobre **palafitas**.[26] Até os seis anos viveu no seringal Bagaço, perto de Rio Branco. O único contato com o mundo se dava a cada quinze dias, quando um comboio chegava para trazer mantimentos e levar **borracha**.[27] "Vi a luz elétrica pela primeira vez quando fui a Rio Branco, tratar de uma intoxicação provocada por remédios para matar vermes", lembra Marina. "Lembro até hoje da visão fantástica: uma árvore de Natal **enfeitada**[28] com luzinhas coloridas." Nessa época, seu pai, Pedro Augusto Silva, vendeu o pouco que tinha e levou a família num barco até Manaus, onde montou uma **lojinha**.[29] "Minha melhor lembrança de Manaus é do dia em que escapei com uma prima para **andar de**[30] elevador numa loja", conta Marina. A loja faliu em cinco meses e a família, acomodada em **redes**[31] de um outro barco, seguiu viagem até Belém. A tentativa, dessa vez, era plantar mandioca para fazer farinha. Também **não deu certo**.[32] Pedro Augusto escreveu para o antigo patrão, o dono do seringal Bagaço, e pediu ajuda. Teve-a: o patrão assumiria os custos da viagem, e Pedro Augusto o pagaria trabalhando no seringal.

O brio da família Silva estava **ameaçado**[33] pela **dívida**.[34] Todo santo dia, das 5 da manhã, ao final de tarde, Marina com 10 anos, o pai e a irmã mais velha andavam 14 quilômetros, cortando e colhendo a borracha de 120 seringueiras. A família conseguiu **saldar**[35] a dívida e comprou um lote de terra, onde continuou extraindo borracha e plantou um **roçado**[36] de auto-subsistência. Quando Marina tinha 15 anos, duas de suas irmãs morreram, de malária e **sarampo**,[37] num intervalo de quinze dias. Seis meses depois, Marina teve hepatite, e um aneurisma cerebral matou sua mãe. Debilitada para o trabalho no campo, foi para a cidade realizar dois sonhos: ser **freira**[38] e estudar. Ela tinha aprendido com o pai a fazer as quatro operações matemáticas, e com o avô a ler algumas palavras em velhas revistas. Com 16 anos, matriculou-se no **Mobral**.[39] Trabalhou como empregada doméstica até entrar para o convento das servas de Marias Reparadoras. Marina revelou-se ótima aluna. Antecipando provas do **supletivo**[40] de **séries**[41] que ainda não tinha cursado, completou o **2° grau**[42] seis anos depois de ter pisado pela primeira vez numa escola. Com 26 anos, formou-se em História pela Universidade do Acre e começou a dar aulas.

O interesse pela política surgiu quando estudava. Começou a **militar**,[43] primeiro na escola, depois nas comunidades eclesiais de base da Igreja e no **sindicato**[44] dos professores. Amiga de **Chico**

---

[23]Estabelecia (Fig.)
[24]Levantada *ou* construída
[25]Pedaços de madeira--a açaí é um tipo de palmeira--compridos e estreitos
[26] "Paus fixados" *ou* a estacaria que sustenta as habitações lacustres--isto é, *sobre* ou *às margens de um lago ou um rio*
[27]Substância elástica feita do látex coagulado de várias plantas, principalmente a seringueira
[28]Adornada
[29]Dim. de *loja*--estabelecimento comercial
[30]Viajar de *ou* usar o
[31]Tipo de acomodação para dormir, feita de tecido resistente, pendente e presa pelas extremidades
[32]Não teve sucesso
[33]Posto em perigo
[34]Aquilo que se deve
[35]Pagar
[36]Terreno pequeno
[37]Doença infecciosa causada por um vírus
[38]Religiosa de determinada ordem, à qual faz votos
[39]Movimento Brasileiro de Alfabetização
[40]Isto é, *ensino supletivo*, um tipo de curso educacional rápido e de baixa qualidade
[41]Anos escolares
[42]Período após o ginásio
[43]Aqui, *seguir e defender as idéias de um grupo político*
[44]Organização (Fig.)

Mendes,[45] Marina organizou com ele diversos bloqueios para evitar a **derrubada**[46] de florestas e seringais com barreiras humanas. Em 1984, fundou o Partido Comunista Revolucionário, o PCR, uma facção do PT liderada pelo deputado José Genoíno. Em meio à militância e aos mandatos, Marina casou-se duas vezes, teve seus filhos e aprendeu a ter **traquejo**[47] politico para continuar impondo à vida o que
5   deseja. Seu plano para os próximos oito anos é o mesmo de quando decidiu sair do mato para estudar: "defender os excluídos, trabalhando pelo desenvolvimento auto-sustentado da Amazônia".

Bené, glória de madame

A **petista**[48] Benedita da Silva, 52 anos, chega com glória ao Senado. Com mais de 2 milhões de votos, teve um desempenho nas urnas melhor que o do primeiro colocado na disputa para o governo do
10   Rio de Janeiro, Marcello Alencar. Levará para **a mais solene casa legislativa da República**[49] seu estilo alegre e cativante. Ativista do movimento negro com cadeira no Senado, Benedita enfrentou desde cedo o **preconceito racial.**[50] Quando menina, era **enxotada**[51] dos parques pelas **babás**[52] de crianças bem-nascidas. Na escola primária, o garoto branco por quem se encantou ria dela e puxava seus cabelos. "Naquela época, o preconceito não era escondido e os negros não protestavam", lembra Bené.
15   Filha de uma lavadeira e um **biscateiro**,[53] cresceu entre doze irmãos analfabetos e, aos 6 anos, começou a trabalhar em feiras livres. Enfrentou a brutalidade das ruas e por várias vezes escapou de ser **estuprada.**[54] Casou aos 16 anos para sair de casa e aliviar as **despesas**[55] da família. A vida não melhorou. Passou fome e viu-se obrigada a fazer um aborto por não ter condições de criar o filho. "Não fiz por opção, estava no momento mais crítico da minha vida".
20   Com 20 anos de atuação política, ex-líder comunitária, **vereadora**[56] e deputada constituinte, Benedita conquista hoje não apenas seus **vizinhos**[57] do morro do Chapéu Mangueira, favela onde foi criada e mora até hoje. Circula bem no *high society*, casou-se com o ator Antônio Pitanga e mostra-se **à vontade**[58] com a atual condição de **colunável**.[59] Em janeiro passado, na ilha da revista *Caras*, em Angra dos Reis, ensinou passos de dança à atriz Luiza Thomé e fez aeróbica com Bianca Jagger. O passaporte
25   da senadora eleita traz **carimbos**[60] de entrada em dezessete países e seu álbum de fotografias guarda recordações de encontros com várias personalidades históricas. Bem relacionada, durante uma estada em Paris foi convidada para uma recepção na casa do presidente francês François Mitterrand. **Não se fez de rogada**[61] com a pompa da cerimônia. "Servi a vida inteira na casa das madames. Sei lidar com essas coisas", garante.
30

---

[45]Assassinado defensor do meio-ambiente amazônico e dos direitos humanos
[46]Destruição; devastamento (Fig.)
[47]Prática, experiência ou perícia
[48]Partidária do Partido dos Trabalhadores
[49]Isto é, *o Senado*
[50]Racismo
[51]Expulsa; colocada para o lado de fora
[52]Empregadas domésticas que tomam conta de bebês e crianças
[53]Quem vive de biscates (trabalho temporário e sem vínculo empregatício)
[54]Sexualmente violada
[55]Gastos
[56]Membro da câmara municipal
[57]Quem mora perto ou nas redondezas
[58]Confortável
[59]Pessoa que é digna de figurar, ou que figura nas colunas de acontecimentos sociais da alta sociedade
[60]Marcas *ou* sinais (no caso, vistos de entrada)
[61]Não se sentiu intimidada

Emília, a professora

Quando entrou na disputa para o Senado, a professora Emília Fernandes era vereadora em Santana
5 do Livramento, na fronteira **gaúcha**[62] com o Uruguai. Eleita com quase 1,2 milhão de votos pelo PTB, um
partido sem expressão entre os gaúchos, foi um **azarão**[63] nas urnas. Filha de um **protético**[64] e uma
professora, Emília **leciona**[65] desde jovem. Aos 22 anos, numa região marcada pelo machismo, deixava o
filho de 3 anos com o marido e viajava de trem para um município distante, Cerro Verde, onde dava aulas
durante a semana. No caminho entre a casa e a estação, percorria trechos em estradas de terra, tomando
10 ônibus ou pegando **carona**.[66] Quando chovia montava num cavalo. "Era comum achar uma cobra, que
eu matava para usar nas aulas de ciências", recorda.

Aos 45 anos, casada, dois filhos e dois netos, Emília não cozinha, não faz as compras do
supermercado e não cuida da casa. Essas são tarefas de seu marido, o inspetor de polícia Carlos Alberto.
A senadora quer levar toda a família para Brasília. "Ganhei porque o povo está cansado dos políticos
15 tradicionais", acredita. No Estado, especula-se que os motivos da sua vitória seriam outros.
Popularíssimo, o **radialista**[67] e deputado estadual Sérgio Zambiazi **entrou de cabeça**[68] na sua
campanha e teve um peso decisivo. Além disso, muitos eleitores do petista Olívio Dutra **sufragaram**[69]
seu nome, influenciados pelo **boato**[70]--que ela não **desmente**[71]--de que o seu candidato a presidente
era Lula. (*Veja*, 19 de outubro de 1994)
20

Compreensão

1. Como é que se percebe que as mulheres, de modo geral, estão "fazendo bonito"?

2. Donde vem Marina e que tipo de problemas ela teve que superar?

3. Quais são as inclinações políticas dela, especialmente no início da carreira?

4. Que outros cargos políticos ela já deteve?

5. O que Martina teria em comum com alguém como o falecido Chico Mendes?

6. Descreva brevemente a infância e adolescência de Benedita.

7. Como é que melhorou o dia-a-dia dela desde o primeiro cargo?

8. Quando está no Rio, aonde ela mora até hoje?

9. Qual a profissão original de Emília e onde e como a exercia?

10. Segundo os detratores de Emília, por que é que ela "realmente" conseguiu ser eleita?

---

[62]Sul-rio-grandense
[63] Aumentativo de azar *ou* má sorte; aqui, *pessoa com pouca ou nenhuma possibilidade de vitória que termina apresentando um ótimo resultado*
[64]Dentista especializado em prótese dentária
[65]Ensina *ou* dá aulas
[66]Condução gratuita em qualquer veículo
[67]Pessoa que se dedica à radiodifusão, organizando programas e/ou tomando parte neles
[68] Participou com muita dedicação
[69]Apoiaram ou favoreceram com sufrágio (ou voto)
[70]Rumor
[71]Contradiz *ou* contesta

Vocabúlario: (a) Relacione os termos da primeira coluna com os (quase) sinônimos da segunda e (b) empregue-os em sentenças completas.

1. História	a. Levantar
2. Disputa	b. Parlamento
3. Fotografia	c. Lecionar
4. Erguer	d. Conto
5. Legislatura	e. Retrato
6. Inédito	f. Selar
7. Dar aula	g. Contenda
8. Opção	h. Desempenhar
9. Carimbar	I. Escolha
10. Exercer	j. Sem par

Ampliação

1. Qual das três mulheres você admira mais e por que?

2. Qual foi a pior desvantagem no caso de cada uma?

3. Por que será que todas as três foram eleitas pelo Partido dos Trabalhadores e não por outro partido?

4. Qual das três mulheres você acha mais (ou menos) sofisticada e por que?

5. Como seriam os maridos destas políticas empenhadas?

6. Todas as três conseguem ter uma vida privada, "normal", fora da política? Como se sabe?

7. O que há de mais incrível no trajeto de Marina?

8. Provavelmente, qual das três mulheres vai exercer mais influência no Congresso e por que?

9. Haveria alguma desvantagem inerente em eleger o candidato de um sexo sobre o do outro?

10. Você acha que, por serem mulheres, seriam mais (ou menos) sensíveis às necessidades das pessoas que elas representam? Por que?

11. Onde você mora (e vota), a ala feminina está registrando muitos sucessos? Dê exemplos.

12. Qual a chance de o Brasil eleger uma primeira mandatária nacional antes que seu país o faça? Por que?

5

Até que enfim: os excessos da esquerda
são botados para fora por quem estava por dentro

O dilema dos comunistas brasileiros

Enquanto Gorbachev deixava **de mãos abanando**[1] a conferência dos ricos em Londres e Fidel Castro se sentia cada vez mais **acuado**[2] em **Guadalajara,**[3] a ponto de ser **socorrido**[4] com a solidariedade do presidente Fernando Collor, o comunismo brasileiro viveu também nesta semana dois momentos que sintetizam o seu dilema atual. Na terça-feira, ele foi enterrado solenemente na Academia Brasileira de Letras (ABL), e na quinta foi relançado festivamente na televisão.

O enterro ocorreu quando o escritor Jorge Amado—o mais popular dos nossos romancistas e o mais lido dos nossos comunistas—recepcionou com um discurso o seu colega de letras e de ideologia Dias Gomes. "Mudaria o Natal ou mudei eu?", teria repetido o **dono**[5] da casa, Machado de Assis, ao assistir, à distância, a esse encontro.

O relançamento aconteceu quando o novo **PCB**[6] apresentou-se em cadeia nacional de rádio e TV pela primeira vez depois do 9º Congresso, que decidiu entregar o comando do partido ao deputado Roberto Freire para provar que o comunismo não é mais aquele.

Ao contrário do que em geral ocorre nas solenidades de posse da ABL quando impera a retórica acadêmica, o discurso de Jorge Amado constituiu-se numa peça histórica—pela coragem com que, sem rancor ou **abjuração**,[7] fez o obituário de uma ideologia a que sacrificou parte de sua vida e de sua obra. "Socialismo sem democracia significa ditadura e nenhuma ditadura presta", disse ele, lembrando que em 1955, ao deixar o Partido Comunista, foi acusado de reacionário e traidor.

"**Atrevo-me**[8] a dizer que as ditaduras de esquerda são as piores, pois contra as de direita pode-se lutar **de peito aberto**;[9] quem o fizer contra as de esquerda acaba **patrulhado**,[10] acusado de reacionário, vendido, traidor".

Ao se apresentar no programa de TV, Jorge Amado preferiu ler uma cuidadosa nota em que apóia a nova linha do partido pelo qual foi deputado constituinte em 1946, mas deixou claro que não quer voltar ao antigo **ninho**.[11] **Escaldado**,[12] o criador de *Teresa Batista cansada de guerra* vai observar de fora.

O discurso de Jorge Amado foi uma lição de humildade para a esquerda, mas também uma advertência para a direita, porque ataca um **maniqueísmo**[13] de estádio de futebol que pretende atribuir a derrota do comunismo a uma vitória do capitalismo. "O triunfo é da democracia e não do capitalismo, a derrota é da ditadura e não do socialismo. O capitalismo permanece o mesmo sistema econômico e político **falho**[14] que sempre foi, defeituoso e injusto".

---

[1] De mãos vazias
[2] Perseguido
[3] Local de uma reunião de cúpola de chefes de estado latinoamericanos
[4] Protegido
[5] Fundador (Fig.)
[6] Partido Comunista Brasileiro
[7] Renúncia
[8] Ouso ou me aventuro
[9] Aberta e orgulhosamente
[10] Vigiado (pelos outros esquerdistas)
[11] Refúgio (Fig.)
[12] Experiente (Fig.)
[13] Doutrina que se funda em princípios opostos, bem e mal
[14] Falhado ou defeituoso

"Prosseguimos no trágico cotidiano da miséria e fome, na guerra contra milhões de crianças abandonadas ao crime, na crescente devastação do solo, na extinção das flores e das espécies animais".

Se a simples presença desse "retrato" estimula a existência de um novo PCB convertido à
5   democracia, a própria história do partido dificulta a sua re-aceitação. Não será tarefa fácil provar que o PCB está disposto a construir o futuro aproveitando de fato as melhores lições de um passado em que houve do bom e do pior. Heróico e carismático no plano interno--não há nos últimos 70 anos uma grande causa popular que não tivesse o apoio do PCB--o mais antigo e mais sofrido partido brasileiro nunca teve a coragem de denunciar os incontáveis **atentados**[15] que a sua **matriz**[16] soviética perpetrou
10   contra a liberdade e a dignidade humanas.

O deputado Roberto Freire prometeu na TV "radicalidade democrática", que significa trocar a fantasia onipotente de uma transformação mágica pelo humilde e democrático papel de ajudar a reformar o capitalismo brasileiro, que resiste a fazer com a justiça social o que comunismo do Leste fez com a democracia: derrubar o nosso muro da vergonha.

(Zuenir Ventura, *Jornal do Brasil,* 12 de julho de 1991)

---

[15] Ataques
[16] Fonte ou nascente

Compreensão

1. O que se passou com o comunismo brasileiro?

2. Quem deu o golpe de graça nele? Onde?

3. Quem vai chefiar o PCB ressuscitado?

4. Como é que Jorge Amado condena o comunismo no discurso na ABL?

5. Por que diz que as ditaduras de esquerda são piores do que as de direita?

6. O que tem ele a dizer especificamente sobre o capitalismo?

7. Cite um pró inegável do PCB?

8. Por outro lado, qual seria uma falha grande do PCB?

9. Por que no passado Jorge Amado foi duramente criticado pelos aderentes mais ortodoxos da esquerda?

10. Em que vai consistir a nova doutrina do PCB?

Vocabulário : (a) Relacione os termos da primeira coluna com os (quase) antônimos da segunda e (b) empregue-os em sentenças completas.

1. Solene
2. Vergonha
3. Ditadura
4. Fora
5. Heróico
6. Derrota
7. Defeituoso
8. Extinção
9. Próprio
10. Derrubar

a. Dentro
b. Perfeito
c. Alheio
d. Covarde
e. Propagação
f. Festivo
g. Por em pé
h. Orgulho
i. Vitória
j. Democracia

Ampliação

1. Você concorda que tradicionalmente tem havido um padrão duplo em julgar os dois tipos de ditadura?

2. Por que é mais fácil condenar a ditadura de direita do que a de esquerda?

3. Você considera o socialismo democrático preferível ao capitalismo democrático? Por que?

4. O referido "dilema" dos comunistas brasileiros realmente são vários. Por que?

5. Você acha Jorge Amado particularmente capacitado para falar da esquerda? Por que?

6. A seu ver, Jorge Amado se revela objetivo?

TEATRINHO

"A política de sempre"

Elenco

Um governador re-eleito repetidas vezes, tradicionalista e crasso, também hipócrita e cínico, da geração de seus pais ou avós

Uma prefeita recém-eleita, idealista, ainda jovem e com grau universitário

Aliados e fãs dos dois lados

Argumento

Encontrando-se numa festa oferecida por um amigo comum, os dois adversários políticos continuam em desacordo. Porém, dado o ambiente alegre, o dialógo entre eles, embora reflita sua posição filosófica, é leve e informal. A pergunta que inicia o intercâmbio é a proverbial "Como vão as coisas?"

Expressões úteis

Comprometer-se	Meio ambiente
Conscientizar	Poluição
Corrupção	Recessão
Criminalidade	Representar
Defender	Respeitar
Fazer uma limpeza geral	Sacrificar-se
Greve	Salário mínimo
Inflação galopante	Taxa de desemprego
Marginalidade	Violar
Mandato	Votar em

TEMAS PARA COMENTÁRIO ORAL OU ESCRITO

1. A presidência de Fernando Henrique Cardoso é um passo a frente para o amadurecimento político do país.

2. Em muitos sentidos, os avanços femininos no corpo político da nação reforçam o processo democrático.

3. Comparar o papel da mulher entre a política parlamentar do Brasil e a de seu país

4. O conflito esquerda/direita continua na política brasileira, embora de maneira mais moderada.

5. Os paralelos entre a política brasileira e a norteamericana.

6. A razão pela qual você (não) gostaria de ser um/uma político/a influente em sua terra.

UNIDADE 5   RELIGIÃO

1

O êxodo dos católicos de classe média
sangra uma Igreja já **enfraquecida**[1] pelo
assédio[2] das seitas evangélicas sobre os pobres

Fé em desencanto

     O cimento do catolicismo, a base espiritual sobre cuja estrutura foi erguida a sociedade brasileira, está **rachando**[3]. A Igreja Católica vem perdendo o rebanho dos pobres para as seitas evangélicas que incham na mesma proporção assustadora da urbanização do país — quatro em cada cinco brasileiros estarão morando numa grande cidade até o ano 2000. As ovelhas mais **abastadas**[4] também estão se **extraviando**.[5] É mais fácil um camelo entrar no reino dos céus que um padre se interessar pelas **indagações**[6] metafísicas dos ricos--mesmo que abra todos os dias as portas do templo para recebê-los em cerimônias luxuosas e caras. A fratura mais perigosa para a hierarquia católica, no entanto, aquela que estará sendo tema nos sermões de muitas dioceses neste Natal, é a fuga da classe média, o ponto de apoio mais forte do catolicismo no Brasil moderno e que a cada dia **afasta-se**[7] mais da Igreja. Neste Natal, as igrejas dos bairros da classe média estarão repletas, dando a impressão de que o catolicismo continua firme e forte no Brasil. Pura ilusão: boa parte dos que se dizem seguidores da Igreja fundada por São Pedro só vai à missa no Natal.

5   Segundo dados do **IBGE**,[8] há dez anos, nove em cada dez brasileiros diziam ser católicos. Esse número caiu para oito em dez na população em geral. Na classe média, em particular, o **baque**[9] foi maior. Uma **pesquisa**[10] encontrou apenas 72% de pessoas que se dizem católicas--mas apenas um em cada três católicos havia ido à missa na semana anterior. E sete em dez tinham costume de consultar **cartomantes**,[11] **videntes**,[12] **tarólogos**[13] ou freqüentar sessões espíritas e tendas de **umbanda**[14] ou **candomblé**.[15] "**Simpatias**,[16] horóscopos, idolatrias pagãs são práticas comuns entre os católicos da 10 classe média brasileira" constata o relatório da pesquisa". Sou uma católica em transição para o espiritismo", diz a paulista Daisy Galasso, 48 anos. "Quando meu pai morreu, fiquei inconsolável e os padres só me diziam meias verdades. O espiritismo me mostrou que a morte de meu pai foi uma escolha dele mesmo, mas no futuro seu espírito voltará à Terra em outro corpo".

     Que não nos ouça a Sagrada Congregação para a Fé, o antigo Santo Ofício, cujos serviços 15 crematórios purificaram pela **fogueira**[17] as almas enegrecidas de bruxos e hereges na Idade Média. A Igreja não queima mais seus **desafetos**[18]--embora costume cozinhar **em banho maria**[19] ou fritar os

---

[1] Débil ou fraca

[2] Insistência (Fig.)

[3] Se abrindo

[4] Ricas ou economicamente acomodadas

[5] Desencaminhando

[6] Buscas

[7] Distancia-se

[8] Instituto Brasileiro de Geografia e Estatística

[9] Queda ou tombo

[10] Investigação ou levantamento

[11] Pessoas que adivinham por meio de cartas de jogar

[12] Pessoas dotadas da faculdade de visões sobrenaturais

[13] Cartomantes

[14] Forma cultural originada da assimilação de elementos religiosos afro-brasileiros pelo espiritismo brasileiro urbano

[15] Religião dos negros iorubas na Bahia

[16] Objetos usados para prevenir ou curar uma doença ou mal-estar

[17] Fogo

[18] Adversários

[19] Em fogo lento (Fig.)

dissidentes no mesmo estilo culinário dissimulado dos governos dos homens--mas considera ainda pecado mortal faltar à missa dominical. Consultar-se com cartomantes e videntes é **necromancia**,[20] um crime **hediondo**[21] perante a ortodoxia católica porque fere diretamente o primeiro mandamento: "Amar a Deus sobre todas as coisas".

5   Onde o catolicismo decai em número e em vigor apostólico, **desvanece**[22] na mesma velocidade o temor de pecar e de ser punido por isso. Talvez por essa mesma razão, os padres católicos perderam poder de convencimento sobre seus paroquianos (65% de adeptos das seitas protestantes e evangélicas e do espiritismo já foram católicos) e **pregam**[23] no vazio quando se dirigem aos gentios (apenas 8% dos novos católicos são evangélicos, judeus ou espíritas convertidos). Os bispos mais cuidadosos que se

10 lançaram a campo para entender o comportamento **arredio**[24] dos fiéis, encontraram sinais ainda mais perturbadores do que os obtidos pela pesquisa.

     Talvez mais que os números, a recepção fria dada ao papa João Paulo II em sua segunda visita ao Brasil, em outubro passado, tenha deixado nos bispos a sensação de que é preciso **reagir**.[25] "Foi uma surpresa para todos, até para a **comitiva**[26] pontifícia, a fraca resposta da massa católica brasileira à

15 visita do papa".

     Os bispos e padres de esquerda põem a culpa no cura gordo, preguiçoso, de batina engordurada e politicamente conservador que, se pudesse, ainda hoje estaria rezando missa em latim e **de costas**[27] para a **assistência**.[28] Os conservadores **enxergam**[29] nas atitudes dos religiosos ligados à Teologia da Libertação--o casamento tropical do marxismo com o cristianismo a razão do enfraquecimento da Igreja.

20 O certo é que na tensão provocada pelo **cabo de guerra**[30] travado entre as duas correntes políticas da Igreja, abriu-se a **fenda**[31] por onde o rebanho mais pobre fugiu **rumo**[32] aos templos pentecostais e os mais abastados para os braços dos médiuns, espíritas, cartomantes, videntes e tarólogos.

     "Em nome da Teologia da Libertação cometeram-se os maiores absurdos. Deixaram de pregar a palavra de Deus. Soube de padres que passaram dois anos vivendo em comunidades indígenas sem

25 pregar a palavra de Cristo sob o petexto de não ferir a cultura dos índios", indigna-se dom Eugênio Sales. "As pessoas da classe média e os empresários se sentem ofendidos por serem tratados pelos padres ligados à Teologia da Libertação como capitalistas selvagens", diz dom Boaventura Kloppenburg. "Ofendidos, **sedentos**[33] de fé e não de **peroração**[34] política ou social, eles abandonam a Igreja". Além da franca hostilidade com os ricos--e para muitos padres basta não ser miserável, **bóia-fria**,[35] retirante

30 ou sem terra para ser considerado rico--os religiosos marxistas perderam fiéis aos montes quando vincularam as suas paróquias a partidos políticos. Na última campanha presidencial os padres de esquerda entraram com toda a força na campanha do candidato do **PT**,[36] Lula, enquanto boa parte dos descamisados rezava já pela **cartilha**[37] de Collor ou queria apenas rezar e se consolar nos braços do Senhor. Há uma outra dimensão, mais profunda que a luta partidária, na secularização dos sermões do

35 clero: "Quando você tem um filho morto no colo, não quer ouvir do padre que a sociedade precisa ser mais justa, quer sim uma palavra de conforto e transcendência", diz o escritor religioso Rubem Alves.

     À ala conservadora, por sua vez, faltou generosidade e espírito cristão no trato com os religiosos dissidentes influenciados pelas idéias esquerdistas. O franciscano Leonardo Boff, o maior expoente do

---

[20] Advinhação pela invocação dos espíritos

[21] Repulsivo, pavoroso ou medonho

[22] Desaparece

[23] Pronunciam sermões

[24] Afastado ou desgarrado

[25] Fazer alguma coisa (em defesa da Igreja)

[26] Séquito ou gente que acompanha

[27] Mostrando as costas, ou seja, olhando em outra direção

[28] Platéia

[29] Vêem

[30] Jogo em que duas equipes puxam em direções opostas as pontas de uma corda grossa, vencendo a que conseguir arrastar a outra

[31] Abertura estreita

[32] Em direção

[33] Muito desejosos

[34] Discurso

[35] Trabalhador humilde do campo

[36] Partido dos Trabalhadores

[37] Doutrina

esquerdismo católico brasileiro, foi exageradamente punido pela Santa Sé com subsídios que recebeu dos bispos conservadores brasileiros. Boff, um intelectual **requintado**[38] e culto, foi tratado como um anarquista panfletário e humilhado como um herege. O frei franciscano foi destituído há seis meses da direção da revista *Vozes,* seu principal púlpito desde que fora proibido de lecionar em seminários,
5   também por imposição do Vaticano. Agora dedica-se a pregações ecológicas. "O bem provavelmente mais escasso na Igreja de hoje é a Verdade", escreveu Boff numa carta **endereçada**[39] a seus superiores franciscanos em que dizia que desistia de sua luta política. "Tem-se medo da Verdade das coisas, como no caso do livro, **indiciado**,[40] sobre os padres casados, uma pesquisa sociológica séria feita na melhor universidade do Brasil (Campinas, Estado de São Paulo). E se tem medo do Deus da vida, dos pobres,
10   dos humilhados e dos ofendidos que não aceitam a dominação, de nenhum tipo, e que descobriram a Igreja como aliada e advogada da sua causa.

       Um em cada dez católicos deixa de sê-lo porque não consegue conciliar a posição da Igreja com algumas imposições da vida em família (métodos anticoncepcionais), as conquistas científicas (bebês de proveta, manipulação genética) e os avanços comportamentais (aborto, sexo antes do
15   casamento). Guaracy de Brito, 45 anos, delegado de polícia no Recife, afastou-se da igreja depois de uma vida inteira de **carolice**[41] por achar que os padres insistiam em teses inviáveis na prática. "Um exemplo é a condenação do uso de contraceptivos em países como o Brasil, onde é assustadora a quantidade de menores abandonados nas ruas", diz Brito, que nem se lembra mais da última vez que confessou ou comungou e só entra numa igreja hoje quando é convidado para casamentos ou batizados.
20   Frente a essa situação, pode-se chegar à conclusão de que, se nada for feito para mudar a situação, dentro de mais alguns anos a fé apostólica romana vai evaporar-se pela **rarefação**[42] de fiéis, pelos erros estratégicos que comete, pela **truculência**[43] com que trata seus dissidentes e por não se ajustar ao mundo contemporâneo. É bom lembrar, no entanto, que a Igreja Católica comete esses mesmos pecados há 2 000 anos—e há 2 000 anos ela tem sido a força espiritual mais poderosa da
25   civilização ocidental. "A Igreja Católica não está propriamente em crise. Ela está vivendo o momento mais realista de sua história", concede o reverendo Jaime Wright, secretário-geral da Igreja Presbiteriana Unida do Brasil. O reverendo não acredita que a Igreja Católica seja submergida por esse enfrentamento com a realidade. "Ela está até se saindo bem. A proporção de católicos realmente praticantes sempre foi de 10% mesmo nos momentos de glória da Igreja".

(Eurípedes Alcântara, *Veja*, 25 de dezembro de 1991)

---

[38] Elevado ou aprimorado

[39] Dirigida (Fig.)

[40] Denunciado

[41] Religiosidade exagerada

[42] Diminuição (Fig.)

[43] Ferocidade ou crueldade

Compreensão

1. O que está enfraquecendo a Igreja?

2. Que classes sócio-econômicas estão participando do êxodo?

3. Quais são algumas das opções mais populares abertas ao brasileiro?

4. Por que tantos fiéis estão mudando de doutrina?

5. Qual é a atitude oficial da Igreja?

6. A conversão é um remédio viável aos números decrescentes de fiéis?

7. A recepção dada ao papa é sintomática do dilema? Como?

8. Em quem (ou em que) os bispos e padres de esquerda botam a culpa?

9. E os de direita?

10. Quem é Leonardo Boff?

11. Caracterize o conflito entre ele e a Igreja?

12. Em que outras áreas a oposição à posição da Igreja é manifestada?

Vocabulário : (a) Relacione os termos da primeira coluna com os (quase) sinônimos da segunda e (b) empregue-os em sentenças completas.

1.	Assustado	a.	Cheio
2.	Seita	b.	Arte
3.	Erguido	c.	Decrescer
4.	Hediondo	d.	Facção (religiosa)
5.	Escolha	e.	Disfarçado
6.	erante	f.	Aborígine
7.	Indígena	g.	Depravado
8.	Repleto	h.	Medroso
9.	Dissimulado	i.	Seleção
10.	Decair	j.	Levantado

Ampliação

1. Você acredita na estrita separação entre igreja e estado? Por que?

2. Você considera o êxodo da Igreja inevitável?

3. Por que você acha que a Igreja não faz mais para reter os fiéis?

4. A conhecida intolerância do passado, por parte da Igreja, continua de forma mais sutil? Como?

5. Você considera qualquer religião válida desde que satisfaça as necessidades espirituais do/a seguidor/a?

6. O proseletismo, venha de onde vier, pode ser visto como um desrespeito inerente às sensibilidades do/a converso/a-alvo?

7. Você simpatiza mais com o clero de esquerda (os teólogos da libertação) ou com o de direita? Por que?

8. O que é que você faria se fosse Leonardo Boff?

9. O que você opina das observações do delegado de polícia Guaracy de Brito?

10. Você acredita que a influência da Igreja no Brasil, de modo geral, tem sido benéfica ou maléfica? Por que?

2

A proliferação de seitas evangélicas
encontra seu ponto alto empresarial no
marketing de um ex-funcionário público

'Bispo' *arrecada*[1] 1 bilhão no *Maracanã*[2]

O bilionário Edir Macedo, que se autoproclamou *bispo* e dirige a seita denominada Igreja Universal do Reino de Deus, conseguiu mais uma arrecadação recorde, ao atrair ontem cerca de 160 mil pessoas para o Maracanã. Desta vez, ele evitou cenas que repercutiram mal em outras reuniões desse
5   tipo, como o **desfile**[3] de enormes sacos de dinheiro e as cenas de supostos curandeirismo e exorcismo. O que o pastor não evitou foi o apelo para que o seu fiel rebanho lhe desse mais dinheiro. Se todos os participantes de ontem pagaram, quinta-feira, a contribuição de Cr$ 7 mil, solicitada pelos pastores como uma espécie de ingresso para ir ao Maracanã, a arrecadação já seria de Cr$ 1,1 bilhão--duas vezes e meia a **renda**[4] recorde do atual Campeonato Brasileiro de Futebol.
10   Com os 800 ônibus alugados, os pastores arrecadaram pelo menos Cr$ 270 milhões (na base de 50 passageiros por ônibus), quantia que dá, **com boa folga**,[5] para pagar o aluguel. Mas a insaciável sede por dinheiro continuava, durante a reunião de ontem. Aclamado pela multidão, o *bispo* subiu ao **palanque**,[6] montado junto ao campo dc futebol, ficou deitado **de bruços**[7] por exatos 26 minutos e não perdeu a oportunidade de começar a cobrança. "O **umbandismo**[8] cobra de seus fiéis trabalhos, o
15   catolicismo cobra a presença nas missas e a Igreja Universal cobra outras coisas", disse o *bispo* sem mencionar a palavra dinheiro. Nem precisava. O público, que entende a cobrança do *bispo*, logo começou a dar mais contribuições, entregues aos *soldados de Deus*--homens e mulheres que davam rosas e passavam as **sacolas**[9] entre o público, recolhendo dinheiro.
Ao apresentar os *soldados,* o *bispo* Macedo **fazia questão de**[10] estimular a multidão a encher
20   as sacolas de dinheiro. Ele explicava que cada rosa custou caro. "Nós pagamos por ela, pelo estádio, pelo **som**,[11] pagamos cerca de Cr$ 100 milhões para fazer este encontro. Cada um dá quanto quiser: um milhão, um cruzeiro, se não quiser, não precisa dar nada", dizia Edir Macedo. Quando perguntou se todos já tinham recebido rosas, ouviu um sonoro não. "Se você não recebeu, é porque não deu nenhuma oferta. Amém pessoal", provocou o *bispo*. As ofertas se multiplicavam e as sacolas cheias de dinheiro
25   desapareciam rapidamente, passando aos cuidados de soldados de verdade--o exército de segurança do *bispo*. Um desses soldados chegou a **agredir**[12] e a **ameaçar**[13] com revólver um repórter fotográfico que tentava registrar a operação de carregamento de dinheiro em **kombis**.[14]
O impressionante volume de dinheiro que Edir Marcedo conseguiu ontem vem de gente pobre em sua grande maioria. Pessoas como a empregada doméstica Lindaura Rômulo, 42 anos, que já
30   contribui normalmente com um **dízimo**[15] elevado. Todo mês, ela dá a metade de seu salário de Cr$ 170 mil ao pastor da igreja que freqüenta, em Jardim Gramacho, bairro de Caxias, na Baixada Fluminense. Lindaura, que produz o milagre de sobreviver com apenas Cr$ 85 mil por mês, já tinha pago os Cr$ 7 mil

---

[1] Recebe ou toma posse de (dinheiro)
[2] Estádio carioca do mesmo nome
[3] Procissão
[4] O total das quantias recibidas em troca de trabalho ou de serviço prestado
[5] De sobra
[6] Estrado com degraus para espectadores, frequentemente ao ar livre
[7] Com o ventre e o rosto voltados para cima, em posição horizontal
[8] Sistematização das várias tendências da umbanda--uma forma cultural originada da assimilação de elementos religiosos afro-brasileiros pelo espiritismo brasileiro urbano
[9] Saco grande, normalmente com alças
[10] Insistia em
[11] Microfones e amplificadores (Fig.)
[12] Golpear
[13] Procurar intimidar
[14] Micro-ônibus fabricados pela Volkswagen
[15] Contribuição de 10 % do salário

de ingresso (com direito a sete pedidos) e mais Cr$ 3 mil pelo ônibus que a levou de Jardim Gramacho ao Maracanã. Mesmo assim, ela ainda conseguiu atender o *bispo* e fez mais uma oferta no Maracanã: Cr$ 500. "Este dinheiro vai fazer com que o encontro do próximo ano tenha ainda mais gente", justificou Lindaura.

5   No ano passado, o *bispo* não pôde aparecer no Maracanã porque estava com prisão preventiva decretada pela Polícia Federal. **De lá para cá,**[16] ele **se esquivou**[17] das acusações na Justiça e aumentou ainda mais sua fortuna. Pôde comprar, por exemplo, a TV Rio, que ontem transmitia ao vivo sua *performance* no Maracanã. Uma verdadeira indústria existe em torno do *bispo,* que ontem ainda aumentava sua renda, vendendo no Maracanã **hinários**[18] para acompanhar os cânticos do culto, além

10 de discos e fitas de sua gravadora, a Line Records. Cercado por mais de 30 **seguranças**[19] e acompanhado da mulher e dois filhos, o *bispo* deixou o Maracanã num carro de luxo e seguiu para o Aeroporto Santos Dumont, onde um jatinho o aguardava. No **Morumbi,**[20] em São Paulo, o espetáculo do Rio se repetiu à tarde. Com direito a outra arrecadação bilionária. (*Jornal do Brasil,* 18 de abril de 1992)

15

"Tenho medo dele", diz o ex-seguidor

No dia 13 de janeiro conversei, por telefone, e pela primeira vez, com o pastor Carlos Magno de Miranda. Eu havia publicado no Jornal da Tarde *outras reportagens sobre a Igreja Universal.*

20 *Ele queria contar, num* **depoimento,**[21] *os 13 anos que passou na Igreja Universal do Reino de Deus e falar porque decidiu abandoná-la. Viajei para Fortaleza no dia 16 e na mesma tarde o procurei em sua igreja, a do Espírito Santo de Deus. Conversamos em várias etapas, durante dias, que resultaram em 10 horas de gravação, feitas na sua casa. As fitas gravadas são documentos do* Jornal da Tarde. *Abaixo, a primeira parte.* (Kássia Caldeira)

25

        "Entrei na Igreja Universal do Reino de Deus na sua fundação em 1978. Morava no Rio e passava por problemas na minha vida particular. Fui convidado para ir à igreja no bairro da Abolição, numa antiga funerária. Era o pastor Edir Macedo que fazia o culto. Só mais tarde ele viria a ser bispo da Igreja".

30   "Casei, entrei na **Nuclebrás**[22] logo que ela inaugurou. Cresci muito lá dentro. Eu era um rapaz que saiu do Recife. Quando estava no ápice da minha vida, me preparando para um estágio na Alemanha, comecei a sentir uma vontade muito grande de pregar o evangelho. Queria fazer o que eu via o pastor Macedo fazer com aquela coragem, aquela intrepidez".

35 ### *Preparação e desencontro*

        "Então fui ser obreiro, a pessoa que não faz parte do ministério, mas ajuda na igreja. Até que um dia eu procurei o pastor Macedo para falar da minha vontade. Então ele disse: "Olha, servir a Deus não é emprego". E avisou que só podia me pagar "x". Não lembro o valor, mas era muito menos do que eu

40 recebia. Comparando, era como se eu ganhasse Cr$ 1 milhão e o salário que o pastor ia me dar era de Cr$ 70 mil".

        "Às vezes eu ligava para o bispo e pedia orientação. Uma vez ele disse: "Olha, Carlos, quando eu coloco um pastor pra **tomar conta,**[23] boto para me trazer soluções, não problemas, porque **de problemas eu tô cheio.**[24] Então não liga para perguntar nada, você resolve".

45   "O homem Edir Macedo é diferente do pastor. O pastor é aquele que sobe no altar, é uma pessoa dócil e tranqüila. O homem Edir Macedo desconfia até da própria sombra. Se tiver seus interesses contrariados, fica bravo, bruto, nervoso, violento--o oposto do pastor".

---

[16] Neste ínterim
[17] Evitou ou safou-se
[18] Livros de hinos
[19] Guarda-costas
[20] Estádio paulistano do mesmo nome
[21] Testemunho
[22] Empresa do governo federal que produz energia nuclear
[23] Cuidar
[24] Tenho suficientes problemas

A dolarização da fé

"Um dia, ele disse que ia convocar uma reunião de pastores porque estava com uma idéia:**ao invés**[25] de os pastores continuarem a ter salário, eles passariam a ter uma porcentagem sobre o que
5   remetessem [para Edir Macedo]. Isto, segundo ele, daria motivação pessoal aos pastores, pois eles dariam mais importância às ofertas. O esquema foi implantado há um ano e pouco. Quando eu estive em São Paulo, ele **aperfeiçoou**[26] o sistema. Foi nessa ocasião que tive meu **atrito**[27] sério com ele. Ele disse que cruzeiro e cruzado não valiam nada, que tudo o que se compra e se faz é em dólar e que ele faria o ranking das igrejas em dólar. A dolarização da igreja seria no **câmbio paralelo**.[28] 'Se a igreja dá US$ 5
10 mil num mês vamos ver quanto ela dá no seguinte, se cresceu', ele disse. Só na sede da igreja devem arrecadar hoje, por mês, em torno de Cr$ 150 milhões".

"O bispo tem um apartamento no Rio, um condomínio da Barra da Tijuca, bem à beira-mar, um prédio de um apartamento por andar".

"Ele comentou certa vez que valia mais de US$ 1 milhão. Tem outro em Copacabana, onde mora
15 a mãe. E me parece que o irmão **vereador**[29] mora em um apartamento que é do bispo, além de uma casa em Nova York e outra em São Paulo".

O poder eletrônico

20 "As rádios, para fazer o trabalho de evangelização, também sempre foram compradas com dinheiro da igreja, com as ofertas dos dízimos do povo. Tenho conhecimento de 12 a 14 emissoras de rádio da igreja".

"Não posso falar que ele estipulava quantia. Mas marcava reuniões para arranjar dinheiro. Então, era preciso arranjar no Brasil um milhão de pessoas cada uma com Cr$ 1 mil, isto no prazo de uma
25 semana. E **dava para**[30] conseguir porque a campanha era no País inteiro. No mês de outubro, meu último mês na Universal, enviei Cr$ 8 milhões".

A implantação da igreja

30 "A implantacão da igreja é praticamente igual em qualquer lugar. Em João Pessoa, por exemplo, consegui um horário na rádio e comecei a pregar o evangelho. Arranjei um clube e marquei para fazer reuniões aos domingos. Muita gente ia porque ouvia o rádio. Começa assim: um núcleo a partir de um programa de rádio ou televisão e dali nasce a igreja. E assim implantei a Universal em todos os estados do Nordeste, exceto no Ceará. A Universal sempre trabalhou em regime de **caixa único**.[31] Agora a
35 **matriz**[32] é São Paulo. Toda segunda-feira, tudo que é arrecadado é remetido para lá. Às vezes, durante a semana, pediam para mandar o dinheiro que tinha".

"O que eu posso esperar deste homem? Eu quero proteger minha família, meus parentes--minha mãe, meu pai e meus irmãos moram no Rio--e o que este homem pode chegar a fazer? Ele tem dinheiro. Hoje, eu não sei se ele não seria capaz de mandar matar. **De repente**[33] contrata uma pessoa,
40 causa um acidente . . . Eu tenho este medo dele. Até faço um apelo às autoridades do Brasil. Peço que tomem **providências**.[34] Hoje eu responsabilizo o bispo Edir Macedo por qualquer coisa que aconteça comigo, meus filhos, minha esposa".

(*Jornal do Brasil*, 2 de abril de 1991)

---

[25] Em lugar
[26] Tornar perfeito
[27] Fricção ou divergência
[28] Câmbio *não* oficial
[29] Membro de câmara municipal
[30] Se podia
[31] Dinheiro guardado num só lugar
[32] Base ou centro
[33] Possivelmente (Pop.)
[34] Medidas

Compreensão

1. Quem é Edir Macedo?

2. Como ele arrecada dinheiro?

3. Como é o espetáculo no Estádio de Maracanã?

4. Quem são, na maioria, os seguidores de Macedo?

5. Qual é a situação de Lindaura Rômulo?

6. Descreva o "império" crescente do bilionário?

7. Quem era Carlos Magno de Miranda?

8. Como é que ele era tratado pelo "bispo"?

9. Descreva o patrimônio pessoal de Macedo.

10. Por que o entrevistado saiu da Igreja Universal?

Vocabulário : (a) Relacione os termos da primeira coluna com os quase) antônimos da segunda e (b) empregue-os em sentenças completas.

1.	Intrepidez	a.	Pedido
2.	Abandonar	b	Filial
3.	Insaciável	c.	Tirar
4.	Implantar	d.	Problema
5.	Próximo	e.	Juntar-se
6.	Bruto	f.	Covardia
7.	Oferta	g.	Educado
8.	Botar	h.	Anterior
9.	Matriz	i.	Desarraigar
10.	Solução	j.	Facilmente satisfeito

Ampliação

1. Como você explica o sucesso extraordinário do "bispo"?

2. Por que será que o pobre é o mais atraído à Igreja Universal?

3. Você acha que o governo brasileiro faz bem em tentar intervir nas práticas comerciais de Macedo?

4. A perseguição dele não seria motivada, pelo menos em parte, por pressão das instituições religiosas já estabelecidas?

5. Você acha o "bispo" um simples vigarista ou estaria mesmo empenhado em servir seu rebanho?--por um preço, é claro.

6. Segundo Carlos Magno, como realmente é o "bispo" como pessoa?

7. Você acha excessivo o que Macedo vem lucrando pessoalmente, graças à sua posição na Igreja?

8. Você vê paralelos entre Macedo e outros (tele)evangelistas? Dê exemplos?

9. Encontra alguma ironia lamentável na forma em que eles vivem e o padrão de vida dos que mais os sustentam?

10. Você considera justificável o medo que Carlos Magno tem do "bispo"? Por que (não)?

3

Descendentes de judeus convertidos à força buscam
suas origens em **pesquisas**[1] acadêmicas e na volta à sinagoga

Raízes *à mostra* [2]

Condenado à fogueira pela Inquisição portuguesa em 1640, o judeu Antônio Saraiva conseguiu escapar de Lisboa, atravessou o Atlântico provavelmente a bordo de um navio holandês e veio **dar com os costados**[3] no Nordeste brasileiro. Estabeleceu-se no interior do Ceará, constituiu família e, para escapar à perseguição religiosa, afastou-se definitivamente do judaísmo, criando como católicos seus filhos e netos. Mais de 350 anos depois, o paulista Flávio Mendes Carvalho desenterrou a origem judaica de Saraiva e de 6 000 outros judeus brasileiros e portugueses mortos, torturados e **degredados**[4] pela intolerância eclesiástica entre o final do século XV e o século XVIII. Carvalho, que se descobriu descendente de Antônio Saraiva, celebra as festas judaicas e escolheu para os filhos nomes semitas, Hannah, Itzhack e Raquel. O resultado de seu trabalho, uma lista sistemática de nomes e condenações, está no livro *Raízes Judaicas no Brasil--o Arquivo Secreto da Inquisição,* distribuído pela Federação Israelita do Estado de São Paulo.

Carvalho é um dos muitos casos de brasileiros descendentes de judeus convertidos à força ao catolicismo no passado que estão se reencontrando com o rito judaico. Passam a estudar a *Torah,* os escritos sagrados dos hebreus, e respeitam os feriados como o Yom Kippur, o Dia do Perdão. Outro descendente de judeus conversos, Hélio Daniel Cordeiro, coordena em São Paulo a Sociedade Hebraica para o Estudo do Marranismo. Na Espanha medieval católica, os judeus eram chamados depreciativamente de "marranos", ou porcos, mas o termo marranismo passou à história como um símbolo de resistência à perseguição religiosa. "Em dois anos de funcionamento já fomos consultados por pelo menos duas centenas de pessoas à procura de orientação sobre como pesquisar melhor seu passado judaico", diz Cordeiro. Ele calcula que pelo menos 15 milhões de brasileiros teriam algum parentesco com cristãos-novos, outro nome dado aos judeus convertidos à força. "O número de pessoas que têm alguma noção disso não deve ultrapassar 1 ou 2 milhões".

Distribuídos por todo o país, os cristãos-novos costumam ter em comum vagas referências familiares dos ancestrais perseguidos e uma série de pequenas e vagas tradições, às vezes praticadas **em sigilo**.[5] É o caso do engenheiro químico Walter Rubens de Oliveira, criado numa fazenda do Vale do Paraíba, em São Paulo. Desde pequeno, ele via a mãe acender lâmpadas a óleo na sexta-feira à noite--uma prática típica dos judeus ibéricos. Sua família também não comia carne de porco e o avô paterno chegou a contratar um **açougueiro**[6] encarregado de respeitar as regras dietéticas judaicas. Há alguns anos Oliveira decidiu submeter-se ao processo de conversão na Congregação Israelita Paulista. "Fazemos parte de uma grande corrente. Somos um **elo**[7] retirado à força", diz Oliveira. "Sinto-me muito bem na sinagoga". Como Oliveira, Hélio Cordeiro também vem de uma família do interior de São Paulo, mas com hábitos diferentes dos da população da região, como valorizar ao extremo a leitura do *Velho Testamento* e ter cuidados especiais com o **abatimento**[8] de animais.

A lista de nomes e condenações, copiada nos arquivos portugueses, mostra que muitos cristãos-novos adotaram largamente sobrenomes que atualmente pouca gente pensa vincular a um passado judaico. Não são possivelmente de ascendência judaica apenas os sobrenomes inspirados em árvores e frutas (Pereira, Oliveira e Carvalho) ou em animais (Leão, Lobo), como se admite comumente, mas também outros mais tradicionais como Moreira, Fonseca e Alvarenga. "Ter um sobrenome desses não significa automaticamente uma ascendência judaica", diz investigador Carvalho. A compilação

---

[1] Investigações ou levantamentos
[2] Expostas
[3] Parar
[4] Exilados
[5] Secretamente
[6] Carniceiro
[7] Ligação (Fig.)
[8] Matança

mostra que não havia uma regra fixa na escolha do sobrenome quando se tratava de **fugir**[9] da Inquisição. "Sobrenomes aparentemente católicos, como Cruz ou até mesmo Jesus, serviram muitas vezes de **disfarces**",[10] diz o estudioso. O estudo enumera, por exemplo, 450 pessoas de sobrenome Rodrigues perseguidas pelos inquisidores. Os dois sobrenomes mais comuns no Brasil--Silva e Souza--
5 também aparecem **às centenas**[11] nas listas dos judeus condenados pela Igreja Católica. Nem todos Rodrigues, Silva ou Souza têm antepassados judeus, mas muitos   podem ter tido. A listagem de Carvalho **fornece**[12] informações mais detalhadas sobre datas, regiões e até profissões dos condenados judeus de nomes aportuguesados, de modo que os cultores de árvores genealógicas possam, se quiserem, tentar encontrar elos comuns. Carvalho acredita que a partir de 1497, ano em que começaram
10 a ser expulsos de Portugal ou obrigados a converter-se, cerca de 100 000 judeus tenham sido condenados--milhares deles, **foragidos**,[13] receberam a pena **à revelia**.[14] Milhares, sem dúvida, vieram parar no Brasil. Diz Carvalho: "Sinto-me **abençoado**[15] pela possibilidade de voltar à minha cultura. Tenho pena de quem a perdeu e não conseguiu recuperá-la".

15

Rodrigues, Souza, Silva...

Com 6000 casos, o livro *Raízes Judaicas no Brasil* contém a mais completa lista de nomes, sobrenomes, profissões e até endereços de judeus brasileiros e portugueses perseguidos pela
20 Inquisição. Há histórias famosas como a do teatrólogo carioca Antônio José da Silva, o Judeu, queimado em Lisboa em 1739. Cem de seus parentes foram também perseguidos pelos jesuítas católicos.
Pessoas que conseguem **rastrear**[16] a origem de seus antepassados por vários séculos podem verificar nas **fichas**[17] fornecidas pelo livro se têm elos com algum dos condenados. A seguir, alguns casos narrados no livro:
25

* João Dique de Souza, senhor de **engenho**[18] no Rio de Janeiro, entregou suas três filhas a um convento, mas mesmo assim foi queimado em Lisboa em 1714. Seus outros três filhos foram condenados ao cárcere.

30 * Também dono de engenho, Manoel de Paredes foi preso pela Inquisição em 1727 e condenado a degredo em Angola. Todas as suas terras, onde fica hoje o bairro de Jacarepaguá, no Rio de Janeiro, foram confiscadas pela Igreja.

* Aos 4 anos, Miguel Telles da Costa foi separado de seus pais, torturados e
35 condenados pela Inquisição. Criado por uma família católica no interior de Portugal, conseguiu esconder sua condição de judeu e chegou ao posto de **capitão-mor**[19] da Vila de Parati, no Rio de Janeiro. Denunciado, foi preso, torturado e acabou enlouquecendo.

* Branca Rodrigues, 17 anos, filha do plantador de cana do Rio de Janeiro, Ayres de
40 Miranda, foi condenada a cárcere com seus sete irmãos.

*Joanna Gomes da Silveira, 55 anos, e Thereza Barbalha de Jesus, 56, filhas do lavrador Diogo Nunes, da Paraíba, foram torturadas e mortas em 1735.

---

[9] Escapar

[10] Fingimentos ou dissimulações

[11] Em quantidades de três algarismos

[12] Proporciona ou dá

[13] Emigrados ou aqueles que fugiram para escapar à injustiça ou a qualquer perseguição

[14] Sem conhecimento ou sem audiência do acusado

[15] Favorecido (Fig.)

[16] Rastejar ou seguir a pista de

[17] Verbetes ou anotações (Fig.)

[18] Fazenda destinada à cultura da cana e à fabricação do açúcar

[19] Autoridade que, numa cidade ou vila, comandava a milícia chamada ordenanças

*Belchior da Fonseca Jordão, 21 anos, filho do capitão Luiz Vieira de Mendanha Souto-Mayor, plantador de cana no Rio de Janeiro, foi condenado ao cárcere perpétuo em 1713. A mãe, Clara de Moraes e seus três irmãos, receberam a mesma condenação.

(*Veja*, 21 de outubro de 1992)

Compreensão

1. Como Antônio Saraiva se salvou da barbárie da Inquisição?

2. Descobrindo-se descendente, o que Flávio Mendes Carvalho fez?

3. Que pesquisa foi produzida por ele?

4. O que quer dizer Marranismo?

5. Segundo Cordeiro, até quantos brasileiros teriam algum parentesco com os cristãos-novos?

6. Ironicamente, quantos se dariam conta da possível ascendência?

7. Quais são alguns dos sobrenomes mais (e menos) conhecidos entre os convertidos à força?

8. Quem foi Antônio José da Silva?

9. O que têm em comum os casos específicos de perseguição?

10. Quais foram os diferentes métodos de coerção utilizados pela Inquisição?

Vocabulário : (a) Relacione os termos da primeira coluna com os (quase) antônimos da segunda e (b) empregue-os em sentenças completas.

1.	Descendência	a.	Civil
2.	Condenado	b.	Aderente
3.	Eclesiástico	c.	Condenado
4.	Depreciativo	d.	Perdoado
5.	Convertido	e.	Ficar
6.	Sobrenome	f.	Devolução
7.	Fugir	g.	Ascendência
8.	Abençoado	h.	Solto
9.	Confisco	i.	(Pré)Nome
10.	Preso	j.	Elogioso

Ampliação

1. Você acha mera coincidência que uma alta porcentagem dos ativamente perseguidos estivessem bem de vida? Por que (não)?

2. Que outros motivos poderiam explicar a teimosia sádica do Santo Ofício e dos que o apoiavam?

3. Por que você acha que a comunidade judaico-brasileira tanto sentiu a expulsão dos holandeses?

4. O que significa sefardim?

5. E os ashkenazim, quem são?

6. De onde viria a onda migratória judia mais recente?

TEATRINHO

"Mente aberta"

Elenco

O aluno ateu
A agnóstica
O complacente
A convicta
O crente pobre

Argumento

Numa mesa redonda, organizada pela aula de sociologia, a gente comenta o impacto da religião na vida brasileira, passada e presente. Reconhecendo que um concenso é difícil, resolve-se apenas escutar o próximo num espírito de tolerância mútua; e se sobrar tempo, responder as perguntas que houver dos espectadores.

Expressões úteis

Censura
Converter-se
Donos da verdade
Fé
Fiéis
Genocídio cultural
Hipocrisia

Majoritária
Minoritária
Obediência
Perseguição
Santimonioso
Separação

TEMAS PARA COMENTÁRIO ORAL OU ESCRITO

1. O que a religião representa para mim.

2. Fundar uma seita nova é um bom negócio.

3. As tristes e trágicas ironias da Inquisição.

4. A mistura de religião e política é explosiva.

5. Segundo a anedota popular, o brasileiro, na vida toda, só vai na igreja três vezes--quando nasce, quando casa e quando morre--revelando muito sobre o catolicismo à brasileira.

UNIDADE 6　　　　URBANIZAÇÃO

1

Saturadas de gente e poluição, as metrópoles vivem o
seu outono, mas as periferias continuam a **inchar**[1]

Hora de parar

5

　　　　Filho de lavradores pobres, cujo universo respira o ciclo sem fim da natureza, onde decadência é recomeço e renovação, o mineiro Antônio Nascimento olha **aturdido**[2] o mundo a sua volta. Ele está imóvel, sem camisa e descalço, em meio a um cenário onde se misturam policiais, caminhões de mudança, restos de **entulho**[3] e madeira, gente desorientada e choro de crianças.

10　　　　Desde que chegou a São Paulo, há quatro anos, vindo do município de Contagem (MG), a vida desse servente de **pedreiro**[4] **desempregado,**[5] de 37 anos, só tem conhecido a decadência. Estático, no fim da emblemática **Tancredo Neves,**[6] uma rua que vai se estreitando até terminar sem saída, no bairro do Sacomã, zona sul de São Paulo, Nascimento, sua mulher Maria e a filhinha de 1 mês, ainda sem nome, compõem o retrato de uma saga de **encurralados.**[7] Atrás deles, um **barranco**[8] abrupto impõe um

15 obstáculo de quase 5 metros de profundidade ao seu futuro. A esquerda, o mundo acaba numa **encosta.**[9] A frente fica a Tancredo Neves e, à direita, encontram-se os policiais. Eles estão ali para garantir a **reintegração de posse**[10] de uma **gleba**[11] do governo do Estado, onde há dez meses Nascimento e mais uma centena de famílias tentam acrescentar novos **barracos**[12] ao estoque de 150 mil já existentes nas 1.600 **favelas**[13] paulistas.

20　　　　"Morei dois anos debaixo do viaduto do Parque D. Pedro; **vaguei**[14] por terrenos baldios, fui expulso, perdi o emprego, acabei aqui. Agora, não sei não", **desabafa**[15] esse mineiro que por mais que **arregale**[16] os olhos não consegue **enxergar**[17] onde o ciclo pode recomeçar para ele e sua família. O ciclo dificilmente recomeçará na metrópole paulista de 15 milhões de habitantes, com 9,5 milhões no município. A cidade, como todas as outras grandes capitais brasileiras, está **cuspindo**[18] gente para fora.

25　　　　Quase 40% da população urbana do país--mais de 42 milhões de pessoas--concentram-se hoje em nove metrópoles (São Paulo, Rio dc Janeiro, Salvador, Belo Horizonte, Porto Alegre, Fortaleza, Curitiba, Belém e Recife). Elas incharam dramaticamente nos anos 70, perderam **fôlego**[19] nos anos 80, acompanhando a desaceleração demográfica do Brasil, que cresceu 1,8% ao ano, contra 2,4% na década anterior. Ainda assim, foi o suficiente para que um novo contingente de 7,8 milhões de pessoas--

---

[1] Crescer em tamanho

[2] Estonteado ou perturbado

[3] Materiais inúteis resultantes de demolição

[4] Indivíduo que trabalha em obras de construção civil

[5] Sem emprego ou trabalho

[6] Isto é, a *favela* (ver nota 13) que leva o nome do falecido presidente-eleito

[7] Encerrados em lugar estreito e sem saída

[8] Precipício, abismo ou despenhadeiro

[9] Vertente, declive ou descida

[10] Retomada

[11] Área de terra não urbanizada

[12] Habitações toscas ou improvisadas

[13] Conjunto de habitações populares toscamente construídas (por via de regra em morros) e desprovidas de recursos higiênicos

[14] Andei sem destino

[15] Desafoga-se ou revela, sentindo-se aliviado

[16] Abra muito

[17] Ver

[18] Botando (Fig.)

[19] Força (Fig.)

quase dois Uruguais e meio—viesse expandir bairros, **vilas**[20] e favelas metropolitanas, entre 1980 e 1990.

"São Paulo, por exemplo, ficou inviável para o pobre. Você **percorre**[21] as favelas, as vilas distantes e o que você sente é que quase não sobra mais lugar. Está tudo tomado, e os preços são proibitivos", resume a arquiteta Ermínia Maricato, secretária de Habitação e Desenvolvimento do município, sem **desviar o rosto das**[22] imagens do satélite, onde explode o **palco**[23] dessa convulsão humana: os 950 quilômetros quadrados dramaticamente impermeabilizados de asfalto e concreto da quinta maior cidade do planeta. "**Os baixos**[24] dos viadutos estão cada vez mais **entupidos**[25] de gente. Nós tiramos [os moradores] porque é perigoso. Mas é como **enxugar**[26] gelo: sai um, entram dois", desabafa a secretária. "O que nós estamos vivendo é a crise do **padrão**[27] de expansão periférica da cidade. Aquela imagem do migrante que ia construindo sua casinha aos poucos, nas vilas distantes e baratas, acabou", sentencia outra arquiteta, Raquel Rolnik, diretora de Planejamento da **prefeitura**.[28]

O crepúsculo das metrópoles não é uma transição serena; a decadência, aqui, não garante a renovação automática, o giro da natureza com o qual os 30 milhões de brasileiros que deixaram o interior rumo aos grandes centros, nos anos 60/80, estavam acostumados. Aqui, o presente é um **acerto de contas**[29] violento entre um passado imprevidente e um futuro que **teima**[30] em dizer não. Nas duas últimas décadas, o campo terminou de **despejar**[31] seus pobres nas cidades. E as cidades despejaram sobre eles uma década perdida do ponto de vista de **renda**[32] e de emprego. Em 1981, 50% dos brasileiros, os mais pobres, detinham 13,5% da renda; em 1991 essa participação havia **recuado**[33] para 11, 2%. Em compensação, os mais ricos--1% de todo o país--viram aumentar sua **fatia**[34] no bolo, de 13% para 14, 6%, respectivamente.

Na Grande São Paulo, o núcleo mais rico do país--que detém 1/3 do produto industrial--a deterioração da renda foi uma constante em toda a década, com exceção do ano de 1986, durante o Plano Cruzado. Entre 1981 e 1985, a proporção de famílias pobres, com renda entre um e três **salários**,[35] manteve-se entre 35% e 43% na área metropolitana. Em 1986, a **taxa**[36] de pobreza recuou para 25%, avançando porém para 42% a partir de 1987. O resultado é que embora a migração tenha **refluído**[37] a favelização continuou a se expandir vigorosamente. Em São Paulo, o número de favelados cresceu 117%, entre 1980 e 1987, **ao passo que**[38] a população da cidade nesse período cresceu apenas 23%, e as migrações aumentaram 17%.

Hoje, só nas periferias metropolitanas, em áreas cada vez mais adensadas pela falta de espaço e excesso de pobreza, vivem cerca de 16,5 milhões de brasileiros. Uma autêntica nação clandestina que já representa 39% da população metropolitana, contra 30,6% em 1970. Entre 1970 e 1980, conforme dados do Instituto Sociedade, População e Natureza (ISPN), de Brasília, os cinturões periféricos contribuíram com 43,8% para a expansão demográfica das nove maiores capitais do país. Na última década, essa taxa elevou-se para 57,7%.

---

[20] Conjunto de pequenas habitações independentes, em geral idênticas, e dispostas de modo que formem rua ou praça interior, por via de regra sem caráter de logradouro público

[21] Visita

[22] Deixar de observar as (Fig.)

[23] Núcleo (Fig.)

[24] Isto é, *os locais debaixo*

[25] Cheios

[26] Tirar a umidade de, ou secar

[27] Modelo ou aquilo que serve de base

[28] Governo municipal

[29] Represália (Fig.)

[30] Insiste

[31] Vasar ou evacuar

[32] Dinheiro ganho

[33] Retrocedido ou diminuído

[34] Porcentagem (Fig.)

[35] Isto é, *salários mínimos* mensais, cada um equivalendo aproximadamente a US $60

[36] Nível

[37] Corrido para trás, ou diminuído

[38] Enquanto

Boa parte desse Brasil que vive **na contramão**[39] não é recém-chegado ao mundo urbano. Na sua maioria, ele foi **apanhado**[40] pelo implacável **aspirador**[41] da crise, **fulminado**[42] por aquilo que os **pesquisadores**[43] chamam de "filtragem descendente". São pais de família que madrugam nos pontos de ônibus, mas que não conseguiram suportar o torniquete dos **aluguéis.**[44] Ou que viram seus empregos se

5   perderem no **ralo**[45] da recessão. Foram eles que **se deslocaram**[46] **maciçamente**[47] nos últimos anos para disputar um barraco pobre, numa das favelas miseráveis do país. Em São Paulo, 36% da atual população favelada--estimada em 1 milhão de pessoas pela prefeitura--vieram de casas de aluguel.

No fragilizado cenário nordestino, essa diáspora de excluídos **recheia**[48] números ainda mais gordos. Fortaleza, por exemplo, está sendo estrangulada por uma periferia que cresce **estonteantes**[49]

10   6,3% ao ano, contra 2,7% no seu núcleo central. Em Salvador, que registrou um crescimento médio de 2,9% ao ano na última década, sua fatia pobre multiplica-se à velocidade de 4,2% ao ano. Recife, cercada por **mangues**,[50] rios e mar, não tem mais para onde expandir seus 209 quilômetros quadrados, onde 120 mil pessoas, quase 10% da população, moram na única **vaga**[51] disponível--a própria rua. A cidade cresceu só 0,66% em média nos anos 80. Mas metade de seus 1,3 milhão de habitantes já

15   moram em 600 favelas, onde não há espaço para um contingente de pobres que avança à taxa de 2,89% por ano. Mais de 77% dos **esgotos**[52] da ex-"Veneza Brasileira", hoje apelidada de "Venérea Tropical", não são coletados, escorrem pelas ruas ou **vertem**[53] de **fossas**[54] superficiais. Recife **mergulha**[55] no seu terceiro **surto**[56] de cólera, desde 1856, ainda mais vulnerável que há um século. "A infra-estrutura piorou em termos relativos", observa a historiadora Virgínia Pernambucano. "Em 1856 a cidade preveniu-se

20   melhor. Ainda assim, a cólera matou 5% da população em dois meses", adverte.

O ajuste de contas que está **sendo travado**[57] nas periferias das grandes metrópoles freqüentemente contabiliza entre suas vítimas o próprio futuro dessas aglomerações—as crianças, os jovens, sua natureza. Na Baixada Fluminense, a 20 minutos da cidade, a falta de **saneamento**,[58] a subnutrição e a violência liquidam um bebê e um jovem (assassinado) a cada três horas.

25   Quase 18% do Rio de Janeiro vive em 550 favelas, que vêm crescendo num ritmo 100 vezes superior ao da cidade. Embora seja uma das capitais de menor crescimento nos anos 80, o Rio enfrenta um **transbordamento**[59] de população para **morros**,[60] **lagoas**[61] costeiras e encostas ainda intocadas. A floresta da Tijuca, a maior floresta urbana do mundo, criada por decreto de D. Pedro II, em 1862, que determinou a preservação e reflorestamento de 33 mil hectares de matas destruídos pelo plantio do café,

30   já está **acossada**[62] por 86 favelas. O déficit de 400 mil moradias reflete-se em pontos cada vez mais

---

[39] Fora ou marginalizada (Fig.)

[40] Pego ou atingido

[41] Sucção (Fig.)

[42] Arrasado ou abalado

[43] Investigadores

[44] Valor pago pelo direito de ocupar alguma propriedade por prazo específico

[45] Ralador ou, por extensão, filtro

[46] Mudaram de lugar

[47] Em massa (Fig.)

[48] Engrandece-se de

[49] Descontrolados (Fig.)

[50] Áreas tropicais e justamarítimas, sujeitas às marés, onde há uma concentração de mangueiras

[51] Espaço vazio

[52] Sistema de canalizações destinado a receber as águas pluviais e os detritos de um aglomerado populacional, e levá-los para lugar afastado.

[53] Derramam ou fazem transbordar

[54] Cavidades ou buracos

[55] Entra (Fig.)

[56] Aparecimento repentino ou irrupção

[57] Havendo

[58] Cuidado na área de saúde pública

[59] Excesso (Fig.)

[60] Colinas ou outeiros

[61] Águas estagnadas

[62] Ameaçada ou intimidada

altos dos morros. Quase 55% dos **maciços**[63] cariocas--20 mil hectares--foram **desmatados**.[64] Juntos, formam o cenário previsível de uma tragédia banalizada a cada verão: os **desabamentos**[65] com vítimas fatais.

5   Mas talvez não haja símbolo mais óbvio dessa **desarrumação**[66] urbana/ambiental do país do que a trajetória **atabalhoada**[67] de sua própria capital. Aos 32 anos, Brasília continua a afrontar seus idealizadores. A idéia era que atingisse 600 mil só no ano 2000. Mas ela superou essa marca já em 1970 e hoje reúne uma população de 1,6 milhão de pessoas--distribuídas entre o plano piloto e 11 cidades-satélites.

10   Não há mais **candangos**[68] chegando em **paus-de-arara**,[69] e os sonhos desenvolvimentistas estão fora de moda. Mas o clima seco dos **cerrados**[70] e seu solo frágil, porém ainda amplo, continuam a funcionar como verdadeiras **estufas**[71] de cidades instantâneas. A mais recente delas é Samambaia. Um **formigueiro**[72] de gente pobre atraída pela disponibilidade de lotes; um enorme **canteiro**[73] de terra **arrasada**[74] ao redor de Brasília que há dois anos não existia e hoje reúne 127 mil pessoas.

15   O que está ocorrendo ao redor de Brasília, Recife, São Paulo, nos morros do Rio, em Salvador, no cinturão de 350 mil favelados de Porto Alegre ou em Manaus não é um processo linear. E é por isso que gente humilde, como o mineiro Antônio Nascimento, da favela Tancredo Neves, na zona sul paulistana, tem dificuldades para entendê-lo. O ambiente convulsivo dessas grandes concentrações reflete um movimento **de duplo sentido**,[75] comandado por forças antagônicas. "São Paulo começou a gerar deseconomias, e as indústrias estão indo embora, em busca de terrenos mais baratos, distâncias menores e mão-de-obra mais acessível. A cidade caminha para se transformar na capital do **terciário**[76] 20 do Terceiro Mundo. Mas a pobreza ainda continua concentrada aqui", sintetiza a secretária Ermínia Maricato, descrevendo uma polarização perversa que está nas ruas e na rotina da metrópole.

       A desindustrialização paulista aflorou nas estatísticas como uma tendência profunda, irreversível. Em 1970, 43,7% da produção industrial do Estado era gerada na capital; 26,9%, na sua área 25 metropolitana e 29,3%, no interior. Na década de 80, a relação entre capital e interior praticamente se inverteu (30% e 41,3%, respectivamente), enquanto a área metropolitana manteve sua fatia em torno de 28%. Em parte, essa reordenação econômica foi acompanhada de uma reciclagem demográfica, que ficou mais visível no último censo. "Entre as 25 cidades brasileiras que mais cresceram na década, seis delas, por exemplo, como Sumaré e Vinhedo, gravitam ao redor de Campinas, no interior paulista", 30 explica o demógrafo George Martine. Exceto no Nordeste, onde a inexistência de alternativas atrai cada vez mais gente aos grandes centros, tudo indica que nas demais regiões brasileiras, as cidades pequenas e as de médio **porte**[77] foram as que registraram as maiores taxas de crescimento na última década. Simulações preliminares, pelo menos, indicam essa tendência que deve ser confirmada pelos dados definitivos do censo de 1991.

35   A desconcentração espacial da atividade econômica, que guia os novos fluxos populacionais, **esboça**[78] sem dúvida um alívio para o futuro das metrópoles. Mas o estoque acumulado de pobreza dentro delas--multiplicado pela vigorosa inércia vegetativa e agravado pela crise--continua a polarizar o ambiente urbano do país. "Temos 1 milhão de pessoas em favelas; 2,4 milhões em loteamentos

---

[63] Arvoredos ou matas fechadas
[64] Cortados ou destruídos
[65] Desmoronamentos ou quedas de edificação (por causa das chuvas torrenciais)
[66] Desordem
[67] Apressada
[68] Designação dada aos operários das grandes obras de construção de Brasília
[69] Ônibus (Fig.)
[70] Tipo de vegetação caracterizado por árvores baixas, retorcidas e espaçadas, ou o terreno, ordinariamente plano, assim dotado
[71] Produtoras (Fig.)
[72] Colônia de formigas (Fig.)
[73] Espaço à volta ou ao lado de uma construção, literalmente cultivado de plantas
[74] Nivelada
[75] Em duas direções ou de mão dulpa
[76] Membro (de uma ordem terceira)
[77] Tamanho
[78] Traça, delineia ou indica

irregulares e 3 milhões em **cortiços**.[79] Tudo somado **dá**[80] aproximadamente 60% da população", contabiliza a coordenadora de favelas da prefeitura, Laura Bueno.

(*Globo Ecologia*, junho de 1992)

Compreensão

1. Sob que circunstâncias vive atualmente Antônio Nascimento?

2. Aonde moram 40% da população urbana brasileira?

3. Qual foi a década em que estas metrópoles mais incharam?

4. Do ponto de vista de renda e de emprego, qual foi o impacto dos anos 80?

5. Qual é o motivo da crescente favelização?

6. Em que parte do país se sente mais a favelização?

7. Por que Recife não é mais apelidada da "Veneza brasileira"?

8. Qual é a taxa de crescimento das favelas cariocas?

9. Quais são alguns dos problemas ocasionados por esta tendência?

10. Explique a "desindustrialização" de São Paulo.

Vocabulário : (a) Relacione os termos da primeira coluna com os (quase) antônimos da segunda e (b) empregue-os em sentenças completas.

1.	A esquerda	a.	Movível
2.	Estático	b.	Proximidade
3.	Abrupto	c.	Largo
4.	Imóvel	d.	A direita
5.	Desorientado	e.	Norteado
6.	Estreito	f.	Demorado
7.	Expandir	g.	Centro
8.	Crepúsculo	h.	Dinâmico
9.	Distância	i.	Por do sol
10.	Periferia	j.	Contrair

Ampliação

1. Como se explica o deslocamento demográfico (brasileiro)?

2. É um processo tão universal quanto irreversível? Por que?

3. Descreva a (falta de) infra-estrutura que aguarda os milhões de migrantes recentes.

4. Por que a situação do carente urbano está pior nas cidades do Nordeste?

5. Em termos relativos, há alojamento pior que favela? Qual e por que?

---

[79] Habitações coletivas das classes pobres
[80] Equivale a

2

A Manaus sombreada de jaqueiras e acácias,
quase uma extensão da floresta, não existe mais

Verde *Banido* [1]

Manaus, para mim, tem um significado especial: espaço da minha infância, Manaus foi um
5 cenário **lúdico**,[2] lugar de prazeres **desmesurados**,[3] de tantas **estripulias**[4] à sombra das árvores e à
beira dos **igarapés**.[5] Sim, porque naquela época (minha infância feliz começou em 54 e terminou dez
anos depois) Manaus era uma cidade que convivia em harmonia com a natureza. A forte luz solar era
filtrada pela **folhagem**[6] das mangueiras, acácias, jaqueiras e palmeiras que sombreavam as ruas e as
praças da cidade. A arborização tornava o clima mais ameno e a vida suportável.
10 Os visitantes brasileiros e estrangeiros que reclamavam do sol abrasante de Manaus,
encontravam nas áreas sombreadas um bom motivo para suportar o clima equatorial. Euclides da Cunha
foi um deles. Antes de sua viagem histórica ao Alto Purus, de cuja experiência ele nos **legou**[7] um dos
textos mas lúcidos sobre a região e o homem amazônico, Euclides passou poucos dias em Belém e mais
de dois meses em Manaus. Durante as três primeiras semanas de vida **manauara**,[8] o escritor irritou-se
15 com quase tudo: o clima, a **morosidade**[9] das pessoas, o ritmo lento e pausado da vida no equador. Mas
antes de partir para o Alto Purus, reconciliou-se com o clima, e assimilou o **niilismo**[10] simpático do
manauara. No entanto, a grande surpresa da viagem, segundo o próprio escritor, foi a capital do Pará.
Numa carta de 30 de dezembro de 1904, endereçada ao seu pai, Euclides escreveu: "Nunca São Paulo
e o Rio terão as suas avenidas monumentais, largas de 40 metros e sombreadas de filas sucessivas de
20 árvores enormes. Não se imagina no resto do Brasil o que é a cidade de Belém, com os seus edifícios
desmesurados, as suas praças incomparáveis e com a sua gente de hábitos europeus, cavalheira e
generosa".
Com poucas restrições, esse comentário elogioso sobre Belém e sua gente parece
perdurável.[11] Isso porque as elites e a população de Belém **empenharam-se**[12] em preservar, ao longo
25 do século, um dos patrimônios mais valiosos do cidadão comum: a cidade em que mora. Já o mesmo
não se pode afirmar sobre Manaus. Com o crescimento brusco e caótico dos últimos 25 anos, o verde foi
banido de Manaus, e a cidade se afastou das margens do rio Negro. A floresta e os balneários, que
antes faziam parte da nossa vida cotidiana, são agora lugares distantes, excluídos do espaço urbano. Eu
seria ingênuo em pensar que esse desastre é fruto apenas da industrialização. As razões são políticas e
30 também culturais. Em 1967 foi criada a Zona Franca sem que houvesse um planejamento urbano capaz
de receber um grande contingente de migrantes do interior do Amazonas. Tampouco foi criada uma
política econômica que fixasse o homem no interior. Nossas elites **pecaram**[13] por omissão, e por sua
visão e atuação política limitadas. Não apresentaram uma proposta de desenvolvimento econômico de
vocação regional. Agora convivem com o fantasma da competição de produtos importados, já que o
35 governo federal decidiu abrir uma **fenda**[14] na barreira **alfandegária**[15] que protege a indústria brasileira.

---

[1] Exilado ou desterrado
[2] O que tem o caráter de jogos, brinquedos ou divertimentos
[3] Sem limite
[4] Bulha, travessuras ou tropelias
[5] Canais naturais e estreitos entre duas ilhas ou entre uma ilha e a terra firme
[6] Conjunto de folhas de uma planta ou plantas
[7] Deixou como legado ou transmitiu
[8] Ou manauense, relativo a, natural ou habitante de Manaus
[9] Lentidão ou frouxidão
[10] Descrença absoluta
[11] Duradouro
[12] Dedicaram-se
[13] Erraram (Fig.)
[14] Buraco
[15] Aduaneira

Também o Mercosul é visto como uma **ameaça**[16] **a médio prazo**.[17] Algo semelhante ocorreu durante o ciclo da **borracha**.[18] A euforia e a opulência duraram 25 anos, mas a decadência foi tão brusca e teve efeitos tão brutais na economia regional, que a comparação com a situação atual não me parece **infundada**.[19]

5 Só agora perceberam (talvez tarde demais) que o turismo pode gerar recursos incalculáveis para a região. Mas o turismo é inviável num cenário em ruínas, num mundo de violência e degradação. Hoje, 60% da população do Amazonas concentram-se em Manaus, uma cidade de quase 1 milhão de habitantes, dos quais 400 mil moram em **favelas**[20] ou em moradias precárias. Nos anos 70 e 80, enquanto áreas imensas das florestas de Rondônia e do sul do Pará se transformavam em **pasto**,[21] as
10 cidades do norte eram devastadas. Creio que essa destruição **sincrônica**[22] da natureza e do espaço urbano amazônico faz parte de um mesmo processo de expansão de um capitalismo que, no Brasil, aproxima-se cada vez mais da barbárie. Nesse processo impera uma lógica perversa de que participam a **ganância**,[23] a **insensatez**,[24] o **descaso**[25] e a incompetência dos poderes públicos, com a cumplicidade de certos setores privados.

15 Na Manaus de hoje já não podemos manter um diálogo fecundo entre o presente e o passado. Esse novo cenário urbano lembra uma paisagem depois de uma guerra que não aconteceu. É como se vivêssemos um pesadelo em tempo de paz. Não é preciso ir à periferia da cidade para presenciar algumas cenas dignas de um país de quarto mundo. Nas ruas áridas do centro há leprosos **esmolando**[26] e crianças **cheirando**[27] **cola**.[28] Nos meses de chuva, a **enchente**[29] dos igarapés inunda milhares de
20 **palafitas**[30] que cercam o centro histórico de Manaus. Nos **barracos**[31] da periferia a **leishmaniose**,[32] a malária e a cólera ameaçam uma população **desempregada**.[33] Além disso, na capital da maior floresta natural do planeta, não há sequer um parque ou um bosque, como se a natureza, enquanto espaço de **lazer**[34] coletivo, fosse uma ameaça à própria cidade.

Ainda que perplexo e indignado, sonho com uma outra concepção de espaço para Manaus. Não se trata
25 de um sonho nostálgico ou de uma **apologia**[35] ao retorno da natureza, e sim de um projeto possível para uma cidade que já teve seus encantos e **recantos**[36] poéticos: um desejo de sentir a cidade com prazer, de se sentir desejado pela paisagem urbana.

30 (Milton Hatoum, *Globo Ecologia*, junho de 1992)

---

[16] Intimidação
[17] Entre mais cedo (a curto prazo) e mais tarde (a longo prazo)
[18] Substância elástica feita do látex coagulado de tais plantas quanto a seringueira, a goma-elástica e o caucho
[19] Injustificável, ou seja, sem fundamento
[20] Conjunto de habitações populares toscamente construídas
[21] Terreno em que há pasto (erva para alimento do gado)
[22] Simultânea
[23] Ambição de ganho
[24] Loucura
[25] Desprezo
[26] Mendigando ou pedindo esmola
[27] Inalando
[28] Substância glutinosa para fazer aderir papel, madeira ou outros materiais, que produz sensações alucinógenas
[29] Cheia ou inundação
[30] Estacarias que sustentam as habitações lacustres e, por extensão, essas habitações
[31] Habitações toscas e improvisadas
[32] Nomeada pelo bacteriologista escocês W.B. Leishman, é uma doença causada por certos protozoários
[33] Ociosa ou sem emprego
[34] Tempo livre
[35] Elogio
[36] Lugares retirados e confortáveis

Compreensão

1. Como era a Manaus da infância do autor?

2. Descreva o caráter do manauara.

3. Qual foi a opinião de Euclides da Cunha sobre Belém, a capital do Pará?

4. Belém ainda se conserva bonita?

5. Por que o mesmo não pode ser dito de Manaus?

6. O que a danificou em particular?

7. Fale um pouco da população da capital do Amazonas. Quanto é e o que representa em termos de deslocamento demográfico?

8. Como estão as ruas de Manaus hoje em dia?

9. Quando há enchente, como muda a situação da área?

10. Ironicamente, o que é que os planejadores urbanísticos deixaram de incluir na planta da cidade?

Vocabulário : (a) Relacione os termos da primeira coluna com os (quase) antônimos da segunda e (b) empregue-os em sentenças completas.

1. A sombra	a. Limitado
2. Em harmonia	b. Desmatamento
3. Arborização	c. Trabalho
4. Desmesurado	d. Ao sol
5. Caótico	e. Monopólio
6. Competição	f. Inaguentável
7. Imperar	g. Arrumado
8. Lazer	h. Em conflito
9. Banir	i. Ceder
10. Suportável	j. Repatriar

Ampliação

1. O que há de irônico no título?

2. Como contrasta Manaus com os arredores?

3. Qual o tipo de extrativismo que marcou a cidade na virada do século e o que deixou em termos de patrimônio histórico-arquitetônico?

4. Qual é a forma de extrativismo mais recente em Manaus e como transformou a cidade?

5. A opinião de Euclides da Cunha da índole manauara lhe parece um estereótipo positivo ou negativo? Como?

6. No fundo, quem tem culpa pela situação deplorável da Manaus de hoje em dia? Por que?

3

Cada vez mais distante de sua utopia,
Brasília se vê envolvida pelos
problemas das grandes cidades

Sem plano sem piloto

Brasília não é a mesma do início dos anos 60. A utopia chamada Brasília, que se traduzia
sobretudo nas **superquadras**,[1] um espaço aberto para a convivência tranqüila de seus moradores e
integração da residência com a cidade, acabou. E já tem candidato, com apoio de moradores, que
5   propõe que as superquadras sejam cercadas. No final da década de 50, o Brasil vivia no futuro. Juscelino
Kubitschek comandava, na Presidência da República, o esforço nacional pelo desenvolvimento--
siderurgia,[2] petróleo, construção naval, hidrelétricas e indústria automobilística levariam o País para
frente em velocidade inimaginável: 50 anos em cinco. No Rio de Janeiro, dois **expoentes**[3] da cultura
nacional, o urbanista Lúcio Costa e o arquiteto Óscar Niemeyer traçavam o perfil da capital do Brasil-
10   futuro. Brasília nascia de filiação intelectual francesa", como diz Costa, seguidor, no Brasil de então, das
idéias **preconizadas**[4] no começo do século pelo urbanista francês Le Corbusier, pai da arquitetura-
manifesto, capaz ela própria de provocar transformações na sociedade.

Trinta anos depois de inaugurada, Brasília não é mais, como escreveu em 1957 o poeta Manoel
Bandeira, "a utopia plausível". É uma cidade que vive, talvez com mais intensidade, as distorções de
15   uma economia em crise, e as desigualdades acentuadas pelo belíssimo Plano Piloto cercado da
desorganização urbana como qualquer outra cidade brasileira. Lúcio Costa previa que Brasília não teria
mais que 600 mil habitantes no ano 2000. Hoje moram na capital quase dois milhões de brasileiros. O
crescimento vegetativo da cidade sinaliza, para breve, uma situação de caos: o **esgotamento**[5] do
sistema de abastecimento de água.
20   Há outras notícias ruins para os vizinhos da Esplanada dos Ministérios, considerada pelo seu
criador a "Versailles do povo": este ano Brasília terá o maior déficit de empregos de sua história, segundo
o Sistema Nacional de Empregos do Ministério do Trabalho. Os acidentes de trânsito continuarão
crescendo, as passagens de transporte coletivo urbano serão ainda as mais caras do País e a classe
média continuará a migrar para a periferia, fugindo dos **aluguéis**[6] caríssimos e dos preços absurdos dos
25   **imóveis**[7] no já quase esgotado Plano Piloto da cidade.

Não era esta a previsão de Lúcio Costa para o futuro da capital. Em 1985, visitando a cidade,
ele reconheceu que havia em seu projeto "vícios congênitos", agravados pelas "**mazelas**[8] **advindas**[9] do
desconhecimento das verdadeiras intenções do plano" ou por "erros na sua interpretação". Apesar disso,
ressalva,[10] "valeu a pena". Para Kátia Aguiar, jornalista, moradora do Lago Sul e parte da privilegiada
30   parcela da população que pode viver com renda familiar superior a Cr$ 500 mil mensais, Brasília tem de
ser vista de outro ângulo: "Quem planeja tem a obrigação de considerar que existe dinâmica em qualquer
coisa. Não se pode fazer uma cidade sem considerar as conseqüências de seu crescimento". Moradora
da capital desde 1962, Kátia, mãe de três filhos, teme pela violência que transtorna a cidade nos últimos
anos. "Quando eu era criança, não precisávamos sequer fechar as portas de casa". Hoje, depois de uma
35   tentativa de assalto que sofreu e de saber que a casa de sua mãe já recebeu a visita de ladrões por

---

[1] Áreas residenciais de 200m x 200m, dispostas numa sequência contínua ao longo do Eixo Rodoviário,
emolduradas por larga cinta densamente arborizada na qual se dispõem blocos de apartamentos,
escolas, zonas ajardinadas e *play-grounds*

[2] Metalurgia do ferro e do aço

[3] Representantes ilustres

[4] Louvadas, elogiadas ou altamente recomendadas

[5] Exaustão

[6] Pagamentos de uma quantia pré-estabelecida em troca do gozo de uma propriedade, por tempo
determinado ou não

[7] Ou bens imóveis: imobiliário

[8] Moléstias ou defeitos

[9] Provenientes

[10] Justifica-se

cinco vezes, Kátia acha que é preciso tomar **providências**.[11] "O governo não se preocupa com a questão fundamental, a educação. Então têm de ser tomadas medidas preventivas contra a violência", diz ela.

Kátia é dos brasilienses que defendem a transformação das superquadras em condomínios fechados. A proposta é do empresário Eraldo Alves, candidato pelo Partido Liberal Humanista a uma vaga na Câmara Distrital ou Assembléia Legislativa. Para Alves, Brasília deve viver sua realidade. "Nos horizontes abertos da cidade não há perspectiva de futuro", diz. O paradoxo se explica. É pouco comum encontrar **grades**[12] na cidade. A Secretaria de Desenvolvimento Urbano, que cuida da normalização do uso dos espaços públicos, determina que não pode haver grades em torno dos prédios. Isso facilita, segundo Alves, o trabalho dos ladrões--os assaltos ou furtos em residências são as ocorrências policiais mais comuns no Distrito Federal, particularmente nas quadras do Plano Piloto e dos Lagos Sul e Norte. "Fechar as áreas residenciais evitaria o ingresso de desconhecidos e diminuiria os números da violência no **DF**.[13]

O objetivo de dificultar ao máximo a vida dos ladrões certamente seria melhor conseguido se se cercasse Brasília inteira. "Isto é um absurdo" --diz a arquiteta Maria Elisa Costa, filha de Lúcio Costa e membro do Conselho de Arquitetura, Urbanismo e Meio Ambiente do DF. "Como é que se vai controlar a entrada nas quadras, será que serão distribuídos **crachás**[14] às **babás**?",[15] ironiza Maria Elisa. No Rio de Janeiro, Lúcio Costa também não deixa de reagir: o princípio de morar em Brasília é exatamente o oposto do condomínio, das grades, do objetivo medieval de defesa contra o inimigo", diz. Para o urbanista, Brasília seria composta do que ele chama de "unidades de vizinhança"--grupos de residências com até dez mil habitantes que ocupariam a cada quatro superquadras um espaço com comércio, **lazer**,[16] educação. "Se este princípio não foi seguido, isto é responsabilidade de quem pôs o plano em execução", diz ele.

As distorções do plano, que levaram dois terços da população do DF para as cidades-satélites, tornou a Brasília real bem diferente da cidade que saiu de sua **prancheta**.[17] A mudança de **rumos**[18] foi patrocinada pelo Poder Executivo naquela época--"as cidades-satelites estavam no plano, mas só deveriam começar a surgir depois que o Plano Piloto estivesse esgotado. Segundo Lúcio Costa, a Novacap--Companhia Urbanizadora da Nova Capital, que contratou as **empreiteiras**[19] para a construção, calculou mal o afluxo de pessoas para Brasília: pensava-se que um terço dos candangos (os peões que construíram Brasília) voltaria as suas cidades de origem. Isto não aconteceu e já em 1958 surgia a primeira cidade-satélite: Taguatinga.

Hoje Brasília tem 11 cidades-satelites, sendo que duas delas--Taguatinga e Ceilândia--concentram quase a metade da população de todo o DF. Situadas a 20 quilômetros do centro de Brasília, as cidades transformaram-se em **sede**[20] de outros dos grandes problemas da população brasiliense: o transporte coletivo. Concebido com amplos espaços exatamente para evitar os **engarrafamentos**,[21] o sistema **viário**[22] da cidade começa a se estrangular: o movimento, pela manhã, em direção ao Plano Piloto e, à tarde, em direção às principais cidades-satélites, Taguatinga e Samambaia, **não fica devendo nada**[23] ao movimento de outras grandes avenidas urbanas do Brasil.

Os 20 quilômetros que separam as mazelas das cidades-satélites do privilegiado Plano Piloto ficam ainda maiores quando acrescentados das diferenças sociais entre seus moradores. A advogada Juçara de Santis, uma paulista que coligou-se a Brasília há oito anos, mora numa das áreas não planejadas originalmente. As octogonais, que são, evidentemente, áreas em forma de octógonos com prédios de apartamentos cercados na configuração jurídica de condomínios fechados. Para entrar ou sair da octogonal, Juçara passa por uma bem guardada **guarita**.[24] "Eu preferi morar na octogonal porque é

---

[11] Medidas

[12] Armações metálicas de peças encruzadas com intervalos, destinadas a resguardar ou vedar um lugar

[13] Distrito Federal

[14] Cartões com dados pessoais que se usam ao peito para fins de identificação ou controle

[15] Empregadas especializadas em tomar conta de bebês e crianças

[16] Tempo livre

[17] Estampa

[18] Direções

[19] Empresas que executam obras de construção civil

[20] Núcleo

[21] Congestionamentos

[22] Referente a transporte

[23] É igual

[24] Cabine destinada a abrigo de guardas, policiais ou soldados

mais tranqüilo e mais seguro", conta. Mas Juçara, mãe de duas filhas, é contra modificações no plano original da cidade. "Cercar as quadras no Plano Piloto é uma idéia que não cabe no plano de Lúcio Costa", considera. "E afinal, o que faz uma comunidade não é a grade que a **isola**,[25] mas a convivência entre as pessoas que dela participam", raciocina.

5 Com ou sem grades de proteção, Brasília está hoje longe de ser o que esperavam seus criadores. A cidade-sede da administração federal continua se mantendo com o serviço **dos cartões-postais**[26] graças a políticas de expulsão das populações **de baixa renda**[27] de seu centro. Não há mais **favelas**[28] no Plano Piloto, embora persistam as invasões dos espaços públicos menos usados--as passagens subterrâneas para pedestres que cruzam o Eixo Rodoviário, o Eixão, no lado Norte da cidade 10 foram recentemente **aterradas**[29] para evitar que os **sem-teto**[30] as transformassem em casas. Ainda assim, continuam ocupadas. De mês em mês, estas famílias são retiradas; em seguida voltam. Como lembra a jornalista Kátia, do Lago Sul, o problema social não será resolvido com a criação de cidades-satélites--até porque a distribuição de lotes em áreas públicas atrai cada vez mais migrantes. Enquanto não houver investimentos na melhoria da situação sócio-econômica destas populações, o problema 15 continua. O Brasil de JK não existe mais. Em todo caso, Kátia avisa: "Eu adoro Brasília, não pretendo morar em nenhum outro lugar. Não saio daqui nem para a Suíça."

O brasiliense tem disso. Mesmo os de mais de 30 anos, que vieram de outros Estados, costumam se apaixonar pela cidade. "Brasília é um fato, não há um brasileiro hoje que pense na capital que não seja Brasília", pensa Maria Elisa. As soluções para os problemas da cidade, com ou sem a 20 **anuência**[31] de Lúcio Costa e Óscar Niemeyer, passarão pela Companhia de Desenvolvimento do Planalto Central, a Codeplan, que está agora elaborando o Plano Diretor para a cidade. Seu presidente, também um carioca de nascimento e brasiliense de coração, vê no futuro de Brasília duas áreas metropolitanas separadas: "É **inexorável**.[32] A capital da República, a cidade internacional, sede do poder central, não pode estar comprometida com o caráter regional". As satélites seriam polos regionais do 25 desenvolvimento, na visão do presidente da Codeplan. Como se dará este desenvolvimento é uma questão a ser discutida na elaboração do Plano Diretor.

Na visão dos planejadores da cidade, dos atuais administradores e de boa parte da população, Brasília, apesar de sofrer, como outras cidades do País. as mazelas de uma economia permanentemente desequilibrada, é um bom lugar para se viver. Ainda que o preço da qualidade de vida seja manter o 30 crescimento populacional afastado do centro administrativo. Dependente do governo federal até para pagar o **funcionalismo público**,[33] Brasília terá que se industrializar: a **saída**[34] é implementar indústrias não poluentes, que permitam a absorção da cada vez mais numerosa mão-de-obra que chega ao DF em busca de assistência médica, emprego e até aqui farta e gratuita moradia nas áreas periféricas. A classe média resta a alternativa de pagar no mínimo Cr$ 160 mil por um apartamento de três quartos nas Asas 35 Sul ou Norte, ou desembolsar pelo menos Cr$ 10 milhões por um apartamento médio nas quadras mais bem urbanizadas, onde só podem morar os mais graduados membros da elite burocrática da cidade.

"Brasília não é elitista", afirma Maria Elisa. Ela acha que o Plano Piloto tem de ser preservado, ainda que sob uma administração diferenciada do resto do Distrito Federal. "Acho altamente demagógico dizer que Brasília é elitista. O que acontece lá e que Brasilia expõe ao sol as desigualdades 40 sociais do Brasil, e isso certamente incomoda", diz. Para a arquiteta, que mora, como o pai, no Rio de Janeiro, outras cidades brasileiras permitem, por sua configuração, a camuflagem dessas desigualdades. `'No Rio de Janeiro, como as populações pobres descem dos **morros**[35] a pé para trabalhar na zona sul, isto não é percebido. Em Brasilia as distancias são maiores e as desigualdades ficam evidentes". Sobre o futuro da cidade, Maria Elisa acha que deverá ser providenciada a independência econômica das áreas

---

[25] Protege ou afasta

[26] Isto é, *de apresentar a cidade de maneira idealizada e em conformidade com o Plano Piloto*

[27] Pobres

[28] Conjunto de habitações populares, toscamente construídas e geralmente desprovidas de recursos higiênicos

[29] Cobertas com terra

[30] Desabrigados; pessoas sem casa

[31] Consentimento ou aprovação

[32] Implacável

[33] Funcionários públicos

[34] Resposta ou solução (Fig.)

[35] Colinas ou outeiros e, no contexto carioca, em particular, sinónimos de favelas

periféricas. "Brasília nasceu como uma criança que vestia roupas de adulto, largas em excesso. Agora as roupas estão **apertadas**.[36] É preciso somente reformá-las, alargar um pouco".

5 Liberdade *vigiada:* [37] Insegurança chega às superquadras

Para os brasileiros, superquadra é o equivalente ao quarteirão das cidades com configuração tradicional. São normalmente 11 blocos habitados por cerca de 2.500 pessoas. Nos planos de Lúcio Costa, cada quatro superquadras formariam o que ele batizou de "unidades de vizinhança" e, além das 10 escolas para cada uma, haveria cinemas, clubes recreativos e bibliotecas.

Na verdade, apenas um grupo de quadras tem completa sua unidade de vizinhança--a 308, 307, 108 e 107. Nas outras, o governo, ao longo do tempo, foi cedendo os espaços de cinemas para centros comerciais, de bibliotecas para escolas. Há, na Asa Sul, somente um clube de unidade de vizinhança. Na 308, onde moram Marla Teixeira, de 14 anos, Luiz Gustavo Carneiro, de 18, e Ana Maria Carneiro, 15 também de 14, costumavam ser mais comuns os passeios embaixo dos blocos ou as festas comunitárias que, nos primeiros anos de Brasília, ajudaram os novos moradores a fugir da solidão e do isolamento da capital.

"Hoje eu quase não desço"--diz Luiz Gustavo--"um pouco porque estou estudando para o **vestibular,**[38] mas também porque Brasília não é mais calma como costumava ser". Apesar de só ter 18 20 anos, Luiz Gustavo lembra que sua infância foi mais livre, menos vigiada pelos pais do que a das crianças de hoje. "A violência está chegando", diz. Brasiliense e filho de funcionários públicos, Luiz Gustavo lamenta que a cada período de governo o círculo de amizades se rompa, com o retorno de alguns funcionários às suas cidades de origem. Para Marla, os passeios pela quadra depois do almoço ainda são uma opção para relaxar. Ela é contra a colocação de guaritas e grades em torno das quadras. 25 "Com ou sem grades os ladrões, se quiserem, poderão entrar", afirma.

(Iara Viotti, *IstoÉ-Senhor,* 26 de setembro de 1990)

Compreensão

1. Descreva o estado de ânimo nacional sob a presidência Kubitschek.

2. Como está a capital mais de trinta anos depois de inaugurada?

3. Como é que Lúcio Costa previa que Brasília seria até o ano 2000?

4. Quais são alguns dos problemas específicos encarados pela cidade?

5. Como é que alguns brasileiros querem modificar as superquadras?

6. O que é uma cidade-satélite e que tipo de dilema ocasiona para Brasília?

7. Qual seria uma resposta para este dilema viário?

8. Qual é uma diferença básica entre a superquadra e a octogonal?

9. O que quer dizer a sigla Codeplan e qual o papel dela?

---

[36] Justas e, por extensão, pequenas demais
[37] Observada atentamente
[38] Exame de admissão à universidade

Vocabulário : (a) Relacione os termos da primeira coluna com os (quase) antônimos da segunda e (b) empregue-os em sentenças completas.

1.	Integração	a.	Líder
2.	Seguidor	b.	Subtrair
3.	Vegetativo	c.	Não fornecido
4.	Acrescentar	d.	Alto poder aquisitivo
5.	Superfície	e.	Reprovar
6.	Apertado	f.	Separação
7.	Elitista	g.	Subterrâneo
8.	Providenciado	h.	Egalitário
9.	Endossar	i.	Afrouxado
10.	Baixa renda	j.	Dinâmico

Ampliação

1. Por que você acha que Brasília é acusada de elitista?

2. Os mesmos problemas sócio-econômicos que acossam a capital não se fazem sentir, com a mesma intensidade, nas outras metrópoles do país. Por que não?

3. Há uma resposta para a onda de assaltos que não seja maior policiamento e um aumento no uso das grades?

4. Você vê paralelos entre Brasília e Washington, D.C.? Quais?

5. Vai ser possível resolver os problemas da cidade sem mexer na visão original de Lúcio Costa e Oscar Niemayer? Por que (não)?

6. Você gostaria de morar numa superquadra? Por que(não)?

7. Onde você mora, os residentes têm que enfrentar os mesmos problemas? Quais são?

8. O que você e sua família fazem para minimizar a chance de assalto à sua pessoa ou à sua propriedade?

4

O Primeiro Mundo brasileiro

Curitiba

*Que tal morar em uma cidade que **poupa**[1] 1 200 árvores por dia e que não tem **lixo**[2] nas ruas, nem mesmo pontas de cigarro? Um pólo industrial e cultural dos mais atraentes, onde, entretanto, quase não se perde tempo no trânsito e é possível deixar o carro em casa para ir ao trabalho de ônibus, com segurança e conforto. Um lugar sem crianças vendendo **bala**[3] em cada esquina e onde se trata o*
5 *deficiente físico como cidadão. Eleita pela **ONU**[4] cidade-modelo na preservação ambiental, Curitiba é assim: um pedaço do Primeiro Mundo no Brasil.*

O curitibano adora sua cidade. Segundo **levantamento**[5] do Instituto Bonilha (principal órgão de pesquisa do Paraná), 99% da população não quer se mudar da capital paranaense (enquanto 48% dos
10 paulistanos sairiam de São Paulo se pudessem, conforme pesquisa do DataFolha, de março de 1991). Os curitibanos apontam várias razões para justificar sua opção, mas a principal é a qualidade de vida. Não é **à toa**[6] que Curitiba foi escolhida para **sediar**[7] o Fórum Mundial das Cidades, evento paralelo à **Eco92,**[8] que está acontecendo este mês no Rio de Janeiro. Enquanto na Eco se debatem os problemas do meio ambiente que afetam todo o planeta, no Fórum estão sendo discutidas as **saídas**[9] para a
15 sobrevivência das metrópoles.
Curitiba se tornou símbolo de qualidade de vida para todo o mundo. Com 1,2 milhão de habitantes, ela cresceu muito nos últimos anos. Mas, apostando em soluções criativas--a reciclagem do lixo, por exemplo--e idéias renovadoras e baratas--como dar prioridade ao ônibus no lugar do metrô e do carro--a capital do Paraná conseguiu conjugar desenvolvimento e progresso sem **agredir**[10] o meio ambiente e os
20 moradores.
A história de Curitiba pode ser dividida entre AL e DL, ou seja, antes de Jaime Lerner e depois de Jaime Lerner. Fazendo um governo que conta com a aprovação de 80% da população, também de acordo com pesquisa do Instituto Bonilha, esse engenheiro e arquiteto está no seu terceiro mandato como **prefeito**[11] e é considerado--até pelos inimigos políticos--como o responsável por tudo. Sua
25 revolução urbanística tem data: começou em 1971. Naquela época, tempo do milagre econômico e das obras faraônicas, o automóvel era símbolo de status, e os viadutos e túneis eram vistos como sinais de progresso. Enquanto as grandes capitais brasileiras abriam espaço para o carro, Curitiba **interditava**[12] as ruas do centro, entregando-as exclusivamente para os pedestres. "Resolvemos priorizar o transporte coletivo sobre o individual e partimos em busca do verde e da preservação da história da
30 própria cidade", lembra Lerner.
A revolução nos transportes foi acontecendo aos poucos e ainda não acabou. Começou com os ônibus expressos circulando em **faixas**[13] exclusivas. Hoje, a grande novidade é o "ligeirinho", um sistema de ônibus com embarque através de estações-tubo, uma espécie de metrô sobre rodas com poucas paradas e onde o tempo gasto para os passageiros entrarem ou saírem é mínimo. A velocidade média
35 dos ônibus é de 30 km/h, enquanto os convencionais, nas grandes cidades brasileiras, não andam a

---

[1] Economiza
[2] Aquilo que se joga fora; sujeira
[3] Pequena guloseima de consistência firme feita com calda de açúcar
[4] Organização das Nações Unidas
[5] Investigação ou pesquisa
[6] Sem motivo
[7] Servir de sede ou núcleo para
[8] Conferência das Nações Unidas sobre Meio Ambiente e Desenvolvimento
[9] Soluções (Fig.)
[10] Injuriar ou golpear
[11] Chefe da prefeitura (governo municipal)
[12] Fechava
[13] Vias ou trechos de rua

mais de 17 km/h. "O projeto do 'ligeirinho' foi adotado pela Prefeitura de Nova York", comenta orgulhoso o prefeito.

Em 20 anos, o sistema de transportes, que atingia 25 mil passageiros por dia, passou a atender mais de um milhão. Apesar de a capital paranaense ser a cidade brasileira com o maior número de
5   carros per capita --um para cada quatro habitantes--o curitibano vai trabalhar de ônibus. E, quando quer percorrer os bairros, usa as vias rápidas, sem lugar para estacionamentos, mas onde se pode dirigir em alta velocidade. Tudo isso trouxe para a cidade o reconhecimento internacional pela economia de combustível e redução da poluição. Curitiba fo indicada pelo Banco Mundial como referencial por ter conseguido realizar uma revolução nos transportes. Para o futuro, Lerner e sua **equipe**[14] querem
10 implantar o **bonde**[15] urbano, com custo dez vezes inferior ao do metrô, rápido e não-poluente.

O verde se impõe nas ruas

Apesar de Curitiba significar na linguagem indígena "muito **pinhão**[16]", a cidade já foi um lugar
15 árido. Em 1971, o **cartão-postal**[17] foi modificado com o lançamento de uma campanha para a plantação de 60 mil árvores. O slogan "A Prefeitura dá a sombra, você dá a água fresca" é lembrado até hoje por adultos que, então crianças, tiveram pela primeira vez um contato mais **estreito**[18] com a natureza "Tenho orgulho do que fiz", afirma o dentista Alfredo Ribeiro, 33 anos "Até hoje vou visitar 'minha árvore', que fica na rua da casa dos meus pais. Uma pessoa que planta uma árvore e a vê crescendo vai sempre
20 dar valor à natureza".

Quem **sobrevoa**[19] Curitiba não imagina que seja uma capital de Estado: é tão grande a extensão de verde que os edifícios quase não aparecem. São 50 metros quadrados de área verde por habitante. Uma marca invejável, levando-se em conta que a ONU recomenda um índice de 12 metros quadrados e a maioria das grandes cidades brasileiras não tem mais do que quatro ou cinco. São nada menos do que
25 1000 praças e 16 parques, entre eles, Iguaçu. Com 8 milhões de metros quadrados, é considerado o maior parque urbano do país. Engana-se quem imaginar que os parques de Curitiba foram concebidos apenas para agradar os amantes da natureza. Na verdade, eles foram a solução encontrada para evitar as **enchentes.**[20] Cortada por vários rios, Curitiba convivia com inundações que provocavam mortes, destruição de casas e outros prejuízos sociais e econômicos. Para acabar com o problema, a equipe de
30 Jaime Lerner optou por devolver aos rios o que é dos rios. Ou seja: nas regiões críticas, desapropriou áreas, transferiu a população para outros lugares e construiu os parques. "Quando chove muito, o máximo que acontece é o **alagamento**[21] da quadra de esporte, das pistas de **cooper**[22] e das **ciclovias**",[23] comenta o guarda-florestal Rubens Schawrtz.

35 ### Qualidade de vida atrai empresários

Não é só com parques e árvores que Curitiba preserva a natureza. É poupando também. O responsável por essa economia é o programa "Lixo que não é lixo". Lançada em 1989, a idéia de reciclar o lixo contou com a colaboração do curitibano, que aprendeu a separar o papel e o vidro dos restos de
40 comida, colocando-os em sacos diferentes. São 120 toneladas diárias de lixo reciclável, recolhidas em 80% das moradias. "A Prefeitura de Montreal não entende como conseguimos fazer a população cooperar", conta Lerner. "Lá, como em várias cidades européias, eles não conseguem o apoio nem de 10% da população".

Para sensibilizar os adultos, o prefeito usou mais uma vez as crianças, como fizera duas
45 décadas atrás no programa de plantio de árvores. Com propagandas veiculadas na televisão e aulas nas

---

[14] Time ou grupo
[15] Veículo elétrico de transporte que se move sobre trilhos
[16] Cada uma das sementes contidas na pinha do pinheiro-do-paraná
[17] Vista panorâmica (Fig.)
[18] Próximo
[19] Voa por cima
[20] Inundações
[21] Inundação ou tornar como em lago
[22] Correr como exercício físico ou *fazer cooper* (*cuper*)
[23] Faixas reservadas para o uso exclusivo de bicicletas

escolas sobre as vantagens da reciclagem do lixo, Lerner conseguiu o apoio da **garotada**[24] e, **por tabela**,[25] o dos pais.

Uma vez por semana e sempre no mesmo horário, o caminhão da Prefeitura passa nos bairros, tocando um sino que acaba fazendo a **meninada**[26] sair correndo pelas ruas com os sacos de lixo nas mãos. E **ai da mãe**[27] que não tiver separado o lixo de sua casa! "Meus filhos é que me alertaram para a importância do programa", diz Mariana Smith, 44 anos, dona de casa. "Nunca poderia imaginar que 50 quilos de papel representassem uma árvore . Eles aprenderam na escola, viram na televisão e se tornaram verdadeiros patrulheiros do lixo aqui em casa".

Nos bairros da periferia, a estratégia usada foi outra. Para cada saco de lixo, a Prefeitura dá em troca um saco do mesmo peso com **hortigranjeiros**.[28] É o "câmbio verde". Antes oferecia **vale transporte**[29] pelo lixo, mas, atualmente, está fornecendo alimentos. "Além de ganharmos alguma coisa, ainda estamos conseguindo limpar a região", afirma Neusa Pinto, 35 anos, empregada doméstica, mãe de três filhos pequenos. Moradora do bairro de Campo Serrado, um dos mais pobres da cidade, ela convivia com o lixo jogado nos fundos das casas e nas ruas "As crianças sempre pegavam doenças, mas ninguém se animava a fazer alguma coisa. Agora, tem gente aproveitando o lugar onde antes ficava toda a **sujeira**[30] para plantar batata, mandioca e até flor".

Na década de 70 foi construída a Cidade Industrial. Distante 10 quilômetros do centro, ao qual é ligada por avenidas de alta velocidade e com toda a infra-estrutura, a Cidade Industrial precisava atrair o **empresariado**[31] brasileiro e estrangeiro. No começo, Lerner se encarregava de divulgá-la pessoalmente. "Escrevia cartas para as esposas dos empresários contando as vantagens que suas famílias teriam se viessem morar aqui. Até escola americana nós construímos." Apesar de não conceder benefícios fiscais e possuir a mais rigorosa legislação do país em termos de proteção ambiental o que poderia ser um **entrave**,[32] a Cidade Industrial conquistou seu espaço Atualmente abriga cerca de 500 empresas, gera 50 mil empregos diretos, outros 150 mil indiretos e é responsável por 17% do **ICM**[33] do Estado do Paraná, cerca de 130 milhões de dólares. Outras 100 empresas estão em fase de instalação. Os motivos que as estão levando para lá são os mais variados. A Esso, por exemplo, escolheu a capital do Paraná para montar o seu centro de comando para distribuição de derivados de petróleo, em virtude do sistema de telecomunicação. São 3,6 habitantes por telefone (em São Paulo há 5,4 habitantes por telefone) e as linhas nunca estão congestionadas, nem nos horários de pico. Isso se deve a um eficiente e moderno sistema de computação. Mas, para Lerner, um dos grandes atrativos continua sendo a facilidade nos transportes.

"Em São Paulo, é comum alguém passar três horas por dia no trânsito, mil horas por ano. O que significa perder, a cada oito anos, um ano em engarrafamentos. Em Curitiba, ninguém perde mais de 30 minutos." Os **forasteiros**[34] que o digam. "Trabalho mais e melhor e ainda sobra tempo para mim", afirma o **publicitário**[35] paulista Wagner Fornell, 39 anos. Casado, pai de dois filhos, ele largou um bom emprego em São Paulo para morar em Curitiba. "Até o relacionamento em casa melhorou. Ninguém vive **estressado**[36] com o trânsito e podemos deixar as crianças mais livres, sem medo de assaltos e de todas as neuroses das grandes metrópoles".

Na verdade, boa parte do sucesso da administração de Lerner se deve ao **entrosamento**[37] do prefeito com a povo. Explicações do tipo "Curitiba só **deu certo**[38] porque teve influência européia" são, no mínimo, simplistas. Se fosse assim, todas as grandes cidades do sul do país, que também sofreram uma forte imigração, deveriam ser como Curitiba, e não são. "O Lerner conseguiu aumentar a identidade do curitibano com a sua cidade e todos hoje têm orgulho de ser daqui", opina o comerciante Sebastião

---

[24] Garotos ou jovens

[25] Indiretamente

[26] Meninos ou pequenos

[27] Pobre da mãe

[28] Produtos (agrícolas) de hortas e granjas

[29] Bilhetes para custear o transporte público

[30] Imundície, porcarias ou lixo

[31] Donos da indústria

[32] Obstáculo ou empecilho

[33] Imposto sobre circulação de mercadorias

[34] Quem são de fora; estrangeiros ou estranhos

[35] Aquele que trabalha com publicidade

[36] Cansado

[37] Confluência (Fig.)

[38] Funcionou

Lange, 50 anos. "A medida que as inovações do Lerner foram dando certo, o curitibano passou a acreditar e a se tornar **cúmplice**[39] de suas idéias", avalia o veterinário Pedro Michelloto, 26 anos. "Talvez seja por essa razão que ninguém **joga**[40] lixo na rua e todos respeitam os sinais de trânsito. É uma troca de direitos e deveres", conclui ele.

5   Mas o paraíso também tem os seus problemas. Um dos mais graves é o **saneamento**[41] básico. A rede de **esgoto**[42] atende pouco mais da metade da população e há cinco anos a Sanepar (Companhia de Saneamento do Estado do Paraná) não investe em obras de ampliação. Também existem **favelas**,[43] onde vive 7% da população. "O índice de criminalidade é incomparavelmente menor que o do restante do país", afirma o prefeito, embora não apresente números. "Curitiba não tem guetos. A vizinhança é
10   diversificada: ao lado de um edifício de alto luxo pode ter uma casa de madeira. Essa proximidade diminui a violência".

        A recessão e as questões sociais que afetam o país também são sentidas na capital paranaense. Mas, para tudo, estão sendo buscadas soluções. Para enfrentar o problema dos menores de rua--600 em toda a cidade--estão sendo desenvolvidos dezenas de programas. Um **albergue**[44]
15   chamado Casa do Piá fornece **refeições**,[45] roupas e **teto**[46] para os que não têm onde dormir. Cerca de 19 mil crianças são atendidas nas **creches**[47] mantidas pela Prefeitura. No começo deste ano, foi aprovada uma lei obrigando que a chamada **cola**[48] de sapateiro tenha em sua fórmula agentes que provoquem **cheiro forte**,[49] inibindo, com isso, sua utilização como droga. "Temos que combater o vício desde a infância", enfatiza o prefeito.
20   Com uma taxa de crescimento populacional de 2,11% ao ano, a cidade vai buscando alternativas originais para acompanhar essa expansão. Em Curitiba, nada se perde: como o lixo, tudo é reciclado. **Detritos**[50] de obras de construção civil são utilizados em pavimentação; um antigo **paiol**[51] é atualmente um teatro; um velho quartel virou instituição cultural; e uma **pedreira**[52] está sendo usada como espaço para shows, com excelente acústica. No ano passado, foi inaugurada a Rua 24 Horas, com bares,
25   restaurantes, bancos e uma diversidade de lojas que funcionam ininterruptamente.

Deficiente físico é respeitado

        A vida cultural também não deixa nada a dever para as grandes capitais. São 17 cinemas e sete
30   teatros, entre eles o Guaíra, o maior da América Latina, com 2 200 lugares. Morando em Curitiba há três anos, a médica paulistana Rosane Queiróz aponta justamente o aspecto cultural como um dos principais atrativos da cidade. "Quando me formei, fui morar em Ribeirão Preto, interior de São Paulo, em busca de uma vida mais tranquila. Mas sentia falta de bons cinemas e teatros. Em Curitiba, encontrei as qualidades das grandes metrópoles e das cidades pequenas". Mas é nos pequenos detalhes que
35   Curitiba mostra a sua face de Primeiro Mundo. Detalhes como a Rua das Flores, **enfeitada**[53] com canteiros de flores, bem no centro da cidade. Ou os baixos **orelhões**,[54] localizados nas esquinas, que permitem ao ocupante do carro falar ao telefone sem sair do volante. Aliás, a maioria das ruas é rebaixada para facilitar o trânsito dos deficientes físicos. Há também táxis adaptados para o transporte de

---

[39] Participante ativo (Fig.)

[40] Atira ou lança

[41] Cuidado da saúde pública

[42] Sistema de canalizações destinado a receber as águas pluviais e os detritos de um aglomerado populacional, e levá-los para lugar afastado

[43] Conjuntos de habitações populares toscamente construídas e desprovidas de recursos higiênicos

[44] Lugar em que se recolhe alguém por caridade

[45] Comida

[46] Hospedagem

[47] Instituições de assistência social que abrigam, durante o dia, crianças cujas mães são necessitadas ou trabalham fora do lar

[48] Substância glutinosa para fazer aderir papel, madeira ou outros materiais que produzem sensações alucinógenas

[49] Isto é, *um aroma desagradável*

[50] Restos ou resíduos de qualquer substância

[51] Armazém ou depósito de gêneros de lavoura

[52] Lugar onde se extrai pedra

[53] Decorada

[54] Telefones públicos

cadeiras de rodas. Taxistas são treinados pela Secretaria de Saúde para prestar os **primeiros socorros**[55] em casos de acidente. No centro, paredes cinzentas foram pintadas por artistas. Tudo isso sem falar nos 40 quilômetros de ciclovias espalhadas por vários bairros. Até 1993 deverão estar prontos mais 100 quilômetros que abraçarão toda a cidade, inclusive o **eixo**[56] industrial. Será um dos muitos presentes que Curitiba receberá no ano em que completa seu 300° aniversário.

5   Orgulhosos de sua cidade, os curitibanos só temem a invasão dos forasteiros e têm na ponta da língua uma arma que imaginam ser capaz de afastá-los: o longo e rigoroso inverno. Será mesmo o suficiente?

(Aida Veiga, *Marie Claire*, junho de 1992)

---

[55] Tratamento de emergência
[56] Conjunto (Fig.)

Compreensão

1. Como se sabe que o curitibano está satisfeito com sua cidade?

2. Por que, exatamente, ele adora Curitiba?

3. Que organização internacional a considera uma cidade-modelo ?

4. Quem é responsável, em grande parte, pelo sucesso de Curitiba?

5. Como estão as ruas no centro da cidade?

6. Quanto ao transporte público, o que é o "ligeirinho"?

7. Como é que a prefeitura realizou o plantio de árvores em massa?

8. Qual foi o resultado da campanha?

9. Qual é a outra forma de beneficiar o meio-ambiente, especialmente no tocante à preservação da árvore?

10. Como é que a cidade combate às inundações periódicas?

11. A prefeitura já teve êxito em atrair para Curitiba empresas de fora?

12. Por outro lado, quais são alguns dos problemas ainda não resolvidos?

13. O que tem de diferente a Rua 24 horas?

14. Do ponto de vista cultural, o que oferece Curitiba?

15. Como Curitiba respeita o deficiente físico?

Vocabulário : (a) Relacione os termos da primeira coluna com os (quase) sinônimos da segunda e (b) empregue-os em sentenças completas.

1.	Conforto	a.	Encantador
2.	Poupar	b.	Influenciar
3.	Atraente	c.	Gasolina
4.	Levantamento	d.	Comodidade
5.	Afetar	e.	Perturbação mental
6.	Priorizar	f.	Economizar
7.	Combustível	g.	Serventia
8.	Divulgar	h.	Dar prioridade a
9.	Neurose	i.	Difundir
10.	Utilização	j.	Pesquisa

Ampliação

1. O que torna Curitiba um pedaço do chamado Primeiro Mundo?

2. Algumas das inovações instituídas por Jaime Lerner também existem onde você mora? Quais?

3. Como é que a prefeitura conseguiu despertar um *espirit de corps* nos seus cidadãos?

4. O que não tem Curitiba que, infelizmente, existe em outras áreas metropolitanas do Brasil?

5. O ambiente geral em sua cidade é tão ameno quanto é em Curitiba? Por que (não)?

6. O fato de Lerner ser arquiteto e engenheiro ajuda a explicar a produtividade de suas inovações? Como?

7. O que você pessoalmente faz para contribuir à melhoria do meio-ambiente?

8. Por que você acha que nenhuma outra grande cidade brasileira pode chegar aos pés de Curitiba em termos de qualidade de vida?

9. Que pensa da política de reciclagem do lixo entre as classes mais carentes? Por que?

10. Diz-se que a atitude de Jaime Lerner--tão diferente da do político brasileiro médio--tem muito a ver com o sucesso de seus projetos. Por que?

TEATRINHO

"Um encontro imaginado--e pouco realista"

Elenco

Família Gomes: De classe privilegiada, é constituída de: um pai escolado nos EUA e alto executivo na firma fundada pelo sogro; uma mãe que se entretém com uma butique de roupa fina que acaba de abrir; a filha universitária, séria, bonita e sincera em sua preocupação com a crescente pobreza em redor; e o caçula, com os mesmos gostos e "grilos" de todo jovem adolescente bem de vida.

Família Silva: Carente, sobrevive precariamente. É chefiada por Dinorá, a compenetrada empregada doméstica dos Gomes e mãe solteira de "só" três filhos: um de 24 anos, semi-analfabeto, lavador de pratos e já pai de uma criança; o segundo filho, da faixa de idade da filha dos Gomes, deixou a escola (noturna) para poder contribuir mais à manutenção da família; e a caçula, de uns 10 anos, precoce e, apesar de tudo, sorridente.

Argumento

No que é uma coincidência, a família Gomes--distribuída em dois carros--está de saída do conjunto de luxo onde reside quando dá com Dinorá e os seus, aguardando, na chuva, a chegada do ônibus. À sugestão da filha, já que todos parecem estar indo na mesma direção, eles oferecem uma carona. Com relutância, Dinorá aceita e vão todos juntos. É um ambiente constrangedor para todos. A conversa sai com dificuldade mas, na medida em que a viagem se prolonga, comentários de todos tipos começam a se ouvir.
(*Sugestão*: arranjar algumas cadeiras na configuração de 2 carros separados, cada um com banca de frente e de trás.)

Expressões úteis

A sua butique deve ter coisas bacanas.
A chuva não pára
Aceitam carona, Dinorá?
Aonde estão indo?
As coisas vão melhorar?
A vida está cada dia mais difícil, dona
Boa tarde
Como vai a empresa do senhor?
Em quem vai votar, hem?
Eta Brasil, não é, como ajeitar?
Falta de grana
Gostou das férias?

Não está boa?
O que acha da eleição?
O que você quer fazer um dia?
Para onde vão?
Perigo de desmoronamento
Que é que você faria se pudesse?
Que 'tá achando do tempo, hem?
Que vão fazer?
Serviço de ônibus
Seu vestidinho é tão bonito
Tudo sobe

TEMAS PARA COMENTÁRIO ORAL OU ESCRITO

1. Sua cidade também deve estar enfrentando problemas sérios. Cite alguns e as medidas tomadas para começar a remediá-los.

2. Certas metrópoles terceiro-mundistas simplesmente não parecem ter mais jeito.

3. Brasília julgada em comparação com outras capitais mundiais.

4. A Brasília do Plano Piloto difere bastante da dos anos 90.

5. É (in)justo usar Curitiba como ponto de referência para o que pode ser feito para melhorar a qualidade de vida urbana.

6. Por que prefiro a vida campestre à urbanizada.

UNIDADE 7   ECONOMIA

1

Na economia em **queda**,[1] começa uma nova
temporada de **demissões**[2] e aumentam os **receios**[3]
do tamanho do tombo e até quando vai durar

O rosto da recessão

No calendário do comércio, o mês de novembro significa invariavelmente **aquecimento**[4] brutal

5 das vendas, sob o calor do Natal. Nessa época, os **lojistas**[5] costumam **faturar**[6] 50% a mais do que nos
outros meses, as lojas de departamentos dobram seus ganhos e os supermercados aumentam as vendas
em 30%. Este ano, tudo ficou diferente. Um grande território do comércio, que se estende das
revendedoras de veículos às lojas de lingerie, **mal se mexeu**[7] em novembro para formar seu estoque.
Havia dono de loja devolvendo a mercadoria do Natal para o dono da fábrica. Havia dono de fábrica

10 entregando produtos em consignação, na base do só-paga-o-que-vender. E muita gente recebeu o bilhete
azul da demissão em vez do **panetone**[8] de todos os anos. "Vai ser o pior Natal de todos os tempos",
previa na semana passada o economista Altamiro José Carvalho, superintendente da divisão de estudos
econômicos da Federação do Comércio do Estado de São Paulo.
Se fosse só o Natal, seria presente de Papai Noel. A infelicidade econômica vai atravessar o

15 **réveillon**,[9] **varar**[10] o primeiro semestre, talvez embarcar no segundo--e **sabe-se lá**[11] onde vai acabar.
Se nada mudar no panorama perseguido pelo governo, 1991 será marcado por um **esfriamento**[12] da
economia que vai deixar muita gente com saudade da inflação galopante do governo anterior. Os sinais
são claros: o país está entrando na pior recessão desde a II Guerra Mundial. Por falta de carga, 240 000
caminhões estão parados, de uma frota de 1,2 milhão. O consumo de cimento caiu por toda parte e o de

20 **aço**[13] desabou. Do liquidificador que mistura esses tombos **escorre**[14] um número sombrio: o produto
interno bruto do país cairá, este ano, 4%, segundo uma estimativa oficial. As pessoas comuns já estão
cansadas dessas cifras negativas que os economistas gostam de cantar, mas na queda do **PIB**[15] é bom
prestar atenção. Ela significa que o Brasil produzirá 14 bilhões de dólares a menos do que produziu no
ano passado, dinheiro que daria para construir 3,3 milhões de casas populares ou pagar 21 bilhões de

25 litros de leite tipo A.
Na parte prática das coisas, a economia está **se esvaziando**[16] como uma **bexiga**[17] de gás **que
recebeu uma alfinetada.**[18] Ninguém no Brasil precisa ser economista para perceber por onde o gás

---

[1] Caída, tombo ou desabamento
[2] Despedidas
[3] Medos ou temores
[4] Aumento (Fig.)
[5] Donos de loja(s) de comércio
[6] Ganhar, tirar proveito material ou conseguir vender (Pop.)
[7] Quase nada fez (Fig.)
[8] Bolo de massa fermentada, tradicional no Natal
[9] Festa na véspera do Ano Novo
[10] Atravessar
[11] Ninguém sabe
[12] Diminuição ou enfraquecimento (Fig.)
[13] Metal enfortalecido pela combinação de ferro e carbono
[14] Sai (Fig.)
[15] Produto Interno Bruto
[16] Tornando-se vazia
[17] Órgão do corpo que serve de reservatório para a urina
[18] Furada

escapa. A produção de sapatos do Rio Grande do Sul--que representa um terço da produção nacional--caiu 40% este ano. Em comparação com o ano passado, o Estado deixou de produzir 112 milhões de pares de sapato, uma quantidade suficiente para calçar 75% de toda a população brasileira. Uma estimativa dos fabricantes de calças jeans aponta para uma perda de produção de cerca de 15 milhões de

5   calças este ano. É como se cada carioca e cada paulistano abrisse o guarda-roupa e **jogasse**[19] uma calça no incinerador. A recessão também significa que se come pior. Na quebra geral da economia brasileira, a produção de queijo caiu 10%. Os brasileiros comerão 30 000 toneladas de queijo a menos.

Uma **pesquisa**[20] feita por uma grande cadeia de supermercados de São Paulo constatava na semana passada que a recessão tocou também nos bairros ricos da cidade. A averiguação foi feita numa

10   loja situada numa região de classe média alta. Na gôndola dos azeites de primeira linha, as vendas caíram pela metade de outubro para novembro. O queijo prato e o iogurte natural também **empacaram**[21] na cesta, com quedas de 46% e de 55%. Os vinhos importados de linhagem mais fina cairam das nuvens, numa **cabeçada**[22] de 75%. Subiram, em compensação, os vinhos brasileiros mais baratos, os d e garrafão. A procura por eles cresceu 166%. "A crise desta vez é séria, é muito feia. Bateu até no

15   **padrão**[23] alimentar dos brasileiros", diz o economista Altamiro Rodrigues, da Federação do Comércio.

Enquanto se trata de economizar no supérfluo, nada muito dramático. O problema é que, para um número crescente de brasileiros, a crise que se aproxima significa um corte de coisas básicas, porque é o próprio emprego que está em jogo.

Separada em partes por um **bisturi**,[24] a recessão parece um sistema de **quebras estanques**.[25]

20   O empregado de uma fábrica de **parafusos**,[26] desde que não veja ameaça de corte sobre seu pescoço, acha que um **guindaste**[27] a menos na economia do país tem pouco ou nada a ver com a vida dele. Acontece que a recessão é um sistema com a dinâmica de um castelo de cartas. Uma carta que cai leva várias outras juntas. Este ano, a Embraer, a fabricante de aviões que funciona em São José dos Campos, **espremeu-se**[28] numa queda de **encomendas**[29] de mais de 30%, levou um prejuízo de 100 milhões de

25   dólares no primeiro semestre do ano e deve a bancos. No ajuste aos novos tempos, demitiu 4 000 funcionários--e tudo isso reverberou em conseqüências diretas e indiretas, numa dimensão impensável à primeira vista. O engenheiro aeronáutico Artur Bove, de 38 anos, casado, dois filhos, dez anos de Embraer, perdeu seu emprego nessa **tesourada**.[30] Quando estava em seu posto, Bove viajava com a família nos fins de semana e ficava em bons hotéis. Hoje, vai para o sítio dos amigos ou passeia pelo

30   parque da vizinhança. A família freqüentava restaurantes duas vezes por semana. Hoje, janta fora uma vez por mês. Não compra mais discos. Também não **aluga**[31] mais fitas de vídeo. E mudou os filhos para uma escola mais perto de casa, para economizar na **condução**.[32] Para a escola que perdeu as crianças--o Colégio Iguatemi--as coisas também não vão bem. Os filhos de três outros demitidos da Embraer já saíram, e trinta pais avisaram este mês que vão atrasar o pagamento. "A situação não está fácil", diz

35   Rosa Thone, a diretora do Iguatemi.

Feitas as contas do[33] desastre pessoal do engenheiro da Embraer, **constata-se**[34] que uma escola perdeu alunos, um hotel perdeu hóspedes, uma loja de discos perdeu um comprador e a

---

[19] Atirasse ou lançasse
[20] Levantamento, investigação ou averiguação
[21] Não se mexeram (Pop.)
[22] Pancada (com a cabeça) ou disparate
[23] Modelo
[24] Instrumento cirúrgico de corte
[25] Um sistema de aberturas por onde entram ou saem líquidos
[26] Cilindro (ou prego) sulcado em hélice, e que se destina a ser introduzido por meio de movimentos giratórios, numa porca
[27] Aparelho para levantar pesos
[28] Comprimiu-se
[29] Pedidos de compra
[30] Corte (de tesoura)
[31] Paga para usar
[32] Transporte
[33] Avaliando o (Fig.)
[34] Verifica-se

locadora[35] de fitas perdeu um freguês. Quando são 4 000 os demitidos, como no caso da Embraer, o **baque**[36] vai repercutindo em grande escala em tudo que se relaciona com a vida econômica desses ex-trabalhadores. Em proporções variadas, a recessão cria acidentes em cadeia como esse. Em sua mecânica interna, ela é uma roda que gira sozinha, alimenta-se do próprio movimento e só pára com uma intervenção de fora. As pessoas que perdem o emprego **somem**[37] das lojas, as lojas deixam de comprar da indústria e a indústria coloca mais gente na rua.

Existem três maneiras clássicas de **estancar**[38] esse giro. Uma delas é o governo promover obras públicas e injetar gás na economia. Foi o que o governo americano fez, na década de 30, para estancar a depressão iniciada em 1929. Em 1933, o presidente Franklin Delano Roosevelt abriu frentes de trabalho no país e conseguiu revitalizar a teia econômica dos Estados Unidos. Outra saída é exportar, porque isso mantém empregados nos seus postos e compradores no supermercado. A terceira alternativa é estimular o investimento estrangeiro no país. No Brasil, dois desses remédios estão visivelmente **encrencados**.[39] O governo deve 10 bilhões de dólares ao setor privado, tem suas elevadíssimas **despesas**[40] para cobrir e conseguiu cortar pouco da sua máquina até agora--a venda das empresas estatais--por exemplo, continua perto da **estaca zero**.[41] Nessa situação, o governo não está em condições de investir com o objetivo de promover uma retomada do crescimento. Fizeram-se investimentos no passado nas mesmas condições, com a criação de déficits do Tesouro, mas hoje o governo está suficientemente **empenhado**[42] no combate à inflação para **gastar sem lastro**.[43] Por aí, não há passagem.

Quanto à possibilidade de atrair capital estrangeiro, o Brasil de hoje está longe de ser um país interessante para um **empresário**[44] estrangeiro plantar dólares ou **ienes**.[45] O Brasil não paga suas contas internas e externas, **onera**[46] as multinacionais com impostos muito pesados e, pior do que isso, tem a fama de **volta e meia**[47] proibi-las de enviar seus lucros para a **matriz**.[48]

O canal das exportações também é complicado. Como o Brasil não paga o que deve à banca internacional, seus exportadores estão enfrentando dificuldades para financiar as vendas aos clientes estrangeiros. Além disso, por tornar o dólar artificialmente muito barato, o governo mata o **lucro**[49] dos exportadores. **Achatou**[50] tanto o dólar entre março e outubro que conseguiu acabar com o saldo comercial. Em outubro, o saldo das exportações foi o mais baixo dos últimos três anos. Em resumo, o produtor tem dificuldades cada vez maiores para vender dentro e fora do país.

Segundo o raciocínio de um bom lote de economistas, não se sai da dança da inflação sem passar pelo corredor da recessão. No mundo inteiro, essa **receita**[51] dá tão certo quanto aspirina contra dor de cabeça. No Brasil, existem os que duvidam da terapia, até porque o país já passou sem qualquer resultado pelo tratamento.

Quando um país do Primeiro Mundo entra em recessão, o consumo cai, o desemprego aumenta e algumas empresas **vão para o baú**.[52] Mas as coisas ficam por aí. Não acontece nenhuma hecatombe, em parte porque os empresários desses países pescam dinheiro no mercado de capitais, tocam

---

[35] Agência comercial que trata de alugéis, ou seja, que empresta por um preço
[36] Golpe
[37] Desaparecem
[38] Parar
[39] Complicados
[40] Gastos
[41] Ponto de partida (isto é, nada feita)
[42] Comprometido ou determinado
[43] Sem base própria, ou seja, à base de empréstamos
[44] Homem de negócios
[45] Moeda do Japão
[46] Sujeita a ônus, oprime ou vexa
[47] Frequentemente
[48] Sede ou centro administrativo-comercial
[49] Ganho ou vantagem
[50] Reduziu (Fig.)
[51] Fórmula
[52] Quebram (Fig.)

investimentos de longo prazo que não são interrompidos durante o **ajuste**,[53] dependem menos do dinheiro dos bancos, não sofrem com os juros e por isso têm condição de sair com saúde do outro lado do tubo. Também não cometem o pecado de diminuir a produção e aumentar a margem de lucro para compensar a perda de consumidores--um hábito brasileiro. Escolhem outros caminhos.

5   Num país de economia estável, a recessão serve para esfriar os preços pela queda da demanda e também para limpar a parte incompetente das empresas. Serve ainda para que o empresariado invista em tecnologia e em marketing e aumente a produtividade para atravessar o ajuste e sair do outro lado com mais potência. "No Primeiro Mundo, a política recessiva inibe o consumo, mas não quebra os investimetos", diz o empresário paulista Luis Carlos Delben Leite.

10   No catálogo de diferenças entre a recessão do Primeiro Mundo e a recessão tropical, existe ainda o fator governo, que pesa, e muito. Assim que abriu seu envelope da reforma econômica, a ministra Zélia Cardoso de Mello tomou dinheiro do empresário e da pessoa comum, **derrubou**[54] a **trincheira alfandegária**[55] que protegia a indústria nacional e levantou a bandeira do aumento da eficiência e da produtividade para que os industriais **se virassem**[56] nos novos tempos. Até aí o projeto é impecável. Os problemas começam na falta de horizonte do próprio governo.

15   Até agora, o governo tem apresentado fórmulas **corriqueiras**,[57] que qualquer estudante do 2° ano de Economia conhece, para que as empresas brasileiras o ajudem a derrubar a inflação. Segundo o almanaque da equipe econômica, as empresas devem baixar suas margens de lucro, diminuir seus custos e aumentar a produtividade. As fórmulas são de uma simplicidade impressionante quando **grifadas**[58] num texto acadêmico, mas no **tecido**[59] econômico de um país semi-**arrasado**[60] elas parecem conselhos incompletos, se não ingênuos. Com uma agravante: o governo tirou dinheiro da economia e as empresas **cambalearam**.[61] Nada garante que se ele voltar a injetar cruzeiros no circuito as empresas voltem a levantar.

A indústria brasileira **arrasta**[62] um atraso tecnológico de dez anos, trabalha com uma mão-de-obra e educação rudimentar e está cercada por uma infraestrutura **falida**.[63] É nesse mapa que Brasília pede que os empresários se tornem eficientes de hoje para amanhã. "Nenhum país é competitivo por vontade e inspiração divina, mas por planos de desenvolvimento, coisa que o Brasil não tem há dez anos", dizia na semana passada o empresário gaúcho Ivoncy Ioschpe, chefe de um dos maiores grupos empresariais brasileiros.

30

Um dos lados perigosos da política de Brasília é que ela produz um efeito de **turbilhão**,[64] em que os juros **atrapalham**[65] as empresas, o achatamento salarial faz o consumo cair e todo mundo **afunda**[66] um pouco.

(*Veja*, 5 de dezembro de 1990)

Compreensão

1. Em termos de venda, quais são geralmente os meses mais promissores?

2. Quanto costumam faturar os vários setores do comércio durante este breve período?

---

[53] Ajustamento
[54] Botou para baixo
[55] Impedimento aduaneiro
[56] Se defendessem
[57] Habituais
[58] Sublinhadas ou realçadas
[59] Panorama (Fig.)
[60] Devastado ou destruído
[61] Andaram sem firmeza
[62] Ou arroja: leva, puxa ou move à força ou a custo
[63] Fracassada
[64] Redemoinho
[65] Prejudicam
[66] Encontra-se pior (Fig.)

3. Como é diferente este ano (e, infelizmente, os que se seguirem)?

4. Como se sabe que até os ricos estão sentindo a crise?

5. Quais foram os resultados em cadeia, por exemplo, da demissão em massa da Embraer?

6. Qual é uma das três maneiras clássicas de revitalizar uma economia?

7. Como é que o combate à recessão no Brasil é diferente dos paises do Primeiro Mundo?

8. Como é que o empresariado encara o esforço do governo para por fim à recessão?

Vocabulário : (a) Relacione os termos da primeira coluna com os (quase) sinônimos da segunda e (b) empregue-os em sentenças completas.

1.	Consignação	a.	Tombo
2.	Em compensação	b.	Dispensar
3.	Estatal	c.	Reverberar
4.	Queda	d.	Voltar
5.	Empresário	e.	Incentivar
6.	Descartar	f.	Desabar
7.	Repercutir	g.	Comerciante
8.	Cair	h.	Só-paga-o-que-vender
9.	Devolver	i.	Pelo lado positivo
10.	Promover	j.	Governamental

Ampliação

1. O que quer dizer *recessão* para você?

2. Já que o caso do Brasil não é único, onde mais a situação econômica anda de mal a pior?

3. A que fatores se pode atribuir esta crise?

4. Em seu dia-a-dia, você sente alguma repercussão da recessão em seu país? Como?

5. Que opção tem um/a trabalhdor/a de repente demitido/a? E se tiver família para sustentar?

6. Por que será que há tão pouca esperança de que o governo resolva a crise econômica?

7. Por que a redução recente no tradicional protecionismo brasileiro provocou convulsões na economia?

8. Se o empresariado acusa o governo, este não perde tempo em culpar o empresariado pela recessão--ambos em termos milenares e genéricos. O que alegam?

9. Apesar das estatísticas estarrecedoras, muita gente continua reservadamente otimista com relação à economia--a médio e longo prazo. Você acha justificado? Por que (não)?

10. Em seu país, qual é a prognose financeira?

2

Nada como **regatear**[1] para baixar o preço da compra,
mas ficar atento à **balança**[2] é fundamental

Pechincha na feira garante economia de quase 40%

Na velha e boa feira, o segredo ainda é o mesmo: pechinchar. Este conhecido artifício ganhou força entre os consumidores depois que os **feirantes**[3] passaram a conviver com uma **queda**[4] de 25% a 30% nas vendas. Nem o fim da feira reúne mais tanta gente como nos velhos tempos. O feirante se vê obrigado a aceitar a discussão do preço. Os resultados são surpreendentes. Numa cesta de 18 produtos—frutas, legumes e peixes—a redução da despesa chega a 39,5%, enquanto por produto a queda de preços pode chegar a 66,6%.

5

Esse "fenômeno" foi registrado pelo GLOBO, que manteve uma **equipe**[5] de reportagem durante quatro horas em três feiras-livres do Rio: Leme, Botafogo e Méier. Numa **banca**[6] de tomate, por exemplo, o preço inicial--Cr$ 1. 600--caiu para Cr$ 800 após o meio dia. Com uma boa conversa, a dona de casa conseguia levar dois quilos por Cr$ 1.500, com ganho de 53% sobre o preço inicial. Às vezes, o próprio vendedor oferecia a vantagem para não ficar com a mercadoria **encalhada**.[7]

10

—Leva os três melão [sic] por Cr$ 2 mil, madame. E pode escolher à vontade—ofereceu o feirante Francisco dos Santos, que abriu a **barraca**[8] vendendo um melão por Cr$ 1.500. Com as vendas fracas, ele não teve outro **jeito**.[9] Baixou o preço para Cr$ 800, mas aceitava qualquer oferta do consumidor. Nas bancas de verduras, o **molho**[10] de **brócolis**[11] a Cr$ 3 mil irritou muitas donas de casa que estiveram na feira de Botafogo antes das 10h. Em conseqüência, o feirante Manoel do Amaral ficou com o estoque encalhado até as 12h30m. Quando ele baixou o preço para Cr$ 1 mil, o movimento na barraca cresceu rapidamente e os brócolis foram vendidos em menos de 20 minutos.

15

20

O mesmo aconteceu com a couve-flor, cujo preço baixou de Cr$ 2.500 para Cr$ 1 mil. Até as 10h, o **pé de alface**[12] custava Cr$ 1 mil em quase todas as bancas da feira do Leme. Três horas depois, os fregueses levavam os mesmos molhos por Cr$ 500. Na feira do Méier, as donas de casa negociavam com sucesso até três molhos por Cr$ 1 mil. Mas, lá, as frutas e os legumes vendidos em lotes eram as ofertas mais convidativas. O **chuchu**[13]--vendido mais cedo por até Cr$ 800 o quilo--saía no lote de três ou quatro a Cr$ 300; a **vagem**[14] variava de Cr$ 800 a Cr$ 1 mil, a metade do preço inicial da feira.

25

—Se o freguês não compra, o melhor é vender abaixo do custo. A perda da mercadoria dá prejuizo ainda maior—admitiu o feirante.

Os consumidores que foram à feira do Leme depois das 12h30m conseguiram uma redução de 29,2% no preço da cesta de legumes, verduras e frutas. Os que fizeram as compras mais cedo pagaram 41% a mais. A vantagem para quem fez a feira de Botafogo na quarta-feira foi ainda maior, devido ao tempo chuvoso que, normalmente, empurra os preços para baixo. O custo dos mesmos 18 produtos ficou 39,5% mais barato. No caminhão de peixe, a dona de casa ganhou ao levar o filé de **viola**[15] a Cr$ 4 mil, preço 47% mais barato.

30

---

[1] Pechinchar ou oferecer ao vendedor menos que o preço pedido
[2] Instrumento com que se determina o peso dos corpos
[3] Pessoas que vendem na feira
[4] Redução
[5] Grupo
[6] Local de venda, ou mesa, onde se expõe o que está à venda
[7] Não vendida
[8] Construção ligeira, de remoção fácil, comumente feita de madeira
[9] Alternativa
[10] Quantidade ou feixe
[11] Ou brócolos
[12] Unidade da planta hortense, da família das campostas, usada geralmente para salada
[13] Fruto verde revestido de espinhos inermes; caxixe
[14] Feijão verde
[15] Peixe do Atlântico cuja forma dá o aspecto do instrumento musical

Pechinchar é fundamental, mas não basta para o consumidor estar seguro da boa economia com as compras na feira. Além da **pesquisa**[16] de preços, ele deve estar atento a certas manobras aplicadas por alguns feirantes que, no final, podem invalidar qualquer vantagem conseguida no preço. Entre as mais conhecidas está a adulteração da balança. Já houve casos de vendedores que esconderam até pesos na
5 boca do peixe ou na traseira do frango para aumentar o peso na balança.

Estes fatos foram contados pelo chefe de gabinete do Instituto de Pesos e Medidas (Ipem), Alberto Dantas, como alerta às donas de casa que compram nas feiras livres sem se preocupar com os riscos do peso e da qualidade. Segundo ele, muitas balanças já foram apreendidas, mas as irregularidades continuam até no comércio estabilizado.
10

Eis[17] algumas irregularidades **constatadas**[18] nas feiras:

*Balanças desniveladas ou **tortas**[19] no tabuleiro.
15 *Pesos **ocos**,[20] abertos na parte de baixo para colocação de outros pesos no interior.
*Pratos mal colocados ou inclinados na balança. Neste caso o peso é sempre favorável ao vendedor.
*Cordinha atrás da balança para pressionar o prato.
*Uso de balanças domésticas. Elas são proibidas por não terem regulagem precisa.
20 *Balança com visor encoberto, com números apagados ou distante do consumidor.
*Produtos vendidos à dúzia podem ser reduzidos a dez ou nove. É recomendável que o consumidor conte junto com o feirante na hora da compra.
*Os lotes podem conter mais de um produto **estragado**.[21] A dona de casa pode negociar com o vendedor a **troca**[22] das **unidades**.[23]
25 *Erro na conta e no **troco**.[24] Na hora da soma, é bom **conferir**[25] num papel junto com o feirante
*Falta de plaquetas com a identificação da barraca. Isto dificulta ao consumidor qualquer **reclamação**[26] ao guarda ou **fiscal**[27] da feira.

(Ledice Araújo, Seção "Economia"/*O Globo*, 26 de abril de 1992)

---

[16] Indagação ou investigação
[17] Aqui estão
[18] Verificadas
[19] Não retas; torcidas
[20] Vazios
[21] Danificado ou em mau estado
[22] Transferência mútua e simultânea
[23] Produtos individuais
[24] Aqui, dinheiro que o vendedor devolve ao comprador que pagou um objeto com moeda(s) de valor superior ao preço ajustado
[25] Verificar
[26] Queixa
[27] Pessoa, frequentemente empregada pelo governo, que é encarregada da fiscalização ou vigilância, isto é, que sindica os atos de outrem

Compreensão

1. Por que se deve pechinchar na feira?

2. As economias possíveis são consideráveis? Como assim?

3. Qual é a vantagem de o/a comprador/a chegar à feira no final?

4. Quais são alguns dos vegetais citados?

5. Qual é a advertência oferecida às donas de casa quando na feira?

6. Quais são algumas irregularidades apontadas pelo Ipem?

7. O que serve para distinguir uma barraca da outra?

8. Para quem o/a freguês/a insatisfeito/a pode apelar?

Vocabulário : (a) Relacione os termos da primeira coluna com os (quase) antônimos da outra
(b) empregue-os em sentenças completas.

1.	Consumidor	a. Forte
2.	Oco	b. Purificar
3.	Meio-dia	c. Comprado
4.	Adulterar	d. Liberado
5.	Inicial	e. Produtor
6.	Fraco	f. Meia-noite
7.	Erro	g. Aumento
8.	Apreendido	h. Acerto
9.	Queda	i. Derradeiro
10.	Vendido	j. Cheio

Ampliação

1. Qual é a vantagem de fazer compras na feira ao invés de uma loja estabelecida?

2. Alguma desvantagem em potencial?

3. Por que as vendas de feira teriam caído?

4. Há feiras do tipo descrito na reportagem onde você mora? Por que (não)?

5. Você já foi a uma feira assim? Aonde?

6. De que você mais (des)gostou lá?

7. Alguma vez você foi vítima de alguma irregularidade? Como?

8. Qual lhe parece a irregularidade mais difícil de descobrir? Por que?

9. E a mais facilmente detectada?

10. Você acha vantagem em ser freguês (e não freguesa) na feira? Por que (não)?

3

Com o Real, o Brasil segue o mesmo caminho
de outros países que pediram **socorro**[1] ao dólar
e obtiveram resultados econômicos **paradoxais**[2]

Busca de identidade

O que é a pátria? O sonho de feijão, verdura, ternura e festa? A pátria pode ser muitas coisas. Mas ela é antes de tudo três fatos da História e da cultura: a língua, os símbolos nacionais e a **moeda**.[3] A língua portuguesa, inculta e bela, viva na boca do povo, **vai bem, obrigado**,[4] apesar dos acordos normativos dos acadêmicos **daqui e d'além-mar**.[5] A bandeira verde-e-amarela e o Hino Nacional também são imediatamente reconhecíveis como símbolos nacionais, ainda que ninguém saiba o que significa "o **lábaro**[6] que **ostentas**[7] estrelado". Já a moeda brasileira, por obra e graça de uma elite que perpetrou um processo brutal de concentração de **renda**,[8] de produção e reprodução da pobreza, **esvaneceu-se**[9] no ar. A moeda, **meio de troca**[10] de mercadorias, cristalização do trabalho, condensação do valor do esforço individual e nacional, foi transformada num fantasma mutante. Sorria a **pátria mãe**[11] tão distraída, sem perceber que lhe era **subtraída**[12] a própria identidade monetária.

Com o lançamento do real, o Brasil retoma uma das lutas mais **encarniçadas**[13] e fascinantes de todos os povos--a de ter uma moeda, aspecto decisivo da existência de uma nação. Na História da humanidade, a moeda já apareceu na forma de pena, couro, sal e até pedra, como nas Ilhas Yap, no Oceano Pacífico. Mais tarde, a moeda teve de ser mais durável e, portanto, de metal--estanho, cobre, prata, ouro. Depois, apareceu na forma que tem até hoje, o papel-moeda. Para que alguém aceitasse **carregá-lo no bolso**,[14] a moeda tinha um **lastro**,[15] ou seja, podia ser trocada por determinado bem em qualquer circunstância. No Brasil, o lastro da moeda agora passa a ser outra moeda, o dólar americano. Por tempo indeterminado, 1 real valerá 1 dólar americano. É um processo semelhante ao de diversos paises de moedas **raquíticas**[16] que, nas últimas décadas, adotaram a moeda da maior potência econômica como referência.

"O lastro no dólar é produto do desespero nacional", diz o professor Adroaldo Moura da Silva, da Univasidade de São Paulo, que foi um crítico **ferrenho**[17] da idéia, mas acabou **entregando os**

---

[1]Ajuda
[2]Contraditórios
[3]Dinheiro; uma pequena placa de metal, geralmente circular, ou cédula (papel-moeda) que têm curso legal
[4]Isto é, *vai muito bem* (Pop.)
[5]Ou seja, *do Brasil e de Portugal*
[6]Estandarte *ou* bandeira (aqui, com estrelas)
[7]Exibes com orgulho
[8]Dinheiro *ou* riqueza
[9]Esvaeceu-se; desfez-se; dissipou-se
[10]Forma de transferir, mútua e simultaneamente, coisas entre seus respectivos donos
[11]Isto é, *a pátria* (no caso, *referência ao Brasil na letra de uma música de protesto muito popular*)
[12]Roubada (Fig.)
[13]Ferozes ou cruentas (Fig.)
[14]Isto é, *usá-lo*
[15]Base *ou* referência monetária representando um valor legal
[16]Fracas *ou* debéis
[17]Inflexível *ou* duro

pontos.[18] "Era um passo inevitável para um Estado que usou e abusou da moeda", acrescenta. "Não havia alernativa, tinha de ir para o dólar mesmo", concorda o professor João Manuel Cardoso de Mello, da Universidade de Campinas que não **aposta**[19] um **vintém**[20] no sucesso do Plano Real, mas admite que, ao adotar o lastro no dólar, o governo tomou o **único caminho que lhe restava.**[21] Há quatro

5 grandes modelos de dolarização. Um país pode apenas fixar o câmbio de sua moeda em relação ao dólar. Feito isso, quando o dólar sobe ou desce a moeda local acompanha o movimento. Um passo mais **ousado**[22] é fixar o câmbio e adotar o dólar como lastro. Nesses casos, um dinheiro novo só pode **sair do forno da Casa da Moeda**[23] se um dólar novo tiver entrado no cofre do Banco Central. O terceiro modelo é juntar essas duas medidas com a conversibilidade plena. Significa que o governo fica

10 obrigado a trocar a moeda local pelo valor correspondente em dólar. A forma mais radical é fazer como no Panamá, onde a moeda nacional, a balboa, é uma ficção. O que vale é o dólar e ponto.

Ouem deu as tintas ao plano foi o economista Steve Hanke, da Universidade Johns Hopkins, o mesmo que o ministro Domingo Cavallo ouviu antes de dolarizar a Argentina. Desde 1991, Hanke tem viajado ao Brasil e divulgado, em conversas com políticos e empresários, o conselho da moeda. É um

15 mecanismo eficaz para conter a fúria **perdulária**[24] do Estado. Essa é, no fundo, a idéia central da dolarização: amarrar as mãos do Estado para que não possa fabricar dinheiro sem critério. **Em torno disso,**[25] **trava-se**[26] uma guerra entre economistas e políticos. Para estes, não há melhor paraíso que girar a máquina de fazer dinheiro. Para os economistas, o cenário ideal é **impedi-los de meter o nariz na**[27] moeda. No Brasil, cada qual com a sua razão, ambos estão em campo para transformar o

20 fantasma mutante num símbolo da pátria. (André Petry, *Veja*, 6 de julho de 1994)

25 O Plano Real faz um ano com inflação
baixa e o mercado tranquilo, mas o
fantasma da recessão surge no horizonte

30 ## Aniversário com festa e preocupação

Mesmo que o Real terminasse amanhã, já entraria para a História como o mais bem-sucedido plano econômico de estabilização feito por um governo brasileiro. E o Real não vai terminar amanhã

35 nem depois de amanhã. Passado um ano de sua entrada **em vigor,**[28] a inflação continua baixa, **em torno**[29] de 2% ao mês. É um índice que seria considerado péssimo em qualquer país **desenvolvido,**[30] onde números como esse valem para um ano inteiro. Num Brasil que durante seis anos se produziu uma inflação de até 50% ao mês, a **cifra**[31] é um **bálsamo.**[32]

---

[18]Aqui, *concordando relutantemente*
[19]Acredita
[20]Centavo (Fig.)
[21]Última opção
[22]Arriscado
[23]Aqui, *ser emitido*
[24]Que gasta em excesso
[25]Sobre isso
[26]Há *ou* acontece (Fig.)
[27]Isto é, *não permitir que os políticos mexam com a*
[28]No caso, *posto em execução*
[29]Por volta
[30]Aqui, *do Primeiro Mundo*
[31]Número (total)
[32]Conforto *ou* consolação (Fig.)

Menos de um ano depois do **Cruzado**,[33] o único plano de estabilização que merce alguma comparação, a inflação já subira para 14% ao mês, o Presidente Sarney **promovia**[34] um **tarifaço**[35] logo depois de seu partido ganhar as eleições e seu governo entrava em processo de auto-extinção. Um ano depois do Real, com 2% de inflação, o governo de Fernando Henrique é um sucesso. Tem bons índices

5   de popularidade e, até agora, não perdeu nada no Congresso.

Sucesso absoluto pelos olhos do passado, o Real entra no segundo ano com uma nova face, e aí se encontra a chave para decifrar seu futuro. O colapso mexicano mostrou que abrir a economia, **vender estatais**[36] e cair na simpatia dos banqueiros internacionais não são medidas suficientes para chegar a um crescimento sustentado. A beira de abismo em que se encontra a Argentina, ex-vaca

10   sagrada da modernidade, também deixa claro que o puro dogma da moeda forte, de valor igual ao dólar americano, a longo prazo pode acabar trazendo mais riscos do que segurança.

O Brasil entra no segundo ano do Real como um país que se protege. Defende suas reservas, cria cotas para estrangeiros **a fim de**[37] proteger sua indústria e assiste ao fim programado da **farra**[38] dos importados. Não está errado. Está certo. Porque ninguém tem o direito de imaginar que bastaria

15   um ano de inflação baixa para o Brasil resolver seus imensos problemas. Ou de pensar que se possa **arrumar**[39] a economia **a partir de**[40] uma única idéia fixa--mesmo quando ela é boa.

O que está no horizonte próximo não é uma notícia agradável. O que vem aí é uma recessão. Não é preciso ter **pesadelos**[41] com 1983, quando desempregados saqueavam supermercados e **ameaçavam invadir**[42] palácios do **MDB**,[43] mas é certo que, no curto prazo, a economia vai **dar uma**

20   **esfriada**.[44] A **dúvida**[45] é saber até onde vai descer a temperatura. Não são poucos os senais nessa direção. **Apanhados**[46] no **contrapé**[47] dos **juros**[48] enlouquecidos e de determinados preços que subiram muito acima da inflação, os consumidores brasileiros estão atingindo índices recordes de **inadimplência**.[49] Já existem empresas programando férias coletivas e outras que **derrubam**[50] seus preços para tentar vender mercadorias de qualquer maneira. Aconteceu com o Real, o inevitável ajuste

25   de contas da inflação baixa com a estrutura econômica do país, montada para atender ao consumo de um terço de sua população, deixando apenas **migalhas**[51] aos demais. Há mais demanda do que oferta, e o risco, aí, é a volta da inflação. A alternativa a isso é a recessão.

O passado recente do país está marcado por recessões que, além de provocar sacrifícios terríveis, se mostraram completamente inúteis para melhorar a economia. Depois que o sufoco passou,

30   continuou tudo igual. Espera-se que, agora, seja diferente. Com mais **poupança**[52] e menos consumo, pode-se irrigar a economia com investimentos, os juros podem cair e o país entrar numa etapa melhor. Ninguém é obrigado a acreditar que o futuro será assim. Mas, desde o lançamento do Real, **fez papel de bobo**[53] quem apostou que era tudo uma farsa eleitoreira. (*Veja*, 28 de junho de 1995)

---

[33]Uma das moedas utilizadas na Presidência de José Sarney
[34]Aqui, *introduzia* ou *iniciava*
[35]Aumentativo de *tarifa*: registro de valor especial de um ou mais gêneros
[36]Privatizar
[37]Para
[38]Festa excessiva (no caso, *consumo excessivo*)
[39]Aqui, *corrigir*
[40](Iniciando) com
[41]Maus sonhos
[42]Ou seja, *quase invadiam*
[43] Movimento Democrático Brasileiro, um notório partido de resistência política na época ditatorial e bipartidária (junto com a ARENA) que em 1979 tornou-se o PMDB
[44]Esfriar *ou* desacelerar o crescimento
[45]Incerteza
[46]Agarrados *ou* atingidos
[47]Base de apoio
[48]Lucro, calculado sobre determinada taxa, de dinheiro emprestado ou de capital empregado
[49]Falta de cumprimento de um contrato ou de qualquer de suas condições (no caso, *falta de pagamentos*)
[50]Reduzem (Fig.)
[51]Pouquíssima coisa (Fig.)
[52]Economia de parte da renda para consumo posterior
[53]Aqui, *enganou-se tremendamente*

Compreensão

1. Quais são os três fatos histórico-culturais que definem a pátria?

2. Qual tem sido o problema perene relacionado com a moeda brasileira, fosse qual fosse a designação?

3. Pela história do mundo, em que formas a moeda já apareceu?

4. Como se sabe que, após um ano, o Plano Real continua um sucesso?

5. Segundo o artigo, qual é a taxa de inflação?

6. Qual foi a moeda anterior ao Real?

7. Por que fracassou?

8. Qual o país vizinho que também atrelou sua moeda nacional ao dólar? E os resultados?

9. O que o México fez, com sucesso limitado, para incentivar o crescimento econômico?

10. Como anda a economia brasileira no início do segundo ano do Plano Real?

11. Caracterize o "pesadelo" de 1983.

12. Idealmente, como é que o país vai poder sair da nova recessão?

Vocabulário: (a) relacione os termos da primeira coluna com os (quase) antônimos da segunda e (b) empregue-os em sentenças completas.

1.	Aqui	a.	Esquentar
2.	Poupança	b.	Ótimo
3.	Crescimento	c.	Além
4.	Péssimo	d.	Antipatia
5.	Cédula	e.	Fúria perdulária
6.	Simpatia	f.	Diminuição
7.	Dar uma esfriada	g.	Moeda
8.	Ousado	h.	Passageiro
9.	Recessão	i.	*Boom*
10.	Durável	j.	Acanhado

Ampliação

1. Qual é o paradoxo inerente--do ponto de vista nacionalista--em o Brasil emitir o Real, calcando-o no dólar americano?

2. Em que se baseia o óbvio otimismo do autor?

3. Você pode citar algumas moedas consideradas fortes hoje em dia? Fracas?

4. O que tornaria uma moeda "forte"?

5. Por que estabelecer como lastro o dólar americano e não outra moeda?

6. Você alguma vez sentiu a inflação na pele? Como foi a experiência?

7. Sabe quanto vale o Real atualmente?

8. Quais são alguns dos problemas que estão ameaçando o sucesso continuado do Real--e a ele ligadas, a economia geral e a própria presidência de Fernando Henrique Cardoso?

9. De modo geral, o que o cidadão comum pode fazer para combater a inflação?

10. Em teoria, que segmento da população *se beneficia* de um alto índice inflaciónario e por que?

4

A tribo nômade dos **garimpeiros**[1] da Amazônia atrai a ira de ecologistas, da Igreja e agora sua **epopéia**[2] na selva gera tensão na fronteira

Feios, sujos e maus

Feios, sujos, **tidos como**[3] malvados por muitos brasileiros do sul do país que acompanham **espantados**[4] suas sujas venturas pela selva, os garimpeiros são uma tribo nômade, violenta, difícil até de contar. Seriam 350 000 segundo o censo promovido no ano passado pelo Departamento Nacional de

5   Produção Mineral, o DNPM. Nos períodos de febre do ouro ou de recessão profunda no país a tribo de aventureiros incha e pode atingir, como já atingiu em meados da década passada, 800 000 homens. Oito em cada dez garimpeiros estão metidos na Floresta Amazônica em algum dos quase 2 000 focos de mineração abertos no meio da mata. Entre índios, na luta contra a natureza hostil, as leis e fronteiras entre paises nada significam.

10   Para eles, que são as **cabeças de ponte**[5] da civilização brasileira nos confins do território, o direito de seguir na direção em que o nariz aponta é sagrado. Por isso, além das antigas **refregas**[6] com índios, **seringueiros**[7] e policiais, os garimpeiros estão se metendo em outros focos de tensão. Dessa vez com os paises vizinhos. No mês passado houve tiros e mortes na Venezuela. Há temor de que incidentes ocorram nas fronteiras com o Peru, o Suriname e a Guiana Francesa. O presidente do Peru ameaçou, na

15   sexta-feira passada, não comparecer ao encontro de cúpula dos presidentes latino-americanos. A razão seria o garimpo de brasileiros em áreas fronteiriças com o Peru.

Garimpeiro é ambicioso e não perde as esperanças. É esta a diferença entre o garimpeiro e um pobre comum", diz o cearense de Crateús, Luís Carlos Pereira dos Santos, de 28 anos, dez dos quais dedicados à caça do ouro na Amazônia. Casado, três filhos, Luís Carlos trabalha como ajudante de

20   **pedreiro**[8] em São Gabriel da Cachoeira, no Rio Negro, enquanto se cura de uma malária e junta algum dinheiro para incursionar de novo na selva. Ele vai tentar a sorte nos garimpos do Pico da Neblina. "O bom lá é que é proibido. Não tem muita gente e podemos arrancar alguma coisa do **chão**",[9] sonha Luís Carlos. O mais certo é que ele volte do Pico da Neblina mais pobre que quando colocar o **fardo**[10] de mantimentos de 50 quilos nas costas para abrir **picadas**[11] nas montanhas. Essa é a lei da loteria dos

25   garimpos — a maioria fica mais pobre, alguns melhoram de vida mas apenas uma minoria fica mais rica.

Um **levantamento**[12] realizado pelo DNPM mostra que é preciso gastar o equivalente a 30 gramas de ouro por dia (1 grama valia na semana passada cerca de 13 000 cruzeiros nos garimpos) para conseguir manter uma draga ou um motor de garimpo. A draga é uma engenhoca montada numa balsa que **suga**[13] a areia **aurífera**[14] do fundo dos rios. O motor é usado nos casos de garimpos em terra firme.

30   O investimento numa draga nova custa entre 6 e 8 quilos de ouro. Não é preciso ser bom de aritmética para verificar que o garimpeiro isolado, um sujeito que pode tirar a sorte grande a qualquer momento, é uma ilusão", diz o governador de Rondônia. Há empresas e empresários por trás de toda área de

---

[1] Aqueles que andam à cata de metais e pedras preciosas
[2] Atividades (Fig.)
[3] Considerados
[4] Assustados, pasmados ou atônitos
[5] Vanguarda
[6] Brigas ou lutas
[7] Indivíduos que se dedicam à extração do látex da seringueira e com ele preparam a borracha
[8] Indivíduo que trabalha em obras da construção civil
[9] Solo ou terra
[10] Carga
[11] Atalhos estreitos, abertos no mato a golpes de facão
[12] Investigação ou pesquisa
[13] Chupa, ou extrai por sucção
[14] Que contém ouro

garimpo. Eles utilizam **mão-de-obra**[15] barata e promovem um regime de quase escravidão para enriquecer facilmente".

Visto de fora, o panorama não é bem esse. Para as **levas**[16] de migrantes nordestinos e, mais recentemente, paranaenses, gaúchos e mineiros que se metem na corrida do ouro, as promessas são reluzentes. Eles correm atrás das mais tênues promessas de ouro como se fossem encontrar, escondida sob as árvores, uma nova Serra Pelada—o formigueiro bíblico de homens que chegava a arrancar 40 quilos de ouro por dia no sul do Pará no começo dos anos 80. Em pouco tempo o Brasil saltou de oitavo para quarto produtor de ouro do mundo. "Com o fim do ouro **à flor**[17] da terra em Serra Pelada, a produção **do minério**[18] no Brasil caiu de 90 toneladas em 1980 para 35 toneladas em 1991", diz Elmer Prata Salomão, diretor do DNPM em Brasília. Serra Pelada virou um **buraco**[19] no chão do tamanho de dois **Maracanãs**.[20] Seu garimpo mais movimentado chama-se "**Fofoca**"[21]--fala-se muito, mas ouro, que é bom, muito pouco, menos de 5 gramas por dia.

Ao contrário do que ocorre, por exemplo, com os governos, as boas notícias sobre o garimpo correm muito mais velozmente do que as más. Isso explica em parte por que um **agricultor meeiro**[22] no interior da Paraíba do Maranhão ou do Piauí decide ainda abandonar tudo, deixar a mulher e os filhos aos cuidados de algum parente para lançar-se no sonho da riqueza que sai do chão na Amazônia. "Peguei esse garimpo no rádio. Ouvi a notícia e disse pra mim mesmo: vou para esse tal de Bom Futuro", conta o paraibano João Soares, 47 anos, que já **amargara**[23] alguns anos de decepções em Serra Pelada e em garimpos de Roraima onde conseguiu apenas sobreviver. mesmo à custa de contrair malária 42 vezes. Esse número está longe de ser um recorde no garimpo--especialmente no Bom Futuro, em Ariquemes, Rondônia, onde Soares está agora depois de uma viagem de quatro dias e meio em barcos e ônibus.

No Bom Futuro não existe ouro. Ali a riqueza é a matéria prima do estanho, a cassiterita, um mineral castanho avermelhado que no Brasil costuma **dar à flor**[24] do chão e pode ser colhido quase sem custo. A cotação internacional da cassiterita é de 5.5 dólares o quilo. No garimpo ela pode ser comprada pelo equivalente a 1 dólar. A hierarquia que os garimpos de cassiterita costumam criar em volta das minas é ainda mais perversa do que a das **lavras**[25] de ouro. No Bom Futuro, a escala social assenta-se sobre **párias**[26] que são chamados de "requeiros", trabalhadores desqualificados que **catam**[27] as sobras que as máquinas não conseguem processar. O paraibano Soares é um típico requeiro, cujos ganhos ficam ainda abaixo dos "peões" do garimpo de cassiterita (200 000 cruzeiros fixos mensais), empregados dos "produtores de garimpo"--os donos das máquinas, que têm chances reais de enriquecer no negócio. "Garimpo é assim mesmo", consola-se Soares. "A gente gasta metade do que ganha com mulher e a outra metade com malária".

Histórias de pessoas que foram arrancadas de seu meio comunitário para marginalizar-se na Amazônia--como a do paraibano Soares--repetem-se aos milhares na região. A melhor descrição do garimpeiro amazônico talvez seja a de um marginal no sentido utilizado pela historiadora paulista Laura Mello e Souza na tese que escreveu sobre os caçadores de ouro de Minas Gerais no século XVIII. Ela fala de um tipo que está à margem da civilização que o gerou. "Alguém que é parte e negação do sistema, enfim, que vive **a cavaleiro de**[28] dois mundos na encruzilhada de vários caminhos", escreveu a historiadora. O tipo existe desde os **primórdios**[29] da história brasileira. O que foram os integrantes de

---

[15] Trabalhadores
[16] Grupos
[17] Na superfície
[18] Mineral
[19] Cavidade ou depressão da superfície
[20] Estádios do mesmo nome
[21] Intriga ou mexerico
[22] Aquele que planta em terreno alheio, repartindo o resultado das plantações com o dono das terras
[23] Sofrera
[24] Aparecer na superfície
[25] Terrenos de mineração
[26] Indivíduos excluídos da sociedade
[27] Buscam ou recolhem
[28] Em posição elevada em relação a
[29] Princípios

entradas e bandeiras[30] do século XVII, chefiadas por Borba Gato, Fernão Dias e Raposo Tavares, senão garimpeiros e marginais da sociedade de sua época cujos valores iam deixando para trás nas picadas junto com os mortos, enquanto **embrenhavam-se**[31] pela mata em busca de riqueza (índios escravizados), glória, batalhas vencidas contra as fortificações hispânicas) e poder (títulos nobiliárquicos)? Foi essa **escumalha molambenta**[32] que expandiu as dimensões do Brasil para as de país continente ao pulverizar a fronteira marcada pelo Tratado de Tordesilhas, a linha que dava uma vasta porção do leste do Brasil à Coroa Portuguesa. Os garimpeiros de hoje poderiam adotar como patrono a figura de Raposo Tavares, o conquistador da Amazônia, o primeiro bandeirante paulista a chegar aonde hoje é o Pará, depois de uma marcha de 10 000 quilômetros pela floresta. "Venci a selva, mas a selva também me venceu", teria dito Raposo Tavares, transformado pelos rigores da floresta num velho doente.

O combate contra a selva em busca de riquezas é **travado**[33] pelos garimpeiros quase que da mesma maneira que os bandeirantes faziam há três séculos. O antigo capitão-do-mato hoje é a polícia ou os pistoleiros do dono da lavra. Também estão presentes a prostituição, a proibição sempre desobedecida de entrada de bebida alcóolica--e, principalmente, a dependência absoluta dos fornecedores de comida, do transportador e dos compradores do ouro. Há ainda os choques com os índios e um código de comportamento que não respeita as leis das cidades. O garimpeiro atual está para as modernas companhias mineradoras como o **camelô**[34] está para o dono da loja no shopping", define o diretor do Departamento Nacional de Produção Mineral. O garimpeiro hoje é sinônimo de devastação ambiental, péssima qualidade de vida, exploração de mão-de-obra, violência, descumprimento das leis e **encrencas**[35] sociais difíceis de **desatar**[36] e, agora, de tensões internacionais. Essas tensões surgem porque, diferentemente de três séculos atrás, há hoje paises com fronteiras definidas. Os garimpeiros brasileiros não podem avançar até o Oceano Pacífico.

As soluções dos problemas criados pelas concentrações garimpeiras na Amazônia foram sempre traumáticas. No mês passado, por exemplo, a Polícia Militar do Pará, numa ação de violência sem precedentes, invadiu o garimpo Castelo dos Sonhos. Os policiais mataram a tiros o mineiro Márcio Martins da Costa, o "Rambo", dono da empresa MM que empregava boa parte dos garimpeiros. Hoje 180 policiais mantêm a ordem nos **barrancos**[37] e não **se vislumbra**[38] uma solução duradoura. 0 ouro está **minguando**[39] e, com isso, cresce o nervosismo dos 4 000 garimpeiros da área. Barrancos que chegavam a dar até 200 gramas de ouro por dia estão fornecendo apenas 15. Como 70% da producão do barranco fica com o dono do maquinário--e o restante tem que ser dividido com dois ou três garimpeiros braçais--o mais certo é que o Castelo dos sonhos degenere no mesmo tipo de **lúmpen**[40] social a que o **esgotamento**[41] de Serra Pelada deu lugar. "Desde que cheguei aqui consegui tirar uns 15 quilos de ouro. Para cada quilo peguei uma malária. Só que entreguei o ouro quase todo para pagar as despesas à firma do Rambo", diz o **capixaba**[42] Geraldo Bergamin, de 37 anos.

"O Brasil precisa pensar numa nova **abordagem**[43] das suas riquezas minerais mas o garimpeiro não pode ser excluído. Isso criaria um problema social terrrível", diz o **gaúcho**[44] Elton Rohnelt, superintendente de mineração do Estado de Roraima. "Enquanto essas questões continuarem sendo tratadas com base no Código Brasileiro de Mineração, que é de 1946, haverá problemas. 0 código não reconhece sequer a atividade garimpeira". Rohnelt sugere que o governo tome a iniciativa nesse campo para legalizar e controlar garimpos. A proposta de Elmer Prata Salomão é a criação de garimpos legais

---

[30] Expedições organizadas pelas autoridades coloniais ou por particulares, e que geralmente partiram de um ponto do litoral, para explorar o interior
[31] Metem-se (nas brenhas ou no mato)
[32] Gentalha esfarrapada ou maltrapilha
[33] Lutado (Fig.)
[34] Mercador que vende nas ruas, em geral nas calçadas
[35] Complicações
[36] Desfazer
[37] Aqui, *escavações*
[38] Se vê
[39] Diminuindo
[40] Pessoa vadia ou marginalizada
[41] Depauperamento ou exaustão
[42] Habitante do Estado do Espírito Santo
[43] Forma de encarar qualquer questão
[44] Habitante do Rio Grande do Sul

como complemento da atividade do pequeno produtor rural legalmente **assentado**[45] na terra. Os próprios garimpeiros começam a compreender que os tempos da febre do ouro e da exploração sem **peias**[46] chegaram ao fim--seja pela escassez do ouro, seja pela modernização da paisagem em volta deles. A concentração humana na Amazônia tem crescido--segundo o Censo do ano passado do **IBGE**,[47]

5   Roraima foi o Estado em que mais aumentou a população, a um alucinante de 9% ao ano--as estradas e as linhas aéreas regulares rumam para quase todos os **quadrantes**[48] da floresta. O próprio José Altino tem sua sugestão. "A saída para a Amazônia está na criação de projetos agrominerais, que vão ser a reforma agrária dos garimpos", diz Altino. "O governo cederia áreas para que famílias de garimpeiros construíssem casas e plantassem suas hortas de subsistência". Altino acredita que os próprios

10   garimpeiros cuidariam de não poluir o ambiente mas sugere que se aprove uma legislação que obrigue o garimpeiro a reflorestar o que for destruído".

     São propostas de implantação muito complicada. Elas implicam uma mudança radical no tipo de sociedade que os garimpeiros criaram até agora--com a institucionalização da violência como forma de resolver conflitos, da prostituição como a principal relação com a mulher e do individualismo como ética

15   de comportamento. Com a palavra, a Igreja. "Eles são um mal para o país", diz dom Aldo Mogiar, o bispo de Roraima. "O garimpeiro é um jogador que pretende ganhar muito e sem fazer esforço. Para isso abandona a família, seus padrões éticos e a própria noção de lei, do certo e do errado. É uma pena que eles existam." Descontando o tom inquisitorial e nada cristão do bispo, a verdade é que dificilmente se compatibilizaria garimpo com a vida familiar que costuma caracterizar as sociedades agrárias. O problema

20   é a falta de um organismo legítimo, para disciplinar as mudanças que são necessárias. Os próprios garimpeiros não conseguiriam erguer suas agrovilas minerais, o governo não tem um projeto racional para a Amazônia, e a Igreja e os ecologistas, que poderiam dar uma contribuição efetiva para o problema **enxergam**[49] o garimpeiro como um fantasma feio, sujo e malvado.

(*Veja,* 12 de fevereiro de 1992)

---

[45] Posto sobre uma base
[46] Impedimentos
[47] Instituto Brasileiro de Geografia e Estatísticas
[48] Regiões
[49] Vêem

Compreensão

1. Onde está concentrada a maioria dos garimpeiros?

2. Segundo os detratores, o que os garimpeiros inevitavelmente trazem?

3. Em que fronteiras internacionais vêm ocorrendo incidentes inquietantes?

4. Por que o rádio é citado como difundidor do garimpo?

5. Por que a noção do garimpeiro enriquecido é cômica?

6. Como vive o garimpeiro médio?

7. Tipicamente, de onde vem e a que classe pertence o garimpeiro?

8. O que é Serra Pelada e como é topograficamente?

9. Como eram os bandeirantes sob Raposo Tavares?

10. Como estão as relações entre os garimpeiros e a polícia?

Vocabulário: (a) Relacione os termos da primeira coluna com os (quase) antônimos da segunda e (b) empregue-os em sentenças completas.

1. Pária	a.	Liberdade
2. Minguar	b.	Desengano
3. Escravidão	c.	Deserto
4. Floresta	d.	Amarrar
5. Nervosismo	e.	Ótimo
6. Decepção	f.	Convidativo
7. Péssimo	g.	Sobrar
8. Desatar	h.	Resolução
9. Hostil	i.	Cidadão
10. Encrenca	j.	Calma

Ampliação

1. Especificamente, por que tachar os garimpeiros de "feios, sujos e maus"?

2. Será que eles lembram, vagamente ou não, os desbravadores norteamericanos? Como?

3. Por que a idéia do garimpeiro, individualista e bem-sucedido, é um mito?

4. O mito do garimpeiro solitário floresce nos EUA? Com que se parece?

5. Em termos realistas, o que os bandeirantes tinham em comum com os garimpeiros de hoje em dia?

6. Sabe de casos de atritos em outras fronteiras latino-americanas? Quais? O que os provocaria?

7. Por que será que os garimpeiros não parecem se dar bem com ninguém?

8. A longo prazo, haveria alguma maneira de amainar o problema criado pela presença dos garimpeiros? Por que sim/não?

5

Empresários brasileiros e argentinos **ensaiam**[1]
os primeiros negócios do novo mercado comum

MERCOSUL: a *CEE*[2] dos pobres

     Ni holandesa ni alemana. Brasileña, anunciam **cartazes**[3] nas ruas de Buenos Aires apresentando aos argentinos aquela que promete ser a loira número 1 desse verão: a cerveja Brahma. Não se trata de um caso isolado. Os brasileiros estão invadindo a Argentina e os argentinos têm pressa em **se render**[4] à

5   invasão. Quem se der ao trabalho de ler os jornais, vai **constatar**[5] que não se trata de um fenômeno passageiro. A Adam Smith Open University, que anuncia cursos para **empresários**[6] no *El Cronista Comercial,* um jornal parecido com a *Gazeta Mercantil* de São Paulo, não sabe ao certo como fazer para atender a súbita avalanche de candidatos. Também há filas de alunos para aprender português na Embaixada do Brasil.

10   A explicação para tamanho interesse da parte de economias que até há pouco estavam quase isoladas entre si é compreensível. As empresas estão correndo para conquistar posições no novo mercado comum latino-americano, o Mercosul, que começou a nascer na sexta-feira, 29, com a entrada em vigor do tratado de Assunção. Assinado em março deste ano, o tratado pretende abolir gradativamente as barreiras **alfandegárias**[7] entre o Brasil, Argentina, Paraguai e Uruguai. A contagem

15   regressiva começou com a **queda**[8] de 47% das tarifas, evoluirá para 54% em janeiro próximo, 61% em julho e, quando o **espocar**[9] do champanhe anunciar o ano de 1995, cairá a zero. Isto pretende significar que, a exemplo do que ocorrerá na Europa unificada e no mercado comum criado entre os Estados Unidos, Canadá e México, haverá livre trânsito de bens, serviços, capitais e trabalho. Em outras palavras, os quatro países sócios funcionarão como se fossem um só, **espalhado por**[10] um espaço quatro vezes

20   superior ao da Comunidade Econômica Européia, com 11,8 milhões de quilômetros quadrados, onde vivem 200 milhões de habitantes. Ou 60 milhões de consumidores.

     Comercialmente, o Mercosul sonhado pelas autoridades é uma sucessão de números otimistas. Nos últimos dez meses, os negócios bilaterais entre Brasil e Argentina duplicaram, passando para US$ 2,5 bilhões e com projeções de chegar a US$ 3,5 bilhões em 1993. O comércio global dos paises sócios,

25   antes incipiente, **monta**[11] US$ 5,5 bilhões. E há crescente fluxo de capitais, particularmente no **eixo**[12] São Paulo-Buenos Aires, distantes 1.300 quilômetros. Na Bolsa de Valores da capital argentina se fala abertamente que parte dos dólares **entesourados**[13] por brasileiros e argentinos nos bancos europeus e americanos está refazendo o caminho de volta, atraída pelo boom do mercado de **ações**.[14] A

---

[1] Põem em prática
[2] Comunidade Econômica Europeia ou Mercado Comum
[3] Anúncios ou avisos de grande formato, próprios para afixação em ambientes amplos ou ao ar livre
[4] Deixar se vencer
[5] Verificar
[6] Homens de negócios
[7] Aduaneiras
[8] Caída
[9] Estrondo, estampido ou barulho marcado
[10] Cobrindo
[11] Atinge
[12] Conjunto (Fig.)
[13] Bem guardados
[14] Títulos de propriedade, negociáveis representativos de uma fração do capital de uma sociedade anônima

contrapartida[15] negativa é que o Mercosul **esbarra**[16] numa sucessão de impasses que vai da crise brasileira à falta de visibilidade quanto à posição [norte]americana em relação ao futuro.

A lógica do Mercosul **aponta na contramão da**[17] Alac (Associação Latino-Americana de Livre Comércio) e da Aladi (Associação Latino-Americana de Desenvolvimento e Integração). Em lugar das

5 economias fechadas dos anos 60, ambiciona economias sem muralhas protecionistas. Ao mesmo tempo, quer substituir empresas nacionais **voltadas para o próprio umbigo**[18] por empresas binacionais capazes de **tirar partido**[19] do mercado e das vantagens comparativas regionais para disputar no mundo industrializado e fora dele. Na **ótica**[20] americana, à exceção da Argentina, os países do Mercosul ainda são demasiadamente protecionistas. Como estão em choque com a prática liberal adotada pelo México e

10 pelo Chile, só para citar casos tidos como exemplares, dificilmente merecerão tratamento preferencial. Embora o façam formalmente, os americanos não reconhecem na prática o Mercosul.

Uma **pesquisa**[21] divulgada em outubro, pela consultoria Price Waterhouse demonstra que 10% das 500 maiores empresas brasileiras já incluem o Mercosul no seu planejamento estratégico. Na Argentina, o percentual é de 20% para igual número de empresas. Um segundo dado animador: na

15 Embaixada do Brasil em Buenos Aires as consultas de empresários brasileiros e argentinos a propósito de novas oportunidades saltaram de 300 em janeiro para 2.500 em outubro. É uma **guinada**[22] que só encontra paralelo na **peregrinação**[23] de empresários à sede do Banco de La Nación, na avenida Paulista, em São Paulo. "O número de interessados em fechar negócios duplica a cada mês", estima Hugo Alberto Sagre, diretor do banco que, na Argentina, tem 600 agências e movimenta 40% dos US$ 4

20 bilhões de importações do país. Há um ano, Sagre contava nos dedos de uma mão os empresários que o procuravam para tratar do Mercosul. Hoje, a agenda está permanentemente **engarrafada:**[24] 60 audiências no mínimo, todas as semanas. "O tempo de desconfianças acabou e nem as dificuldades econômicas são mais obstáculos para os negócios, desde que as oportunidades realmente existam", avalia Alberto Sagre, surpreso com a disposição dos empresários para investir e correr riscos.

25 Nas ruas de Buenos Aires, ao lado dos cartazes de propaganda da nova Argentina do Plano Cavallo--que em sete meses fez a inflação baixar dos 200% para 1% ao mês--virou lugar-comum propagandados cursos de português. A Brahma é a grande novidade da temporada que se iniciou sexta-feira com a **largada**[25] formal do Mercosul. A empresa se antecipou e abriu duas frentes: uma **maltaria**,[26] na localidade de Puan, na província de Buenos Aires, e a exportação de cervejas. Neste verão, depois de

30 um ano de trabalho duro, se prepara para duplicar a produção da maltaria e assumiu a liderança do mercado de cervejas importadas, com 100 mil latas vendidas por mês. "O consumo de cerveja na Argentina está longe dos padrões brasileiros, mas o potencial é muito bom", afirma Magin Rodrigues, diretor da Brahma. De qualquer forma, a Brahma prefere se antecipar: plantou em Santa Catarina uma nova fábrica com capacidade de produção de 300 milhões de litros. Entra em funcionamento em 1993

35 para abastecer a Argentina, o Paraguai e o Chile, este último um futuro sócio potencial do Mercosul.

Há outros exemplos. A Fink, tradicional empresa carioca de mudanças, criou um serviço de entrega de porta a porta com 200 caminhões. A Brasmotor, dona da marca Brastemp, comprou da Philips uma fábrica para produzir geladeiras, máquinas de lavar roupa, secadoras e fornos micro-ondas. A Cofap, maior empresa de autopeças da América Latina, se associou à Indufrem, líder do mercado argentino.

40 Breve, chegará a vez dos grandes **frigoríficos**[27] do Sul. De olho no futuro, os produtores de frango industrializado estão se **desdobrando**[28] para tirar do caminho a **limalha**[29] burocrática que inibe os

---

[15] Equivalência
[16] Tropeça
[17] Vai contra
[18] Que olhem para dentro (Fig.)
[19] Aproveitar
[20] Ponto de vista
[21] Investigação ou levantamento
[22] Mudança profunda (Fig.)
[23] Viagem (a um lugar de devoção) (Fig.)
[24] Congestionada
[25] Inauguração (Fig.)
[26] Fábrica produtora de malte
[27] Empresas de processamento de carne
[28] Manifestando
[29] Vestígios (Fig.)

negócios. "O mercado argentino é elástico e promissor", assegura Luís Inácio Franco Medeiros, da **Perdigão**.[30] O problema é a lentidão da burocracia. Às vezes, um caminhão fica retido três dias para inspeção na fronteira, o que duplica os preços ao consumidor.

5 O mapa dos negócios se modifica também na direção do Brasil. A Renault argentina, por exemplo, já montou 300 **peruas**[31] Traffic na sua fábrica na província de Córdoba para vender ao Brasil, como parte de uma partida de 1.500 unidades comercializadas no Brasil pela GM . No próximo ano, vai jogar no mercado **verde-amarelo**[32] 5.000 carros, entre o Traffic, o Renault 21 e a caminhonete Nevada. Fora do circuito Brasil-Argentina, há negócios para beneficiamento de couros uruguaios em Santa Catarina e investimentos paraguaios no porto de Paranaguá (Paraná), por onde circulam anualmente 600
10 toneladas de mercadorias destinadas àquele país vizinho.

Apesar do ritmo, os resultados não garantem que em 1º de janeiro de 1995 o Mercosul possa ser uma realidade tão palpável quanto o mercado comum entre os Estados Unidos, Canadá e México, que começa a funcionar a pleno vapor na mesma época. Tecnicamente, não há obstáculos. Nos seis capítulos, 24 artigos e cinco anexos do tratado de Assunção, nada foi esquecido. O drama é que os
15 países do Mercosul continuam sofrendo dos mesmos males que marcaram a Alac e a Aladi nas três últimas décadas. A burocracia é imensa e custa a ser removida. Um outro aspecto negativo é a instabilidade das duas maiores economias do Mercosul. O Brasil vive em péssima forma e a Argentina, **a despeito**[33] da estabilização dos últimos sete meses, não emite qualquer sinal seguro de que vá crescer **a taxas**[34] de 5% ao ano, como anunciou o ministro da Economia, Domingo Cavallo. É verdade que os
20 argentinos **não deixaram pedra sobre pedra**[35] dos **cartórios**[36] que a economia herdou do peronismo. Mas, como no Brasil, o que predomina, infelizmente, ainda é a visão mercantil do Mercosul. Por trás do escudo protecionista, um medo antigo. O medo da **concorrência**.[37]

O embaixador argentino no Brasil resume a fórmula ideal para superar esse momento de transição e impasses numa palavra: joint venture. "Se **somarmos**[38] nossas forças, fica mais fácil superar
25 as perdas e converter nossos pontos vulneráveis em pontos fortes", receita. Em Contagem, Minas Gerais, em princípio um Estado fora de rota no Mercosul, uma empresa de autopeças, a Orteng, demonstra que a fórmula de La Sota pode dar certo. Associou-se com a argentina Strapa e, de saída, vai duplicar o **faturamento**.[39] Na cidade vizinha de Lagoa Santa, Lincoln Ayres Pacheco, fabricante de máquinas de transformação do plástico, repetiu a fórmula e **deu certo**.[40] "Vou ganhar US$ 4 milhões", festeja. Se em
30 Minas deu certo, não há dúvidas quanto ao potencial de Estados como o Paraná, Santa Catarina e o Rio Grande do Sul, que ocupam posições privilegiadas na geografia do Mercosul. "A integração virou objetivo porque traz vantagens", assegura o presidente da Câmara de Comércio Brasil-Argentina em Porto Alegre, André Cime Lima, sintetizando as opiniões do **empresariado**[41] da região.

35 (Francisco Viana, *IstoÉ-Senhor*, 4 de dezembro de 1991)

---

[30] Uma das maiores empresas no processamento e venda de frangos
[31] Veículos de passageiros e pequena carga; caminhonetes
[32] Isto é, *brasileiro*
[33] Apesar
[34] Ao ritmo (Fig.)
[35] Arrasaram completamente
[36] Lugares onde se registram e guardam documentos importantes; e, por extensão, a burocracia em geral
[37] Competição ou rivalidade
[38] Juntarmos
[39] Vendagem
[40] Funcionou com sucesso
[41] Conjunto de empresários ou comerciantes

Compreensão

1. O que procura fazer a criação do MERCOSUL?

2. Em que entidades se inspiram?

3. Segundo a reportagem, qual é o produto de maior penetração na Argentina?

4. Através de que acordo o plano começou modestamente a entrar em vigor?

5. Por enquanto, quais são os 4 paises participantes?

6. Quais são os estados do sul do Brasil que mais vantagem levam na proposta integração?

7. Qual seria um impedimento ao sucesso do MERCOSUL?

8. O que a Argentina está agora vendendo para o Brasil?

9. Qual é o futuro sócio do MERCOSUL cuja participação promete ser significativa?

10. Qual é a atitude geral do empresariado brasileiro?

Vocabulário : (a) Relacione os termos da primeira coluna com os (quase) antônimos da segunda e (b) empregue-os em sentenças completas.

1.	Loira	a.	Contentamento
2.	Súbito	b.	Errado
3.	Em choque	c.	Duradouro
4.	Desânimo	d.	Imperceptível
5.	Passageiro	e.	Isolamento
6.	Palpável	f.	Gradativo
7.	Engarrafado	g.	Permanência
8.	Certo	h.	Morena
9.	Transição	i.	Em harmonia
10.	Integração	j.	Fluente

Ampliação

1. O que quer dizer a sigla MERCOSUL?

2. Que paralelos você vê entre o MERCOSUL e o NAFTA?

3. Por que o MERCOSUL está sendo tachado de "a CEE dos pobres"?

4. Você acha que o acordo entrará em pleno vigor na data prevista? Por que (não)?

5. Por que a atitude norte-americana é vista como ambivalente?

6. O que há de mal num sistema protecionista, como o praticado anteriormente?

7. Como é que a integração vai promover a eficiência nos paises envolvidos?

8. Dentre os membros, por que o Paraguai é o mais relutante a abrir por completo suas fronteiras?

TEATRINHO

"Como driblar a recessão sem sucumbir"

Elenco

Solange e Jasão--Jovem casal. Ambos são profissionais, mas há mais de um ano ele está desempregado

Susane--Viúva, mãe de uma filha pré-adolescente e caixa numa padaria vizinha

Sérgio e Ana--Irmãos universitários de situação econômica privilegiada que, embora tenham conhecimento do sofrimento alheio causado pela recessão, não ligam muito

João--Quarentão, dono do próprio táxi e orgulhoso de ter começado do nada

Moderador(a)

Argumento

Mesa redonda da Tevê Educativa que inclui participantes escolhidos com a intenção de eles representarem vários segmentos diferentes da sociedade--em classe sócio-econômica e faixa etária. O/a moderador/a--que poderia ser o/a professor/a ou algum/a estudante--inicia a conversa com a observação de que a vida está cada vez mais difícil. Solicita também a opinião dos espectadores.

Expressões úteis

Abatimento (Desconto)
Arrocho salarial
Atenção médica/dental
Cesta básica
Compras necessárias
Compras supérfluas
Criminalidade
Desamparados
Desemprego
Fazer feira

Fazer supermercado
Fome
Inflação galopante
Miséria
Pechinchar
Procurar emprego
Reajuste salarial
Salário
Sobreviver (a)
Subemprego
Virar-se

TEMAS PARA COMENTÁRIO ORAL OU ESCRITO

1. Uma alta taxa de desemprego é inevitável na sociedade brasileira dos 90.

2. Eventualmente, o Brasil (não) vai poder superar esta recessão persistente.

3. Há muitas semelhanças entre o Brasil e os Estados Unidos nos problemas sócio-econômicos que ambos enfrentam.

4. Como fazer feira.

5. A influência maléfica da inflação, especialmente no Brasil.

6. Como combater a inflação de modo geral.

7. O garimpeiro e o possível benefício que ele pode trazer ao Brasil.

8. A noção de comunidade global e seu impacto na formação e sucesso do MERCOSUL.

UNIDADE 8   CLASSE MÉDIA

1

Quem estava no meio da pirâmide
social vai **despencando**[1] para a base

Uma classe em extinção

    A classe média brasileira está chegando ao fim do ano com a água no pescoço e o bolso vazio,
5 literalmente vazio. Vão longe os tempos em que a preocupação dessa gente era fazer chegar um carro
zero[2] na garagem, todo ano. Hoje em dia, a dor de cabeça vem na hora de pagar as contas de água ou
de luz. Os filhos, criados em colégios particulares, terão que se acostumar à escola pública. A viagem de
férias foi cancelada ou transferida para um **canto**[3] bem mais modesto do que aquele sonhado, algo
assim como trocar Montecarlo por Praia Grande, litoral paulista.
10   Em clima de **descrença**,[4] profissionais liberais, donas de casa, técnicos qualificados, gerentes e
graduados funcionários públicos começam até a fazer **passeatas**[5] de protesto como aconteceu, por
exemplo, no dia 23 de novembro em São Paulo. Cerca de 400 pessoas esqueceram o sábado de **lazer**[6]
por uma manifestação cujas palavras de ordem pediam o fim da corrupção e a melhoria do ensino. Uma
das organizadoras do ato, a dona de casa Marize Garcia, reage: "É nossa defesa. Estamos em extinção".
15   A frase, mais do que desespero, mostra que também nesse campo o Brasil **segue na
contramão da**[7] história. Enquanto nos países do Primeiro Mundo, a classe média experimenta
fantásticos níveis de qualidade de vida e alto poder de consumo, por aqui a nossa classe C, cerca de
20% da população, está mais perto dos irmãos da D (31%) do que dos bem-aventurados ainda incluídos
no **mirrado**[8] contingente de 8% da classe B, cuja **renda**[9] mensal varia de Cr$ 630 mil a Cr$ 2,1 milhões.
20 Na classe C, a renda fica entre Cr$ 420 mil e Cr$ 630 mil por mês, enquanto na classe D oscila entre Cr$
210 mil e Cr$ 420 mil.
    As consequências são óbvias: não existe liberdade de mercado sem mercado--e este é um risco
que o Brasil está correndo com o empobrecimento cada vez maior da dita classe média. E, sem
liberdade de mercado, quem garante que outras liberdades também não estão **ameaçadas**?[10] A seguir,
25 um **roteiro**[11] do calvário a que estão sendo submetidas cerca de dez milhões de famílias brasileiras
enquadradas[12] no perfil "classe média", com uma informação sobre a última fronteira da miséria nativa:
a classe E que engloba 40% da população e tem de viver **alijada**[13] irremediavelmente do mercado e
excluída de qualquer **pesquisa**[14] sobre lançamento de produtos, a não ser arroz e feijão, com salário
mensal entre Cr$ 42 mil e Cr$ 210 mil.

---

[1] Caindo de grande altura
[2] Novo (Fig.)
[3] Lugar (Fig.)
[4] Incredulidade
[5] Marchas coletivas geralmente realizadas em sinal de protesto
[6] Descanso ou folga
[7] Vai contra a
[8] Magro
[9] Dinheiro adquirido em troca de algum serviço
[10] Em perigo
[11] Itinerário
[12] Classificadas
[13] Apartada ou afastada
[14] Investigação ou levantamento

O sonho da classe média de ir ao paraíso no volante de um cintilante automóvel zero-quilômetro **desmoronou**.[15] O principal **atalho**[16] para adquirir esse objeto do desejo--o **consórcio**[17]--foi dinamitado e o brasileiro percebeu que não tem **carteira para**[18] continuar **bancando**[19] antigos projetos. 0 pesadelo já é uma realidade para pelo menos 500 mil pessoas que acreditaram no poder de seus salários diante das
5 prestações do consórcio e hoje engrossam a imensa fila dos **inadimplentes**[20] do sistema. E o número tem tudo para **disparar**.[21]

Passar adiante o plano acabou se tornando a única solução para uma equação incompreensível. Somente em 1991, os automóveis e as prestações dos consórcios aumentaram, em média, mais de 400%, enquanto a inflação, medida pela Fundação Getúlio Vargas, ficou em 277,71%. Se a situação
10 já é dramática para quem teve **reajustes**[22] salariais **balizados**[23] pela inflação, para a maioria da classe média, que não viu sua renda acompanhar o aumento de preços, é sufoco total

Alguns não conseguem tirar da memória a aventura do consórcio. O supervisor de vendas de uma empresa eletrometalúrgica, Jeferson Pereira da Silva, 27 anos, chegou tão próximo do automóvel pretendido que pôde até tocá-lo, literalmente. Ele entrou num grupo de 50 meses, pagou 15 meses e, há
15 menos de um mês, tirou a sorte grande. A decepção começou quando Pereira da Silva refez suas contas mensais e descobriu que não teria condições financeiras para continuar pagando o plano. No início do consórcio, a mensalidade equivalia a um sexto do seu salário. Hoje corresponde a 50%. "Já coloquei à venda através dos classificados de jornais e espero que seja mais fácil fazer negócio: quem adquirir o plano leva o carro e assume as dívidas", torce Pereira da Silva, que nem retirou o automóvel da
20 **concessionária**.[24]

Na quarta feira, 27, os irmãos paulistas Wilson e Sérgio Cruz, sócios de uma firma de representação de **laticínios**,[25] **ajoelharam-se**[26] ao pé do altar de Santa Edwiges, a "protetora dos **endividados**",[27] numa igreja na zona sul paulistana. Eles **oravam**[28] para a santa ajudá-los a **contornar**[29] a **queda**[30] de 20% de seus negócios. "Em tempos de crise, as primeiras coisas cortadas são os queijos
25 e iogurtes", **desabafava**[31] Wilson. "Nós que já fomos classe média", acrescentava Sérgio, "agora temos que fazer contas para comprar qualquer coisa e pagar nossas contas." É provável que a santa dos endividados já não tenha prestado tanta atenção. Nos últimos tempos, o que mais ela tem feito é ouvir as lamúrias de uma classe média forçada a mudar os seus hábitos de consumo **em virtude**[32] da crise. Mas pelo menos seu santuário não sabe o que é a crise. Há oito anos, não passava de uma capela. Hoje, foi
30 ampliado, ganhou piso marmorizado e decoração em estilo moderno. 0 bazar lá instalado vende como nunca lembranças da santa que viveu na Polônia no século XII e ficou conhecida por saldar dívidas de pessoas pobres "0 movimento por aqui cresceu 60% este ano", afirma Mário Luiz Vilela de Andrade, coordenador do bazar.

Não é preciso recorrer a nenhum santo para ver que o dinheiro anda curto. Somente em São
35 Paulo, as companhias estaduais estimam que 1,2 milhão de pessoas ficarão inadimplentes até o final do ano por falta de pagamento de suas contas de água e luz. A **prefeitura**[33] da capital calcula que outros

---

[15] Veio abaixo

[16] Caminho mais curto que o normal

[17] Associação através da qual se compra ou adquire-se um bem pagando-se o valor total do mesmo em prestações mensais

[18] Como (Fig.)

[19] Sustentando (Fig.)

[20] Aqueles que não pagam suas dívidas

[21] Aumentar vertiginosamente

[22] Reajustamentos

[23] Limitados ou restringidos

[24] Agência ou empresa a que foi outorgada uma concessão

[25] Produtos derivados do leite

[26] Puseram-se de joelhos

[27] Quem contraiu dívidas; devedores

[28] Rezavam

[29] Solucionar um problema de maneira alternativa

[30] Caída

[31] Revelava o que pensava

[32] Por causa

[33] Administração municipal

330 mil não honrarão os seus débitos de **IPTU**.[34] Proporcionalmente, esses números correspondem a índices que variam de 15% a 20%. A inadimplência é um fenômeno nacional. Em Santa Catarina, a Companhia Estadual de Energia Elétrica (Celesc) foi forçada a veicular uma campanha no rádio e na televisão ameaçando cortar a luz dos que tinham suas contas atrasadas para que o índice de **calotes**[35]
5 diminuísse. "A média histórica da companhia era 12%, mas já estávamos com mais de 20% de inadimplência", afirma o engenheiro Djalma Martins, do setor de planejamento da empresa. Segundo ele, os primeiros resultados da campanha foram positivos--o índice caiu para 16%. A Companhia de Agua e Saneamento (Casan) tentou medida semelhante, com o governador determinando que convênios com as prefeituras só fossem renovados se elas estivessem com todas as suas contas **quitadas**.[36] Mesmo
10 assim, 35% das contas de água não foram pagas no último mês.

"Estamos atravessando mares nunca antes navegados", afirma o curitibano Mário João Figueiredo, coordenador do Departamento de Escolas Agrícolas da Secretaria de Educação do Paraná. "Pela primeira vez na vida tenho deixado atrasar contas de água, luz ou condomínio e isso deprime qualquer um", diz. Nos bons tempos, seu **ordenado**[37] como funcionário público chegou a 35 salários
15 mínimos. Hoje, somado com a renda da mulher, a bibliotecária Angela, fica em torno de 20 (cerca de Cr$ 800 mil). Para ele, tão grave quanto a inadimplência é o fato de a crise forçar o trabalhador a abandonar uma série de hábitos e pequenos prazeres, como comprar livros ou ir a um show. "Estão nos tirando o direito de viver com dignidade, que vai muito além do que apenas trabalhar e pagar contas e custos impostos pelo governo".

20 Cortar, aliás, tornou-se um dos verbos mais conjugados nas conversas das famílias brasileiras. Na casa do comerciante **brasiliense**[38] do ramo farmacêutico, Alexandre Galetti, a situação mostra como a classe média está aprendendo a viver sem os confortos que conquistou nos tempos em que a crise parecia afetar exclusivamente os pobres e as contas públicas. No início de outubro, a sua empregada **pediu a conta**.[39] Em vez de procurar outra, a sua mulher, a pedagoga Sílvia Galetti, que estava
25 desempregada, decidiu ela própria **arcar com**[40] os encargos domésticos. A demissão teve o poder de **desencadear**[41] novos cortes. "Aboli em quase 50% o consumo de alimentos, que eram desperdiçados pela falta de controle direto sobre a cozinha e a despensa", relata Sílvia, mãe de dois filhos em idade pré-escolar.

Pode parecer inacreditável, mas há quem seja obrigado a pagar mais de Cr$ 700 mil mensais
30 para estudar. A **mensalidade**,[42] equivalente a 17 salários mínimos nacionais, não é cobrada, ao contrário do que se poderia imaginar, em nenhuma universidade do nível da Cambridge. O palco dessa história é o Brasil de hoje, mais precisamente o curso de Ciência da Computação da PUC de São Paulo e os protagonistas são legítimos representantes da classe média. O estudante terceiranista do curso, Eduardo Augusto de Brito, 23 anos, soube do novo preço da mensalidade na sexta-feira, 22, através de
35 um **edital**[43] publicado pela direção da universidade. Sua primeira reação--após refazer-se do susto, natural de quem pagava até o mês passado Cr$ 128 mil--foi evitar tocar logo no assunto com os pais, que sustentam o estudante. "**Não adiantou**,[44] minha mãe ficou sabendo do reajuste pelos jornais e quase **pirou**",[45] conta Brito, já conformado com a transferência para uma escola mais barata caso a mensalidade não seja revista.

40 Apesar do reajuste kafkiano, o caso dos estudantes da PUC paulista não é único no País e evidencia somente uma faceta da **barafunda**[46] em que o ensino universitário está metido. Do mesmo modo, a crise não perdoa os níveis primário e secundário e está obrigando a classe média a esquecer alguns de seus principais dogmas: educação é fundamental e os filhos merecem os melhores colégios, que no Brasil de hoje são particulares enquanto, no passado, houve colégios de Estado que primavam

---

[34] Imposto Predial e Territorial Urbano
[35] Dívidas contraídas sem intenção de pagamento
[36] Livres de dívida
[37] Salário ou renda
[38] De Brasília
[39] Pediu demissão
[40] Enfrentar
[41] Provocar
[42] Pagamento mensal
[43] Ato escrito oficial e devidamente difundido
[44] Não resolveu
[45] Ficou louca
[46] Confusão

pela qualidade do ensino. Agora, no entanto, para evitar que os filhos marchem para o quase sempre precário ensino público, os pais classe média se dispõem aos maiores sacrifícios.

Nos anos do "milagre econômico", o **verbete**[47] **lazer**[48] era ilustrado no dicionário da classe média com fotos sorridentes de famílias na beira da praia, tentando endireitar a Torre de Pisa ou ao lado
5   do Pato Donald, em plena Disneylândia. Se este dicionário fosse atualizado para os anos 90, a foto que acompanharia a palavra lazer seria da mesma família em frente a uma televisão assistindo às "Olimpíadas do Faustão" ou ao emblemático "Tudo por Dinheiro", do *Programa Sílvio Santos*. Não que a classe média tenha necessariamente modificado seu conceito de divertimento. O que mudou foi o **recheio**[49] do bolso e as possibilidades de passatempos.

10   "Antigamente a vida era uma festa", compara a oficial de Justiça paulistana, Nilce Gonçalves, recordando nos álbuns de fotografia, os instantâneos de viagens para a Bahia, Rio de Janeiro e Foz do Iguaçu. Com o **orçamento**[50] doméstico apertado **em função dos**[51] Cr$ 100 mil que desembolsa para a faculdade da filha mais nova, ela **trocou**[52] o cinema semanal por filmes na televisão; e o lanche no final da sessão se transformou em **pipoca**[53] caseira. As peças teatrais, uma de suas **perdições**,[54] viraram
15   coisa do passado. "Não sinto o cheiro de teatro", diz Nilce, reconhecendo que sua vida e a dos três filhos **deu uma guinada**[55] para trás.

Mais do que em impressões individuais, a crise da classe média é retratada em números. Com um **faturamento**[56] em torno de US$ 5 bilhões anuais, o setor de turismo é um dos melhores termômetros do quadro atual. Este ano, pela primeira vez em mais de duas décadas, os indicadores **regrediram**.[57] "A
20   média histórica de crescimento de 10% ao ano ficou para trás e estamos detectando uma queda entre 3% e 5% em 1991", atesta o presidente da Associação Brasileira de Agentes de Viagens (Abav). Somente em pacotes turísticos para o Exterior, o carrochefe do crescimento do turismo brasileiro, a retração já é de 30% a 40%.

Ao sair de casa, pela qual recolhe anualmente o Imposto Predial e Territorial Urbano (IPTU), em
25   seu carro--que o obriga a pagar o Imposto sobre a Propriedade de Veículos Automotores (IPVA)--o cidadão de classe média apenas começou o **trajeto**[58] na floresta tributária que percorre todos os dias. Ao encher o tanque do automóvel, ele paga o Imposto sobre Vendas ao Varejo de Combustíveis (IVVC)-- **embutido**[59] no preço do produto. Em tudo o que consome paga o Imposto sobre Circulação de Mercadorias e Serviços (ICMS); e sempre que compra algum bem industrializado, é taxado pelo Imposto
30   sobre Produtos Industrializados (IPI). No seu roteiro, ao receber o **contracheque**,[60] pode constatar que deixou 20% do salário para o Imposto de Renda e para a Previdência Social. E se resolve colocar o dinheiro das **despesas**[61] do mês em alguma aplicação financeira, para tentar sobreviver à inflação, é apanhado pelo Imposto sobre Operações Financeiras (IOF).

O peso da carga tributária suportada pelo brasileiro--que, no total, **se afoga**[62] num mar de 58
35   impostos--não é maior do que a incidente sobre o cidadão do Primeiro Mundo. Ocorre que, no Brasil, o Estado retribui com péssimos serviços. Para o assalariado, cujo poder de comprar já não é dos mais altos, essa situação tende a piorar brevemente. E que, sob a bandeira de uma reforma fiscal "modernizadora", o governo quer engordar em, pelo menos, mais US$ 6 bilhões a **arrecadação**[63]

---

[47] Apontamento ou nota
[48] Descanso ou folga
[49] Conteúdo (Fig.)
[50] Cálculo da receita ou da despesa
[51] Por causa
[52] Sustituiu
[53] Grão de milho rebentado ao calor do fogo
[54] Preferências mais fortes (Fig.)
[55] Sofreu um desvio profundo
[56] Vendas
[57] Diminuiram
[58] Percurso ou caminho
[59] Incluído
[60] Documento emitido pelo empregador que acompanha o pagamento do salário, e que contém todas as informações referentes ao mesmo
[61] Gastos
[62] Asfixia-se
[63] Cobrança

federal. A fonte mais fácil para essa nova **tungada**[64] é naturalmente o contracheque dos assalariados que compõem a maior parte da dita classe média nacional.

5   "Eu juro, se eles aumentarem eu vou dedicar os meus próximos anos a campanhas de protesto contra esse governo", ameaça inconformado um gerente de marketing. No ano passado, na onda de confiscos do **Plano Collor I**,[65] ele teve retidos cerca de NCz$ 500 mil que guardava na **poupança**[66] para poder construir uma casa em um terreno que comprara. Em agosto último, com o início do desbloqueio dos seus cruzados novos, Silva percebeu que o valor que receberia de volta não daria para erguer a casa sonhada. Atualmente ele só se lembra do terreno sem projeto quando chega o dia de pagar cerca de Cr$ 30 mil do IPTU. "Até em sonho não realizado o governo me cobra impostos".

10   O casal Magda e Edson Azevedo morou por muito tempo com seus três filhos em um diminuto apartamento **alugado**[67] no bairro Floresta, em Porto Alegre. Economizou o quanto pôde para dar entrada, em janeiro do ano passado, no financiamento de um imóvel mais espaçoso, às margens do rio Guaíba, zona sul da capital gaúcha. Naquela ocasião, o edifício ainda estava **na planta**[68] e as **prestações**[69] equivaliam a um terço dos rendimentos de Magda, funcionária pública, a quem coube o

15 pagamento--o marido ficara responsável pelas demais despesas. Passados 12 meses, a relação se inverteu absurdamente: o salário de Magda é que passou a valer um terço das prestações. Resultado: o casal acabou desistindo da compra e devolveu o apartamento à construtora um mês antes da entrega das chaves. Recebeu de volta apenas metade do que havia pago e mesmo assim em dez parcelas. Sem alternativa e recursos para dar entrada num novo apartamento, a família voltou a se **espremer**[70] num

20 imóvel alugado, reduzidíssimo para o seu tamanho. Os três filhos do casal, com quatro, nove e dez anos, dormem todos num mesmo quarto. Histórias como a do casal Azevedo são o mesmo que bananas na República do Brasil: nascem em todo canto. A recessão não perdoa ninguém, principalmente aqueles que moram de aluguel.

    O último dado disponível do **IBGE**,[71] de 1989, aponta a existência de 6,7 milhões de moradias

25 alugadas, ou 19,5% do total de domicílios estabelecidos no País. Considerando que a média de ocupação é de 4,4 habitantes por moradia, isso equivale a dizer que pelo menos 29 milhões de pessoas moram em imóveis alugados. Essa parcela expressiva da população está **se contorcendo**[72] mas não consegue equilibrar o orçamento doméstico com as despesas de aluguel. A Federação Nacional das Associações das Administradoras de Imóveis e Condomínios (Fenadi) revela que a taxa de inadimplência

30 chegou a 8% em 1991, um recorde nos últimos 25 anos.

(*IstoÉ-Senhor*, 4 de dezembro de 1991)

---

64 Roubo (Fig.)

65 Primeiro plano econômico imposto pelo Presidente Fernando Collor, em março de 1990, que confiscou 80% do dinheiro em circulação

66 Isto é, *caderneta de poupança* ou conta bancária reservada para as economias do cliente

67 Tomado de aluguel: remuneração paga ao locador em razão da locação

68 Na representação gráfica

69 Pagamentos a prazo para solver dívida

70 Comprimir ou apertar

71 Instituto Brasileiro de Geografia e Estatística

72 Se retorcendo; contraindo o próprio corpo pelo desespero

Compreensão

1. Antes, por exemplo, em que é que a classe média gastava seu dinheiro?

2. Segundo os estatísticos, em quantas fatias se divide a população?
   Qual é a designação da classe média?

3. Antes, o que viabilizava a aquisição de um carro "zerinho"? Por que não dá mais?

4. Quem é Santa Edwiges e qual é o paradoxo de seu santuário?

5. Quais são alguns dos serviços necessários onde esteja havendo cada vez mais inadimplência?

6. Qual é a situação das matrículas universitárias?

7. Quais são alguns dos 58 tipos de impostos que o cidadão da classe média, em particular, tem que pagar?

8. Descreva algum aspecto da crise habitacional?

Vocabulário : (a) Relacione os termos da primeira coluna com os (quase) sinônimos da segunda e (b) empregue-os em sentenças completas.

1. Risco
2. Em função de
3. Lamúria
4. Mensalidade
5. Rendoso
6. Não abrir mão
7. Convênio
8. Drástico
9. Renovado
10. Ordenado

a. Lucrativo
b. Insistir
c. Acordo
d. Exagerado
e. Lamento
f. Repetido
g. Perigo
h. Renda
i. Pagamento mensal
j. Devido a

Ampliação

1. O que quer dizer *classe média* para você?

2. Num aperto, o que você poderia dispensar como supérfluo?

3. Seu padrão de vida--ou o de gente que você conheça--tem caído ultimamente?

4. Por que será que o vocábulo *inadimplência* e derivativos são tão cruciais à reportagem?

5. Se a classe média está cortando excessivamente para sobreviver, que tal estariam as classes D e E, as menos favorecidas?

6. O que está à raiz do dilema da classse média?

7. Os ajustes salariais são uma cura para os efeitos daninhos da inflação galopante? Por que (não)?

8. Você já sentiu na pele os efeitos da inflação?

9. Em seu país, alugar também traz mais desvantagens do que vantagens? Como?

10. Qual é a melhor maneira--se é que é possível--de proteger nosso padrão de vida?

2

Elas aumentam carga horária para **driblar**[1] a recessão

Vovós taxistas ~~Granny taxi drivers~~

Maria Aparecida Marques Jardim, 57, divorciada, uma filha, duas netas. Vera Lúcia Evangelista da Costa, 55, casada, duas filhas, quatro netos. Ana Luiza Kerpen, 48, casada, três filhos, cinco netos. Selvina Magalhães, Dalila, como gosta de ser chamada, viúva, dois filhos, quatro netos. Todas essas mulheres têm em comum o fato de serem avós, taxistas e terem que duplicar suas horas de trabalho por
5   causa da recessão.

Há 11 anos na praça, Vera Lúcia costumava trabalhar de seis a sete horas por dia. Desde que a crise econômica se instalou no país, ela não volta para casa antes de cumprir uma jornada de 14 horas. "Ganho em média Cr$ 50 mil ao dia, o que não **está dando**[2] para **quitar**[3] as contas", reclama Vera Lúcia, que trabalha das 23h às 13h.
10   "Tive que abandonar meu segundo emprego, de cantora em **boates**,[4] pois o salário era ridículo. O **jeito**[5] foi dedicar mais horas ao táxi", diz. Seu marido, desempregado há oito meses, não pode ajudar nas **despesas**.[6]

Maria Aparecida, além de dar 12 **plantões**[7] ao mês como enfermeira, começa **na praça**[8] às 15h e só abandona o posto na manhã do dia seguinte. "Não tenho mais **lazer**.[9] Minha **vaidade**[10] foi deixada
15   de lado por falta de dinheiro", reclama. Ela diz que leva **bruto**[11] para casa cerca de Cr$ 50 mil ao dia.

A última **poupança**[12] que teve foi confiscada em 1990 pela ex-ministra Zélia Cardoso de Melo. "Depois disso nunca mais consegui economizar um **tostão**[13] e se não fizer bem feito não dá para nada", afirma Maria Aparecida, que diz ajudar a filha separada do marido e suas duas netas.

Para poder se manter, Dalila **pega no volante**[14] das 14h às 3h da madrugada. "Se o movimento
20   está bom, ainda faço umas horinhas a mais", afirma. Há muito tempo não sabe o que é **folgar**.[15]

"Ganho em média Cr$ 400 mil por mês e, como é insuficiente tive que **arrumar**[16] um segundo emprego", afirma. Dalila tem um escritório e, segundo ela, **presta assessoria**[17] a algumas **duplas sertanejas**.[18] "Nunca vi uma crise como essa", diz.

"A situação está desesperadora e vou ter que voltar a trabalhar como enfermeira e manter as 18
25   horas no táxi", diz Ana Luiza. Ela está em débito com a escola de sua filha **caçula**[19] desde novembro do ano passado. Segundo seus cálculos, em média ganha Cr$ 80 mil por dia.

Assim como Ana Luíza, todas as avós se queixam de não ter tempo disponível para os netos. "Gostaria de ser uma avó como foi a minha: fazer **bolinhos**[20] para esperar as crianças, sentar na

---

[1] Enganar

[2] Sendo suficiente

[3] Saldar ou pagar

[4] Casas noturnas com pista de dança

[5] Resposta (Fig.)

[6] Gastos

[7] Horário de serviço escalado

[8] A trabalhar (Fig.)

[9] Folga ou tempo livre

[10] Desejo imoderado de atrair admiração ou homenagens

[11] Líquidos

[12] Isto é, *caderneta de poupança* ou conta bancária reservada para economias

[13] Centavo (Fig.)

[14] Dirige

[15] Descansar

[16] Arranjar

[17] Ajuda, aconselha ou assessora

[18] Conjuntos musicais ou grupos de duas pessoas, provenientes do sertão (nordestino) e/ou do interior

[19] Mais nova

[20] Diminutivo singular de *bolo*: tipo de pastelaria, de formas variadas, geralmente feitas de farinha, ovos, açúcar e gordura

cadeira de balanço[21] para ver TV e poder cuidar um pouco de mim. Mas não consigo dar muita assistência para minha filha mais nova", acrescenta.

(Rosângela Capozoli, *Folha de S. Paulo*, Caderno "Dinheiro", 15 de março de 1992)

---

[21] Cadeira apoiada em armação curva e que se faz oscilar (ou balançar) com apenas um leve movimento do corpo

Compreensão

1. O que todas estas mulheres têm em comum?

2. O que lhes faz falta?

3. Que outros empregos algumas têm?

4. Qual é a situação, ideal e estereotipada, imaginada por elas mas impossível, dadas as pressões econômicas?

Vocabulário : (a) Combine a forma do verbo da primeira coluna com a designação certa da segunda e (b) use o verbo numa sentença completa.

1. Era _j_
2. Se queixam _c_
3. Fizer _b_
4. Manter _h_
5. Foi deixada _f_
6. Tive _i_
7. Serem _a → h_
8. Confiscada
9. Presta _g_
10. Vou ter _e_

a. Infinitivo pessoal
b. Futuro do subjuntivo
c. Reflexivo
d. Voz passiva
e. Futuro progressivo
f. Particípio passado usado como adjetivo
g. Indicativo
h. Infinitivo
i. Pretérito simples
j. Imperfeito

no good = presta

Ampliação

1. Você imagina que ser motorista de táxi no Brasil seja particularmente desgastante? Por que?

2. Você acha que a motorista mulher tem que enfrentar mais dificuldades que o motorista homem? Como?

3. Alguma vez em sua vida você teve que dar tão duro quanto estas avós?

4. Você poderia imaginar sua avó pegando no volante de um táxi? Por que (não)?

5. Por que será que o táxi é única opção viável para estas senhoras?

3

Uma nova **safra**[1] de tribos urbanas traça
o mapa dos adolescentes da classe média (alta)

Cada um na sua [2]

Essa é para quem é do tempo em que a liberdade era uma **calça**[3] velha, azul e **desbotada**:[4] o adolescente brasileiro promove passeios no cemitério, se delicia com os **neo-sertanejos Leandro e Leonardo**[5] e pode identificar uma roupa de **grife**[6] a 5 quilômetros de distância. Essa é para quem foi menino do Rio: o adolescente brasileiro implora para usar **aparelhos**[7] nos dentes, adora **papos-cabeça**[8] sobre parlamentarismo e **troca**[9] praias ensolaradas por um bom filme de terror. Essa é para quem tem um adolescente em casa: não se preocupe demais. Se, de repente, o garoto bem-comportado ou a **gracinha de menina**[10] que você estava acostumado a ter em casa rasga as roupas a golpes impiedosos de tesoura, **vasculha**[11] os armários à procura de relíquias da era hippie e se recusa a usar qualquer outra coisa que não seja uma camiseta horrenda, **puxe pela**[12] memória. É apenas um velho, conhecido e temporariamente insuportável ritual da adolescência.

Dividindo as salas de aula, os pátios das escolas, as discotecas, os shoppings e até os bairros das grandes cidades do país em zonas que se diferenciam pela **trilha sonora**,[13] pelo **figurino**[14] e pelos diálogos de seus freqüentadores, a **meninada**[15] de classe média está inventando novas tribos (ou reciclando as antigas). Há de tudo, as tendências se misturam e mudam ao sabor dos ventos da moda, mas para quem tiver dúvidas sobre a **espécie que abriga em casa**,[16] aqui vai um guia das **turmas**[17] que mais aparecem no momento:

• *Gótica* --Tribo que já andou pela periferia das grandes cidades durante os anos 80 e que volta agora, com novos adeptos. Usam figurinos tão negros quanto o de **Mortícia Addams**[18] e entendem que a depressão é uma sensação gloriosa.

• *Playboy* --Os **mauricinhos**[19] voltam a ser chamados por sua antiga designação. Como os boys dos **anos dourados**,[20] que subiam a Rua Augusta a 120 por hora, idolatram os carros—Gol GTi e Kadett

---

[1] Geração (Fig.)

[2] Cada qual a sua, ou cada louco com sua mania

[3] Aqui, *jeans*

[4] Diz-se de aquilo que perdeu sua cor original

[5] Dupla cujas canções se baseiam, pelo menos em parte, nas tradições musicais nordestinas

[6] Marca de luxo

[7] Isto é, *aparelhos ortodônticos*

[8] Conversas inteligentes (Gír.)

[9] Substitui

[10] Filha bem-comportada

[11] Investiga (Fig.)

[12] Recorra à

[13] Parte musicada de um filme

[14] Estampa que representa o traje da moda

[15] Juventude

[16] Filho/a

[17] Grupos ou, aqui, tribos (Fig.)

[18] Esposa de Gomez no filme gótico-esquisito *The Addams Family*

[19] *Playboys* ou adolescentes extremamente vaidosos

[20] Época do milagre brasileiro (1968-73)

são os preferidos—e roupas de grife. Não se encontrará um playboy **desalinhado**,[21] nem sua versão feminina, a **patricinha**[22] superproduzida, chamada pelos detratores de mini**perua**,[23] **descabelada**.[24]

• *Caipira* --Classe média alta paulistana que aderiu ao **country**[25] nativo. Falam caipirês (às vezes ligeiramente italianado), usam chapéus, cintões e bandanas típicos nos **embalos**[26] de quinta-feira
5 à noite. Transformistas, podem assumir o visual playboy se a ocasião pedir.

• *Revoltada* --Aqui ninguém fica "avontz" (**à vontade**[27]) ao falar de roupas, carros e festas. O programa "animal" (bacana) é trocar figurinhas sobre música e falar mal dos boys. São facilmente identificados nos cinemas—sim, são eles os autores das **vaias**[28] quando a tela é ocupada por cenas **melosas**.[29]

10 • *Papo-cabeça* --Viciados em informação, devoram revistas, jornais e não perdem uma sessão de cine-clube. Ignoram a existência de **danceterias**[30] e lugares da moda e são militantes ecológicos. É a turma do "essa questão" e do "a nível de". No Rio de Janeiro, caracterizam-se pelo revival da moda hippie, com especial carinho pela saia comprida de tecido indiano.

• *Adrenalina* --**Filhotes**[31] da geração saúde. A bíblia dessa tribo é composta por esportes de
15 ação, alimentação natural, cinema de aventura e hard rock. São mais bem comportados que o antigo modelito surfista **bicho grilo**[32] e diversificam na radicalidade: encaram ondas, trilhas e montanhas com a mesma tranqüilidade.

• *Esbagaçada* --Cabelos assimétricos, **moletom**[33] caindo aos pedaços, boné de beisebol invertido e, suprema realização, aparelho ortodôntico, os esbagaçados são a turma da **baderna**.[34]
20 Durante a semana gastam a energia em esportes. No sábado, vão aos shoppings--para enlouquecer a **segurança**.[35]

• *Heavy-maurinho* --Uma combinação perigosa típica do Rio Grande do Sul. Misturam as camisetas adornadas por logotipos de bandas de heavy metal com os **bermudões**[36] de surfe dos adrenalina e os tênis Nike dos mauricinhos. Na cabeça bonés dos esbagaçados, e no corpo, tatuagens
25 estilo Robert De Niro, no filme *Caboclo Medo.* [37] Podem se espalhar pelo resto do país.

Desde que a meninada passou a chamar os pais de "você", sentar-se à mesa de **refeições**[38] com os adultos e freqüentar sessões de terapia, todo mundo sabe por que eles se tribalizam. "O adolescente precisa ser diferente para localizar sua própria identidade", diz o psiquiatra Luíz Cushnir,
30 que há dezenove anos atende adolescentes em seu consultório, **lançando mão**[39] de um clichê que qualquer **pirralho**[40] conhece--e pode usar impunemente contra os pais. O agrupamento, acrescenta Cushnir, é um movimento saudável, importante para a definição do adulto. "Mas esses grupos não devem ter uma postura autodestrutiva. Os mais radicais em romper os **padrões**[41] podem perder a ponte com a realidade", conclui.

---

[21] Mal vestido (Gir.)

[22] Mulher excessivamente preocupada com a moda e a maquiagem

[23] Menina ou mulher (Pej.)

[24] Com o cabelo desarrumado

[25] Isto é, *música country*

[26] Festas (Gír.)

[27] Descontraído

[28] Manifestações de desagrado ruidosas e geralmente coletivas

[29] Excessivamente sentimentais, piegas ou bregues

[30] Casas de dança com amplo espaço

[31] Filhos (Fig.)

[32] Pessoa que não liga para a aparência própria, em geral liberal e amante da natureza (Gír.)

[33] Malha de lã macia

[34] Desordem, confusão ou bagunça

[35] Isto é, as *pessoas encarregadas da segurança*

[36] Shorts longos que chegam até o joelho

[37] *Cape Fear*

[38] Comer (Fig.)

[39] Se servindo

[40] Criança, guri ou menino

[41] Valores (Fig.)

É uma preocupação que, aparentemente. não faz sentido em relação às novas tribos. A versão 90 dos jovens bárbaros não tem o poder do movimento hippie, a **truculência**[42] dos skinheads e a longevidade dos punks. São pacíficos e, em geral, costumam passar **ao largo**[43] das drogas. Os góticos, por exemplo, apenas ouviram falar delas. "Mas acho que é absoluta perda de tempo", diz a paulista Júlia

5 Beirão, 14 anos, que prefere **se embriagar**[44] com as histórias **arrepiantes**[45] de Anne Rice, a vampira mestra da literatura. Ou com as aventuras em grupo nos cemitérios—visitar o Père Lachaise, o célebre cemitério de Paris, é a consagração máxima no manual dos góticos.

Os caipiras também garantem não usar drogas para animar seus embalos na danceteria Caipiródromo, a 22 quilômetros do centro de São Paulo, nas quintas-feiras à noite, quando o local abriga

10 acaloradas discussões sobre rodeios entre estudantes de colégios classe A. Mas longe dali a fantasia country cede lugar aos modelitos urbanos tradicionais.

Hoje as tribos convivem melhor com as contradições", filosofa Sérgio Groissmall, apresentador do *Programa Livre*, que reúne nas matinês do **SBT**[46] espécimes variados. "Nao é mais como na década de 80 com o movimento punk, quando todos os integrantes tinham um comportamento único em relação

15 a drogas, música, política e sexo"--explica. Nota-se, também, a persistência do comportamento menos liberal. Os adrenalinas, por exemplo, pretendem se casar e ter filhos, apesar de não tolerarem muito a presença feminina no grupo. Mesmo nas tribos mais "articuladas", poucos admitem sexo sem amor. "Você pode se achar preparado para **transar**[47] com alguém sem estar apaixonado", diz a carioca papo-cabeça Laura Garcia de Freitas, 15 anos. "Mas é melhor com amor", acrescenta.

20 A facilidade com que se troca de time no universo tribal pode explicar também a rebeldia soft dos adolescentes. O jovem não precisa ser rebelde 24 horas por dia ou muito menos boy. Até porque ele sabe que as tribos estão em constante mutação e que, daqui a seis meses, algo novo e muito melhor pode aparecer", diz Sérgio Groissman. Sem causas mais **arrebatadoras**[48] para defender, as tribos contestadoras **pegam leve**.[49] "A gente até gostaria de ser rebelde", garante o heavy-mauricinho gaúcho

25 Rodrigo Nunes, 12 anos. "A gente acha legal, mas não sabe muito bem como fazer isso". Relaxem, pais. Algum dia, isso vai passar.

(*Veja*, 8 de abril de 1992)

---

[42] Violência
[43] Guardando distância
[44] Ficar bêbado
[45] O que faz eriçar ou tremer de medo; excitantes
[46] Sistema Brasileiro de Televisão (um canal de tevê)
[47] Ter relações sexuais (Pop.)
[48] Apaixonantes
[49] Isto é, *não são teimosas ou insistentes*

Compreensão

1. Quais são algumas das preferências dos adolescentes aqui retratados?

2. Segundo a matéria, o que tende a distinguir uma tribo da outra?

3. Descreva a turma gótica?

4. O que os mauricinhos e patricinhas têm em comum?

5. Que tribo fica especialmente inclinada para o lado intelectual? Como se sabe?

6. O que sugere o psiquiatra, em termos positivos, com relação a esta tribalização?

7. E o papel das drogas?

8. Identifique uns dos muitos neologismos norte-americanos e nomes estrangeiros presentes no texto.

Vocabulário : (a) Selecione a designação da segunda coluna que mais se relacione com o anglicismo da primeira e (b) explique por que.

1.	Mountain bike	a.	Bandas de música que primam pelo som das guitarras e percussão pesada
2.	MTV		
3.	Hippie	b.	Não conformista
4.	Playboy	c.	Caipira
5.	Skate	d.	Ciclismo montanhoso
6.	Heavy metal	e.	Vaqueiro
7.	Punk	f.	Clipe
8.	Cowboy	g.	Indivíduo rebelde, em geral jovem, que adota diversos sinais exteriores de provocação, por completo desprezo aos valores estabelecidos
9.	Funk		
10.	Country	h.	Surfe terrestre
		i.	Música Soul
		j.	Mauricinho

Ampliação

1. Por que será que o autor está tão certo de os gostos adolescentes serem passageiros?

2. E os reinventados? Formam parte do processo?

3. Por que você acha que a turma caipira está presente em tantas sociedades urbanizadas e massificadas, como a paulistana?

4. Em que tribo ou tribos você se enquadraria?

5. Com que turma você menos simpatiza e por que?

6. Os rótulos das diferentes tribos sintetizam bem as características de cada?

7. Por que será que nenhum integrante ostenta muita fidelidade a uma só turma?

8. Por que você acha que parece haver, entre as tribos, menos interesse pela política e pelas confrontações militantes do que foi o caso para a geração de seus pais?

9. Este retorno, quase que egoísta, à fase individualista, materialista e hedonista seria mais uma comprovação do efeito pêndulo? Como?

10. Como você acha que vão ser as inclinações de seus próprios filhos, uma vez adolescentes?

TEATRINHO

"E agora, José?"

Elenco

A turma de sempre: Profissionais jovens (autônomos e não autônomos), alguns recém-formados e todos pós *boom*. Poderiam ser namorados ou noivos, casados ou solteiros.

Argumento

Fim de ano em qualquer um dos muitos balneários do litoral paulista. Época de férias, calor, praia e chope. Porém, para a classe média (cada vez menos) em ascensão--entre tantos outros setores da população--não há motivo para comemoração. O *stress* e frustração, ocasionados pela crise, continuam; e é fatalmente o tópico número um quando o pessoal se reúne. Alguns estão empregados, nem sempre na área para a qual treinaram; outros estão subempregados e ainda outros desempregados mesmo. As opiniões expressas, longe de vagas, filosóficas ou hipotéticas, são práticas, pessoais, até egoístas. Como diria qualquer um dos participantes, "antes do bem- comum, vem minha família, minha própria felicidade".

Expressões úteis

Adiar (alguma viagem, compra, etc.)
Aguentar
Aluguel
Apertar o cinto
Arrumar (outro) emprego
Bater papo
Dar um jeito
Defasagem
Desencorajador
Dívidas
Emigrar
Escola (pública, particular)
Especialização
Estar na minha
Falência

Fazer a dois
Inadimplente
Índice de desemprego
Inviável
Jantar fora
Juros (altos)
Passar férias
Pedir empréstimo
Período inflacionário
Preocupante
Qualidade de vida
Recessão braba
Tomar sol
Trocar de carro

TEMAS PARA COMENTÁRIO ORAL OU ESCRITO

1. A tribalização vista como rito de passagem (frívola?).

2. A razão de as tribos urbanas da classe média não se transformarem em gangues.

3. A classe média em baixa como fenômeno mundial.

4. Como preservar o padrão de vida de outrora--se é que é mais possível.

5. Como vejo minhas próprias oportunidades--de emprego ou de vida--a curto, médio e longo prazo.

UNIDADE 9   IMIGRAÇÃO

1

Depois de quase 500 anos no Brasil, a colônia portuguesa
sonha com a volta e encontra refúgio em suas tradições

Foi bonita a festa, *pá* [1] !

Os portugueses não se sentem em casa no Brasil. Quinhentos anos no país não foram
5   suficientes para que assumissem a irmandade **apregoada**[2] em discursos oficiais de **bajulação**[3]
recíproca. Não são só as **piadinhas**[4] de sempre. Não são só os **rescaldos**[5] do tratamento dispensado
aos dentistas brasileiros em Portugal. Não é só a imagem de descobridor que se revelou colonizador até
se fixar em saqueador de riquezas.

A maior colônia de estrangeiros no Rio descobriu o caminho do aeroporto e hoje faz fila em
10   lugares como o Consulado de Portugal na Avenida Presidente Vargas, Centro. O que acontece com eles
é o mesmo que aflige os brasileiros desesperançados, exeto por uma agravante: **espremidos**[6] por uma
recessão econômica que é igual para todos, os portugueses percebem mais rápido que estrangeiro é
sempre estrangeiro--não importa que procedência tenha ou em que país esteja. O que os diferencia de
turcos na Alemanha, paquistaneses em Londres e brasileiros nos Estados Unidos é uma tal de
15   democracia racial--espécie de entidade tão abstrata quanto frágil, mas que faria do Brasil um país mais
receptivo que os outros.

"O que os brasileiros estão passando em Portugal não se compara ao que sofremos aqui",
desembucha[7] Manuel Ribeiro, de 51 anos, que veio **de mala e cuia**[8] para o Brasil depois da *Carta de
Chamada,* uma lei de restrição à imigração criada por Getúlio Vargas em 1932 que previa o amparo do
20   estrangeiro por parentes já radicados no país. Para que tudo funcionasse direitinho, o documento descia
à minúcia de determinar que os parentes se responsabilizariam em dar emprego aos recém-chegados.
"A maioria acabou abandonada. Choramos sangue para sobreviver", exagera Manuel.

"Portugal se abriu para a Europa e **virou as costas para nós**[9] Aqui só sobrou **carestia**[10] e
violência", **resmungava**[11] Maria Aurora Matias, de 65 anos, na *bicha* (fila) em frente ao Consulado de
25   Portugal na semana retrasada. "Em Portugal temos ao menos segurança", ecoava Maria Magalhães
Pinto, de 62 anos, dona de uma padaria em Marechal Hermes, que **se deslocou**[12] do subúrbio para
obter uma carteira de identidade para a filha Vera Lúcia, e poder voltar ao país que **trocou**[13] pelo Brasil
há 37 anos. "O movimento de retorno está mais intenso", atesta Jaime Conde, responsável pelo Serviço
de Emigração.

30   **A turma de Governador Valadares**[14] não está sozinha no barco da **debandada.**[15] Cinco anos
atrás, o Consulado de Portugal não recebia mais de cinco pedidos por mês de reconhecimento de
cidadania portuguesa. Hoje, já são 40--por semana. Como o número dos que saem é maior do que os

---

[1] Interjeição popular portuguesa com sentido variável

[2] Proclamada

[3] Adulação ou lisonja

[4] Diminutivo de *piada* : dito engraçado e espirituoso; anedota

[5] Resultados (Fig.)

[6] Apertados

[7] Confessa

[8] Com tudo que tinha

[9] Ignorou-nos

[10] Escassez

[11] Pronunciava por dentes e com mau humor

[12] Se mudou

[13] Substituiu

[14] Uma referência à alta porcentagem de valadarenses que emigraram, muitos ilegalmente, para os Estados Unidos

[15] Fuga desordenada

que entram, breve as entidades ecológicas poderão anunciar que os portugueses são uma espécie ameaçada de extinção no Brasil.

Desde 1963, a imigração aponta para índices descendentes e já é tão pequena que o último registro de entrada foi a de 21 galegos quatro anos atrás. Não dá nem para a **largada**[16] comparado com as três explosões migratórias registradas neste século. A primeira delas, durante a Primeira Guerra Mundial, atingiu o pique quando, apenas no ano de 1914, cerca de 70 mil portugueses desembarcaram no país. A segunda foi depois da Segunda Guerra Mundial e chegou ao auge em 1952 com o ingresso de 40 mil pessoas. Com a **queda**[17] da ditadura salazarista e a independência de ex-colônias, um novo **reaquecimento**[18] incrementou a travessia do Oceano Atlântico.

Àquela altura do campeonato, os portugueses radicados no Brasil já eram 600 mil. Hoje não passam de 350 mil. Na cidade do Rio, são 117. 638. Podem ser um a menos, não demora muito. A neta de portugueses Marisa Lima, uma arquiteta de 27 anos que tenta conseguir o reconhecimento de seu diploma profissional em Portugal antes de embarcar na aventura de emigrante, anunciava dia desses na fila do consulado para quem quisesse ouvir: "Vale a pena tentar sair do Brasil".

É um convite e tanto. Portugal tem atualmente o segundo menor nível de desemprego da Europa. O Brasil caminha a passos largos no caminho inverso. Portugal faz parte da Comunidade Econômica Européia e promete se desenvolver ainda mais a partir do ano que vem, quando a CEE se concretizar na prática com o fim das fronteiras entre seus países. O Brasil luta para ser reaceito pela comunidade financeira mundial e **escora-se**[19] numa aliança de sigla tão duvidosa--**Mercosul**[20]--quanto de efeitos até agora **pífios**.[21] É um **canto**[22] de sereia, mas tem quem resista.

Cerca de 90% dos portugueses que vêm para cá morrem em terras brasileiras. "Existem dois grupos de imigrantes", ensina a antropóloga portuguesa Irene Portela, de 31 anos. "Um é formado pelos profissionais liberais, que sempre voltam. Outro, pelos campesinos, que vêm para enriquecer e passam a vida sonhando com um retorno que nunca acontece". Antropóloga do Museu Nacional da Universidade Federal do Rio de Janeiro (UFRJ), Irene consumiu sete anos **pesquisando**[23] a vida dos imigrantes lusitanos no Brasil. O resultado foi a tese *Dos brasileiros, da civilização e da África* que **destrincha**[24] o perfil de **manuéis e joaquins**[25] espalhados pelo Rio. É mais ou menos assim: em torno de 65 anos, morador da Zona Norte, dono de comércio, preocupado com a educação dos filhos, machista na relação com a mulher e desconfiado nos negócios. "Sócios portugueses não se **desgrudam**,[26] mas falam mal um do outro".

Uma visita a uma casa da colônia--o equivalente aos clubes brasileiros--revela o outro lado deste universo. São 30 espaços de **lazer** [27] espalhados pela cidade--e todos em expansão. Nelas se comemora um dos mais extensos calendários de festejos da cidade. O primeiro e o último sábados do mês estão sempre reservados para festas especiais. Têm as Tascas de Folclore, as Noites da Sardinha Assada ou as do Galeto na Brasa. Bailes **concorridíssimos**[28] animam as sextas e sábados, além dos dias santos e dos padroeiros.

Ai, Jesus! Já são 30 programas de rádio AM exclusivamente dedicados ao **fado**[29] e às **marchinhas**.[30] Até mesmo em vitrines de erudição, como os reais gabinetes portugueses de leitura— bibliotecas lusas espalhadas por todo o país--a visitação aumentou em 40% nos últimos três anos. No outrora obsoleto Liceu Literário Português, um prédio de 10 andares em estilo **manuelino**[31] no Centro do

---

[16] Ação de começar a correr, abrindo competição

[17] Caída

[18] Estímulo (Fig.)

[19] Ampara-se

[20] Mercado Comum Sul-Americano

[21] Reles, ordinários ou sem significado

[22] Isto é, *canto sedutor*

[23] Investigando

[24] Expõe com minúcia

[25] Isto é, *imigrantes portugueses estereotípicos*

[26] Descolam, despegam ou separam

[27] Descanso ou folga

[28] Frequentadíssimos

[29] Canção popular portuguesa de caráter triste e fatalista

[30] Gênero de música popular urbana, nascida nos ranchos e cordões carnavalescos

[31] Relativo a D. Manuel I (1469-1521), rei de Portugal, ou ao seu reinado

Rio, também estão sendo inaugurados os institutos de História, de Língua e de Cultura Portuguesa, com cursos gratuitos.

"O Brasil continua sendo a terra da esperança porque ainda dá para fazer dinheiro fácil", afirma a jornaleira Maria Amália Carneiro, de 49 anos, dona de uma **banca**[32] na Rua do Russell, na Glória. Até
5 1960, de fato, o ítem de maior peso na entrada de **divisas**[33] em Portugal era o dinheiro que os imigrantes enviavam às suas famílias. Pergunte-se agora sobre o assunto ao comerciante Augusto de Souza, de 56 anos, que mantém um **botequim**[34] na Rua Gustavo Sampaio, no Leme, e ele será categórico. "Já ganhei muito dinheiro no Brasil. Hoje, só **varizes**[35] nas pernas".

A mesma queixa não pode ser feita pelos *ilustres da colônia*. Valentim Monteiro dos Santos, por
10 exemplo, tinha só 16 quando chegou para ajudar o tio numa **churrascaria**[36] e agora comanda a Adega do Valentim, em Botafogo, que ajuda os patrícios a não esquecerem sua cultura gastronômica. Ao todo, 30 restaurantes no gênero se espalham pela cidade "Eles fazem a grande cozinha carioca", endossa a jornalista Danusia Barbara. Nesses lugares são servidas coisas como chanfanas de cordeiro (**guisado**[37]), queijo de azeitão (queijo de ovelha no azeite) e chocos com tinta (**lula**[38] servida no próprio
15 fluido).

Foi justamente enquanto **degustava**[39] outra dessas delícias típicas, um **bolinho**[40] de bacalhau que a atriz Nívea Maria teve a idéia de transformar sua personagem, a fogosa Ximena de *Pedra sobre pedra*, da TV Globo, numa portuguesa. "Foi uma homenagem a minha avó e a minha mãe, que são portuguesas". Foi mais do que isso. Como a emissora realiza a novela em co-produção com uma
20 televisão portuguesa, já de olho no mercado de lá, desde o mês passado Nívea Maria ganhou a companhia dos **sotaques**[41] carregados de Suzana Borges e Carlos Daniel, dois portugueses legítimos que interpretam os irmãos Inês e Ernesto. "O português já **se rendeu**[42] a expressões como *grana* [43] e *nos trinques* [44] por causa das novelas brasileiras exibidas em Portugal", diz Suzana.

A novela da realidade é muito menos engraçada. Talvez tudo não passasse do mau gosto
25 **enrustido**[45] de uma piada ou da futilidade de uma discussão linguística se o **ranço**[46] da **xenofobia**[47] não **teimasse**[48] em se sobrepor. Por trás de dentistas brasileiros ameaçados de exercitarem a profissão e de um processo que já provocou a deportação de Portugal de um técnico de edificações, **acirra-se**[49] a bandeira de um nacionalismo que não faz de alguns necessariamente **carrascos**[50] para que outros possam posar de vítimas.

30 Em 1957, quando chegou ao Brasil para estudar arquitetura, o *gajo* [51] José Pereira Torres desembarcou **respaldado**[52] por **farta**[53] munição. Ostentava os títulos de catedrático em Português, Francês, Latim e Grego. Ainda assim, quando quis lecionar, exigiram-lhe uma prova--justamente de

---

[32] Local onde se vendem jornais e revistas

[33] Disponibilidade cambial que um estado possui em praças estrangeiras

[34] Pequeno bar

[35] Dilatações permanentes de uma veia

[36] Restaurante onde se serve, como especialidade, o *churrasco* ou porção de carne grelhada, geralmente ao calor da brasa

[37] Preparação com refogado, isto é, com mistura de vários temperos, passados na gordura fervente

[38] Calamar

[39] Comia

[40] Pequena porção de massa de forma arredondada, geralmente frita

[41] Pronúncias características de uma região, de um indivíduo, etc.

[42] Se entregou

[43] Dinheiro (Pop.)

[44] Ou *no trinque* : elegante; muito bem vestido (Fig.)

[45] Introvertido (Pop.)

[46] Aquilo que tem aspecto ou caráter antiquado; velharia

[47] Aversão a pessoas e coisas estrangeiras

[48] Insistisse

[49] Revela-se irritada ou exasperada

[50] Pessoas que executam atos de tortura e morte (Fig.)

[51] Indivíduo ou sujeito qualquer; cara (Termo luso)

[52] Apoiado

[53] Ampla

Português. "Achei tão **descabido**[54] que preferi trabalhar como burocrata". Foi dedicar-se à literatura. Aos 69 anos acaba de concluir seu 48º livro: *A história dos portugueses no Brasil*, uma odisséia em 31 volumes que pretende recontar a influência lusitana no país. Há três anos, Torres registra a biografia de patrícios fundamentais no processo de colonização brasileira, como Pedro Teixeira, que em 1636
5 expandiu as fronteiras do país para além do Tratado de Tordesilhas, e Albino Souza Cruz, criador da fábrica de cigarros Souza Cruz. Faz tudo isso porque acredita que, em breve, ninguém se lembrará dessas contribuições. "Não quero que no futuro venham dizer que nós, portugueses, só viemos aqui para roubar e depois ir embora".

10

A *última*[55] do português

* A Interpol tinha um caso intrincado para resolver e, por isso, contratou dois agentes secretos: um inglês e um português. O inglês apresentou-se, prontamente: "My name is Bond. James Bond". E o
15 português, querendo imitá-lo: "My name is Noel. Ma Noel".
* Manuel e Joaquim submetem-se a um teste psicotécnico. Ao primeiro, o psicólogo pergunta: "O que é que é de couro e o homem usa no pé?" O português indaga: "Tem **cadarço**?"[56] "Sim", diz o psicólogo. "Então é sapato", acerta Manuel. Ao sair, passa a **dica**[57] ao patrício. No teste, porém, o psicólogo pergunta: "O que é que é de couro, tem quatro patas e é o melhor amigo do homem?" Joaquim
20 indaga: "Tem cadarço?" "Não", é a resposta. Joaquim arrisca: "Então é mocassim".
* O português veio para o Brasil deixando Maria em Portugal. Ficou cinco anos, fez umas economias, e voltou. No aeroporto, Maria quis saber: "Joaquim, foste-me fiel?" E ele: "Muitas vezes me vi na cama, nu, com uma mulata, mas então me lembrava de ti e conseguia sair de cima dela. E você, Maria, foste-me fiel?" E ela: "Sim. Mas tu tens de **convir**[58] que sair debaixo é muito mais difícil".
25

(Paulo Vasconcellos, **Revista Domingo**, *Jornal do Brasil,* 19 de abril de 1992)

---

[54] Impróprio; o que não tem cabimento
[55] Isto é, a *última piada*
[56] Cordão com que se ajusta o sapato aos pés
[57] Informação (Gír.)
[58] Concordar

Compreensão

1. Qual é a maior colônia de estrangeiros no Rio?

2. Por que tantos portugueses emigraram para o Brasil?

3. Por que agora o número de portugueses no Brasil está diminuindo?

4. Quais foram as três explosões migratórias?

5. Como são as atividades sócio-culturais da comunidade portuguesa?

6. Por que há tanto ressentimento da parte dos luso-brasileiros?

7. De que são falsamente acusados?

8. Quais são algumas das muitas contribuições significativas deles para a história do Brasil?

Vocabulário : (a) Relacione os termos da primeira coluna com os (quase) antônimos da segunda e (b) empregue-os em sentenças completas.

1.	Abstrato	a.	Concentrados
2.	Espalhados	b.	Otimista
3.	Imigrante	c.	Certo
4.	Duvidoso	d.	Resistente
5.	Desesperançad	e.	Incrementar
6.	Reduzir	f.	Tangível
7.	Risco	g.	Emigrante
8.	Frágil	h.	Adverso
9.	Exceto	i.	Inclusive
10.	Receptivo	j.	Garantia

Ampliação

1. A animosidade entre os dois povos é inevitável?

2. Você acha paradoxal que os descendentes de quem fundou o Brasil se considerem estrangeiros?

3. Como seria vista a comunidade espanhola, por exemplo, no resto da América Latina? Igual? Diferente?

4. Você vê paralelos, do ponto de vista étnico-histórico dos Estados Unidos, entre os ingleses e os portugueses? Quais?

5. As piadas do português (ou do brasileiro, que aparecem na próxima seção) são "inocentes" ou deviam ser desencorajadas como preconceituosas?

6. A integração étnica é uma realidade em seu país?

7. Dada a natureza humana, você acha que a integração étnica é uma meta realista--para o país que for?

8. Você se identifica mais com algum grupo minoritário ou com a nação como um todo--ou com os dois?

2

Numa forma embrionária de intolerância
os portugueses fazem anedotas sobre os migrantes
brasileiros que invadiram Portugal aos milhares

A *última*[1] do brasileiro

Em visita a uma cidadezinha portuguesa, um brasileiro pede uma informação a um dos habitantes. "-Preciso tomar um trem para Lisboa. Onde posso pegar um ônibus para a estação ferroviária?", indaga ele. O português lhe diz que ele não pode pegar um ônibus, porque os ônibus, em

5   Portugal, são chamados de "autocarros". O brasileiro refaz a pergunta: "Onde posso pegar um autocarro para tomar um trem para Lisboa?" O português responde que isso é impossível, porque trens só existem no Brasil. Em Portugal, eles são chamados de "comboios". Quase perdendo a paciência, o brasileiro indaga onde pode pegar um "autocarro" para tomar um "comboio". Ao que o português resolve finalmente informar: O senhor não poderá tomar um comboio porque não passa nenhum por esta

10   pequena cidade". O brasileiro **sai de si:**[2] Como é que se chama cretino aqui em Portugal?" O português responde sem se alterar: "Aqui nós não chamamos cretinos. Eles tomam um avião no Aeroporto do Rio de Janeiro e aparecem em Portugal".

Esta é uma das muitas anedotas de brasileiro que circulam em Portugal, onde vivem legalmente mais de 10 000 brasileiros ao lado de incontáveis imigrantes clandestinos. Tamanha invasão começa a

15   gerar um ainda **longínquo,**[3] irônico e às vezes bem-humorado sentimento de intolerância. As piadas são normais num contexto como esse. Os ingleses fazem piadas sobre irlandeses. Os americanos do leste brincam com os **caipiras**[4] do meio oeste, e os parisienses têm sempre pronta uma história cômica de algum habitante do interior. Em Portugal, contudo, há evidências de que a convivência com os brasileiros vem sendo permeada por essa desconfiança normal quando duas culturas convivem no mesmo espaço

20   econômico e social disputando o mesmo mercado de oportunidades. "Muitos brasileiros aqui lembram aqueles americanos que antigamente insistiam em jantar no Bife de Ouro, no Rio de Janeiro, calçando sandália de dedo e vestindo **bermudas",**[5] diz Alberto Costa e Silva, embaixador brasileiro em Portugal. Costa e Silva acha naturais esses **entreveros.**[6]

Um observador mais rigoroso pode achar que os portugueses estão passando dos limites.

25   Anedotas como a do autocarro e do comboio já **renderam**[7] até um incidente diplomático. Semanas atrás, o **empresário**[8] e jornalista Ricardo Casemiro, dono da casa noturna KGB, de Lisboa, publicou um anúncio nos jornais locais convocando um concurso de **quadras,**[9] anedotas e **bocas**[10] racistas sobre brasileiros. No texto do **reclame,**[11] Casemiro afirmava: "No KGB, não gostamos de brasileiros. Eles são filhos bastardos da portugalidade". O caso foi parar no Ministério do Exterior de Portugal com uma queixa

30   do embaixador Costa e Silva. "Nunca imaginei que o caso fosse alcançar tamanha repercussão", diz o empresário Casemiro. As piadas que chegaram eram menos racistas do que as contadas sobre portugueses no Brasil", afirma ele. O **barulho**[12] do bar KGB não é o único foco de problemas. Um **punhado**[13] de artistas brasileiros colocou Portugal no **roteiro**[14] de seus espetáculos para **pegar carona**

---

[1] Isto é, a *última piada* ou dito engraçado e espirituoso; anedota
[2] Perde a paciência
[3] Distante
[4] Habitantes do campo, particularmente de pouca instrução e modos rústicos
[5] Calça curta
[6] Confusões
[7] Produziram
[8] Homem de negócios
[9] Estrofe de quatro versos
[10] Piadas
[11] Anúncio
[12] Ruído
[13] Grupo
[14] Itinerário

na[15] popularidade que as novelas brasileiras têm alcançado entre os portugueses. No início do ano, o ator Paulo Autran levou sua peça *Quadrante* para uma curta temporada em Lisboa--e foi **alvo**[16] do preconceito. Uma crítica do jornal *Público* **louvou**[17] a qualidade do espetáculo, mas destilou uma dose de intolerância. "Se for preciso, esqueça que ele é brasileiro", publicou o jornal. Paulo Autran não

5 concorda que tenha sido vítima de **preconceito**.[18] "Muitos brasileiros carregam para Portugal a mania de querer levar vantagem em tudo, e é normal que haja uma reação a isso", diz Autran. Seu colega, o ator Reginaldo Farias, que levou a Lisboa a peça *Somente Entre Nós,* tem uma opinião diferente: "Senti, sim, preconceito em Portugal. Um jornalista me chamou de **aproveitador**[19] durante uma entrevista", disse Reginaldo.

10 Também se pode explicar os problemas entre portugueses e brasileiros por uma barreira cultural que separa os dois países. Há duas razões para este **descompasso**.[20] A primeira é que os portugueses não apreciam a idéia de serem importadores de cultura, na forma de novelas de televisão, de um país colonizado por lusitanos. Hoje, estão sendo exibidas cinco novelas brasileiras na televisão portuguesa. Em alguns comerciais de TV, já se usam expressões tipicamente brasileiras popularizadas pelas

15 novelas, como "**fique na sua**"[21] e "numa nice". A segunda razão é que o comportamento dos brasileiros nem sempre inspira confiança. "São profissionais oportunistas e nem sempre é possível confiar neles", reage o empresário português Paulo Nery, cuja casa noturna emprega quatro brasileiros. "Os brasileiros têm disposição para trabalhar e são otimistas, mas nos **atropelam**[22] e forçam as coisas", afirma. "Tomo um cuidado especial com eles". Para reduzir este abismo de costumes, o embaixador Costa e Silva

20 promove cursos para brasileiros conhecidos como "lições de português". Na prática, são aulas de boas maneiras. O embaixador aconselha os recém-chegados a falar em tom de voz baixo nos restaurantes lisboetas e a usar **terno**[23] e gravata em encontros sociais.

Oficialmente, as disputas entre portugueses e brasileiros são minimizadas. "Os brasileiros em Portugal são sempre bem-vindos e queremos que se sintam como se estivessem em sua segunda

25 pátria", diz Marcelo Mathias, o porta-voz do Ministério das Relações Exteriores de Portugal. Muitos dos brasileiros têm uma impressão bem diferente sobre o país. "Tentei montar uma empresa em Portugal, mas fui impedido pela burocracia", diz o publicitário Fausto Freire, 47 anos, que pretendia montar uma empresa de vídeo em Lisboa. Em vão. Acabou voltando para o Brasil um ano e meio mais tarde. "Legalmente, eu poderia montar esta empresa, pois sou filho de portugueses. Fui boicotado". Hoje,

30 Fausto mora em Brasília.

"Calculo em quase uma centena o número de publicitários brasileiros que trabalham em Portugal", diz Carlos Eduardo de Andrade, um paulista de 46 anos, diretor de atendimento da agência de publicidade Ogilvy & Mather de Lisboa. "Todas as semanas, me batem mais três à porta, o que gera, por parte dos portugueses, uma natural defesa do seu pequeno mercado", diz. Muitos dos migrantes

35 sobrevivem na clandestinidade. Há dois meses, o Rolling Stone Mick Jagger teve uma dor de dente quando dava um show em Lisboa--e foi parar no consultório do dentista paulista Aloysio Fernandes, 25 anos, que há cinco meses mora em Portugal e exerce ilegalmente sua profissão. "Eu tremi na hora de recolocar aquele **pivô**[24] de plástico na boca de Jagger", diz Fernandes. O dentista ganhou **em troca**[25] um ingresso para o show de Jagger e um autógrafo em sua agenda. Tomou um autocarro e um

40 comboio e chegou a tempo para o espetáculo.

---

[15] Aqui, *beneficiar da*

[16] Vítima (Fig.)

[17] Elogiou

[18] Intolerância; idéia preconcebida e parcial

[19] Quem tira proveito ou vantagem

[20] Desarmonia, desacordo ou divergência

[21] Cuide de sua própria vida

[22] Afligem ou mortificam

[23] Vestuário masculino composto de paletó e calças da mesma fazenda e cor

[24] Haste metálica que suporta coroas nas raízes ou incrustações de dentes

[25] Pelo serviço (Fig.)

Piadas mais populares

Boa parte das piadas sobre brasileiros critica a forma como se fala a língua portuguesa no Brasil.
5 Outras são anedotas bastante conhecidas, onde apenas se inverte o papel do português com o do brasileiro. Algumas das mais populares em Portugal:

• O brasileiro Ariovaldo foi trabalhar em Portugal. O parente lusitano advertiu-o na chegada: "Cuidado com os pronomes, Ariovaldo. Quando você for colocar uma placa na porta, fique atento, porque
10 aqui se respeitam as regras gramaticais. Nada de "Se manda" ou "Me faz". Aqui é "Manda-se", "Faz-se", entendeu?" Ariovaldo disse que sim. Dias depois, pendurou uma placa na porta de casa: "Consertam sapatos-se".

• Brasileiros não sabem colocar os pronomes em português, quanto mais em idiomas estrangeiros. Quando o presidente Eurico Dutra viajou aos EUA, foi recebido pelo presidente Truman
15 com um efusivo "How do you do, Dutra?"--cumprimento em inglês cuja pronúncia é "Rau-du-iú-du, Dutra?" Dutra resolveu imitar e respondeu: "How tru you tru, Truman?"

• Um jogador de futebol brasileiro mudou-se para Portugal, hospedou-se numa pensão e, logo no primeiro dia de estada, resolveu **apanhar**[26] um bonde para treinar no Belenenses. Eram 5 horas da manhã, ele era o único passageiro e chovia **canivete**,[27] com uma goteira bem em cima do lugar que ele
20 escolheu para sentar. A viagem corria bem, mas o condutor não se conteve. Ao chegar ao estádio, antes de o jogador saltar, com a cabeça **encharcada**,[28] perguntou: "Desculpe, mas posso saber por que o senhor não **trocou**[29] de lugar?" E o jogador respondeu: "Mas trocar com quem, neste bonde vazio?"

(*Veja*, 8 de agosto de 1990)

---

[26] Pegar ou tomar
[27] Muito (Pop.)
[28] Empapada ou molhada
[29] Mudou

Compreensão

1. Há muitos brasileiros legalmente radicados em Portugal? E os ilegais?

2. A que fator sócio-econômico pode se atribuir a crescente má vontade entre os dois povos?

3. E que tal o comportamento do brasileiro médio?

4. Fazer piada à custa de outro grupo é comum em outros paises? Como?

5. Em que área a presença brasileira está fazendo sucesso incontestável?

6. Segundo a matéria, de que mais se ressentem os portugueses com relação à "invasão" cultural brasileira?

7. O que o embaixador brasileiro está promovendo para desagravar a situação?

8. O que aproximou Mick Jagger de Aloysio Fernandes e como terminou?

Vocabulário

(a) Relacione os termos lusos da primeira coluna com os equivalentes brasileiros da segunda.

1. Comboio	a.	Ônibus
2. Gajo	b.	"Cara"
3. Autocarro	c.	Você
4. Bicha	d.	Trem
5. Tu	e.	Fila

(b) Relacione as profissões da primeira coluna com os itens da segunda.

1. Publicitário	a.	Slogan
2. Dentista	b.	(Tele)Novela
3. Atriz	c.	(Um/Uma) Relações públicas
4. Embaixador/a	d.	Odontologia
5. Porta-voz	e.	Corpo diplomático

Ampliação

1. Supostamente, como é que o brasileiro da piada que abre a matéria podia evitar o rancor português?

2. Você acha certo que a mãe-pátria é sempre relutante a aceitar a ex-colônia em pé de igualdade? Por que (não)?

3. Você acredita que a situação é análoga no tratamento dado ao americano residente ou visitante na Inglaterra?

4. Haverá, de modo geral, algumas diferenças inerentes entre o caráter europeu e o do novo mundo? Quais, por exemplo?

5. Para que característica invariavelmente aponta a lista de piadas no final da matéria?

6. Considera significativa a observação de que no Brasil as piadas são praticamente iguais, fora a inversão do papel? O que infere?

3

Pesquisa[1] mostra que 100 mil brasileiros
vivem ilegalmente em Nova York

Invasão *brazuca*[2]

— brasilians in the U.S. *(handwritten)*

há muitos quem brasileiros estam em Nova York ilegalmente, suas vidas são muito difíceis algumas não gostam dizer seu trabalho (handwritten)

No dia das bruxas, o Halloween americano, comemorado no dia 31 de outubro, a "New York Samba School" planeja colocar na Quinta Avenida cerca de 3.000 passistas. A rival "Pé de Boi", um pouco **combalida**,[3] pretende juntar 1.500 sambistas. Unidas, as escolas poderiam enfrentar--ao menos em igualdade numérica--as tradicionais Portela e Beija-Flor do Rio de Janeiro. Esse desfile, que promete
5 **empolgar**[4] a comunidade local, ou pelo menos tumultuar uma das mais movimentadas avenidas de Nova York, vai corroborar um fenômeno: a crescente presença brasileira nos Estados Unidos. Gente para isso não falta. Segundo um estudo da professora Maxine L. Margolis, da Universidade da Flórida, cerca de 100 mil brasileiros vivem atualmente na região metropolitana de Nova York, circulando por
10 distritos periféricos, em condições pouco **condizentes**[5] com as de Primeiro Mundo. Maxine calcula que mais da metade do contingente verde-amarelo entrou ilegalmente no país e, por isso, sobrevive em mal remunerados empregos, os únicos disponíveis para imigrantes clandestinos.

O **extemporâneo**[6] carnaval no centro de Manhattan vai exibir aos americanos a colônia brasileira. Os "brazucas", como são chamados, já são 200 mil em todo o país, incluindo a Flórida.
15 Enquanto passa suas férias em Nova York, a professora Maxine explica que, desde 1988, vem mapeando o êxodo **tupiniquim**[7] rumo aos Estados Unidos. Com o título de *A minoria invisível*, a monografia detectou o perfil desses novos imigrantes: 90% deles são brancos, pertencem à classe média, ou média baixa, e começaram a seguir para a América, com maior intensidade, a partir de 1986, com a **falência**[8] do Plano Cruzado. "Bem ou mal, eles conseguiram se manter no Brasil", diz a
20 professora, que fala o português aprendido no Paraná.

Desiludidos com a política e a economia em seu país, os brazucas alojam-se em **ofícios**[9] que, certamente, não exerceriam no Brasil. Hoje mais de 80% dos **engraxates**[10] de Nova York **abordam**[11] os clientes na região do Grand Central Station, no centro de Manhattan, com a familiar frase "Vai graxa, **dotô**?"[12] **No traçado**[13] da trajetória social desses refugiados econômicos, a professora descobriu que
25 em cada grupo de 100, 71% são mineiros e cariocas, têm entre 25 e 30 anos, e falam quase nada de inglês. Com uma rede de informantes entre a comunidade, Maxine encontrou brasileiros vivendo em situação clandestina nas regiões de Nova Jersey, White Plains, Westchester, Astoria e Newark, este último um distrito-dormitório, onde os brazucas convivem com grandes **levas**[14] de imigrantes portugueses.
30 Entre as mulheres entrevistadas prevalecem ocupações simples, como as de empregada doméstica. Somente 3% delas confessaram que estão no ramo de "go-go-girls". Isso seria suficiente para que as brasileiras tomassem com seus **requebros**[15] cerca de 85% deste mercado. A maioria delas,

muitos não falam inglês (handwritten)

---

[1] Investigação ou levantamento
[2] Relativo aos brasileiros radicados nos Estados Unidos (Pop.)
[3] Abatida ou sem força
[4] Animar
[5] Harmônicas
[6] Que não é próprio do tempo em que se faz ou sucede
[7] Próprio do Brasil (Deprec.)
[8] Fracasso
[9] Empregos
[10] Limpa-botas ou aqueles que engraxam sapatos
[11] Aproximam-se de
[12] Isto é, *doutor* (Pop.)
[13] Na projeção ou esboço
[14] Grupos
[15] Gestos ou maneira de dançar

brazuca - los brasilians in US / faxineiras - maids (handwritten)

no entanto, esconde o jogo até mesmo dos amigos do gueto. No **inferninho**[16] Metropol, no centro de Manhattan, elas exibem o seu maneirismo de **cabrochas**[17] dançando, a noite toda, com uma reduzida **tanga**[18] carioca. E o caso de <u>Dirce, uma mineira de 25 anos</u>, que **se recusa**[19] a dizer o sobrenome. "<u>Quero abrir uma butique em Belo Horizonte</u>", afirma ela, psicóloga diplomada, que escreve aos pais contando os detalhes de um **pretenso**[20] emprego de "modelo fotográfico". Ganhando por volta de US$ 250 diários, Dirce se irrita com aqueles que confundem o **rebolado**[21] com prostituição. "Mostrar os seios e dançar não é vergonha: no Brasil, a gente cansa de ver mulheres sambando com os peitos de fora".

Enquanto enfrenta a **labuta**[22] nas boates--um lugar conseguido com a indicação de um casal brasileiro, a quem paga comissão de US$ 30 por dia--<u>Dirce sonha em se casar. Com um americano, é</u> claro. "Eu **faturaria**[23] um *green card* ", diz ela, referindo-se ao visto de permanência nos Estados <u>Unidos, "e sairia desta **parada**[24]</u>--só iria ao Brasil para passar férias". Mas as <u>brasileiras que trabalham</u> <u>como **faxineiras**[25] também têm vergonha do emprego</u>. "Eu entrevistei uma moça que fazia faxina mas contratava outra brasileira para fazer a limpeza do seu apartamento", conta Maxine. Esta brasileira explicou à pesquisadora que as faxinas que fazia eram "trabalhos": em sua própria casa, queria alguém para "fazer a limpeza". "Trata-se de um fator psicológico de pessoas que, no Brasil, tinham empregadas domésticas", explica a antropóloga. Com a vantagem de dormir e comer no emprego, uma representante da classe média **cabocla**[26] consegue, na América, faturar de US$ 250 a US$ 300 por semana. Com alguma economia, dá para fazer, em pouco tempo um razoável **pé-de-meia**.[27] A idéia de juntar algum dinheiro e voltar ao Brasil é a mais comum entre os imigrantes brasileiros, ao contrário de outros latino-americanos, que adotam os Estados Unidos como seu país. "Todos falam em voltar ao Brasil", observa Maxine. Ela fala dos **marinheiros de primeira viagem**.[28] Entre os que voltaram, muitos "se desiludem e terminam por regressar aos Estados Unidos".

O caso do mineiro Cláudio Souza, de 25 anos, é emblemático. Depois de cursar dois anos de engenharia em Belo Horizonte, ele decidiu "fazer a América", na trilha de colegas, que falavam em ganhos de até US$ 4 mil por mês. Hoje, Cláudio passa dez horas em pé, debaixo de um guarda-sol verde-amarelo, junto a um carrinho de **amendoim**[29] doce e cachorro-quente. No inverno, quando o consumo aumenta, consegue uma retirada de US$ 2 mil mensais, descontadas as **despesas**[30] com a matéria-prima, transporte, garagem e o pagamento de uma taxa para o "grego", que controla a concessão de licenças na prefeitura local. "Já **saí no braço com nego**[31] que quis tirar o meu **ponto**",[32] diz ele, que planeja montar um **frigorífico**[33] de peixes no Guarujá, onde mora o seu pai.

Outro que já passou **maus bocados**[34] nos Estados Unidos é o mineiro Delton Gonçalves Lopes, de 30 anos. Ex-funcionário da Rede Ferroviária Federal, ele vende livros em frente à Grand Central Station durante o dia e à noite ajuda o serviço de bar no SOB, um clube dedicado à música brasileira. Com os livros, fatura US$ 250 por semana, mas é obrigado a repassar uma comissão a outro brasileiro,

---

[16] Boate em recinto pequeno, com música muito barulhenta

[17] Mulatas jovens (Fig.)

[18] Biquíni formado por dois triângulos, presos por uma tirinha, e que deixa o lado do corpo, e às vezes as nádegas, quase completamente nus

[19] Nega ou não quer

[20] Suposto

[21] Movimento dos quadris

[22] Trabalho

[23] Ganharia

[24] Situação difícil (Gír.)

[25] Quem faz faxina ou limpeza geral

[26] Aqui, *baixa*

[27] Economias, ganhar dinheiro - dinhero extra

[28] Quem faz pela primeira vez

[29] Planta cujo fruto produz óleo, pasta e "noz".

[30] Gastos

[31] Briguei com alguém

[32] Lugar

[33] Fábrica de processamento

[34] Situações ruins

Carlos Sampaio, que **detém**[35] oito **barracas**[36] na cidade; no serviço de garçom consegue tirar US$ 300 em sete dias. "Levo uma vida confortável e até já montei meu apartamento em Astória", diz ele.

    A batalha pela sobrevivência tempera quase todos os relatos dos brazucas. Flávio Pessoa, 25 anos, deixou Governador Valadares há três meses e ao entrar clandestinamente pela fronteira dos Estados Unidos com o México assistiu à morte de um companheiro tragado pela correnteza do Big River. Ao cabo de toda a aventura, Flávio sobrevive em Manhattan como engraxate, emprego obtido com a ajuda de um conterrâneo. "Vou ficando por aqui e Deus do céu que me ajude", diz Flávio, com a convicção de quem frequenta a igreja dos brasileiros, Nossa Senhora do Perpétuo Socorro, na rua 61. Morando com oito amigos em um apartamento de quarto e sala em Chelsea, ele está confiante na chegada de melhores dias "Estes imigrantes brasileiros vão acabar formando uma nova história dos Estados Unidos", diz a professora Maxine. "Isso ocorrerá mesmo que os americanos sequer saibam que língua se fala no Brasil".

(*IstoÉ-Senhor*, 24 de julho de 1991)

Compreensão

1. Quem são os "brazucas"?

2. Como é o perfil do brazuca médio?

3. Que tipos de ofícios exercem as mulheres em Nova York?

4. E os homens?

5. Qual é a meta, a longo prazo, da maioria dos brazucas?

Vocabulário : (a) Relacione os termos da primeira coluna com os (quase) sinônimos/antônimos da segunda e (b) empregue-os em sentenças completas:

I *Sinônimos*

1. Boate		a.	Tupiniquim
2. Brasileiro		b.	Inferninho
3. Condizente		c.	Caminho
4. Imigrante		d.	Harmonioso
5. Trilha		e.	Refugiado

II *Antônimos*

6. Juntar		f.	Botar
7. Convicção		g.	Ordenar
8. Tirar		h.	Separar
9. Tumultuar		i.	Pago
10. Remunerado		j.	Dúvida

Ampliação

1. O que impede que muitos brazucas se adaptem à vida norte-americana?

2. Por que será que outros, ao retornarem ao Brasil, também não se reambientam à vida de antes?

3. Você se daria bem numa situação parecida? Por que (não)?

4. Você acha consideráveis os salários ganhos pelos brazucas?

5. Que opina da questão, aparentemente prevalente, de pagar comissão a quem lhe arranja emprego?

---

[35] Retém

[36] Construções ligeiras, de remoção fácil, comumente feitas de madeira e lona

4

Atraídos por altos salários, 100 mil brasileiros
emigram para trabalhar em fábricas japonesas

Sayonara Brasil

     Em dois recentes programas de tevê, o **empresário**[1] Antônio Ermírio de Moraes e o senador
Roberto Campos, bem humorados, apontaram as saídas de Cumbica ou Viracopos, aeroportos de
5 grande porte, em São Paulo, como as mais adequadas para a crise brasileira. Com a habitual discrição
oriental, cerca de 100 mil brasileiros, filhos e netos de japoneses já tomaram o rumo do aeroporto--muito
antes de qualquer conselho--e hoje vivem e trabalham no Japão. Mais de oitenta anos após o início da
imigração japonesa no Brasil, os descendentes **lotam**[2] seis Boeing Jumbo todas as semanas e
enfrentam 26 horas de vôo em uma espécie de caminho de volta a terra dos avós. São atraídos por
10 salários engordados com a valorização do iene, a moeda japonesa, que lhes podem **render**[3] até US$ 3
mil mensais, para quem estiver disposto a trabalhar como **operário**.[4] Diante da crescente voracidade da
indústria japonesa por **mão-de-obra**[5] e desanimados com o quadro econômico brasileiro, os
descendentes estão **esvaziando**[6] algumas regiões agrícolas do país. Nas grandes cidades de São Paulo
e Paraná-- Estados onde vivem mais de 80% da colônia--técnicos, professores e bancários **pedem**
15 **demissão em**[7] seus empregos enquanto estudantes **trancam**[8] matrículas nas faculdades para viajar.
     Essa autêntica **revoada**[9] de niseis e sanseis--com são chamados, respectivamente, os filhos e
netos de japoneses nascidos no Brasil-- destina-se as províncias de Gunma, Saitama, Kanagawa e
Shizuoka, regiões **fabris**[10] ao redor de Tóquio. A exemplo dos pioneiros que vieram "fazer a América",
eles pretendem, agora, "fazer o Japão". Para a maioria deles, trata-se de um trabalho temporário no
20 exterior, capaz de, segundo eles, viabilizar a compra de uma casa, um automóvel ou o inicio de um
negócio próprio no Brasil. Apesar de suas **feições**[11] orientais, os niseis e sanseis são, antes de mais
nada, brasileiros--e isso é o bastante para **deflagrar**[12] alguns conflitos culturais. Saídos de um país
pobre, **deslumbram-se**[13] com as **engenhocas**[14] eletrônicas que, em curto prazo, são substituídas por
outras mais modernas. Já se acostumaram, por exemplo, a **vasculhar**[15] o lixo da sociedade de consumo
25 japonesa, onde é possivel encontrar televisões seminovas que, recondicionadas, voltam a funcionar com
recursos inimagináveis por aqui. Nos fins de semana, comemoram a **folga**[16] tomando cerveja e cantando
um samba.
     Em São Paulo, no **bairro**[17] da Liberdade, um tradicional reduto oriental, o Centro de Estudos
Nipo-Brasileiros fez um **levantamento**[18] populacional entre a colônia e detectou que 1,2 milhão dos
30 brasileiros são descendentes de japoneses e 8,5% deles estão trabalhando no Japão. "Cerca de 10%
dos descendentes já se adaptaram ao ritmo de vida japonês e não retornam mais", calcula Susumu

---

[1] Homem de negócios
[2] Enchem ou completam
[3] Produzir
[4] Trabalhador manual
[5] Trabalhadores
[6] Evacuando ou tornando vazias
[7] Despedem-se de; deixam; largam
[8] Fecham
[9] Profusão ou multidão (Fig.)
[10] Plural de *fabril*, isto é, *que modificam ou transformam os produtos naturais*
[11] Delineamento do rosto humano
[12] Provocar (Fig.)
[13] Maravilham-se
[14] Aparelhos em geral pequenos
[15] Pesquisar ou investigar
[16] Descanso ou repouso
[17] Cada uma das partes em que se costuma dividir uma cidade ou vila
[18] Estudo

Miyao, presidente do centro. **Às voltas com**[19] uma **queda**[20] na taxa de natalidade e as imposições do crescimento industrial, o Japão necessitará de cerca de quatro milhões de trabalhadores estrangeiros até o ano 2000. Apesar do alto índice de automação nas linhas de montagem, sobrevivem tarefas pesadas ou rotineiras executadas por estrangeiros.

5   Os brasileiros empregam-se na construção civil, manutenção de estradas e ferrovias, serviços de carga e descarga, além de funções fabris. Já as mulheres vão para as pequenas firmas ou tornam-se atendentes de enfermagem nos hospitais ou em funções como a lavagem de cadáveres. "O cidadão japonês tem alta **escolaridade**[21] e não aceita mais essas tarefas", explica Kinji Ichimura, cônsul do Japão em São Paulo. A mão-de-obra coreana, que atendia as necessidades nipônicas, permanece em
10 seu país, que se industrializa rapidamente.

        Dessa forma, os descendentes brasileiros tornaram-se **cobiçados**[22] dentro da **engrenagem**[23] produtiva. Entre a colônia, o trabalho temporário recebe o nome de dekassegui. "O fenômeno existe há três anos mas intensificou-se a partir do ano passado", diz Ichimura, encarregado de analisar os pedidos de **vistos**[24] de entrada em seu país. Segundo as leis japonesas, a viagem para o dekassegui pode ser
15 feita por niseis, sanseis e seus cônjuges, mesmo não descendentes. Dois tipos de documento são distribuídos: o visto de turista, válido por 90 dias, e o prolongado, que autoriza o trabalho em períodos de até três anos. Como o carimbo turístico pode ser obtido em dez dias--ao contrário do prolongado, que pode demorar mais de um mês--muitos brasileiros viajam com o passe simplificado e no Japão são obrigados a remanejá-lo. Na prática, porém, muitos deles são clandestinos perante as autoridades da
20 imigração.

        Os dekassegui brasileiros são trabalhadores free-lancers, contratados por hora através de agências de recrutamento. Em São Paulo, os três jornais da colônia--*Diário Nippak, Jornal Paulista* e *São Paulo Shimbun*--recheiam suas páginas de classificados com propostas de trabalho no Japão. Quem anuncia, em geral, são as agências intermediárias entre o empregado e o patrão oriental. **Alardeiam**[25] o
25 pagamento de 1.200 ienes por hora trabalhada, ou seja, o equivalente a US$ 10. Uma jornada diária de dez horas, incluindo as extras, garante, ao final do mês, um salário de US$ 3 mil. Na ânsia de ganhar clientes, as agências se esquecem, no entanto, de abastecer quem as procura de **um punhado de**[26] informações: o empregado terá de reembolsar o valor da passagem aérea, que é de US$ 2,3 mil, na rota São Paulo-Tóquio, que, na maior parte dos casos, é adiantado pelo patrão; sofrerá descontos pelo
30 aluguel do alojamento que irá ocupar e pelas refeições no restaurante da firma.

        As pessoas que estão decididas a atravessar meio mundo, em busca de um **patrimônio**[27] que não conseguem juntar no Brasil, não se assustam com o relato de problemas. "Quero comprar uma casa e dar um futuro melhor às minhas filhas", diz Shirley Furuta Pinheiro, uma secretária de 32 anos que, no início de abril, vai trocar um salário de Cr$ 68 mil em uma empresa de **informática,**[28] em São Paulo, por
35 um de US$ 2 mil como operária em uma fábrica de autopeças em Nagoya. Junto com ela seguirão o marido, um garçom baiano, e o irmão **caçula.**[29] Eles vão se reunir com um cunhado, dono de um salário de US$ 3 mil que, desde setembro, trabalha em uma fornecedora de componentes para a indústria Mitsubishi de automóveis. As filhas de Shirley, uma com dois anos e um bebê de seis meses, vão ficar no Brasil com a avó.

40   Apesar de ter ouvido comentários negativos, Massao Seno, de 34 anos, ex-chefe de custos de refrigeração, tentou a sorte e durante seis meses foi **soldador**[30] na fábrica Toyo, de radiadores, junto com outros 60 brasileiros. Com um salário de US$ 2,5 mil dividiu alojamento com cinco colegas ao preço de US$ 130 mensais--se quisesse a privacidade de uma casa, pagaria US$ 250. "Nos primeiros três meses, sentia vontade de chorar de saudades --além disso não sobrava dinheiro porque estava pagando
45 a passagem aérea", diz ele, que, ao voltar ao Brasil, está desempregado. Na Toyo, os brasileiros usavam

---

[19] Diante de (problemas, dificuldades, etc.)

[20] Diminuição

[21] Grau de estudo

[22] Altamente desejados

[23] Organização (Fig.)

[24] Aqui, autorizações para se entrar no país

[25] Ostentam ou gabam

[26] Algumas

[27] Riqueza (Fig.)

[28] Computação

[29] Mais novo

[30] Aquele que solda, isto é, que liga ou une peças de metal

tarjas[31] coloridas nos uniformes. A rosa indicava que o trabalhador não falava e nem entendia o japonês; a azul, que entendia um pouco; e a amarela, que dominava bem o idioma.

(Maria Inês Camargo, *IstoÉ-Senhor*, 20 de março de 1991)

5

Compreensão

1. O que é *dekasegui* ?

2. De que parte do Brasil sai a maioria deles?

3. Há quanto tempo existe a imigração japonesa no Brasil?

4. Como são conhecidos os filhos e netos de japoneses nascidos no Brasil?

5. Qual é a motivação dos *dakassegui* brasileiros?

6. Que tipo de trabalho quase sempre os espera no Japão?

7. Que empregos deixam no Brasil?

8. Quem pode acompanhá-los ao Japão?

Vocabulário : Na seção I, (a) relacione os termos da primeira coluna com os da segunda e (b) empregue-os em sentenças completas. Na seção II, apenas empregue os termos em sentenças completas.

I *Palavras compostas*
1. Mão-de-obra
2. Free-lancer
3. Nipo-brasileiro
4. Pé-de-meia
5. Hortifruti-granjeiro

a.   Poupança
b.   Trabalhador independente
c.   Trabalho manual de operário
d.   Nisei ou sansei
e.   Cultivador agrícola

II *Palavras finalizadas em "ção"*
6. Discrição
7. Feições
8. Construção
9. Função
10. Informações

11. Valorização
12. Automação
13. Manutenção
14. Imigração
15. Refeição

Ampliação

1. O que há de sarcástico na fórmula sugerida no início da reportagem?

2. Por que será que o governo japonês limita sua oferta de emprego, recusando a admitir outras nacionalidades?

3. Se pudesse, você procuraria emprego em outro país? Fora de sua especialização? Sem falar a língua?

4. Você considera adequada a remuneração tipicamente paga no Japão aos *dakassegui* brasileiros?

5. Você sabe de casos parecidos, mas em outros paises, de gente indo trabalhar por prazo fixo? Quais?

6. A que se refere o paródico "fazer o Japão" e de onde vem?

---

31 Desenho na orla ou no contorno de algum objeto

5

Apesar das adversidades, uma chilena, um
francês e a comunidade coreana "fazem o Brasil"

Casamento tira chilena da clandestinidade

      Mariela Suarez, 37, chilena, decidiu vir para o Brasil em 1976, três anos depois do golpe militar que derrubou o governo socialista de Salvador Allende "A situação na época era péssima. Tudo era difícil: trabalho, vida e havia **perseguições**".[1]

5   **Cabeleireira**[2] desde os 18 anos, era simpatizante de Allende. Deixou Santiago com medo de "desaparecer", como muitos chilenos, mesmo não tendo sido militante ("Nunca fui fanática"). Em São Paulo, onde já mora em casa própria na zona sul, encontrou oportunidade de trabalho para reconstruir sua vida.

      Não **se arrepende**.[3] "Aqui é gostoso porque as pessoas 'controlam' menos a vida das outras. No

10   Chile, uma mulher é mal vista se sai sozinha para se divertir à noite. Aqui, não", diz ela, que casou com Renato, 38, um cabeleireiro brasileiro, com quem teve a filha Renata, 8.

      Foi o casamento, aliás, que tirou Mariela da clandestinidade. "Antes, a cada três meses atravessava a **ponte**[4] e voltava", conta rindo, com leve **sotaque**.[5] Depois dela, vieram dois irmãos, agora também em situação legal, mas sua família **se esfacelou**.[6] "Vejo apenas um deles. Perdi contato com o

15   outro". Apesar de agora ver o Brasil em situação econômica difícil--para ela, semelhante à do Chile nos anos 70--não pensa em voltar. "Lá agora está bom. Dá até uma **coceirinha**,[7] mas **criei raízes**.[8] Me sinto brasileira". Mariela **reclama**[9] apenas da violência. "Para minha filha, seria melhor uma educação à moda chilena, mais **regrada**.[10] Além disso, lá você pode andar à noite na rua sem ser assaltado". (*Folha de S. Paulo*, 8 de setembro de 1991)

20

Francês fica, mas não acredita em paraíso

      O **acaso**[11] trouxe Pierre Leca, 28, francês de Lyon, para o Brasil. Em 1985, ele resolveu que iria

25   para o Peru, onde iniciaria uma viagem pela América do Sul. Hoje, casado com uma brasileira com quem teve o filho Jan, 2, e satisfeito com o país, ele está construindo uma casa no Tremembé, zona norte de São Paulo.

      "Eu já estava cansado do sistema francês. Queria um espaço novo. não só em questões profissionais. A França é um país velho e me atraiu a quantidade de jovens no Brasil, um país novo", diz,

30   com **indisfarçável**[12] sotaque. Ele desembarcou no primeiro Rock in Rio, em janeiro de 1985. "Eu trabalhava com shows na França e pensava em levar bandas brasileiras para tocar lá e vice-versa. Adorei e fiquei".

      O "fator Silvana" foi o golpe fatal no passado. Pierre acabou se casando e **deixou de**[13] ser "turista permanente" no Brasil, por reunião familiar. Já montou vários bares de **crepes**[14] em São Paulo e, em

---

1 Inflição de tratamentos injustos e cruéis
2 Quem profissionalmente corta ou penteia o cabelo dos outros
3 Não sente pesar por faltas ou erros cometidos
4 Refere-se à Ponte de Amizade Brasil-Paraguai, dando acesso a que se renove o visto
5 Pronúncia característica de um indivíduo ou de uma região
6 Se desfez
7 Vontade (Fig.)
8 Me estabeleci
9 Queixa-se
10 Metódica
11 Conjunto de pequenas causas independentes que determinam um acontecimento qualquer
12 Óbvio (Fig.)
13 Parou de
14 Panquecas fininhas, frequentemente servidas com recheio doce ou salgado

todo verão, desde 1986, vai com a família a um **vilarejo litorâneo**[15] no sul da Bahia, onde também tem uma creperia.

Pierre não alimenta ilusões. "Não existe paraíso. Gosto do Brasil. Há mais liberdade para viver. O estado dá pouco, mas cobra pouco. O país vive um pouco em anarquia. Na França, o estado dá mais
5 garantias sociais, mas cobra muito do indivíduo.

Ele só não gosta de falar de sua nova casa. "De repente, vindo do estrangeiro, já tenho uma casa enquanto para o brasileiro isso é difícil. Sei que isso incomoda". Pierre sabe que os estrangeiros chegam com moeda forte e capacidade de investir. (*Folha de S. Paulo*, 8 de setembro de 1991)

10 **Tigres asiáticos invadem o país e enriquecem**

SÃO PAULO--Os 60 mil coreanos que nos últimos 25 anos escolheram o Brasil para viver não se arrependeram. Aqui, os chamados "tigres asiáticos", como são conhecidos por causa do símbolo nacional da Coréia do Sul, encontraram a prosperidade com que sonhavam. A maior colônia--40 mil
15 integrantes--vive em São Paulo, onde domina um dos setores mais importantes da economia, a produção de confecções femininas e masculinas. São donos de 2.200 indústrias de roupas, que empregam mais de 200 mil trabalhadores, e de um **shopping**[16] com 130 lojas.

Para chegar a esse estágio, os coreanos promoveram uma verdadeira "invasão silenciosa", **aproveitando-se**[17] do fato de serem confundidos com os japoneses, por causa dos traços físicos
20 orientais.

No meio empresarial, são tratados com muito respeito por serem pontuais em seus compromissos. Na vida social, procuram integrar-se cada vez mais, assimilando hábitos brasileiros, como futebol, carnaval e festas religiosas. A preocupação de assimilar os costumes do novo País levou os coreanos a fundar um clube de futebol, há oito anos, por ser esse o esporte mais popular do Brasil. O
25 clube tem times juvenis e de adultos, além de uma seleção, que já **fez bonito**[18] no exterior, em 1985, quando conquistou o título de campeã mundial dos times de futebol de colônias coreanas espalhadas por vários países. O campeonato é disputado todos os anos entre setembro e outubro, em Seul, na Coréia do Sul.

O empresário da área de turismo, Luy Soon Im, afirma que continuam chegando ao Brasil, todos
30 os anos, milhares de novos imigrantes, em busca de uma vida melhor, apesar de a Coréia do Sul estar vivendo uma fase de "milagre econômico". Ele calcula que todos os anos entram no País cerca de dois mil novos Coreanos, que vão principalmente para São Paulo.

Para evitar problemas com as autoridades brasileiras aos recém-chegados, a Associação Coreana do Brasil procura dar assistência aos imigrantes, que geralmente entram no País com **visto**[19]
35 de turista. Por isso, os novos grupos recebem desde moradia a alimentos e trabalho, para dar início a uma vida nova, num País cuja língua e modo de vida desconhecem.

(*O Globo*, 15 de julho de 1989)

---

[15] Aldeia à beira-mar
[16] Isto é, *shopping center*
[17] Servindo-se (Fig.)
[18] Saiu bem
[19] Aqui, autorização para se entrar no país

Compreensão

1. Por que Mariela Suarez decidiu ir para o Brasil?

2. Qual é o ofício dela e que padrão de vida lhe proporciona?

3. Como ela conseguiu permanecer extra-oficialmente no país?

4. Como ela pôde finalmente legalizar o status dela?

5. Como é que ela caracteriza o sistema educacional brasileiro em comparação com o do Chile?

6. Por que o francês resolveu sair do país dele?

7. Como ele se sustenta no Brasil?

8. Como se sabe que financeiramente ele é bem-sucedido?

9. Como é que ele contrasta o papel do estado na França e no Brasil?

10. Quais são os setores da economia paulistana em que os novos imigrantes coreanos são mais atuantes?

11. O que a comunidade faz para se assimilar?

12. O que sabe de seu clube de futebol?

Vocabulário : (a) Relacione os termos da primeira coluna com os (quase) antônimos da segunda e (b) empregue-os em sentenças completas.

1.	Casamento	a.	Agradar
2.	Dar início	b.	Aberto
3.	Clandestino	c.	Concluir
4.	Profissional	d.	Comedida
5.	Fanática	e.	Interiorano
6.	Incomodar	f.	Divórcio
7.	Tirar	g.	Amador
8.	Litorâneo	h.	Enfiar
9.	Integrar-se	i.	Apoiar
10.	Derrubar	j.	Isolar-se

Ampliação

1. Por que você imagina que, em termos sócio-econômicos, o Brasil é menos "controlado" do que o Chile?

2. O que haveria em comum entre o Brasil atual e o Chile dos anos 70? Alguma diferença?

3. Quais são as vantagens que Pierre levou para o Brasil que tivessem permitido que prosperasse?

4. O que é o "fator Silvana" e, além do lado afetivo, o que mais proporcionava ao francês?

5. Sob que sistema sócio-governamental--o brasileiro ou o francês--você preferia viver e por que?

6. Você sentiria pontadas de culpa, igual Pierre, se prosperasse na terra dos outros, a maioria dos quais paupérrima?

7. Acha que a ética de trabalho do imigrante coreano ajuda a explicar seu sucesso? Como?

8. Por que chamam de "invasão silenciosa" o crescimento da comunidade coreano-brasileira?

TEATRINHO

"A duras penas"

Elenco

Meia-dúzia de imigrantes estrangeiros, legais ou ilegais, recém-chegados ou estabelecidos. Entre eles, gente da América Latina de fala espanhola, da América do Norte, da Europa e da Ásia.

Argumento

Numa mesa redonda, aventam-se os prós e contras da migração ao Brasil (ou a outro país). Entre os espectadores, isto é, o resto da classe, os nativos do país adotivo escutam, perguntam e opinam-- atitudes que oscilam entre apoio, ambivalência e até ressentimento.

Expressões úteis

Aculturar-se	Imigração
Assimilar-se	Ilegais
Cidadã(o) de segunda classe	Intolerância
Dar duro	Longe de
Deitar raízes	Mão-de-obra barata
Desemprego	Perder contato
Documentação	Saudades
Economizar	Sotaque
Emigração	Sustentar (a família)
Esforçar-se	Tornar-se cidadã(o)
Fazer a América	Trabalho braçal
Fazer-se entender	Trocar
	Xenofobia

TEMAS PARA COMENTÁRIO ORAL OU ESCRITO

1. Com o mundo cada vez mais encolhido, a migração só pode aumentar.

2. A relação entre a mãe-pátria e a ex-colônia nunca pode estar em pé de igualdade, seja qual for a dupla em mira.

3. Logicamente o imigrante não pode deixar de refletir seu país de origem.

4. As classes carentes (não) têm direito de se ressentir do sucesso de imigrantes recentes.

5. Migração em massa, em época de recessão, é receita para a intolerância.

UNIDADE 10 CRIMINALIDADE

1

O assalto a mão armada visto pela
ótica da banalização humorística

Mãos ao alto

Esta semana soube de uma nova **modalidade**[1] de assalto: depois do roubo de relógio nas esquinas, do **furto**[2] de bolsas por pessoas em motocicletas e dos ladrões comuns, surge, logo no
5 começo do ano, o roubo dentro de elevador. Conheço pessoalmente a vítima desta criativa maneira de pôr a mão no dinheiro dos outros. O episódio aconteceu com uma amiga minha, a Marilu, que além de **desligada**[3] é tão míope que quando está sem óculos não **enxerga**[4] **bulhufas**.[5] Eram 2 da tarde. Ela chegava em casa depois das compras no supermercado, com as mãos cheias de **sacolas**.[6] Não tão cheios quanto alguns **planos**[7] atrás, mas mesmo assim cheias. O elevador chegou e o rapaz que estava
10 ao seu lado, com um jornal embaixo do braço, abriu a porta cavalheirescamente, entrando junto com ela no verticalíssimo veículo. Assim que chegaram ao 2° andar, o simpático rapaz parou o elevador, se apoiou na porta e disse:
-Quero dinheiro.
Ela colocou as sacolas de compras no chão, abriu a bolsa e deu algumas notas de 100 e de 200
15 para ele. O rapaz continuou sem sair do caminho. Olhou longamente as notas na sua mão, encarou Marilu bem nos olhos e soltou com ironia:
-Eu queria um pouquinho mais. Sabe o que é? Estou começando a trabalhar agora. Vou ter que comer alguma coisa.
-Eu não tenho mais **trocado**,[8] disse a Marilu.
20 -Então me dá sem ser trocado mesmo, que serve.
-Eu acho que o senhor não está entendendo. Eu só tenho notas de 10 000.
-Quem não está entendendo é a senhora. É melhor a senhora me passar logo esse dinheiro porque . . .
Ela interrompeu:
25 -Olha, se o senhor quiser esperar um pouquinho, eu vou até lá em casa ver se troco uma nota com o meu marido e ainda lhe arranjo um sanduíche, já que o senhor está com tanta fome.
Nessa altura o rapaz já estava ficando um pouco impaciente. A especialidade do assalto dentro do elevador requer rapidez. A manobra deve ser feita no máximo entre dois andares. Nervoso, o moço desdobrou o jornal e mostrou um revólver que vinha embrulhado nele.
30 -Olha bem o que está aqui, dona. Vamos evitar uma tragédia.
Como é muito **vaidosa**,[9] minha amiga Marilu estava sem óculos e, por isso mesmo, não pôde "olhar bem". Só conseguiu ver o jornal aberto e perguntou:
-É algum anúncio? Sem óculos eu não enxergo nada.
-É o meu **ganha-pão**,[10] dona!, gritou o rapaz exasperado, sem se dar conta que, no caso,
35 "rouba-pão" era muito mais adequado.
-Como, seu ganha-pão? Sua profissão é ler jornal dentro de elevador?
Nessa altura o ladrão viu que tinha que ir direto ao assunto:

---

[1] Forma
[2] Roubo
[3] Distraída
[4] Vê
[5] Ou *lhufas*: coisa nenhuma (Gír.)
[6] Saco geralmente mais largo que comprido, e de alça, usado para carregar compras
[7] Refere-se aos planos ou *pacotes econômicos* de sucessivas administrações presidenciais, cada um com resultados mais desastrosos para o cidadão médio do que o anterior
[8] Dinheiro miúdo
[9] Imoderadamente desejosa de atrair admiração
[10] Trabalho de que alguém vive

-É um assalto! **Pô**,[11] faz mais de dez minutos que eu estou assaltando a senhora!

Foi só então que, muito assustada, ela entregou a carteira. Quando terminou de me contar a história, minha amiga Marilu fez um comentário:

-Ladrãozinho principiante. Não entende nada de assalto.

-Principiante por quê?

-Hoje em dia, o bom profissional rouba você antes de você ter gasto quase todo o seu dinheiro nas compras do supermercado.

(Jô Soares, *Veja*, 8 de janeiro de 1992)

A mesma ameaça vista pela triste,
perigosa e frustrante ótica da realidade diária

Entre o freguês, o *balconista*[12] e o assaltante, surge a *grade*[13]

Não chegam a ser **presídios**[14] de segurança máxima, mas, para manter distantes os assaltantes, muitos estabelecimentos comerciais do Rio vêm instalando grades, erguendo muros e colocando barras de ferro junto aos **caixas**.[15] As cinco grades que há dois meses cercam o Bar do Adolfo, em Santa Teresa, até hoje não conseguiram conquistar a simpatia da **freguesia**.[16] Instaladas para dar mais segurança ao bar, um dos mais tradicionais pontos de encontro do bairro, elas acabaram provocando uma reação negativa entre os freqüentadores, que batizaram o bar de "**Bangu II**".[17]

Os comerciantes até evitam falar sobre o assunto, **temendo**[18] despertar o interesse dos assaltantes. É o caso de uma loja de autopeças na Rua Barão do Bom Retiro, no Engenho Novo, que **ganhou**[19] um portão gradeado. Uma funcionária revelou que a loja é a única da rua que ainda não foi assaltada.

Na mesma rua, o dono da drogaria Ultramar, Francisco Marques, disse que em 1990 foi assaltado 17 vezes. Ele conta que durante esse período, três funcionários **pediram demissão**,[20] traumatizados com a freqüência dos assaltos. A alternativa foi erguer um muro na entrada da drogaria e instalar barras de ferro junto ao caixa, com espaço suficiente para receber o dinheiro e passar os medicamentos.

-Agora só abrimos a porta lateral da drogaria para aplicar injeções em fregueses muito conhecidos da **casa**[21]--disse Francisco, acrescentando que desde o ano passado, quando construiu o muro e instalou as barras de ferro, não sofreu nenhum assalto.

Ao contrário dos moradores de Santa Teresa, que se sentem **agredidos**[22] com tantas grades, os da Zona Norte aceitam a nova forma de prevenção contra assaltos e culpam a falta de policiamento nas ruas. A Associação dos Moradores do Engenho Novo já pediu diversas vezes ao 3º **BPM**[23] (Méier) mais proteção nas ruas, mas o comandante do batalhão, tenente-coronel Edmundo Saramago, alega que está trabalhando com um efetivo de 150 homens para proteger 1,2 milhão de pessoas.

Em Todos os Santos, duas lojas de material fotográfico que funcionam na Rua Arquias Cordeiro atendem seus fregueses através de grades. Dercy Pereira, dono de uma delas, contou ter decidido

---

[11] Interjeição (Chulo)

[12] Empregado/a de loja

[13] Armação metálica de peças encruzadas com intervalos, destinada a resguardar ou vetar um lugar; gradaria

[14] Prisões

[15] Seção de bancos, casas comerciais, repartições públicas, etc., destinada a efetuar pagamentos ou recebimentos

[16] Clientela

[17] Referência a um presídio, ou prisão, do mesmo nome

[18] Com medo de

[19] Recebeu (Fig.)

[20] Despediram-se

[21] *Casa comercial*, ou seja, a drogaria

[22] Assaltados ou provocados

[23] Batalhão da Polícia Militar

instalar as grades depois de ser assaltado mais de 20 vezes. Numa das vezes, uma pessoa tentou revender, dias depois, o material fotográfico na mesma loja. Ele conta que conseguiu acionar a polícia na mesma hora, mas o portador do produto roubado foi liberado e o inquérito policial não **deu**[24] em nada.

(Lúcia de Beaurepaire, *O Globo*, 1 de abril de 1992)

---

[24] Resultou

Compreensão

1. Quais são algumas modalidades de assalto já conhecidas?

2. E a revelada aqui?

3. Como é Marilu?

4. Como é o modus operandi do assaltante?

5. Afinal, Marilu se revela mais esperta do que ele? Por que?

6. Com que se parece o uso de tanta grade, segundo o texto?

7. Como reagem os empregados à colocação das grades? E os fregueses?

8. As grades estão dando certo? Como se sabe?

9. Qual é o papel da polícia?

10. O que se passou no caso final, quando algum material fotográfico foi roubado?

Vocabulário : (a) Relacione os termos da primeira coluna com os (quase) sinônimos da segunda e (b) empregue-os em sentenças completas.

1.	Presídio	a.	Penitenciária
2.	Drogaria	b.	Troco
3.	Instalar	c.	Colocar
4.	Trocado	d.	Assaltar
5.	Requer	e.	Farmácia
6.	Medicamentos	f.	Solto
7.	Liberado	g.	Exige
8.	Agredir	h.	Empacotado
9.	Revender	i.	Remédios
10.	Embrulhado	j.	Tornar a vender

Ampliação

1. O que torna mais leve a crônica de Jô Soares?

2. A crônica acaba retratando qualquer aspecto de assalto de modo *crível* ?

3. O que você faria, na vida real, se estivesse na posição de Marilu?

4. Em sua casa, já botaram grades? Caso contrário, botariam sob certas circunstâncias? Quais?

5. Você reparou, em seu próprio campus, o uso crescente das grades ou de outras medidas extremas de segurança?

2

O Rio transformou-se numa aventura
de conseqüências imprevisíveis

Andar [1] de ônibus, uma perigosa aventura

As viagens, em muitos casos, lembram as das diligências dos tempos do velho oeste americano. Só que os bandidos são outros: assistem a jogos no **Maracanã**,[2] freqüentam os bailes funk do subúrbio e gostam de praia no fim de semana. Se for domingo de sol e **clássico**[3] no Maracanã, pior:
5 os ônibus ficam cheios de banhistas e **torcedores**[4] que detestam pagar passagem e adoram uma **arruaça**.[5] Depredar e assaltar é o **lema**.[6]

Só com os atos de vandalismo, promovidos por grupos de jovens, as 11 maiores empresas de ônibus do Rio contabilizam um prejuízo diário de Cr$ 76 milhões. Com o dinheiro perdido em uma semana, as empresas poderiam investir na compra de um novo ônibus para a sua frota.

10 Há três meses a polícia investiga também uma **quadrilha**[7] especializada em seqüestros de ônibus. Armados com revólveres, os bandidos--no mínimo cinco--entram nos ônibus, quase sempre à noite, e **rendem**[8] o motorista, levando o veículo para um local deserto. Ali, os passageiros são roubados e o veículo, abandonado.

Nos mapas das empresas de ônibus, o Rio é uma cidade **coalhada**[9] de pontos negros. Os
15 **caloteiros**[10] atuam em pontos diversos. Na Zona Sul, eles se concentram nas linhas que fazem ponto final na Avenida Nossa Senhora de Copacabana, na Avenida Afrânio de Melo Franco e no Jardim de Alá, no Leblon. No Centro, os calotes são comuns na Praça Quinze e na Central do Brasil; no Maracanã, nas saídas dos jogos de futebol.

Em Honório Gurgel, já existe até a Associação dos Caloteiros, um grupo de mais de 30 pessoas
20 que têm **carteirinha**,[11] estatuto e um único objetivo: não pagar passagem, custe o que custar. Nesse bairro, assim como em Madureira, Cascadura, Pilares e Pavuna, também existem as gangues que se dedicam a atos de vandalismo. São formadas, em sua maioria, por jovens que deixam os bailes funk. Eles invadem os ônibus, quebram os vidros, arrancam os bancos e destroem as portas, diante de perplexos passageiros.
25

O perigo já faz parte da rotina de motoristas e cobradores

Sônia evitou assalto lutando com o ladrão
30
Sônia Regina de Castro, de 42 anos, cobradora na linha 669 (Pavuna-Méier), considerada a recordista em assaltos, não esquece o dia em que o ônibus em que trabalhava foi assaltado três vezes em menos de cinco horas. O primeiro assalto foi às 4h45m. Três homens entraram no ônibus em Cascadura e, quando chegaram a Oswaldo Cruz, anunciaram o roubo. O segundo foi duas horas depois.

---

[1] Rodar ou viajar
[2] Estádio carioca do mesmo nome
[3] Jogo de futebol entre duas equipes famosas
[4] Aqueles que apoiam, às vezes de forma vocífera, e especialmente comum em eventos esportivos, determinado time ou competidor
[5] Motim de rua; baderna
[6] Moda do momento (Fig.)
[7] Bando de ladrões ou gangue
[8] Obrigam a capitular; sujeitam
[9] Solidificada ou cheia
[10] Os que deliberadamente não pagam o que devem; que passam *calote* ou dívida contraída sem intenção de pagamento
[11] Documentos oficiais em forma de caderneta--um livrete de apontamentos

Outro grupo entrou em Cascadura e, ao chegar a Marechal Hermes, levou a **féria**.[12] O terceiro
aconteceria em Guadalupe, se ela não tivesse **reagido**.[13]

    -Já não agüentava mais. Quando o sujeito sacou o revólver e disse que era assalto, resolvi
resistir--lembra.

5   A cobradora **se atracou**[14] com o bandido e conseguiu evitar o assalto, mas bateu com as
costas[15] no banco quando o motorista, percebendo a confusão, **freou**[16] o veículo. Resultado: ficou um
ano afastada da empresa, tratando da coluna.

*Nivaldo levou **coronhadas**[17] dos bandidos*

10   Depois de entregar sua féria e ser **agredido**[18] a coronhadas, Nivaldo Pereira da Silva, de 48
anos, presenciou uma cena inesquecível nos seus três anos de experiência como cobrador: o saque de
um ônibus inteiro. Foi no ano passado, em frente à fábrica da Melhoral, na Avenida Brasil, em Marechal
Hermes.

15   -Foi uma experiência traumática. Eles entraram no ônibus, apanharam todo o dinheiro do caixa
e resolveram saquear também os passageiros. Levaram tudo. Teve gente que ficou só **de cuecas**[19] --
conta o cobrador.

    Nivaldo disse que **ao todo**[20] participaram do assalto dez homens: metade passou a roleta e os
outros ficaram atrás.

20   -Fui agredido sem motivos. Qual era a linha? 669. É a pior do Rio, na minha opinião--acrescenta.

    Encontrar vítimas de assaltos nessa linha não é difícil. É só caminhar pela empresa e sair
perguntando. Marcos Pereira da Silva, de 28 anos, há dois na Auto Diesel, não sente orgulho de ter sido
assaltado somente uma vez:

    -Se contar os assaltos que presenciei, qualquer um fica impressionado.

25

*Presença de **segurança**[21] é **faca de dois gumes**[22]*

    Embora **neguem**,[23] as empresas de transportes estão contratando seguranças para viajar nos
ônibus ou segui-los de perto. No domingo passado, cinco homens fortemente armados **vigiavam**[24] os
30 pontos de ônibus na Estrada da Portela e na Avenida Ministro Edgard Romero, em Madureira, durante a
saída do baile funk promovido na **quadra**[25] da Império Serrano. Sem perceberem que estavam sendo
observados, eles, **de armas em punho**,[26] **ameaçaram**[27] rapazes e moças que esperavam condução.

    Segundo um soldado da PM que presta segurança para uma empresa de ônibus nas horas
vagas,[28] é muito difícil localizar e prender os assaltantes.

35   -Mas nossa presença intimida. Já conseguimos evitar vários assaltos só por estarmos nos
ônibus—conta o PM. Muitos passageiros são contra: acham que um assalto pode se transformar em uma
grande tragédia se o segurança reagir.

---

[12] O dinheiro das vendas realizadas em determinado período

[13] Demonstrado reação; protestado

[14] Entrou em luta corporal

[15] Parte posterior do tronco humano, ou dorso

[16] Parou ou apertou o freio (um dispositivo para moderar ou fazer cessar o movimento de maquinismos
ou veículos)

[17] Golpes com coronha (parte das armas de fogo onde se encaixa o cano e por onde são empunhadas)

[18] Atacado

[19] Com a peça íntima do vestuário masculino

[20] No total

[21] Guarda(s)

[22] O que tem vantagens e desvantagens

[23] Digam que não

[24] Observavam atentamente

[25] Campo de esportes

[26] Com a arma na mão

[27] Procuraram intimidar ou meter medo

[28] Livres

Paranóia, a principal sequela [29] das vítimas

Os assaltos aos ônibus do Rio têm deixado sequelas irreparáveis em milhares de passageiros: são pessoas traumatizadas, medrosas e inseguras, muitas vezes paranóicas. É o caso dos passageiros
5   que há três semanas eram transportados num ônibus da Pavunense dirigido por João Constantino de Oliveira, de 57 anos, pela Avenida Brasil. Ele lembra o momento em que todos, em pânico, se abaixaram ao ouvir o **estouro**[30] do pneu traseiro do carro:
-Pensaram que fosse um tiro. Foi incrível.
O estudante W.F., de 20 anos, por exemplo, diz que já perdeu cinco relógios, um par de tênis e
10   um cordão de ouro em seguidos assaltos a ônibus na Pavuna. Hoje, evita certas linhas à noite, quase não leva dinheiro na carteira e nunca anda com relógio e cordão.
-Aprendi a respeitar os ladrões--afirma, sem permitir sua identificação.
Nos subúrbios, é fácil encontrar vítimas de assaltos a ônibus. Basta entrar em qualquer ônibus e perguntar. Dezenas de pessoas se apresentarão, como a dona de casa Gilda dos Santos, de 56 anos.
15   -Aqui na Pavuna quase todo mundo já foi assaltado, mas poucos querem falar e se negam a registrar queixa depois do roubo. Ficam com medo, conta ela, que já teve um relógio roubado.
Na empresa Auto Diesel, os cobradores costumam recordar a história de um assalto em Turiaçu, em que nada menos do que 15 homens armados de revólveres renderam passageiros, cobrador e motorista, iniciando o saque até contra crianças.

(*O Globo*, 29 de março de 1992)

---

[29] Resultado ou consequência
[30] Ruído semelhante à detonação de bomba, etc. ; estampido

Compreensão

1. Tipicamente, de onde vêm estes delinquentes quando decidem se amotinar?

2. Em que pode consistir o prejuízo causado pela depredação?

3. Qual é o recorde dúbio de que a cobradora Sônia foi vítima?

4. O que Nivaldo presenciou o dia que ele foi agredido?

5. Como reage o passageiro médio ao perigo estressante?

6. Quais são algumas precauções que se possam tomar?

Vocabulário : (a) Relacione os termos da primeira coluna com os (quase) sinônimos da segunda e (b) empregue-os em sentenças completas.

1.	Gangue	a.	Neutralizar
2.	Empresa	b.	Assalto
3.	Vigia	c.	Firma
4.	Render	d.	Fomentado
5.	Apanhar	e.	Despojar violentamente
6.	Saquear	f.	Quadrilha
7.	Ponto	g.	Vandalismo
8.	Depredação	h.	Pegar
9.	Promovido	i.	Segurança
10.	Roubo	j.	Parada

Ampliação

1. Esta falta de respeito pelo próximo--violenta e destrutiva--é um fenômeno crescente onde você mora? Como se manifesta?

2. Por que você acha que este tipo de comportamento anti-social é tão comum?

3. Por que será que a crueldade faz parte integral de tantos assaltos?

4. Você acha uma coincidência que as rotas de ônibus mais atingidas sirvam as áreas mais pobres?

5. Qual é a resposta--se é que há uma--ao problema da criminalidade descontrolada?

6. Entre caloteiro, assaltante e vândalo, qual lhe parece o menos nocivo? Por que?

3

Projeto para a legalização do jogo de azar
mais popular do país causa polêmica

Jogo do bicho[1]

     RIO--A intenção de legalizar e passar para o Estado a responsabilidade pelo jogo do bicho, anunciada pelo vice-governador e secretário de Justiça e Polícia Civil do Rio, Nilo Batista, está provocando divergências. E surpreendeu não só os **bicheiros**[2] como até a direção da Loteria do Estado

5   do Rio (Loterj). De acordo com o secretário, a Loterj seria responsável pela inovação que poria fim ao tradicional jogo da **contravenção**.[3] O promotor Rafael Cesário, que há vários anos denuncia o envolvimento dos bicheiros com o tráfico de drogas, não aprovou a proposta de Nilo Batista, observando que "a polícia que ele administra como secretário está promovendo investigações contra os homens cuja atividade ele quer legalizar".

10   Ao participar anteontem de um debate sobre segurança e **cidadania**,[4] Nilo Batista revelou que a Loterj lançaria ainda este ano um jogo idêntico ao do bicho, feito por computador para tornar mais rápida a **apuração**[5] dos resultados. Segundo o vice-governador, o jogo seria administrado pelos bicheiros, que teriam de legalizar a situação de seus cerca de 50 mil empregados. As **apostas**[6] seriam recolhidas em lojas e enviadas a uma central onde haveria **sorteios**[7] diários. O governador Leonel Brizola disse ontem

15   que aprova a idéia. "Sou a favor da legalização e **fiscalização**[8] do jogo do bicho", declarou. "É o mais original dos jogos que já surgiram até agora".

     "Vamos lançar uma nova loteria, mas não sabemos se ela vai acabar ou substituir o bicho", afirmou o vice-presidente da Loterj, Antônio César Amaral. Ele explicou que, nas próximas semanas, será lançada a Loto-on-Line, um jogo feito em casas lotéricas, com premiação **rateada**[9] e que permitirá

20   apostas em dezenas, centenas e milhares. Amaral disse que o **aperfeiçoamento**[10] dessa loteria até permitirá combinações com apostas **cercadas**.[11] "Se isso vai provocar a extinção do jogo do bicho, eu não sei".

     "Não entendemos ainda o que o governo vai fazer", afirmou o **porta-voz**[12] dos bicheiros, José Petros. Para ele, o ideal seria legalizar o jogo como ele é atualmente, "porque não haveria intervenção

25   do Estado nem **despesas**[13] para os cofres públicos". O **promotor**[14] lembrou já ter apresentado proposta para três deputados levarem à Câmara, a fim de legalizar o jogo. "Mas eles não se interessaram, porque isso não traz vantagens aos bicheiros".
(*O Estado de S. Paulo* , 29 de abril de 1992)

---

[1] Tipo de loteria na qual se joga sobre os finais 0000 a 9999, cujas dezenas correspondem a 25 grupos, cada um com o nome de um animal ou bicho

[2] Organizadores do jogo do bicho

[3] Transgressão ou infração; ato ilícito

[4] Qualidade de cidadão (o indivíduo no gozo dos direitos civis e políticos de um estado)

[5] Revelação

[6] Ajustes entre pessoas de opiniões diversas, nos quais as que não acertam devem pagar às outras algo de antemão determinado

[7] Atos de *sortear* (determinações ou escolhas por sorte)

[8] Controle

[9] Dividida proporcionalmente

[10] Ato de tornar perfeito ou mais perfeito

[11] Pré-determinadas

[12] Pessoa que fala frequentemente em nome de outrem

[13] Gastos

[14] Funcionário que promove o andamento das causas e certos atos de justiça

TRÁFICO DE BEBÊS: O mercado paralelo dos *Dollar Babies*

Médicos a serviço de **quadrilhas**[15] de tráfico de bebês forçam mães **carentes**[16] a deixar o recém-nascido **em troca da**[17] **dívida**[18] hospitalar do parto. Freiras e padres estrangeiros, radicados no Brasil, colaboram **na arregimentação de**[19] bebês de pais pobres, na paróquia ou **vizinhança,**[20] para adoção por casais de seu país de origem. Agências estrangeiras de viagens vendem pacotes turísticos ao Brasil, incluindo, entre as vantagens, a possibilidade de os clientes levarem uma criança brasileira adotada. Estas são algumas conclusões levantadas pela Polícia Federal, com o auxílio da Interpol, a respeito do tráfico internacional de bebês, incluídas em um relatório **reservado,**[21] feito em setembro do ano passado.

Intitulado *Crimes Contra o Menor no Brasil,* o relatório é a mais nova arma da Polícia Federal no combate ao tráfico de bebês, fruto das investigações realizadas na última década. O documento **ressalta,**[22] no entanto, a grande dificuldade na apuração dos crimes ou na **reversão**[23] de qualquer processo de adoção irregular: "No tráfico **revestido**[24] de legalidade, não há barreira policial, uma vez que a polícia não questiona ordem judicial, **salvo**[25] se manifestamente ilegal", diz o texto. Prova disso são os números incluídos no estudo. Segundo a Polícia Federal, de 1986 a 91, foram emitidos 9.686 passaportes para menores. Deste total, os próprios delegados e técnicos não puderam especificar quantas adoções irregulares foram registradas.

O relatório sugere algumas medidas preventivas no combate ao tráfico de crianças. Entre elas, o **cadastramento**[26] de **creches**[27] e orfanatos em todo o país, o **armazenamento**[28] em disco ótico dos requerimentos de passaportes para garantir a identificação do menor; o efetivo patrulhamento das faixas de fronteira; e a exigência da **comprovação**[29] de todas as despesas feitas pelos **casais**[30] adotantes no Brasil e no exterior.

Quando se fala de cifras, **dados**[31] surpreendentes vêm **à tona.**[32] Há pelo menos dez anos o tráfico de bebês brasileiros para o exterior, que já envolve cerca de cinco mil crianças por ano, tem sido um investimento **rentável.** [33] O lucro líquido por cada bebê pode chegar a US$ 9 mil. Basta que o interessado em intermediar a negociação tenha conhecimento de algum casal estrangeiro que queira adotar uma criança. No mais, é apenas fazer uma viagem ao interior do país e localizar uma das muitas mulheres desesperadas com a hipótese de ter que criar um filho. Concluída a primeira adoção, é esperar que a notícia **se espalhe.**[34] Com ela, virão os dividendos. E não são poucos. Nos últimos dias, a Polícia Federal **desbaratou**[35] uma quadrilha que **se encaixa**[36] perfeitamente no perfil do tráfico de crianças para

---

[15] Grupos de ladrões ou gangues

[16] Pobres

[17] Isto é, *por zerar a*

[18] Conta (Fig.)

[19] Em alistar ou reunir

[20] Arredores ou cercania

[21] Discreto

[22] Enfatiza

[23] Retrocesso

[24] Coberto ou adornado

[25] Exeto

[26] Registro

[27] Instituições de assistência social que abrigam, durante o dia, criancinhas cujas mães são necessitadas ou trabalham fora do lar

[28] Conservação (Fig.)

[29] Conjunto de documentos relativos a gastos que se fizeram por determinada verba (quantia de deinheiro)

[30] Plural de *casal* (par composto de macho e fêmea)

[31] Informações

[32] À superfície ou ao lume

[33] Lucrativo ou rendoso

[34] Se difunda

[35] Desfez

[36] Cabe

o exterior. O bando atuava em Ilhéus (Sul da Bahia), sob o comando de três advogados radicados na capital e integrado por três mulheres que recrutavam os recém-nascidos de mães pobres no Município de Buerarema.

Cálculos da Polícia Federal estimam que os líderes estariam ganhando entre Cr$ 10 a Cr$ 20
5   milhões por bebê exportado, geralmente para a Itália. A principal intermediária, segundo a PF, Mirane Lucy Guirra Martins de Araújo, recebia cerca de Cr$ 3 milhões por cada criança entregue a casais italianos. Financiada por advogados, ela mantinha os bebês alimentados até que a burocracia da adoção terminasse e eles tivessem condições físicas para viajar.

Hoje, a situação pode estar ainda mais crítica. Pelo menos é o que afirma o juiz de menores
10   Liborni Siqueira, do Rio de Janeiro: "O Estatuto da Criança e do Adolescente, código brasileiro que cuida dos interesses dos menores, transformou o tráfico de crianças para o exterior em uma operação legal", diz ele. A acusação se refere ao Parágrafo 2 do Artigo 46 do estatuto, que, para a adoção de menores de dois anos por casais estrangeiros, prevê um período de apenas 15 dias de convivência entre as partes, prazo que aumenta para 30 dias no caso de adotados maiores de dois anos: "O tempo é curto demais",
15   observa o juiz.

"Já houve um caso"--ele não revela o nome dos envolvidos para **preservar**[37] o menor--"em que, quando fui ter notícias, a criança já estava na terceira adoção após ter saído do país". Com essa preocupação, Siqueira é o Juiz de Menores que menos **libera**[38] adoções por estrangeiros em todo o país—em 1991, concedeu apenas quatro—e exige que o casal passe, pelo menos, 50 dias ao lado da
20   criança, sob seu estreito controle.

(*Manchete*, 25 de abril de 1992)

---

[37] Proteger
[38] Concede

Compreensão

1. Quem apoia a legalização do jogo do bicho?

2. Quem objeta e por que?

3. Qual é o novo jogo que está sendo oferecido como substituto pelo jogo do bicho?

4. Que grupos mais participam do tráfico de bebês?

5. Quais são algumas das medidas sugeridas para suprimi-lo?

6. Legalmente, antes de levarem embora, quantos dias os novos pais têm que conviver com a criança adotada? Varia com a idade dela?

Vocabulário : (a) Relacione os termos da primeira coluna com os (quase) antônimos da segunda e (b) empregue-os em sentenças completas.

1. Anteontem	a. Contravenção
2. Legalização	b. Solto
3. Convergência	c. Montar
4. Aprovar	d. Depois de amanhã
5. Recolhido	e. Divergência
6. Extinção	f. Reprovar
7. Especificar	g. Convivência
8. Desbaratar	h. Manutenção
9. Transformação	i. Generalizar
10. Isolamento	j. Continuação

Ampliação

1. Você já ganhou alguma coisa apostando? O que?

2. Você se opõe aos jogos de azar? E os que são controlados pelo governo? Por que (não)?

3. Onde você mora, alguns jogos de azar são permitidos? Quais?

4. Você acha que um jogo permitido pela lei poderia chegar a ter a popularidade de outro, oficialmente proibido?

5. Por que o tráfico de bebês é comumente condenado--no Brasil e pelo mundo afora?

6. Você vê vantagens humanitárias no tráfico de bebês como está atualmente constituído? A quem beneficia?

7. Você o considera um "crime sem vítima"? Por que (não)?

8. Você acha este tipo de negócio inevitável? Por que (não)?

9. Quem fica com o grosso do lucro numa transação típica?

10. Quais seriam os abusos mais óbvios neste tipo de atividade clandestina?

TEATRINHO

"Reunião de família classe média"

Elenco

Entre os participantes familiares, pais e filhos (crescidos), primos, tios e avós, gente que mora no interior (mais) tranquilo e gente dos centros urbanos (mais) tumultuados

Argumento

Papo informal dominado pela preocupação de todos--em graus variados--pelo aumento precipitoso no índice de criminalidade e violência. Como evitar? Como combater? A quem (ou a que) responsabilizar? Senso de exasperação palpável combinado com as experiências próprias.

Expressões úteis

Andar de ônibus
Area perigosa
(Não) Arriscar-se
Bater
Cadê a polícia?
Defender-se
Desconfiar
Evitar encrenca

Guarita
Interfone
Porteiro
Sair acompanhado/a
(Não) Sair de noite
Segurança
Ser agredido/a
Ser assaltado/a

TEMAS PARA COMENTÁRIO ORAL OU ESCRITO

1. Precisa-se de um sistema de adoção de bebês, bem administrado e sem fins lucrativos, que não reconheça fronteiras.

2. Viver numa metrópole está ficando insuportável.

3. O que é impossível de o governo proibir deveria ser legalizado.

4. Os prós e contras de se viver numa cidadezinha interiorana (ou num centro cosmopolitano).

UNIDADE 11   POBREZA

1

Estudos mostram a marcante desigualdade
sócio-econômica no Brasil

Sai ano, entra ano

Em agosto, um relatório do Banco Mundial conferiu ao Brasil o terceiro lugar entre os países com
pior distribuição de **renda**.[1] O relatório aponta, assim, o motivo pelo qual a democracia no Brasil não existe.
O país, com 57% de índice de concentração de renda, só perde para Honduras, com 62%, e Serra Leoa,
com 59%. **Empatam**[2] com o Brasil, o Panamá e a Colômbia. Quanto mais alta a concentração de renda,
maior é a desigualdade social. Segundo o Banco Mundial, o **PIB**[3] brasileiro cresce abaixo do aumento da
população, engordando a concentração de miseráveis. Em 1990, o PIB do Brasil é negativo em 4,2%
segundo a Fundação Instituto Brasileiro de Geografia e Estatística, o IBGE, órgão ligado ao Ministério da
Economia, responsável pelo **levantamento**[4] estatístico oficial no país. E, de acordo com a Fundação
Instituto de Pesquisas Econômicas, a Fipe, da Universidade de São Paulo, o PIB desse ano é negativo em
6%. Diz o documento do Banco Mundial que **se dá**[5] essa realidade por obra e graça de ineficientes
políticas de combate ao déficit público e de baixíssimos salários.

Segundo o IBGE, fica também o Brasil em terceiro lugar, entre os países da América Latina, na
questão da mortalidade infantil. Ganham do Brasil somente o Peru e a Bolívia. Coincide a revelação do
IBGE com a divulgação, no dia 19 de dezembro, do relatório *Situação Mundial da Infância*, 1991, do Fundo
das Nações Unidas para a Infância, a Unicef, órgão da Organização das Nações Unidas, a ONU. A
entidade convocou "um esforço mundial para pôr fim às altas **taxas**[6] de mortalidade de crianças e à
desnutrição infantil até o fim do século XX". São signatários do documento 150 governos, o do Brasil
incluso. Os objetivos principais da Unicef são os de reduzir, em um terço, o número de mortalidade infantil,
sendo que as mortes por desnutrição devem cair em pelo menos 50%, e garantir **escolaridade**[7] para no
mínimo 80% das crianças **carentes**.[8] Segundo a Unicef, 14 milhões de crianças menores de cinco anos
morrem anualmente em países em desenvolvimento. No Brasil, estima-se que morrem 350 mil crianças por
ano, e que existam 30 milhões de crianças carentes: 15 milhões delas vivendo nas ruas.

(*IstoÉ-Senhor*, 26 de dezembro de 1990)

---

[1] Dinheiro adquirido em troca de algum serviço
[2] Igualam
[3] Produto Interno Bruto
[4] Pesquisa, estudo ou investigação
[5] Acontece
[6] Índices
[7] Instrução
[8] Necessitados ou pobres

Compreensão

1. Qual é a porcentagem do Brasil no índice de concentração de renda?

2. Na América Latina, quais são os paises que empatam com o Brasil na categoria de maior concentração de renda?

3. Por que é uma distinção dúbia?

4. E para o que aponta o PIB brasileiro?

5. A que se deve este crescimento negativo do PIB?

6. Qual é a situação do país no tocante à mortalidade infantil?

7. Há paises latino-americanos em piores condições que o Brasil em termos de mortalidade infantil?

8. A respeito da condição da criança brasileira, o que revelam as estatísticas?

Vocabulário : Dê a forma completa das siglas seguintes:

1. PIB _____

2. IBGE _____

3. ONU _____

4. Fipe _____

5. *Unicef* (Equivalente em português)_____

Ampliação

1. A má distribuição de renda tem resposta a curto prazo?

2. O que você acha que o Brasil deveria fazer para *começar* a combater este dilema?

3. A continuar como está, você pensa que uma mudança estrutural seria realista?

4. Em seu país, você está notando uma polarização crescente entre ricos e pobres? Como?

5. Como você explicaria esta disparidade sócio-econômica? O que encoraja ou, pelo menos, possibilita este fenômeno regressivo?

2

Milhares de brasileiros buscam sustento
no comércio ambulante e transformam
as ruas das grandes cidades em cópias
de mercados persas

Camelôs [1] da crise

O resultado da crise econômica que o país atravessa está nas ruas: na esperança de vencer salários **defasados**[2] e desemprego, milhares de brasileiros decidiram fazer do comércio o seu **ganha-pão**,[3] mas de maneira informal, e **no papel de**[4] ambulantes, **marreteiros**[5] e camelôs disputam espaço
5   com pedestres e automóveis. Nas grandes cidades brasileiras instalam-se, diariamente, verdadeiros mercados persas, com **barracas**[6] ou simples **tabuleiros**[7] oferecendo quase tudo, de alimentos a aparelhos eletrônicos importados, de ervas medicinais a peças íntimas de vestuário, ou simples **quinquilharias**.[8] O congestionamento é inevitável: estima-se que mais de 500 mil pessoas atuem hoje como vendedores nas ruas das maiores capitais em shopping centers a céu aberto.
10   O progresso dessa atividade que não é registrada nos livros da burocracia e não recolhe impostos para os cofres públicos--é tamanho que tem alterado conceitos que já pareciam bem **arraigados**:[9] hoje, boa parte dos camelôs não **foge**[10] da **fiscalização**,[11] organiza-se em **sindicatos**[12] e, segundo eles mesmos assumem, ganha bem mais do que a maioria dos brasileiros regularmente empregados.

Há oito meses Bento Gonçalves de Souza trocou o **salário mínimo**[13] de um emprego como
15   **frentista**[14] na periferia de São Paulo pela incerta vida de vendedor ambulante no Viaduto do Chá, um dos pontos mais movimentados do centro da cidade, onde chegam a circular 800 mil pessoas em um único dia. Souza comercializa relógios trazidos do Paraguai, chega a **faturar**[15] Cr$ 20 mil nos melhores dias--o salário mínimo está em Cr$ 17 mil--e é, como muitos outros colegas de profissão, um exemplo dos paradoxos gerados pela crise econômica brasileira.
20   À margem dos controles, esse tipo de comércio **viceja**.[16] As **prefeituras**[17] habituadas a tratar a questão como caso de polícia--apreendendo mercadorias e cobrando **multas**[18]--já são obrigadas a rever sua atitude, buscando fórmulas de convivência entre camelôs, **lojistas**[19] e o público. Somente no Rio de Janeiro calcula-se que 150 mil pessoas estejam nas ruas, vendendo sem qualquer autorização oficial. Os lojistas paulistas apontam a existência de 40 mil marreteiros nas ruas da capital. "Eles não pagam
25   impostos e por isso vendem mais barato", reclama o presidente do Sindicato dos Comerciantes de São Paulo, Murad Salomão Saad, dono de um bazar na rua José Bonifácio, no centro de São Paulo, já invadida

---

[1] Mercadores que vendem nas ruas

[2] Postos fora de fase, isto é, reduzidos (pela inflação)

[3] Sustento

[4] Como (Fig.)

[5] Vendedores ambulantes (Fig.)

[6] Construções ligeiras, de remoção fácil, comumente feitas de madeira ou lona, e usadas em feiras

[7] Peças de madeira, metal ou de outro material, com fundo chato e rebordos, destinadas a conter e/ou transportar diversos objetos; bandejas

[8] Brinquedos de criança, jóias de fantasia ou outras miudezas; bagatelas; ninharias ou bugigangas

[9] Estabelecidos (Fig.)

[10] Evita ativamente

[11] Controle fiscal ou governamental

[12] Associações para fins de coordenação de interesses econômicos e profissionais dos que exerçam atividades similares

[13] Remuneração mínima do trabalhador, fixada por lei

[14] Empregado que atende o público num posto de gasolina

[15] Ganhar

[16] Prospera (Fig.)

[17] Administrações municipais

[18] Penas pecuniárias, isto é, pagas com dinheiro

[19] Donos ou donas de lojas (estabelecimentos de comércio)

por camelôs. Sentindo-se prejudicado, ele se tornou um admirador da solução encontrada em Florianópolis. Lá foi instalado um camelódromo, uma área confinada para esse tipo de comércio.

Ser marreteiro hoje não requer prática ou habilidade. Pouco afeito a sutilezas, ele quer vender a qualquer custo. "Diante da grave distorção salarial no país", afirma a professora Maria Cristina Cacciamali,
5 da Faculdade de Economia e Administração da USP, "a atividade autônoma torna-se mais atraente do que um emprego regular". **Pesquisando**[20] há 14 anos os setores marginais do mercado, a professora acredita que o comércio ambulante é hoje uma das pontas mais visíveis do que se costuma chamar de economia informal. De fato, acaba sendo difícil desprezar alguém que, buscando uma atividade não regularizada, consegue ganhar até Cr$ 300 mil ao mês, quase 20 salários mínimos.

10 E até na disputa de mercado o comércio ambulante começa a **despontar**.[21] "Vendo a **prestação**[22] para os clientes conhecidos", diz Antônio Francisco de Oliveira, dono de uma barraca que vende calças jeans na área central de Brasília. Segundo ele, até o ano passado sua freguesia era formada por pessoas de baixa **renda**,[23] hoje são funcionários públicos, gente de classe média que **pechincha**[24] muito o preço antes de levar qualquer peça para casa. "As melhores vendas acontecem no início do mês, quando as
15 pessoas ainda têm o salário no bolso", avalia o cearense Raimundo Souza Lima, que há 32 anos oferece bolsas em sua banca no Largo 13 de Maio, na zona sul de São Paulo. Com o trabalho de marreteiro, ele criou seus quatro filhos e consegue, hoje, um rendimento mensal de Cr$ 250 mil.

Nesse novo setor da economia informal, que **progride**[25] cada vez mais, há gente de todo tipo. Há quem vá para as ruas porque perdeu o emprego e não conseguiu outro; ou que abandona sua ocupação
20 habitual para escapar dos baixos salários; ou ainda um numeroso contingente de pessoas que, apesar de empregadas, usam a atividade de marreteiro como meio complementar da renda familiar. Entre elas, sucedem-se histórias chocantes da crise econômica, como os cariocas Rogério Sebastião da Silva e Manoel Izídio da Silva Filho, que colocaram em sua banca de produtos eletrônicos uma **faixa**[26] anunciando a venda de um **rim**[27] por Cr$ 20 milhões. "Se o camarada pechinchar, deixo por Cr$ 15 milhões", confessa
25 Rogério, que sonha em abrir uma padaria no interior de Minas Gerais.

Em Curitiba, a massagista Marlene Munzfeld, de 45 anos, perdeu o emprego e tomou uma decisão: comprou um carrinho de **pipocas**[28] e, aos fins de semana, vai vender na Praça do Skate, um ponto muito frequentado pelos jovens. "Minhas amigas criticaram", diz ela, que é mãe de duas crianças e casada com um contador com salário de Cr$ 140 mil. "Mas não tenho vergonha de ser pipoqueira; estou
30 trabalhando". Até o fim do ano, o número de ambulantes em Curitiba poderá dobrar, chegando a cinco mil, segundo reconhece a própria prefeitura. "Recebemos mais de 100 pedidos de licença por **quinzena**",[29] afirma o coordenador da divisão de uso de **logradouros**[30] públicos, Carlos Alberto Franco. E, para seu espanto, professores, advogados e funcionários especializados são os primeiros a pedir inscrição como ambulantes. "Com muito **afinco**,[31] o comércio ambulante **dá certo**",[32] observa Antônio das Neves Filho,
35 que preside o sindicato da categoria no Paraná. De acordo com ele, entre os camelôs mais antigos não há um que não tenha automóvel ou casa própria.

No Rio de Janeiro, a atriz Nídia de Paula, que trabalhou em diversos filmes do cinema nacional, tornou-se uma vendedora de bijuterias nas ruas de Ipanema. "O **Plano Collor**[33] me pegou de mau jeito, com muitas **dívidas**",[34] diz. Em São Paulo, o professor de matemática Edivaldo Ferreira da Silva, 43 anos,

---

[20] Investigando

[21] Ocorrer ou nascer

[22] A prazo (não à vista)

[23] Dinheiro adquirido em troca de algum serviço; rendimento

[24] Procura comprar mais barato ou argumenta sobre o preço

[25] Avança

[26] Tudo o que se apresenta à vista em forma de tira ou listra

[27] Cada um de dois órgãos produtores de urina, situados um de cada lado do segmento lombar da coluna vertebral

[28] Ou *pipoca* : o grão de milho rebentado ao calor do fogo, frequentemente servido com sal e/ou manteiga derretida

[29] Quinze dias ou duas semanas

[30] Espaços livres

[31] Perseverança ou persistência

[32] Funciona

[33] Plano econômico do Presidente Collor, em março de 1990, que congelou 80% do dinheiro em circulação

[34] O que se deve

divide-se em dois **ofícios**[35]--durante o dia, oferece roupas femininas em uma barraca no bairro do Brás; à noite, leciona em duas escolas. Como professor, ganha Cr$ 117 mil; como camelô, consegue Cr$ 150 mil.

"O camelô não é um **coitadinho**",[36] afirma o economista Roberto Martins, responsável pela fiscalização do comércio ambulante na região central de Belo Horizonte. "Hoje ele ganha mais do que um professor", diz. O marreteiro sonha em estabelecer negócios maiores, oficializados, assumindo a denominação de **empresário**.[37] "Não ter patrão é uma coisa que compensa todos os sacrifícios", filosofa Pedro Costa, um vendedor de **cadarços**[38] no Largo da Carioca, no centro do Rio de Janeiro. "Não sei o que é um emprego", gosta de dizer o mineiro João Paulo de Oliveira, 34 anos, 25 deles como camelô no centro de Belo Horizonte, e que nunca experimentou outra atividade na vida. Pai de três filhos, casado com Márcia, também marreteira, João Paulo estudou até o **1° grau**.[39] Hoje tem casa própria e um automóvel Uno 1986--patrimônio **amealhado**[40] com a venda de artigos vindos do Paraguai.

O progresso de ambulantes, camelôs e marreteiros provoca intermináveis protestos; e o **bate-boca**[41] com lojistas e autoridades municipais está longe de se encerrar. "A ocupação indisciplinada das **calçadas**[42] é uma agressão aos habitantes da cidade", afirma a comissão criada no Rio de Janeiro para ordenar o comércio ambulante. De acordo com ele, a solução virá com o **cadastramento**[43] e **triagem**[44] dos camelôs. "A rua deve ser **franqueada**[45] somente aos mais necessitados", adverte. Uma tarefa difícil. Ao iniciar a regulamentação dos marreteiros ilegais, o publicitário Haroldo Meira, indicado pelo governo do Distrito Federal para a tarefa, descobriu diversas aberrações. "Havia lojistas colocando funcionários para vender em banquinhas e camelôs donos de cinco ou seis barracas, descarregando mercadorias de **peruas**[46] F-1000", diz. Estes, obviamente, perderam o lugar. Em Brasília, a luta é para restringir a área de atuação e reduzir o número de camelôs para 500, quase um terço do total de marreteiros que, calcula-se, ocupam vários locais da cidade.

Apesar das investidas repressivas poucos camelôs abandonam seus **pontos**[47]-de-venda ao ar livre. Em algumas cidades, como Florianópolis, a idéia do camelódromo foi saudada como um passo adiante na questão--em vez de proibir, passou-se a confinar os marreteiros em locais previamente designados. Ali o ambulante Alcides de Jesus Bernardo, de 37 anos, toca violão para atrair a **freguesia**[48] e consegue, no fim do mês, uma retirada de até Cr$ 300 mil. "Compro produtos em São Paulo com cheques pré-datados para 30 dias e revendo pelo dobro do preço", explica. Porém, longe das vistas da prefeitura, os colegas de Alcides já colocaram à venda o seu ponto fixo por Cr$ 1,5 milhão.

Em Belo Horizonte, onde não há um camelódromo, a atividade está oficializada. Existem na cidade 820 camelôs devidamente licenciados pela prefeitura, movimentando uma verba estimada em até Cr$ 1 milhão por mês com suas vendas. Mas nem por isso **deixaram de**[49] surgir os novatos na área--os toureiros: marreteiros sem credenciamento que, ao primeiro sinal de perigo, com a aproximação de fiscais, desatam a correr pelas ruas. É um mercado disputado também por sinaleiros--garotos que oferecem balas e chicletes aos motoristas parados nos semáforos de trânsito.

Para eles, a venda ambulante vai se tornando uma profissão que requer uma boa dose de espírito aventureiro num mundo com regras e até um vocabulário próprio. Um *pára-quedas*, por exemplo, não deve ser entendido como um equipamento salva-vidas: ele é, para o ambulante, um pano onde a mercadoria fica exposta no chão. O *maracanã* também não é o estádio carioca de futebol mas apenas

---

[35] Profissões

[36] Pobrezinho

[37] Homem de negócios

[38] Cordões ou tecidos usados para amarrar sapato

[39] Os primeiros 8 anos do ensino básico, ou seja, 4 anos na série primária e 4 no ginásio

[40] Economizado ou juntado pouco a pouco

[41] Discussão ou disputa (verbal)

[42] Caminhos pavimentados para pedestres, quase sempre mais altos que a parte da rua destinada aos veículos

[43] Registro

[44] Seleção

[45] Destinada (Fig.)

[46] Camionetes ou veículos automóveis de passageiros e pequena carga

[47] Locais

[48] Clientela

[49] Pararam de

uma roda formada pelo público diante de uma barraca. E o *índio* não tem sangue tupi-guarani: trata-se de um funcionário que, mediante um salário de Cr$ 70 mil a Cr$ 80 mil, **toma conta**[50] de uma **banca**.[51]

(Maria Inês Camargo, *IstoÉ-Senhor*, 21 de agosto de 1991)

---

[50] Cuida
[51] Isto é, *um ponto ou barraca*

181

Compreensão

1. Quais são as duas razões principais pelo número cada vez maior de camelôs?

2. O que eles normalmente vendem?

3. Por que a atitude das prefeituras perante os camelôs pode ser considerada ambivalente?

4. Que tipo de trabalho muitos deles antes faziam?

5. Quem mais se opõe à proliferação dos camelôs?

6. Tem havido abusos da parte de certos camelôs? Dê exemplos.

7. Em que consiste a repressão dos camelôs (não licenciados) pelas autoridades?

8. Dentre o vocabulário deles, cite um termo e defina-o.

Vocabulário : (a) Relacione os termos da primeira coluna com os (quase) antônimos da segunda e (b) empregue-os em sentenças completas.

1.	Prejudicado	a.	Empregado
2.	Habituado	b.	Estacionário
3.	Ser pedestre	c.	Repelente
4.	Afinco	d.	Não acostumado
5.	Necessitado	e.	Beneficiado
6.	Atraente	f.	Abandonada
7.	Patrão	g.	Abastado
8.	Antigo	h.	Indiferença
9.	Ambulante	i.	Moderno
10.	Invadida	j.	Estar motorizado

Ampliação

1. Você alguma vez vendeu na rua?--Ou comprou na rua?

2. Onde você mora, há camelôs? O que vendem?

3. Em que tipo de sociedade esta forma de economia paralela faz uma contribuição positiva? Dê exemplos.

4. Os lojistas têm razão quando objetam à concorrência dos camelôs?

5. Você acha que a "profissão" de camelô vai se impor com o tempo ou vai desaparecer? Por que?

3

Invasores de terreno **reagem**[1] à ação
policial e são rechaçados a tiros

As balas de sempre

Eram pouco mais de 2 horas da tarde da terça-feira, 11, quando as tropas de choque e de cavalaria da Polícia Militar de São Paulo começaram a atirar bombas de gás lacrimogêneo contra um grupo de invasores de um terreno particular de 25 mil metros quadrados, na chamada Vila Socialista, no Jardim Inamar, em Diadema, Grande São Paulo. Os policiais cumpriam, assim, uma **ordem de reintegração de posse**[2] expedida pelo juiz Antônio da Silveira, da 3ª **Vara Cível**[3] de São Paulo. Quatro dias de negociações entre os advogados dos moradores e do proprietário do terreno, Pedro Simões Filho, haviam fracassado no fim da manhã da terça-feira. Foi quando a PM deu o ultimato aos invasores: seriam desalojados a força a partir do início da tarde.

Protegidos por uma barricada de **arame farpado**[4] e velhos **trastes**[5], os moradores da Vila Socialista--nome escolhido pelos invasores quando, há quatro meses, ocuparam o terreno--pretendiam resistir, armados de **porretes**,[6] pedras, machados e coquetéis molotov. **Após**[7] três horas de confronto, em que a PM, além dos **cassetetes**[8] e bombas de gás, acabou recorrendo, também, às armas de fogo, o **saldo**[9] foi dramático: dois invasores mortos, 122 feridos, entre policiais e moradores, e 38 presos. Os **barracos**[10] foram **derrubados**[11] imediatamente depois da luta, por um trator especialmente contratado pelo proprietário do terreno. Os invasores que escaparam da cadeia, ou da ida aos hospitais, terminaram sendo levados às escolas municipais de Diadema, onde permaneciam instalados até a tarde de quinta-feira, 13.

Um dos feridos mais graves é o **vereador**[12] Manoel Boni, expulso do **PT**[13] há seis meses, por ter liderado, em agosto de 1989, a invasão de uma área da **Prefeitura**[14] de Diadema. Outra vez à frente de invasores de terrenos baldios, o vereador teve a mão direita decepada pela explosão de uma bomba de gás lacrimogêneo, no momento em que tentava devolvê-la na direção dos policiais.

O soldado Sérgio de Freitas Pinheiro e o cabo Edvaldo Nascimento Rosa apresentaram-se na quarta-feira, 12, como autores dos **disparos**[15] que causaram a morte dos invasores Milton de Souza Frazão, de 32 anos, e Noraldino Ferreira Lima, de 35 anos. Segundo a versão dos policiais, Frazão e Noraldino teriam reagido, armados com dois revólveres, a desocupação forçada dos barracos; no **tiroteio**,[16] acabaram mortalmente atingidos. A versão da família de Noraldino é bem diversa. Sua mulher, Maria Gimenez, atribuiu a morte de Frazão a **uma queima de arquivo**.[17] Segundo seu relato, nenhum dos

---

[1] Resistem (Fig.)

[2] Autorização de desalojar uma propriedade e entregá-la ao dono legal

[3] Jurisdição civil

[4] Cabo formado por dois fios metálicos enrolados, e no qual se fixam, de espaço a espaço, pontas penetrantes do mesmo metal

[5] Móveis caseiros

[6] Cacetetes ou paus com uma das extremidades arredondada

[7] Depois de

[8] Cacete curto

[9] Resultado

[10] Ou barracões: habitações toscas, improvisadas, construídas geralmente nos morros, onde vivem os favelados

[11] Derribados ou botados para baixo

[12] Membro de câmara municipal

[13] Partido dos Trabalhadores

[14] Governo municipal

[15] Tiros

[16] Confronto à bala

[17] Assassinato de quem sabe demais

dois estava armado. Lima teria sido atingido primeiro e Frazão, revoltado, gritou para os policiais: "Vocês mataram um trabalhador. Por que não vão matar bandidos?" Naquele instante, Frazão teria sido baleado.

Ao mesmo tempo que a Polícia Militar abria inquérito para **apurar**[18] estas mortes, o secretário de Segurança Pública do Estado, Antônio Cláudio Mariz de Oliveira, responsabilizava, na quarta-feira, 12, o juiz Antônio da Silveira pelos incidentes ocorridos durante o confronto. "Ele podia ter **recuado**[19] na ação e evitado a tragédia", reclamou Mariz. Desde 7 de novembro, o secretário vinha negociando a suspensão da ação de reintegração de posse do terreno. Na terça-feira, quando os policiais militares já cercavam a área, Mariz entrou em contato com o dono do terreno, Pedro Simões Filho, para tentar suspender mais uma vez a reintegração de posse. "Ele foi **irredutível**[20] e não quis atender aos meus apelos", lamentou.

Segundo **testemunhos**[21] de invasores, as primeiras reuniões para organizar a resistência aconteceram numa antiga **olaria**[22] próxima ao terreno invadido. Desde o início de novembro, quando o juiz assinou a primeira ordem de desocupação da área, os moradores passaram a discutir uma forma de reagir, pela força, à ação judicial. Representantes das 1.200 famílias se reuniam quase diariamente sob a coordenação de uma comissão de 40 moradores. Geraldina Santos Cruz, uma das invasoras da Vila Socialista, contou como eram esses encontros: "Sempre comentávamos que deveríamos nos armar para enfrentar a polícia". Nos barracos demolidos pelos tratores do proprietário da área, os policiais encontram, na quarta-feira, **pólvora**[23] e **chumbo**[24] granulado, garrafas vazias, **estopa**[25] e gasolina. Preparados para uma batalha de guerra, os invasores instalaram até enfermarias em barracos onde colocaram **faixas**[26] com uma cruz vermelha e a inscrição "socorro".

(*IstoÉ-Senhor*, 19 de dezembro de 1990)

---

[18] Averiguar
[19] Sido mais lento (Fig.)
[20] Invencível ou imutável
[21] Depoimentos
[22] Fábrica de louça de barro, tijolos ou telhas
[23] Composto explosivo utilizado como carga de propulsão em projetis, bombas, etc.
[24] Elemento químico pesado, utilizado em armas de fogo
[25] Sobras de fio não aproveitado na tecelagem
[26] Tiras ou listras que se apresentam à vista

Compreensão

1. Exatamente o que as tropas da polícia militar invadiram?

2. Quem ocupava a Vila Socialista? Quantas famílias eram?

3. Como é que o proprietário conseguiu que o governo expulsasse os residentes ilegais?

4. Como foi a expulsão?

5. Para onde foram os residentes uma vez expulsos do terreno?

6. Houve mortes? De que lado?

7. O que as forças policiais descobriram nos escombros da Vila Socialista?

8. Quem é o político que apoia os invasores?

Vocabulário : (a) Relacione os termos da primeira coluna com os (quase) sinônimos da segunda e (b) empregue-os em sentenças completas.

1.	Negociações	a.	Removidos
2.	Atirar	b.	Opor-se
3.	Moradores	c.	Deliberações
4.	Barricada	d.	Jogar
5.	Resistir	e.	Residentes
6.	Escapar	f.	Barreira
7.	Desalojados	g.	Fugir
8.	Dono	h.	Ficavam
9.	Conforto	i.	Proprietário
10.	Permaneciam	j.	Conflito

Ampliação

1. Você acha justo o nome extra-oficial--Vila Socialista--posto no terreno? Por que?

2. Quem realmente tem a culpa do que se passou?

3. A quem você apoia?

4. E agora, onde vão morar os desalojados?

5. Há desamparados em sua cidade? E, caso afirmativo, como estão sendo tratados?

6. Eles poderiam ser removidos à bala , como ocorreu aos pobres de Diadema? Por que (não)?

4

Povos na rua: Miseráveis criam
arquitetura da indigência

Mulher vive em *cano*[1] de *esgoto*[2] e músico em árvore

Na Marginal do Pinheiros, entre a Cidade Universitária e o Jockey Club, pode-se encontrar uma confirmação de que a escada que leva um indivíduo para baixo não tem último **degrau**.[3] **Deságua**[4] naquele ponto do rio uma **boca**[5] de esgoto, um tubo de concreto com cerca de 1,5 metro de diâmetro, invisível para os motoristas. Uma mulher de 50 anos aparentes está morando ali, com um cachorro e pelo menos uma dezena de gatos.

É visivelmente louca e detesta visitas, sempre tratadas a **palavrões**[6] e gritos com uma única frase. "Isto aqui é a minha **herança**",[7] repete ela a quem se aproxima, escondendo-se depressa nas entranhas do esgoto. É louca, mas engenhosa na organização de sua miséria.

Dentro do tubo, a mulher **encaixou**[8] uma tábua, no sentido horizontal, de tal maneira que a água escorre por baixo dessa prateleira—sua cama e sua despensa. Na boca da saída de esgoto, ela prendeu um pedaço de **lona,**[9] garantindo privacidade.

Raramente vista pelos vizinhos, ela costuma sair cedo e voltar tarde para seu abrigo. Diante da saída, talvez para evitar competição pela casa e comida com os ratos, ela mantém uma área de 12 metros quadrados cuidadosamente **capinada**.[10] Um girassol à direita do tubo já passa de dois metros de altura, não se sabe se plantado pela mendiga ou nascido por acaso.

A mulher da Marginal é um exemplo extremo da indigência, mas não o único de surpreendente criatividade para **contornar**[11] a dificuldade de se encontrar abrigo. Em Salvador, o **catador**[12] de papel Roque Costa, de 30 anos, adotou uma solução mais simples. Encerrado seu **expediente**[13] diário, ele **se enfia**[14] dentro de seu carrinho e dorme. O mesmo carrinho faz às vezes de sua mesa, quando há o que comer, e de seu guarda-roupa, para meia dúzia de peças.

Um carioca encontrou moradia em cima de uma árvore. O músico Darci Mário Modesto, de 31 anos, vive há três meses em cima de uma **amendoeira**[15]--em plena Copacabana. Entre um **galho**[16] e outro, Darci fixou uma porta para fazer o piso de sua casa, cobriu-a com lona e usa uma corda cheia de **nós**[17] para subir e descer da árvore. Ex-representante comercial, ele abandonou carro próprio e gravata para viver como Tarzã. "É a minha opção", explica, sem muitos detalhes.

---

[1] Tubo
[2] Sistema subterrâneo de canalizações destinado a receber as águas pluviais e os detritos de um aglomerado populacional, e levá-los para lugar afastado
[3] Cada uma das peças, constituídas essencialmente de um plano sólido horizontal, em que se põe o pé para subir ou para descer escadas fixas
[4] Lança suas águas
[5] Abertura
[6] Palavras obscenas
[7] Aquilo que se transmite por hereditariedade
[8] Colocou ou inseriu
[9] Tecido resistente do qual se fazem sacos, velas, toldos, etc.
[10] Limpada de vegetação
[11] Dar uma solução alternativa, às vezes incompleta
[12] Aquele que *cata* ou recolhe um a um, procurando entre outras coisas
[13] Serviço ou horário de trabalho
[14] Mete-se
[15] Árvore cuja semente--a amêndoa--é apreciada recoberta de açúcar ou de sal
[16] Ramo
[17] Entrelaçamentos

Aposentado [18] ocupa banheiro público

Há 11 anos, o então ajudante geral da **prefeitura**,[19] Francisco Guedes dos Santos, hoje com 61 anos, prestou atenção ao Viaduto Júlio de Mesquita Filho, na Bela Vista. Ao perceber que dezenas de
5   **desocupados**[20] tinham tomado o banheiro público ali instalado, teve uma idéia para resolver o seu próprio problema de moradia.

Já na manhã seguinte, ele se apresentou à administração de **patrimônio**[21] do município e propôs um negócio vantajoso para todos: passaria a morar ali com a família e, **em troca**,[22] prestaria serviços extras de conservação dos jardins públicos das imediações.
10   O **acerto**[23] perdura até hoje, embora Francisco já esteja aposentado e a sua condição de invasor do patrimônio público tenha se transformado num processo administrativo que há anos caminha pela burocracia da Prefeitura. "Estamos muito felizes aqui", conta o ex-funcionário público, que com o tempo foi reformando o antigo e imenso banheiro, agora transformado num desproporcional casarão.

A cozinha tem o tamanho de cinco quartos e os dormitórios, por sua vez, medem menos do que
15   um bom banheiro. A sala abriga um centro de **umbanda**[24] e a única instalação sanitária que restou tem a porta voltada diretamente para a mesa da cozinha.

"Eu queria fazer outras reformas aqui, mas tenho medo de gastar meu dinheiro hoje e ser **despejado**[25] amanhã", afirma Francisco, justificando a precariedade de sua moradia. A água para a família Santos, com seus nove integrantes e dois **agregados**,[26] é de graça. Vem pelos mesmos canos que antes
20   serviam ao banheiro.

A luz também não custa nada. Para a cozinha e um dos quartos, ele puxou fios da própria iluminação do viaduto. Na sala e num quarto menor brilham duas luminárias públicas que, se têm o incômodo de jamais poder ser apagadas durante a noite, **proporcionam**[27] visibilidade comparável à do Estádio do Pacaembu em dia de jogo noturno. Outra dessas lâmpadas ilumina o quintal, uma área de 100
25   metros quadrados que a família cercou e tranformou em depósito de **sucata**.[28]

Antes de ocupar a área municipal, Francisco morava de **aluguel**[29] no Itaim Paulista e estava prestes a viver na rua. "Eram muitas bocas e pouco salário", recorda ele. Francisco e sua mulher, Ivete Maria Conceição Santos, de 40 anos, têm muito medo de ser despejados. "Não quero ver meus filhos passando fome".
30

Sucateiro [30] mora em *baú* [31] e casal em buraco de viaduto

Embaixo do Viaduto Alcântara Machado, na entrada da Zona Leste da Capital, o sucateiro José Vieira Filho, 40 anos, natural do interior paulista, abriga-se com mulher e quatro filhos, entre eles um
35   recém-nascido, num baú de caminhão, feito de alumínio.

"É lógico que eu preferia uma casa, mas o baú já é pelo menos mais seguro que um **barraco**",[32] diz José, que pagou Crs 600 mil para comprar sua "residência" e **desembolsou**[33] mais Crs 50 mil para

---

[18] Aquele que deixou o emprego, ao fim de certo tempo de serviço, com a garantia de um pagamento vitalício

[19] Governo municipal

[20] Desabrigados

[21] Bens ou pertences

[22] Isto é, *pelo direito de agasalho ou abrigo*

[23] Acordo ou entendimento

[24] Forma cultural originada da assimilação de elementos religiosos afro-brasileiros pelo espiritismo brasileiro urbano

[25] Expulso

[26] Aqueles que vivem numa família como pessoas da casa

[27] Oferecem

[28] Qualquer obra metálica inutilizada; ferro velho

[29] Remuneração paga, em geral mensalmente, em razão da locação (de um quarto, apartamento, casa, etc.)

[30] Quem negocia sucata

[31] Aqui, contêiner ou caixa grande

[32] Habitação tosca, improvisada, típica de favela

[33] Pagou

descarregá-la embaixo do viaduto. Ele usa a área pública para **estocar**[34] papel, **papelão**,[35] plástico, cobre e ferro que compra de catadores ambulantes.

José parece se importar muito pouco que sua casa não tenha janelas, banheiro e água **encanada**,[36] mesmo com crianças vivendo ali dentro. "Minha vida já foi pior", resigna-se ele, lembrando

5   que ao chegar em São Paulo, em 1985, passou seis dias dormindo em **calçadas**.[37] De catador de papelão que alugava um **carrinho de rolemã**,[38] ele transformou-se com o tempo num microempresário do ramo.

Hoje, tem 16 carrinhos com rodas de automóvel, usados por 28 catadores, em dois turnos, todos moradores de uma micro-**favela**[39] que José construiu sozinho. "Dou barraco e trabalho e pago Crs 30 o quilo de papelão", informa o sucateiro. Em outros depósitos, o mesmo quilo vale Cr$ 40. Com essa filosofia

10 de recursos humanos, José acabou atraindo para baixo do viaduto os melhores catadores.

São cerca de 70 pessoas. Roubam energia elétrica do viaduto e usam um único banheiro. O piso do banheiro é a própria calçada e a latrina, junto ao muro, deságua numa **fossa rasa**[40] cavada do lado de lá. O lado de lá é o terreno da **CBTU**,[41] por onde passam trens de subúrbio.

Instalado há menos de um mês no baú--antes sua família usava um barraco--José ainda não

15 puxou luz para a nova casa. Quando precisa encontrar o bebê sobre uma cama de casal, num dos cantos da imensa caixa de alumínio, ele precisa sair **tateando**[42] entre os **trapos**[43] que **fazem** às vezes **de**[44] lençóis.

Calejado[45] pelas ruas, José já perdeu dois filhos na sua batalha diária com uma cidade que o empurra para baixo. Um dos garotos, de 17 anos, sumiu de casa--e o sucateiro imagina que hoje leve a

20 mesma vida que ele sete anos atrás. O outro, de 12 anos, foi morto a tiros e **pauladas**[46] por bandidos das **vizinhanças**[47] numa vingança contra a atuação de José como "**prefeito**"[48] dos baixos do viaduto.

A violência rotineira da rua foi o motivo de a doméstica Isaura Cassemira, de 42 anos, deixar de trabalhar até mesmo como **diarista**[49] em casas de família. "Se não ficar ninguém aqui durante o dia, os **malandros**[50] levam a nossa mobília embora", explica Isaura, que vive num dos mais curiosos abrigos

25 improvisados de São Paulo. Seu lar é um **buraco**[51] no viaduto da Avenida Doutor Arnaldo sobre a Avenida Paulo VI, na Zona Oeste.

Isaura e Carlos Alberto de Mello, 28 anos, vivem no espaço que sobra entre o **barranco**[52] da avenida lá embaixo e o piso do viaduto. Ele vigia carros no Cemitério do Araçá e ela exercita sua mania de limpeza no buraco onde moram. O lugar tem carpete, sofá, cama de casal, meia dúzia de mesinhas e

30 caixotes de madeira. Mesmo sem luz, um **abajur**[53] **enfeita**[54] a lateral direita da cama.

"Detesto **sujeira**",[55] diz Isaura, que pode não comprar carne todos os dias, mas não deixa faltar Carpex--um produto para limpeza de carpetes. "Tudo aqui foi encontrado no lixo ou presente de gente rica", revela a ex-empregada doméstica, orgulhosa da higiene de sua moradia.

---

[34] Armazenar ou guardar

[35] Cartão grosso, mais ou menos rígido

[36] Canalizada

[37] Caminhos pavimentados para pedestres

[38] Peça retangular de madeira com quatro rolamentos, um em cada canto lateral, que simula um carro

[39] Conjunto de habitações populares toscamente consrruídas

[40] Buraco pouco profundo

[41] Companhia Brasileira de Transportes Urbanos

[42] Apalpando ou tocando

[43] Pedaços de pano velho ou usado; farrapos

[44] Servem como

[45] Endurecido (Fig.)

[46] Pancadas com pau; cacetadas

[47] Arrebaldes, arredores ou cercanias

[48] Chefe (Fig.)

[49] Empregado cujo salário é calculado por dia

[50] Patifes, velhacos ou ladrões

[51] Abertura

[52] Despenhadeiro ou abismo

[53] Peça que abriga a lâmpada

[54] Adorna

[55] Imundície

Chegar à habitação de Isaura é uma ginástica que ela mesma não se atreve a fazer quando toma alguns tragos de cachaça. A "entrada social" é feita pelo lado de cima, descendo por uma trilha de terra, ao lado do viaduto, e caminhando pela beirada de abismo cujo fundo é o asfalto da Avenida Paulo VI. A "entrada de serviço" **está voltada**[56] para a avenida. É preciso agarrar uma corda e escalar a parede de **lajotas**[57] de concreto por uns bons 10 metros antes de atingir o primeiro **patamar**[58] do abrigo.

Ali ficam a horta e o jardim de Isaura, um espaço onde as lajotas foram arrancadas para alojar **mudas**[59] pouco promissoras de **almeirão**[60] que disputam espaço com uma **espada-de-São-Jorge**[61] e um mal-nutrido filodendro. Nesse alojamento sem ratos nem pulgas, apesar de um cão e dois gatos dividirem a moradia, Isaura e Carlos Alberto também fazem às vezes de hospedeiros. "Quase sempre damos moradia para quem seja limpo e pareça honesto", conta Carlos Alberto.

Sem água, não tomam banho todo dia, "para não aborrecer com muito gasto" a clínica que os deixa usar a **torneira**.[62] Vivendo há um ano nessas condições--antes passaram por outros viadutos "imundos", segundo Isaura--o casal nunca foi incomodado pela Prefeitura de São Paulo e também não tem planos de mudar-se para qualquer outro lugar. "Aqui estamos bem instalados", acha Carlos Alberto.

(*Estado de S. Paulo*, 30 de março de 1992)

---

[56] Dá

[57] Pequenas lajes ou pedras de superfície plana geralmente quadradas ou retangulares

[58] Espaço mais ou menos largo no alto de uma escada ou entre dois lanços de escadas

[59] Plantas

[60] Espécie de chicória

[61] Tipo de planta ornamental

[62] Tubo com uma espécie de chave, usado para reter ou deixar sair qualquer líquido

Compreensão

1. Sob quais condições vive a "louca" desamparada? Está sozinha?

2. Como se acomoda o músico carioca?

3. E o aposentado, que idéia teve para poder abrigar a família dele?

4. Qual é o maior medo que ele e sua mulher têm?

5. Qual é a "micro-empresa" desenvolvida pelo sucateiro?

6. Onde e sob quais condições ele e a família vivem?

7. Que tragédias pessoais eles sofreram?

8. Como vivem Isaura e Carlos?

9. Qual é a mania de Isaura e como ela se manifesta?

10. De que *não* dispõe sua moradia curiosa?

Vocabulário : (a) Relacione os termos da primeira coluna com os (quase) antônimos da segunda e (b) empregue-os em sentenças completas.

1.	Indigência	a.	Prejudicial
2.	Orgulhosa	b.	Instalado
3.	Mal-nutrido	c.	Problema
4.	Prestar atenção	d.	Vergonhosa
5.	Despejado	e.	Opulência
6.	Solução	f.	Não ligar
7.	Recorda	g.	Empurrar
8.	Vantajoso	h.	Limpos
9.	Puxar	i.	Robusto
10.	Imundos	j.	Esquece

Ampliação

1. O que reflete este engenho de improvisação da parte dos indigentes?

2. E a presença de tamanha miséria--como explicar?

3. Alguma vez você testemunhou como se acomodam os desabrigados?

4. Não acha admirável como eles mantêm sua dignidade em face de tanta adversidade? Como você reagiria sob as mesmas circunstâncias?

5. Na cidade onde você mora, a situação está tão extrema? Está melhorando ou piorando?

5

O trabalhador rural que mede 1,35 metro,
protótipo da geração **nanica**[1] do Nordeste, afirma
que morrerá como veio ao mundo: **nu**[2] e com fome

"Dei conta de tudo" [3]

No final de novembro, o médico Meraldo Zisman, que pesquisa os problemas da desnutrição no Nordeste desde 1966, examinou o trabalhador rural Amaro João da Silva, de 46 anos e 1.35 metro de altura. "Amaro não tem problema **endocrinológico**[4] nem genético. É um caso de **nanismo**[5] nutricional",
5   afirmou Zisman. O professor de Nutrição da Universidade Federal de Pernambuco, Malaquias Batista Filho, fez um diagnóstico idêntico. "O componente mais significativo que gerou o nanismo de Amaro é o nutricional." Os resultados confirmam que Amaro, cuja estatura equivale à de uma criança de 12 anos, é o protótipo da geração nanica que se expande no Nordeste do Brasil.
Amaro vive em um país bem diferente daquele onde as pessoas têm aparelho de som, TV e forno
10 de micro-ondas, todo mundo **faz** pelo menos três **refeições**[6] por dia e ainda conta com uma empregada doméstica. Ele não sabe quem é o presidente nem nunca ouviu falar em Xuxa. Amaro tem treze filhos, não lembra o nome de todos e só com algum esforço recorda a data em que nasceu: 24 de dezembro de 1944. Morador do **Engenho**[7] Bondade, em Amaraji, a 100 quilômetros do Recife, ele trabalha nos **canaviais**[8] da **Usina**[9] Bonfim e sustenta toda a família com um salário de 46 000 cruzeiros. Mora com a mulher, Iraci, de
15 42 anos, e doze dos seus filhos numa casa de **barro batido**,[10] com 40 metros quadrados, sem energia elétrica ou água **encanada**.[11] Logo na entrada, uma foto da atriz Brooke Shields, recortada de jornal, está na parede ao lado de um retrato de Santa Luzia. "Não sou religioso, mas acredito em Jesus e nos santos", diz Amaro. "Eles protegem a gente das coisas ruins". Um de seus sonhos recentes era comer "um **galeto**[12] bem assado". Levado para o Recife, onde foi examinado pelos dois especialistas, Amaro falou a
20 VEJA durante doze horas sobre o seu mundo e, numa **churrascaria**,[13] almoçou um galeto pela segunda vez na vida.

Sua entrevista:

25   VEJA--*Por que o senhor cresceu pouco?*
AMARO--É de tanto trabalhar e passar fome. Desde pequeno é assim. Hoje mesmo, já **deu**[14] meio-dia e eu estou em pé com um copo de café que tomei às 4 horas da manhã. Tem dia que a gente não sabe se vai comer ou não. Eu e a mulher damos primeiro a comida para as crianças. Depois, o que **sobrar**[15] fica pra nós.
30   VEJA--*Tem algum anão na sua família?*

---

[1] Anã ou pequena
[2] Despido ou desvestido
[3] Fiz tudo que devia
[4] Glandular
[5] Anomalia da espécie humana caracterizada pela exiguidade (pequenas proporções) do porte
[6] Alimenta-se
[7] Estabelecimento agrícola destinado à cultura da cana e à fabricação do açúcar; usina
[8] Plantação de cana-de-açúcar
[9] Qualquer estabelecimento industrial, equipado com máquina
[10] Chão de terra seca
[11] Canalizada
[12] Frango assado
[13] Restaurante onde se serve, como especialidade, o churrasco (carne grelhada geralmente ao calor da brasa, em espeto ou sobre grelha)
[14] Aqui, *é*
[15] Restar ou ficar

AMARO--Não. Tem gente pequena, **feito**[16] eu. Meu tio, irmão do meu pai, também é baixinho. Eu acho que é por causa da fome **braba**[17] do povo da **roça**.[18]

VEJA--*O senhor já teve algum problema por ser muito baixo?*

AMARO--Só quando jogava futebol, na mocidade. Eu era goleiro, e entrava bola por todo lado.

VEJA--*Aqui no engenho existem outras pessoas da sua estatura?*

AMARO--Eu conheço bem uns dez, sem contar meus filhos. Dos treze, cinco não vão crescer.

VEJA--*O que o senhor e sua família comem?*

AMARO--De manhã, só café. No almoço, comemos feijão com muita farinha e **carne de charque**,[19] quando dá. De noite, batata-doce ou **macaxeira**,[20] que eu planto na minha rocinha, nos fundos da casa.

VEJA--*Como o senhor consegue ter forças para trabalhar?*

AMARO--O jeito é dormir um bocado para não ter fome. Acordo às 4 horas da manhã, tomo café e saio com a mulher para o trabalho. Depois de duas horas de caminhada, a gente chega no lugar do serviço. O tempo gasto no canavial depende da época. Se for na **colheita**,[21] a gente passa o dia arrancando cana. Na época de plantação, como agora, dá para voltar para casa ao meio-dia. Aí, depois de tomar uma **lapada**[22] de **cachaça**,[23] eu almoço, **tiro um cochilo**[24] até 2 horas e passo o resto da tarde cuidando da minha roça. Quando dá 7 horas da noite, eu vou dormir.

VEJA--*Os seus filhos tomam leite?*

AMARO--Os três meninos novinhos tomam, sim. Uma lata tem que dar para o mês inteiro, então a mulher tem que misturar muita água, para a lata durar o mês todo e todos os meninos tomarem leite.

VEJA--*O senhor come carne?*

AMARO--Como uma vez por ano, quando a mulher compra meio quilo.

VEJA--*Quais são os bichos do mato* [25] *que o senhor caça para comer?*

AMARO--Ah, tem muitos. Lagarto, tatu. quandu, paca, tamanduá, que tem gosto de **cupim**,[26] porco-do-mato, teju, jurubará, preá e lontra. Quando a fome **aperta muito**,[27] a gente sai pra caçar. Dependendo da sorte, até que encontra uns bichos.

VEJA--*O senhor já usou escova* [28] *de dentes?*

AMARO--Não. Os meus dentes foram arrancados. Eu tenho chapa (dentadura).

VEJA--*Como o senhor acomoda toda a família numa casa de 40 metros quadrados?*

AMARO--Num quarto, dormimos eu, a mulher e o filho mais novo. No outro, em duas camas, dormem os onze restantes. Noeme, a mais velha, é casada e não mora com a gente.

VEJA--*O senhor não poderia aproveitar melhor a roça em que pode plantar e conseguir melhorar sua renda?*

AMARO--Tudo o que eu planto na roça é para comer. Não dá para produzir mais porque é muito fraca a terra que a usina empresta para a gente plantar. A terra boa é para plantar cana.

---

[16] Como

[17] Violenta

[18] Campo ou zona rural

[19] Carne de vaca, salgada e em mantos

[20] Mandioca

[21] Safra

[22] Copo ou gole (Gír.)

[23] Aguardente que se obtém mediante a fermentação e destilação do mel, ou borras do melaço

[24] Deito ou durmo

[25] Animais selvagens ou feras

[26] Designação comum a um inseto que se alimenta especialmente de madeira, causando sérios prejuízos

[27] É grande (Fig.)

[28] Utensílio para limpar ou lustrar

VEJA--*Como o senhor consegue dinheiro para comprar roupas?*

AMARO--Os **pixotinhos**[29] andam nus mesmo. Os outros usam as roupas que vão ficando dos mais velhos. Sapato, ninguém tem. Eu, como gasto roupa no trabalho, tenho duas calças e três camisas. A gente só compra roupa quando as velhas acabam e não prestam nem para o **lixo**[30]

5 VEJA--*Por que o senhor teve treze filhos?*

AMARO--Filho é pra ter mesmo. Dá muito trabalho, mas é bom Casei com 21 anos e foi nascendo quase um menino por ano. É assim mesmo a vida. Gosto do tamanho da minha família. Os filhos crescem e ajudam a gente. Mas se a família fosse menor, também era bom, porque assim eu não precisava trabalhar tanto.

10 VEJA--*Qual futuro o senhor quer para os seus filhos?*

AMARO--Quero que não faltem roupa e remédio para eles. E que eles cresçam, se casem por aqui mesmo, trabalhem na cana e na roça, comigo. Mas se algum quiser ir estudar e trabalhar no Recife, eu deixo.

VEJA--*Como o senhor os educa?*

15 AMARO--Ensino a respeitar os mais velhos, não tocar no que é **alheio**[31] e não tirar a vida de ninguém. As meninas, eu falo que devem casar e tomar conta dos filhos. Digo, também, que eles precisam aprender a ler, escrever e **fazer contas**[32] para não ser **explorados**.[33]

VEJA--*O senhor sabe fazer contas?*

AMARO--Não. Só com dinheiro.

20 VEJA--*Sabe ler e escrever?*

AMARO--Também não. Há quatro anos, a usina **botou**[34] uma escola para pessoas adultas. A gente ia de noite, mas durou pouco tempo. A professora casou, foi embora e a escola fechou.

VEJA--*Quais são as lembranças que o senhor tem de seus pais?*

AMARO--Lembro deles no **roçado**,[35] plantando macaxeira comigo e meus irmãos. Mas não lembro 25 muito não. Deus levou eles, acabou-se.

VEJA--*Algum de seus irmãos **deu-se melhor na vida**?*[36]

AMARO--Dos seis irmãos, um morreu de tanto tomar cachaça. Todos os outros trabalham no campo, cortando cana.

VEJA--*O que o senhor costuma fazer aos domingos?*

30 AMARO--Quando não vou trabalhar no roçado, tomo dois copos de cachaça, depois tomo banho e vou dormir.

VEJA--*O senhor já viu televisao?*

AMARO--Uma vez só. Nem lembro do que vi. Foi na Praça de Amaraji. Tinha uma lá, antigamente. As pessoas ficavam vendo, de noite. Mas quebrou e não botaram outra.

35 VEJA--*Tem rádio na sua casa?*

AMARO--Tinha um, mas vivia **encostado**[37] porque **o dinheiro não dava**[38] pra comprar **pilhas**.[39] Um dia caiu e quebrou. Aí eu dei pra minha filha, de presente de casamento. Se ela quiser, é só mandar **consertar**.[40]

VEJA--*O que o senhor acha da usina em que trabalha?*

40 AMARO--Sou explorado por eles. Não somente eu mas todo mundo que é empregado dos usineiros. Eu trabalho há 23 anos para a Usina Bonfim. E o que eu tenho? Vou morrer como nasci: nu e com fome.

---

[29] Ou *pixotes*: principiantes e, por extensão, pequenos

[30] Tudo o que não presta e se joga fora

[31] Que não é nosso; que pertence a outrem

[32] Fazer cálculos

[33] Aproveitados, abusados ou enganados

[34] Puseram ou colocaram

[35] Roça

[36] Teve vida melhor

[37] Em desuso (Fig.)

[38] Não havia bastante dinheiro

[39] Baterias pequenas

[40] Pôr em bom estado ou restaurar

VEJA--*O senhor conhece o Recife?*

AMARO--Só fui uma vez. Ali vi o mar. É muito bonito. Parece uma plantação de **capim**.[41] Mas eu não tomei banho porque tive medo daquele mundão de água; fiquei na areia tomando cerveja.

VEJA--*O senhor já andou de carro alguma vez?*

AMARO--Já. No caminhão de cana da usina, **um bocado de**[42] vezes. Em carro pequeno, umas quatro vezes, de **buggy**.[43] Gostei. É **macio**,[44] a gente não se cansa e chega logo.

VEJA--*Essa sua vida não cansa?*

AMARO--Cansa, mas não tem jeito de ser diferente. Cada dia a miséria e o sofrimento aumentam.

VEJA--*E de quem é a culpa?*

AMARO--É desse tal de "Coli" e dos usineiros.

VEJA--*O senhor está falando de [o ex-Presidente] Fernando Collor?*

AMARO--Sim.

VEJA--*Conhece ele?*

AMARO--Eu sei que ele é usineiro. É do governo também.

VEJA--*O senhor sabe qual é a função que ele ocupa no governo?*

AMARO--Sei não.

VEJA--*O senhor conhece o Pelé?*

AMARO--Conheço. Ele era um bom jogador. Era goleiro também. Se não tivesse morrido ainda estava fazendo muitos gols.

VEJA--*O senhor sabe quem é a Xuxa?*

AMARO--Não, nunca ouvi falar.

VEJA--*E **Miguel Arraes** [45] o senhor conhece?*

AMARO--Conheço sim. Esse é gente boa. É político.

VEJA--*Em quem o senhor votou na eleição para presidente?*

AMARO-- Votei no Lula. E se ele se candidatar, voto nele de novo. Lula é do partido da gente.

VEJA--*Qual partido?*

AMARO--Já esqueci. Mas ele é do nosso lado. Se tivesse ganho, a gente **tava**[46] recebendo um salário melhor e as mercadorias não estavam tão caras.

VEJA--*O senhor e sua família não se divertem?*

AMARO--Uma vez por ano, no Natal, chegam uns brinquedos em Amaraji. Roda giratória, cavalinhos, carrossel. Aí eu levo os meninos para brincar lá.

VEJA--*O que é o Natal?*

AMARO--É uma festa onde as pessoas brincam. O povo rico dá presente.

VEJA--*O senhor vai dar presentes aos seus filhos neste Natal?*

AMARO--Se puder, uma roupinha para os menores.

VEJA--*Se o senhor pudesse voltar à juventude, o que faria?*

AMARO--Ia para o Recife ou São Paulo. Começava a estudar e ia tentar emprego no comércio. Teria uma vida bem diferente desta minha aqui. A roça não tem mais **o que dar**.[47]

VEJA--*Como o senhor acha que a vida é numa cidade grande?*

AMARO--Acho que não tem tanto sofrimento. As pessoas vivem melhor e andam de carro. Não falta comida também, porque tudo o que a gente planta aqui vai pra lá. Tem escolas para as crianças e emprego.

VEJA--*Qual o seu maior sonho?*

AMARO--Queria ter uma casa minha mesmo pra morar. Esta que eu moro é da usina e os homens podem me botar na rua a hora que quiserem. É só eu **reclamar**[48] do serviço que eles me cortam.

---

[41] Designação comum a várias espécies da família das gramíneas

[42] Poucas

[43] Carro esporte, especial para praias e dunas

[44] Suave

[45] Governador do Estado do Ceará, formalmente cassado pelo regime militar por ter tendências de esquerda

[46] Estava ou estaria

[47] Isto é, *o que oferecer*

[48] Me queixar

VEJA--*Em que o senhor acredita?*

AMARO--Em Deus, no padre e nos políticos. Acredito no céu e no inferno e, como sou um homem honesto, quando morrer minha alma vai para o céu.

5 VEJA--*E como é o céu?*

AMARO--É um lugar grande e bonito onde Deus mora. As almas boas vão pra lá e cada uma fica no seu **cantinho**,[49] triste, descansando.

VEJA--*As almas ficam tristes por que?*

AMARO--Porque não podem mais comer, beber nem namorar.

10 VEJA--*O senhor gosta de namorar?*

AMARO--Só com minha **nega véia**.[50] Quando era moço, eu namorei um bocado. Fui noivo quatro vezes antes de casar.

VEJA--*Por que o senhor acredita em padre e político?*

AMARO--Porque padre só fala o que é direito e o político dá tudo o que promete.

15 VEJA--*Tem certeza de que os políticos cumprem as promessas?*

AMARO--Tenho sim. O Quatia, que foi candidato a **vereador**[51] por Amaraji, prometeu uma caixa de remédio pra minha mulher e deu.

VEJA--*E o senhor deu seu voto a ele?*

AMARO—Dei sim. Ele ganhou.

20 VEJA--*Suas crianças têm problemas de saúde?*

AMARO--Por causa do sol quente e da **poeira**,[52] elas têm **gripe**.[53] Têm também umas crises de **vermes**.[54] Quando alguma aparece com a barriga grande, eu levo pro médico da usina ou da **prefeitura**[55] de Amaraji. Compro os remédios lá mesmo, **se o dinheiro der**.[56]

VEJA--*Por que as pessoas honestas vão para o céu?*

25 AMARO--Porque Deus só aceita gente de bem.

VEJA--*O senhor já esteve em situação mais difícil do que agora?*

AMARO--Já passei mais aperto. Quando tava no Engenho Pedrosa, em Cortês, eu só tinha dinheiro para comprar uma quarta (250 gramas) de sardinha e meio quilo de farinha para passar três dias. Agora, pelo menos, eu tenho um salarinho. **É certo, mas a pulos dá pra ir levando**.[57]

30 VEJA--*O senhor sabe o que é dólar?*

AMARO--Dólar é dinheiro.

VEJA--*Dinheiro de onde?*

AMARO--Do Brasil.

VEJA--*E quanto vale 1 dólar?*

35 AMARO--É muito dinheiro, sei responder não.

VEJA--*Que doenças o senhor tem medo de pegar?*

AMARO--Berculhoso (tuberculose) e anemia no sangue.

VEJA--*O senhor já ouviu falar em Aids?*

AMARO--Nunca.

40 VEJA--*Que tipos de doença o senhor tem?*

AMARO--Tenho poucas. Dor de cabeça, gripe . . . Também sou meio curto da vista por causa de uma **pancada**[58] que levei cortando cana.

VEJA--*Como o senhor resume a sua história de vida?*

AMARO-- Nasci e me criei aqui. Tenho treze filhos e dei conta de tudinho.

(Kaíke Nanne, *Veja*, 18 de dezembro de 1991)

---

[49] Diminutivo de *canto* : aqui, um lugar retirado ou afastado

[50] Mulher velha, isto é, *esposa* (Pop. e afeituoso)

[51] Membro da Câmara Municipal

[52] Terra seca pulverizada; pó

[53] Moléstia infecciosa, caracterizada por catarro dos tratos respiratórios e digestivos

[54] Designação comum às larvas de muitos insetos desprovidos de patas

[55] Governo municipal

[56] Se tiver dinheiro

[57] É limitado mas, apertando o cinto, dá para sobreviver

[58] Batida, golpe ou baque

Compreensão

1. Como é Amaro fisicamente?

2. Por que ele e outros como ele não crescem direito?

3. Como é a dieta típica dele e de sua família?

4. Como é a situação familiar dele?

5. E a domicilar?

6. E como é um dia de trabalho típico dele e da mulher?

7. Que é que Amaro aconselha para os filhos?

8. Como andam os filhos pequenos dele?

9. Como é que a família se diverte, quando pode?

10. Que é que Amaro aspira a alcançar na vida?

Vocabulário: (a) Relacione os termos da primeira coluna com os (quase) antônimos da segunda e (b) empregue-os em sentenças completas.

1.	Roça	a.	Beneficiados
2.	Plantar	b.	Consertar
3.	Nanismo	c.	Cidade
4.	Fraca	d.	Prognóstico
5.	Reclamar	e.	Conformar-se
6.	Arrancar	f.	Gigantismo
7.	Explorados	g.	Botar
8.	Diagnóstico	h.	Colher
9.	Gasto	i.	Forte
10.	Quebrar	j.	Poupado

Ampliação

1. A que você atribui a resignação de Amaro?

2. Como se explica a fé inabalável em Deus que ele revela?

3. Para certas coisas, Amaro é extremamente alerta e perspicaz. Ofereça algum exemplo.

4. E para outras questões, ele mostra uma mistura triste de desconhecimento e ingenuidade. Elabore.

5. Você vê alguma diferença prática entre como Amaro e outros como ele vivem, e a vida de escravo? Será que, paradoxalmente, Amaro leva desvantagem?

6. A entrevista está repleta de simbolismo, até de iconos modernos. Poderia indicar um exemplo?

7. Será que a miséria urbana não é pior? A versão rural leva alguma vantagem? Por que (não)?

8. As atitudes de Amaro são as mesmas de camponeses pelo (terceiro) mundo inteiro? Como?

TEATRINHO

"Pesquisando a pobreza"

Elenco

Um punhado de sociológos em treinamento. São jovens, idealistas e sinceros em sua compaixão pelos menos afortunados do que eles.

Um punhado de roceiros (campo) e migrantes (cidade).

Argumento

Uma equipe vê e escuta as pessoas que está entrevistando num levantamento sobre a severidade, no Brasil, do problema da carestia. Faz duas visitas: a primeira, numa favela nova, se expandindo a olhos nus, do tipo que prolifera nas grandes cidades do país, estando, às vezes, como neste caso, ao lado de propriedades de luxo; a segunda, numa aglomeração de barracos ocupados pelos empregrados (e seus familiares) de uma usina do interior nordestino.

Segue-se um intercâmbio de pergunta-resposta, irregular e informal, em qualquer um dos dois cenários, ambos refletindo um modus vivendi consistente com as circunstâncias precárias reservadas para o pobre.

Expressões úteis

(Não) Aguentar
Atenção médica
Bebida
Criança
Criminalidade
Dar de comer
Doença
Drogas
Escola
Exploração
Faltar
Indignidade

Injustiça
Inveja
Ir levando
Mudar-se
Passar fome
Patrão
Penúria
Piorar
Polícia
Procurar (comida, emprego, bico, etc.)
Ruim
Sustentar-se

TEMAS PARA COMENTÁRIO ORAL OU ESCRITO

1. Contrastar a pobreza de campo com a da cidade.

2. Como qualquer círculo vicioso, a propensão para a miséria cresce e passa de geração em geração, especialmente numa sociedade estratificada como a do Brasil.

3. A resistência e engenho do vendedor ambulante.

4. Propriedade privada e a dignidade humana.

UNIDADE 12   FILHOS DA POBREZA

1

O assassínio de dois menores marginalizados em
São Paulo revela uma guerra de extermínio no país

Rua sem saída

      O Brasil vive uma guerra civil diária e sem **trégua**.[1] No País que se orgulha da **índole**[2] pacífica e hospitaleira de seu povo, a sociedade, organizada ou não para esse fim, **promove**[3] a matança impiedosa e fria de crianças e adolescentes. Pelo menos sete milhões de menores de 18 anos, segundo estudo do
5   Fundo das Nações Unidas para a Infância (Unicef), vivem nas ruas das cidades brasileiras, muitos deles na condição de pobreza absoluta. A falta de recursos de um estado **falido**,[4] a omissão e mesmo, como se verá em vários casos, a conivência da polícia e do Poder Judiciário, **somam-se**[5] à histórica impunidade nacional. Juntos, decretam uma pena de morte "**branca**"[6] justamente contra a parte mais indefesa, teoricamente protegida por uma avalanche de leis mas violentada nas ruas diariamente.
10   Na noite de sábado, 17, Osmar de Paula Vieira, o Indinho, um rapaz mulato de 17 anos, morreu **baleado**[7] na Praça da Sé, **marco zero**[8] de São Paulo. Segundo o **depoimento**[9] de dois adolescentes que estavam na praça, ele teria sido baleado ao tentar assaltar um **casal**.[10] O homem, não identificado, deu um único tiro, no abdômen. Haverá quem argumente que Indinho não teria sido morto se não estivesse roubando. Vale **indagar**,[11] porém, por qual razão no país um casal anda armado na rua e um
15   menor de idade vive assaltando.
      Na noite de segunda, 19, foi a vez de Paulo Lucindo da Silva, morto com uma **estiletada**[12] no parque Dom Pedro, a poucos metros da Sé. Com 14 anos e aparência de 16, Paulinho, assim como Indinho, teria sido enterrado como indigente e desconhecido se o SOS Menor, instituição do governo estadual, não fizesse uma busca que **varou**[13] a madrugada.
20   Recife, Rio de Janeiro e São Paulo, nesta ordem, lideram as estatísticas macabras do extermínio. Nos últimos três anos, a violência contra a criança cravou 4.611 mortes. Entre 1988 e 1990, os casos de morte aumentaram 104% em São Paulo e 67% no Rio. De 449 menores assassinados em 1988 em São Paulo, saltou-se para 918 em 1990. Quase 52% dos casos envolveram armas de fogo. Outros 48% deles englobam **esfaqueamento**,[14] **espancamento**,[15] envenenamento, queimaduras,
25   **estupro**[16] e estrangulamento. O perfil das vítimas: 80% são do sexo masculino, têm entre 15 e 18 anos e são negros ou mulatos. No Rio de Janeiro, os menores já somam 15% das vítimas de homicídios--contra menos de 4% em 1987. Na Baixada Fluminense, 30% dos crimes são contra menores, e 90% dos casos acabam registrados como de autoria desconhecida.

---

[1] Suspensão temporária

[2] Caráter

[3] Encoraja ou incentiva

[4] Sem dinheiro ou recursos

[5] Adicionam-se

[6] Extra-oficial

[7] Crivados de balas, ou a tiros

[8] Puro centro

[9] Testemunho

[10] Par formado por duas pessoas de sexo oposto

[11] Procurar saber ou perguntar

[12] Golpe de *estilete* (punhal de lâmina fina)

[13] Atravessou ou traspassou

[14] Ato de ferir ou matar com *faca* (instrumento cortante, constituído de lâmina e cabo)

[15] Ato de agredir ou assaltar com *pancadas* (choques, batidas ou baques)

[16] Crime que consiste em obrigar uma pessoa, por meio de violência ou grave ameaça, a manter relações sexuais; sexo forçado

O quadro é gravíssimo, e por conta dele instalou-se a **CPI**[17] do Menor no Congresso Nacional em abril. Presidida pela deputada Rita Camata, a CPI quer apertar o **cerco**[18] aos matadores e vai propor três mudanças na legislação penal: o julgamento de policiais militares envolvidos em grupos de extermínio pela Justiça Comum e não mais no **foro**[19] privilegiado da Justiça Militar, a classificação do
5   assassínio de menores como crime **hediondo**[20] e a proteção policial especial para quem testemunhar contra esses criminosos.

Como tantas outras iniciativas no País, porém, é possível, provável até, que se fique apenas nas boas intenções. O caso do advogado Agnelo Maia Borges de Medeiros, é exemplar. Ex-comissário do Juizado de Menores do Rio, ele ousou denunciar um esquema de maus-tratos e extermínio de crianças e
10   adolescentes a partir das **apurações**[21] feitas durante o trabalho nas ruas do Rio e de Niterói. Foi **ameaçado**[22] de morte em um telefonema no qual a voz, do outro lado da linha, prometia "deixar um '**presunto**'[23] na sua avenida, que você sabe qual é. Se você não parar com essas denúncias, vai morrer assim". Três dias depois, um menor aparentando 15 anos foi encontrado dentro de um saco de lona, incendiado, na avenida Borges de Medeiros, na Lagoa, um dos mais valorizados endereços do Rio. A
15   voz tornou a ligar: "Você viu? O próximo vai ser você". Desanimado, Medeiros avisa: "Não vou mais prestar depoimento na CPI da Câmara. O estado não me dá garantia nenhuma. Pedi proteção à polícia mas ela durou só um dia". E conclui que vai deixar o Brasil. "Vou parar. Os bandidos venceram".

Quem são os bandidos? A secretária do Menor do Estado de São Paulo, Alda Marco Antônio, não tem dúvida: pequenos comerciantes, geralmente da periferia, matadores profissionais contratados
20   por aqueles ou agindo por iniciativa própria, policiais ligados a quadrilhas de extermínio e, ainda, os próprios menores, que muitas vezes, nos grandes centros, se alinham em gangues rivais. Há, finalmente, as empresas de segurança que não passam de fachada para **acobertar**[24] criminosos--frequentemente **PMs**[25] aposentados ou que, ainda na ativa, fazem **bicos**.[26] A Polícia Federal fechou em maio a Segurança Jeans, comandada pelo ex-**cabo**[27] PM Jorge Oliveira de Souza, o "de Souza", envolvido num
25   sêxtuplo homicídio. Lojas da Baixada Fluminense afixavam em suas vitrines um cartaz da Jeans para informar que "este estabelecimento está contribuindo . . ."

O Rio e a vizinha Baixada Fluminense registram casos dramáticos como o da lavadeira Iara Barbosa Silva, 33 anos, que jamais esquecerá o dia 8 de junho de 1990, uma sexta-feira. Ela saiu de casa para levar o filho Wendell, de 8 anos, à farmácia. Ao chegar à esquina, Wendell viu alguns vizinhos
30   no estacionamento do supermercado Casas da Banha, hoje fechado. Foi até eles. Iara correu atrás do filho, mas era tarde: o **segurança**[28] do supermercado, José Jorge Gomes dos Santos, saiu atirando contra as crianças. Um dos tiros acertou a cabeça de Wendell, que morreu na hora. Iara: "Até hoje estou atrás de justiça. Fui ameaçada, o assassino voltou a **rondar**[29] minha casa, mas não vou parar". O processo, 14 meses depois, continua parado, apesar de o crime, óbvio, estar repleto de **testemunhas**.[30]
35   No país da concórdia, o menor morre por nada, apenas por existir. Na noite de 21 de junho de 1990, Abel, 21 anos--os nomes de todos os menores desta matéria, ameaçados de morte, foram **trocados**[31]--aguardava com o amigo Cléber de Oliveira Lopes, um entregador de 16 anos, um telefonema da namorada de Cléber em um **orelhão**[32] comunitário do Cosme Velho, bairro da zona sul do Rio. "Passava um pouco da meia-noite", lembra Abel. "De repente chegaram cinco PMs **fardados**.[33] O

---

[17] Comissão Parlamentar de Inquérito
[18] Perseguição (Fig.)
[19] Tribunal
[20] Pavoroso e/ou extremamente violento
[21] Averiguações ou revelações
[22] Intimidado
[23] Cadáver ou defunto (Gír.)
[24] Cobrir ou proteger
[25] Membros da polícia militar
[26] Empregos temporários ou secundários
[27] Na hierarquia militar, um dos graus mais baixos, entre praça e sargento
[28] Guarda
[29] Andar vigiando
[30] Pessoas que viram ou ouviram alguma coisa ou são chamadas a depor sobre aquilo que viram ou ouviram
[31] Mudados por outros
[32] Cabine telefônica pública
[33] Uniformizados

Cléber foi agarrado e levado pelos cabelos até um **beco**[34] a uns 50 metros dali. Eu ouvi dois tiros enquanto era espancado pelos outros quatro. Foram dois tiros na cabeça dele." Abel só escapou porque, gritando muito, despertou a atenção dos **vizinhos**.[35] Algumas janelas se abriram e os PMs preferiram fugir. "Tenho medo de tudo, levo uma vida marginal. A todo instante acho que vão vir me matar", encerra Abel, que perdeu o emprego e mudou de profissão. "Virei um bandido. Não tenho opção", diz.

5

A falta de opções é a raíz do problema, acusa o deputado estadual paulista Jamil Murad, que propôs uma CPI na Assembléia Legislativa de São Paulo, prestes a ser instalada. Miséria, desagregação familiar, alcoolismo e uma violenta precocidade na luta pela vida--um milhão de meninas adolescentes dá à luz por ano no Brasil, segundo o **IBGE**[36]--estão na base da violência. A secretária Alda Marco Antônio observa que é comum, na periferia de São Paulo, mulheres espancadas pelos maridos não se separarem nem **darem queixa**[37] pelo medo de que, "abandonadas pelo homem", sejam usadas sexualmente pelos outros homens da favela, além de igualmente espancadas. Confiantes nessa impunidade, os maridos começam a estuprar filhas e filhos. Quando estes não suportam mais, fogem de casa e vão **engrossar**[38] a legião das ruas.

10

É o caso de Andréia, que frequenta a Praça da Sé há dois anos. Tem 16 anos, está grávida. Diz que prefere morar ali e fazer parte de uma das gangues do lugar--são oito, cada uma com dez a quinze menores, e atendem por nomes como Brasil, Águia de Fogo, Trovão Azul, Ases Indomáveis, Louco Não Paga, Comando da Sé, Irmãos Metralha--a enfrentar os espancamentos e **sevícias**[39] domésticas. "Aqui nós fazemos o que queremos, temos sol, banho (a fonte da praça) e **cola**[40] para enganar a fome", resume. As crianças da Sé cheiram cola abertamente, para revolta dos PMs que fazem o policiamento da praça. O coronel José Hamilton Port, comandante de três batalhões que cuidam da área, lamenta "esse excesso de liberdade" que a lei dá ao menor e que não leva a nada. Aí reside o grande erro do Estatuto da Criança e do Adolescente. A criança não tem auto-determinação e discernimento para decidir".

15

20

Não tem discernimento nem força, física ou política, para impedir agressões, muitas delas **consumadas**[41] por soldados da corporação de Port. Uma cena que chocou o país foi capturada casualmente em 14 de dezembro de 1990 pela lente do fotógrafo Luís Paulo Lima, que voltava para seu jornal em São Paulo depois de cobrir uma competição esportiva. Ao ver uma **guarnição**[42] da PM correndo pela rua, decidiu segui-la e acabou **flagrando**[43] o momento em que o cabo Carlos Antônio Santana Aquino enfiava o cano do revólver na boca de Sílvio, 14 anos. Dois dias depois, a 16 de dezembro, o cabo foi punido "exemplarmente" com prisão por arbitrariedade; mais dois dias, a 18 de dezembro, já estava na rua.

25

30

Outros menores aprenderam a discernir, na dura batalha sem **teto**,[44] escola, saúde e comida, o senso dos perigos. Em uma das casas que a Secretaria do Menor de São Paulo mantém para crianças órfãs e abandonadas, o esperto Antônio, 11 anos, é protegido por um esquema de segurança **diuturno**.[45] Ele conta que saiu de casa há um ano e meio para "ver o mundo". Antônio é um caso raro: não **apanhava**,[46] pai e mãe são bem casados, tinha casa e escola. Envolveu-se com traficantes, foi "avião" (entregador) de cocaína e viu um amigo de 12 anos, também "avião da mesma **quadrilha**",[47] morrer assassinado pelo chefe. Quando ouviu uma ameaça de ter o mesmo destino se abrisse a boca, optou pela fuga e o abrigo da Secretaria. Diante da pergunta sobre seus planos, tem a resposta pronta: "Quero reconstruir a minha vida".

35

Em outra casa da instituição, Caio, 17 anos, pais separados quando ele tinha dois anos, também é **jurado**[48] de morte. Consumiu muita cocaína, roubou armado de revólver, fez parte de quadrilhas de

40

---

[34] Rua estreita e curta, geralmente fechada num extremo

[35] Moradores locais

[36] Instituto Brasileiro de Geografia e Estatística

[37] Reclamarem

[38] Aumentar

[39] Maus tratos ou ofensas físicas

[40] Substância glutinosa para fazer aderir papel, madeira ou outros materiais que, quando inalada, causa sensações alucinógenas

[41] Praticadas

[42] Grupo de soldados

[43] Captando

[44] Abrigo ou habitação (Fig.)

[45] De longa duração

[46] Não levava pancada

[47] Gangue

[48] Ameaçado

ladrões e traficantes. Diz que teve o **estalo**[49] da regeneração quando, ao fazer uma de suas visitas à casa materna--ocasiões em que, alterado pelo **tóxico**,[50] batia **para valer**[51] na irmã--olhou para a mãe e a irmã que lhe pediam pela milésima vez para se regenerar. Hoje ele está convicto de que "a droga só dá valentia e boniteza enquanto dura o efeito. Eu larguei dela e por isso os traficantes me juraram". O sonho é trabalhar e casar: "Agora eu dou valor à vida e acho que vale mais ganhar um salário mínimo trabalhando do que Cr$ 500 mil roubando", diz. "Dinheiro que vem fácil vai voando". Caio levou seis tiros quando os traficantes que o perseguem o encontraram em uma **viela**[52]--tem uma bala na testa, uma na coluna e outra no braço direito, por conta da qual usa um aparelho corretivo fixado em quatro pontos no osso do braço.

Comum no País que devora suas crianças marginalizadas é a história de Eduardo, 14 anos, que no dia 10 de julho andava pelas ruas de Formosa, em Goiás, com os irmãos José e Valdeci Alves Ribeiro. Um grupo de policiais civis e militares se aproximou e fuzilou os irmãos. Eduardo foi colocado em um **camburão**[53] onde recebeu o primeiro tiro, no peito, dado por um policial civil conhecido como "Maguila". Seguiram-se outros três disparos-- pescoço, umbigo e cabeça, este o de misericórdia, **desferido**[54] porque os policiais, ao **atearem**[55] fogo às suas mãos, o ouviram gemer. Eduardo foi levado ao **pronto-socorro**.[56] Dado como clinicamente morto, um exame mais **acurado**[57] constatou que ele ainda vivia. Foi transferido para Brasília, operado e passou oito dias na **UTI**.[58] Hoje Eduardo vive na clandestinidade, protegido pela **OAB-DF**.[59] A polícia de Formosa abriu inquérito mas não ouviu sequer o acusado, que foi transferido para Goiânia.

O **procurador-geral**[60] da República teve na quarta-feira, 14, o triste privilégio de assistir ao filme *Guerra dos meninos,* exibido no auditório Nereu Ramos da Câmara dos Deputados, em Brasília, em sessão promovida pela CPI. *Guerra dos meninos* é um documentário dirigido pela carioca Sandra Werneck, que trata da questão do extermínio de menores. "Depois de assistir a este filme", **desabafou**[61] o procurador-geral, "nenhum brasileiro tem motivo de orgulhar-se de nada. Nem o Hino Nacional, nem a bandeira do Brasil tremulando me emocionam mais". Para ele, a exibição do filme "deveria ser obrigatória na televisão, como se faz com os partidos políticos". O procurador ainda lamentou que "a Segurança Pública seja um fator de insegurança pública". Insegurança que, em Recife, vai ao absurdo. Ali, como no resto do país, mais de 90% dos casos de homicídio contra menores continuam não apurados.

Em Recife, morrem 5,7 crianças e adolescentes assassinados para cada 100 mil habitantes, contra 4,9 no Rio e 3,5 em São Paulo. O bairro de Peixinhos, em Olinda, é onde ocorre o maior número de **desova**[62] de cadáveres no Estado.

Diante desse quadro trágico, gerado na miséria e alimentado pela ignorância, instituições destinadas a analisar academicamente os diversos problemas da sociedade **enxergam**[63] no menor marginalizado um exército a ser eventualmente **debelado**.[64] A Escola Superior de Guerra (ESG), em estudo sob o título *Estrutura do poder nacional para o ano 2001,* calcula que, no ano 2000, haverá "um contingente de marginais, **malfeitores**[65] e mesmo de assassinos de **efetivo**[66] semelhante ao do atual Exército". Produzido no fim de 1988, quando a ESG era dirigida pelo general Osvaldo Muniz Oliva, o documento prevê que, "quando faltarem condições às polícias para enfrentar tal situação, as Forças

---

[49] Luz súbita no espiríto

[50] O que envenena e, por extensão, qualquer droga tomada por fins não terapêuticos

[51] Mesmo; de verdade

[52] Beco

[53] Veículo motorizado utilizado para o transporte de presos

[54] Emitido

[55] Lançarem ou botarem

[56] Hospital de assistência pública para atendimento de casos de urgência

[57] Aprimorado ou cuidadoso

[58] Unidade de Terapia Intensiva

[59] Ordem dos Advogados do Brasil, Distrito Federal

[60] Aquele que mais poderes tem para tratar de assuntos de estado

[61] Confessou

[62] Abandono (Fig.)

[63] Vêem

[64] Sujeitado ou dominado

[65] Criminosos

[66] Número de militares ativos

Armadas talvez tenham de **se incumbir do duro encargo**[67] de enfrentar essa horda de bandidos, neutralizá-los e mesmo destruí-los, para ser mantida a Lei e a Ordem". Se isso ocorrer, o Exército encontrará, como enxerga o delegado carioca Hélio Luz, "um povo que já está morto e por isso não tem medo de morrer"--os milhões de menores carentes, abandonados e rejeitados dos quais se costuma dizer, nos discursos, que são o futuro do País.

5

(Jéthero Cardoso, *IstoÉ-Senhor*, 28 de agosto de 1991)

---

[67] Assumir a dura responsabilidade

Compreensão

1. Quantos menores abandonados (ou fugidos) estima-se que haja no Brasil de hoje?

2. Quais são as áreas metropolitanas onde ocorrem mais assassinatos de menores?

3. Segundo as estatísticas, quantas mortes violentas tem havido ultimamente?

4. Como é o perfil da vítima média?

5. Como se espera combater a este abuso do menor?

6. Quem são os responsáveis "imediatos"?

7. Por que raras vezes os responsáveis são processados pela lei?

8. O que frequentemente se passa ao cidadão--oficial do governo ou não--que protesta os abusos?

9. Cite um instante qualquer de uma agressão perpetrada contra um menor.

10. Comente as doentias situações familiares donde vêm tantos menores de rua.

11. Como é que muitos menores "enganam" a fome?

12. Qual é a previsão da ESG com relação à marginalização do Brasil até o ano 2000?

Vocabulário : (a) Relacione os termos da primeira coluna com os (quase) sinônimos da segunda e (b) empregue-os em sentenças completas.

1.	Gangue	a.	Arruinado
2.	Bala	b.	Quadrilha
3.	Depoimento	c.	Estiletada
4.	Falido	d.	Agredir
5.	Facada	e.	Testemunho
6.	Assaltar	f.	Tiro
7.	Assassinato	g.	Homicídio
8.	Punido	h.	Castigado
9.	Beco	i.	Tóxico
10.	Cola	j.	Ruazinha

Ampliação

1. Algumas das mesmas causas de base da marginalização do menor no Brasil estão presentes em sua sociedade? Quais?

2. Enquanto os menores--abandonados ou não--certamente são vítimas de uma sociedade injusta, a animosidade que alguns geram entre o público é real e profunda. Explica-se? Justifica-se? Por que?

3. Se você fosse marginal--e jovem--como você exteriorizaria seu compreensível ressentimento?

4. Como você se defenderia? Haveria alguma alternativa à criminalidade? Qual?

5. Das três cidades com o maior índice de abuso contra o menor marginalizado, é notável que a cidade que bate recorde seja nordestina? Por que (não)?

6. Dada a realidade terceiro-mundista do Brasil, você acha que o problema é solucionável? Por que (não)?

7. E se o problema não for resolvido, ou pelo menos enfrentado a sério, qual será o resultado eventual?

8. Qual é o caso de abuso ao menor que mais choca a você?

2

Mães de garotos desaparecidos no Rio buscam
o **paradeiro**[1] dos filhos, ou de seus assassinos

Locas de Acari

A triste história das "Madres de la Plaza de Mayo", as argentinas que até hoje procuram os filhos desaparecidos na ditadura militar, tem uma réplica no Brasil. A milhares de quilômetros de Buenos Aires, na **favela**[2] de Acari, miserável localidade da zona norte do Rio de Janeiro, um grupo de mães também
5 consome seus dias numa procura insana--e, salvo um milagre, inútil. Seus filhos **sumiram**[3] na repressão dos grupos de extermínio que, só no ano passado, matou 427 menores no Estado do Rio. A ação dos assassinos, desta vez, criou um símbolo--as Mães de Acari, como ficaram conhecidas as seis mulheres que, há mais de um ano, buscam pistas do paradeiro dos filhos.

O drama das Mães de Acari começa no dia 26 de julho de 90, quando seus filhos participavam
10 de uma festa num sítio em Magé, na Baixada Fluminense. Rosana, 18 anos, Hodson, 16, Edson, 18, Luís Henrique, 17, Antônio Carlos, 17, Cristiane, 16 e Luiz Carlos, 17, todos eles de famílias pobres, deixaram suas casas na companhia de outras quatro pessoas na mesma faixa de idade, incluindo um neto da dona do sítio, para um passatempo raro--uma viagem de **lazer**.[4] Perto de 23h, o sítio foi invadido por seis homens armados e **encapuzados**[5] que, se dizendo policiais, perguntavam por jóias e dinheiro--
15 **reivindicação**,[6] no mínimo, estranha quando as vítimas são pessoas pobres como aquelas.

A resposta foi a de que não havia nada de valor para ser roubado. A dona do sítio, Laudicena de Oliveira Nascimento, 71 anos, no **depoimento**[7] prestado em investigação secreta do Estado-Maior da Polícia Militar **fluminense**,[8] contou que os seis homens decidiram então sequestrar todas as pessoas-- 11, no total, incluindo Viviane da Silva, Wallace de Souza Nascimento, Luíz Carlos Vasconcelos de Deus
20 e Moisés dos Santos, que também estavam na casa. Com exceçao de dona Laudicena, que conseguiu escapar, todos foram colocados em dois carros--uma Kombi e um Uno. "Fugi por uma janela", lembrou a proprietária do sítio. Cinco dias depois, surgiu o primeiro, e até agora mais forte sinal da tragédia--a Kombi foi encontrada, incendiada e com vestígios de sangue, em Piabetá, um dos mais famosos locais de **desova**[9] de cadáveres de todo o Estado. O Uno desapareceu, junto com todos os sequestrados, e
25 não há qualquer notícia até hoje.

A razão mais provável do sumiço é a suspeita de envolvimento de alguns dos participantes da festa em roubo de **cargas**[10] e assaltos a bancos. A polícia não avançou nas investigações. O inquérito, instaurado sob o número 75/90 na 69ª Delegacia, está parado e o único movimento vem das mães dos desaparecidos, que prometem não parar até descobrir a verdade. Todas muito pobres, elas parecem
30 mais velhas do que são, e--como mãe é sempre igual, só muda o endereço--não perdem a esperança de rever seus filhos. "Quando encontrar a Cristine, ela vai **levar uma surra de pau**",[11] avisa Vera Lúcia Flores Leite, mãe da bela morena que iniciava a carreira de manequim. Vera, uma **emburrada**[12] dona de casa de 42 anos, não consegue conter a emoção e a saudade ao falar do improvável reencontro. "Vou abraçar minha menina e chorar muito", sonha ela, que, eternamente esperançosa, mantém o quarto
35 de Cristiane intacto, "para quando ela voltar".

---

[1] Ponto em que alguma pessoa, por exemplo, está ou vai estar
[2] Conjunto de habitações populares toscamente construídas (por via de regra em morros) e desprovidas de recursos higiênicos
[3] Desapareceram
[4] Folga ou descanso
[5] De rosto coberto (com capuz)
[6] Demanda
[7] Testemunho ou relatório
[8] Relativo ao Estado do Rio de Janeiro
[9] Abandono
[10] Artigos transportados
[11] Apanhar, ou ser severamente disciplinada
[12] Zangada ou aborrecida

Pelo menos duas vezes por semana, Vera Lúcia deixa sua casa, no bairro vizinho de Fazenda Botafogo, e vai até o quartel-general de sua guerra particular: onde as Mães de Acari se reúnem no minúsculo **barraco**[13] de Ediméia da Silva Eusébio, 44 anos. Moradora de Acari há 28 anos, ela é mãe de Luís Henrique, outro dos desaparecidos. Ediméia já foi **ameaçada**[14] de morte algumas vezes, por
5 **teimar**[15] em procurar seu filho. "**Não adianta**.[16] É direito de mãe e vou até o fim", desafia ela, que não chora mais a ausência de Luís Henrique, um adolescente descrito pela mãe como tranquilo, sem inimigos e que detestava brigar. "Luís Henrique só parou de estudar porque ia servir o Exército, mas não **deu**",[17] justifica. Ela chegou até a discutir com o secretário de Polícia Civil do governo, na luta pela **apuração**[18] do caso. "Depois de demorar horas para receber a gente, ele perguntou se nossos filhos
10 tinham inimigos no **tráfico**",[19] recorda Ediméia, revoltada. Com uma filha e dois netos, ela gasta hoje boa parte dos Cr$ 16 mil mensais da pensão deixada pelo marido--sua única fonte de **renda**[20]--na busca do filho. "Acho que estou ficando louca nessa procura, mas não vou parar".

Marilene Lima de Souza, 39 anos, tem a mesma energia de Ediméia. Mãe de Rosana, ela lidera o movimento e lamenta as brigas que teve com a filha antes do passeio--e do desaparecimento. "Sempre
15 me preocupei com as companhias dos meus filhos e não queria deixá-la ir para Magé", recorda. Na tentativa de descobrir o que aconteceu com a filha, Marilene já esteve até em Brasília, **depondo**[21] na **CPI**,[22] que apura o extermínio de menores. Duas outras Mães de Acari--Tereza de Souza Costa, 41 anos, mãe de Edson, e Euzila Joana Silva de Oliveira, 34 anos, mãe de Hodson--não demonstram esperança de rever os filhos. Sempre caladas, cabisbaixas, ambas participam da luta, mas mantêm o
20 olhar triste de quem já se deixou vencer pela descrença. Joana, auxiliar de limpeza no Hospital Getúlio Vargas, na zona norte da cidade, quase não fala. Ela tem outros seis filhos e, das Mães de Acari, foi a única que festejou a ida de Hodson ao programa em Magé. "Ele quase não saía de casa. Tinha poucos amigos", relembra ela, contando a última frase do filho desaparecido, antes da viagem, na sexta-feira: "Segunda-feira **estou aí**".[23]

25 A mais **retraída**[24] de todas é Tereza de Souza Costa. Mãe de um filho excepcional, ela tem motivos de sobra para isso. O desaparecimento de Edson é a segunda perda em casa, depois de um outro filho que morreu, alguns anos atrás. "Prefiro não acreditar no pior", tenta Tereza. "Vivo esperando uma notícia boa, ou até mesmo a volta de Edson", sonha ela, **grávida**[25] de cinco meses, que mora com o marido, um **metalúrgico**[26] **aposentado**[27] por invalidez, numa pequena casa em Coelho Neto, bairro
30 vizinho. Triste, Tereza dá o tom exato da luta das Mães de Acari. "Os meninos foram criados juntos e agora todo mundo **virou**[28] filho de todo mundo. Por isso vamos continuar a lutar".

(Aydano André Motta, *IstoÉ-Senhor*, 21 de agosto de 1991)

---

[13] Habitação tosca, improvisada, onde vivem os favelados
[14] Intimidada
[15] Insistir
[16] Isto é, *ameaçam-me em vão*
[17] Foi possível
[18] Clarificação ou resolução
[19] Isto é, *no tráfico de drogas*
[20] Dinheiro adquirido em troca de algum serviço
[21] Dando depoimento
[22] Comissão Parlamentar de Inquérito
[23] Volto (Fig.)
[24] Tímida ou acanhada
[25] Prenhe ou em estado de gravidez
[26] Aquele que se ocupa de metalurgia, de construir estruturas metálicas
[27] Retirado
[28] Fez-se ou transformou-se

Compreensão

1. Com que tragédia se parece a das *Locas* de Acari?

2. Tipicamente, qual é o perfil dos desaparecidos?

3. Quais são as circunstâncias do desaparecimento dos adolescentes?

4. Alguém consegue escapar?

5. Qual é a razão mais provável da agressão?

6. De que classe social pertencem as *locas*?

7. De que as autoridades (falsamente) acusam os desaparecidos?

8. Como varia o estado de ânimo das Mães de Acari?

Vocabulário

Vocabulário : Ponha o verbo em que se baseiam o particípio passado ou adjetivo da coluna esquerda, formulando uma sentença que comunique o verdadeiro sentido de cada um.

1. Desaparecidos _____
2. Passado _____
3. Conhecidos _____
4. Invadido _____
5. Prestado _____
6. Roubado _____
7. Colocar _____
8. Incendiada _____
9. Sequestrado _____
10. Parado _____
11. Descrito _____
12. Retraída _____
13. Aposentado _____
14. Criados _____
15 Deixada _____

Ampliação

1. Você é pessimista quanto ao paradeiro dos garotos? Por que?

2. Você acha que a classe social tem muito a ver com o que se passou?

3. E o muro de silêncio levantado pelas autoridades--seria o mesmo se as *locas* fossem da classe média ou classe alta? Por que?

4. Haveria segundas intenções em as autoridades nada apurarem?

5. Qual é o perfil de uma típica Mãe de Acari?

3

Da Zona Sul à Baixada, prostituição infantil
é meio de sobrevivência e de status social

Crianças de 10 a 15 anos se vendem na noite do Rio

O "uniforme" é típico dos adolescentes: jeans, jaquetas coloridas, miniblusas, camisetas das **grifes**[1] da moda, sapatos **abotinados**[2] com **meias soquetes**.[3] No peito, um crucifixo preso a uma longa corrente de metal é mais do que um símbolo religioso: ironicamente reflete a idolatria pela *material girl*
5 Madonna. Dentro deste **figurino**[4] estão meninas--e mesmo alguns rapazes--com idades entre 10 e 15 anos, que circulam por locais como a Avenida Atlântica, Praça Mauá, Cinelândia, Quinta da Boa Vista ou pelas praças da Baixada Fluminense. A maioria consome cocaína e admite que nem sempre usa **preservativos**.[5] Todos tentam receber em dólar mas, em tempos de crise, o **"programa"**[6] vale até um prato de comida. Sem estatísticas oficiais, as Organizações Não-Governamentais (ONGs) acreditam que
10 há 30 mil menores vivendo da prostituição no Grande Rio. O Centro Brasileiro para a Infância e Adolescência (CBIA) vai mais longe: seus **pesquisadores**[7] calculam que até 400 mil crianças estejam ligadas, direta ou indiretamente, à prostituição--40 por cento do contingente de um milhão de menores **carentes**[8] e abandonados no Estado, segundo estimativa da Unicef.

A prostituição infantil pode ser uma questão de sobrevivência, como é o caso das meninas que
15 vendem chicletes nas **calçadas**[9]--para elas, ser **apalpadas**[10] faz parte do negócio, que tem como **lucro**[11] os CrS 200 que valem o chiclete. Ou uma distorção consumista: cada vez mais meninas de classe média fazem "programas" para engordar a **mesada**[12] e poder freqüentar **boates**[13] e **shoppings**[14] da moda.

Se a entrada na prostituição é precoce, também será a decadência. Prostitutas com mais de 18
20 anos já são consideradas velhas e perdem "clientes" para as mais jovens. **Recusando-se a**[15] envelhecer, fazem tudo para mostrar uma face infantil que nem chegaram a ter: usam laços nos cabelos, roupas floridas, meias soquetes e **maquilagem**[16] suave. E mentem a idade. Na rua, todas têm 15 anos.

---

[1] Marcas de certos artigos de luxo, em especial dos de vestuário, por via de regra com a assinatura do fabricante

[2] Cuja forma lembra a da botina, ou da bota de cano curto

[3] Meias que vão somente até o calcanhar

[4] Figura que representa o traje da moda; modelo ou exemplo

[5] Camisas-de-Vênus ou camisinhas: envoltórios finos, de borracha, resistentes, para cobrirem o pênis por ocasião da atividade sexual

[6] Ato sexual feito por dinheiro ou por outra forma de remuneração; ato de prostituição

[7] Investigadores ou estudiosos

[8] Necessitados

[9] Caminhos pavimentados para pedestres, quase sempre mais altos que a parte da rua destinada aos veículos

[10] Tocada pela mão

[11] Dinheiro

[12] Quantia que os pais dão periodicamente aos filhos

[13] Estabelecimentos comerciais, de funcionamento noturno, e que em geral constam de bar, restaurante, pista de dança e palco para apresentações de atrações artísticas

[14] Isto é, *shopping centers*

[15] Rejeitando (a idéia de)

[16] Conjunto de produtos de beleza

Em Copacabana há lugar para todas

Em Copacabana, as meninas não enfrentam tantas dificuldades quanto em outros pontos.
5 Mesmo sentindo a **concorrência**,[17] as prostitutas mais velhas não **agridem**[18] as mais novas e, muitas, para atrair clientela, gostam de manter uma menor no grupo. As proximidades dos hotéis são pontos certos de prostituição, mas é no quarteirão entre as Ruas Miguel Lemos e Djalma Ulrich, na Avenida Atlântica, que fica a maior concentração.

Nas boates, dificilmente elas conseguem entrar. É certo que algumas garotas chegam a falsificar
10 certidões de nascimento, mas, temendo o **Juizado**[19] de Menores, os proprietários das casas noturnas raramente as recebem.

O **Bob's**[20] da Avenida Atlântica acabou sendo **eleito**[21] como ponto de encontro dos menores prostitutos porque ali não existe limite de idade. Por isso, depois das 15h, o movimento é intenso e dura até as 4h. Sentados nas mesinhas, os adolescentes criaram inclusive um sistema de proteção: quando
15 alguém sai com um "**freguês**",[22] os outros anotam a placa do carro. Depois dos programas, os garotos voltam e, às vezes, arrumam companhia para "**esticar**"[23] em algum outro lugar.

O horário da prostituição varia: as mais novas preferem sair à tarde, logo após o almoço, aproveitando o fluxo de turistas. Um dos horários **nobres**,[24] segundo S., de 17 anos, há um ano na rua, é o entardecer.
20 —De dia, a gente tem mais segurança e não enfrenta a concorrência das mais velhas. A tardinha, então, é maravilha. Os **gringos**[25] já descansaram depois do almoço e saem só para caminhar. Depois, eles levam a gente para jantar e quando é dez da noite a gente já está em casa, explica.

De manhã, as meninas desfilam em biquínis "bem pequenininhos", segundo A., de 13 anos.

—Os bares, à noite, são nossa última opção. O melhor mesmo é quando a gente pega um **cara**[26]
25 logo de manhã. Aí, a gente come do bom e do melhor o dia inteiro e, **de repente**,[27] ganha até umas roupas, ela conta.

De bicicleta, G. engorda a mesada

30 Criada no Interior do Estado, G., de 14 anos, **se deslumbrou**[28] quando a família a mandou estudar no Rio, há dois anos. As luzes coloridas de Copacabana logo fizeram com que ela trocasse as cansativas aulas no colégio de **freiras**[29] pela vida noturna. Mas a mesada, embora suficiente para uma menina se manter sem **despesas**[30] domésticas--G. mora com uma tia **idosa**[31]--**não dava para**[32] as roupas caras e as matinês nas boates da moda. Assim G. encontrou um modo de comprar tudo que
35 queria: diariamente, ao entardecer, ela sai de bicicleta pelo **calçadão**[33] e, quando "**rola um clima**"[34] com algum "gringo", faz o "programa" e **fatura**[35] em dólar, no mínimo US$ 100 por duas horas de companhia:

---

[17] Competição
[18] Atacam
[19] Local onde o juiz exerce suas funções
[20] Rede de restaurantes tipo McDonald's
[21] Escolhido
[22] Cliente
[23] Continuar
[24] Preferidos
[25] Turistas estrangeiros em geral
[26] Indivíduo (Pop.)
[27] Possivelmente (Pop.)
[28] Se fascinou; se maravilhou
[29] Monjas
[30] Gastos
[31] Velha
[32] Não servia para custear
[33] Calçada larga, prevalente ao longo de certas praias
[34] Há oportunidade (Gír.)
[35] Recebe (Fig.)

  —Não me considero uma **garota de programa**[36]: apenas gosto de ganhar presentes. G. diz que nunca **cheirou**[37] "**brizola**[38]", mas que quase todas as meninas de "programa" cheiram e gastam dinheiro com isso

  —Antes só pensava em comprar roupa, mas agora já estou juntando algum. Meu namorado, de 17 anos, sabe o que faço, mas não **esquenta**[39]: ele também faz programas. Quando a gente comprar apartamento, a gente casa e começa vida nova.

(Letícia Helena, Cláudio Renaro, *O Globo*, 18 de agosto de 1991)

---

[36] Prostituta
[37] Inalou
[38] Cocaína (Gír.)
[39] Se irrita ou se chateia (Pop.)

Compreensão

1. Tipicamente, como se vestem estas garotinhas de programa? A quem mais idolatram?

2. São numerosas no Grande Rio?

3. Quais são os variados motivos pelos quais elas caem na prostituição infantil?

4. Que sistema de proteção mútua existe entre elas?

5. Quem são os clientes perferidos e por que?

Vocabulário : (a) Relacione os termos da primeira coluna com os (quase) antônimos da segunda e (b) empregue-os em sentenças completas.

1.	Sobrevivência	a.	Humilhar
2.	Intenso	b.	Negar
3.	Admitir	c.	Desinteressante
4.	Provocante	d.	Diurno
5.	Colorido	e.	Status social
6.	Idolatrar	f.	Frouxo
7.	Noturno	g.	Dispersão
8.	Ingênua	h.	Preto e branco
9.	Concentração	i.	Emagrecer
10.	Engordar	j.	Experiente

Ampliação

1. Por que é que Madonna é idolatrada pelas meninas de programa?

2. De modo geral, você considera a cantora uma influência positiva ou negativa sobre a juventude?

3. Concordando que esta forma de prostituição devia ser desencorajada, como fazer?

4. Você acha frívolas as razões pelas quais algumas garotinhas (e garotinhos) fazem programa? Explique.

5. Por que haveria tanta animosidade entre as prostitutas mais velhas e as mais novas?

6. Como se explica a aparente indiferença das meninas de programa com relação a seu ganha-pão?

4

Em São Paulo, gangues de **pichadores**[1] sujam a
cidade, **desafiam**[2] a polícia e atacam monumentos

Vândalos do *spray* [3]

O imponente Teatro Municipal de São Paulo, localizado no centro da cidade, está **ameaçado**[4] de
sofrer um **atentado**.[5] Informada por telefonemas anônimos, a polícia mantém um **plantão**[6] diante do
prédio, construído em 1911 pelo engenheiro Francisco de Paula Ramos de Azevedo, um dos nomes
mais expressivos do passado arquitetônico de São Paulo. Nesse caso, o artefato terrorista não será um
5   explosivo, mas, sim, latas de spray. Encontrados em qualquer depósito de tintas, os sprays são a
principal arma dos pichadores que, numa espécie de disputa de territórios, têm deixado suas marcas
emporcalhando[7] muros e fachadas da cidade. Praticantes de um tipo moderno de vandalismo, os
pichadores atingem agora o grau máximo de audácia: na sexta-feira, 13, lançaram um desafio,
10   prometendo premiar o primeiro a **rabiscar**[8] a fachada do Teatro Municipal com Cr$ 3,5 milhões. O
dinheiro foi **arrecadado**[9] entre os cerca de três mil jovens que se dedicam ao hábito de escrever
mensagens desconexas em qualquer ponto visível para quem anda nas ruas.

Inscrições tais como Zeus, Falange, Fobia ou Skizitus--que **brotam**[10] por toda a parte, inclusive
no topo de altos edifícios--nada mais significam que o nome de uma gangue ou o **apelido**[11] de um
15   pichador solitário atirado diante dos olhos dos 11,7 milhões de **paulistanos**.[12] Marcas como essas
poderão, em breve, ornamentar a fachada do Municipal se os policiais se descuidarem. Assim, o
minucioso trabalho de restauração do teatro - que, nos últimos cinco anos, consumiu uma verba de US$
33 milhões dos cofres públicos--poderá **ir por água abaixo**.[13] Para os garotos do spray isso não importa:
eles continuam **empenhados**[14] em seu insensato campeonato de poluição visual. Se o dano ocorrer em
20   um edifício de renome, raciocinam, a repercussão será maior e os autores do "serviço" ganharão
notoriedade--o prêmio que mais **almejam**.[15]

"Isso é puro vandalismo", reclama Vicente Silvestre, comandante da Guarda Civil Metropolitana
que, para proteger o Municipal, ordenou o reforço de policiamento na área central. Somente no mês de
julho, a **prefeitura**[16] empregou Cr$ 1 milhão na limpeza dos principais **estragos**[17] no centro, em edifícios
25   das avenidas Nove de Julho, 23 de Maio e Paulista, as mais **visadas**.[18] De acordo com a lei, quem for
pego[19] sujando paredes, está sujeito à **multa**[20] de Cr$ 130 mil. Os **flagrantes**[21] são, no entanto, raros e

---

[1] Aqueles que escrevem geralmente em muros e paredes
[2] Incitam ou provocam
[3] Pintura em forma de *spray* : um jacto gasoso de aerossol
[4] Em perigo (Fig.)
[5] Tentativa ou execução de crime
[6] Horário de serviço
[7] Sujando
[8] Escrever de modo ilegível
[9] Conseguido
[10] Surgem
[11] Alcunha, cognome ou apodo
[12] Habitantes da cidade de São Paulo
[13] Fracassar
[14] Aplicados com diligência ou dedicados
[15] Desejam
[16] Governo municipal
[17] Danos
[18] Cobiçadas
[19] Apreendido
[20] Pena pecuiária (paga em dinheiro)
[21] Os atos que uma pessoa é surpreendida a praticar

os muros não conseguem permanecer 24 horas limpos, obrigando policiais e funcionários a viverem em um **inusitado**[22] clima de histórias de Tom e Jerry, o desenho animado infantil onde o gato é frequentemente **ludibriado**[23] pelo rato. Em 1985, o então prefeito Jânio Quadros ameaçou prender pichadores, mas a medida de força não deu resultados.

5   Ciente de que é difícil vencê-los, a atual administração decidiu, então, cooptar os pichadores. A prefeita apostou no diálogo e, desde julho, a prefeitura oferece um curso gratuito de grafite. Adotando a mesma idéia, o Estado decidiu abrir oficinas pedagógicas em diversos bairros. Ao apresentar o grafite--desenho mural mais elaborado--aos garotos da pichação, as autoridades esperam sutilmente mudar o seu comportamento. As primeiras experiências têm sido animadoras, convertendo **rabiscadores**[24] de
10 paredes em desenhistas de melhor nível.

       "Esses garotos têm muita energia", diz Celso Gitahy, coordenador de uma oficina municipal itinerante pelos bairros da cidade, "e não aceitam ficar em casa calmamente assistindo à televisão". Para surpresa geral, nas oficinas os garotos do spray revelam-se estudantes aplicados. Aprendem a confeccionar moldes em **papelão**,[25] exercitam o **traço**[26] e são instruídos no uso de cores. "Eles devem
15 dialogar inteligentemente com o espaço urbano", afirma Eduardo Castro, também professor de grafite. Mudar os hábitos de pichadores, no entanto, não é coisa simples. Eles **relutam**[27] em abandonar uma atividade que, embora condenada pelos códigos sociais, lhes dá a sensação de saída do anonimato pela admiração dos colegas. "Fico feliz quando um colega vem me cumprimentar por uma pichação difícil", diz Gesrel, 17 anos, que, na zona sul, onde mora, é conhecido por Hoos. Como a maioria dos grupos de
20 pichadores, sua gangue, a Falange, valoriza a pichação feita em locais de difícil acesso e boa visibilidade, como o topo de prédios--o *pico* na gíria das **turmas**.[28] Um feito desses dá direito à liderança da gangue e à escolha de uma namorada entre as moças mais bonitas da turma, como se, em vez de ser um mero **infrator**[29] do direito de propriedade, fosse um herói.

       "Minha adrenalina sobe a mil quando detono o spray", garante Délson, 16 anos, que prefere ser
25 chamado de Demo, sua alcunha na Falange. Tamanha emoção não justifica os prejuízos que **acarretam**[30] aos donos de **imóveis**[31] e ao visual da cidade. Não bastasse a sujeira que fazem para conseguir deixar sua marca em um local "valioso", eles invadem propriedades, enganam porteiros e, muitas vezes, chegam a passar noites inteiras escondidos à espera do momento certo para o ataque. Segundo Demo, normalmente a estratégia é simples: três ou quatro rapazes **driblam**[32] a atenção do
30 zelador do prédio-**alvo**,[33] tomam o elevador e **arrombam**[34] a porta da **cobertura**[35] para chegar ao *pico* -- onde um deles acaba sempre **pendurado**,[36] com os outros a segurá-lo pelos pés e uma lata de tinta na mão. Em seu currículo nada nobre, Demo exibe a **investida**[37] ao Monumento das Bandeiras, escultura de Victor Brecheret, no bairro do Ibirapuera, onde lançou a palavra "Fobia"--ele não sabe o que quer dizer mas lhe parece bonita e sonora. A seu lado, o colega Hoos completa: "Sou um vândalo e me
35 orgulho disso", diz ele. "Mas não sou marginal, estudo e trabalho para ajudar minha avó". Officeboys em sua maioria, os pichadores admiram colegas como Xuim e Tchentcho, responsáveis pelos rabiscos na fachada do 46° andar do Edifício Itália, o mais alto da cidade.

(Maria Inês Camargo, *IstoÉ-Senhor*, 25 de setembro de 1991)

---

[22] Incomum

[23] Enganado

[24] Aqueles que traçam as letras mal, que fazem *rabiscos* ou garatujas

[25] Cartão grosso, mais ou menos rígido, de espessura superior

[26] Risco ou linha *traçada* a lápis, pincel ou pena

[27] Resistem

[28] Grupos

[29] Violador (da lei) ou aquele que infringe

[30] Ocasionam ou causam

[31] Isto é, *bens imóveis*, como casas, terrenos, etc.

[32] Desviam (Fig.)

[33] Objetivo

[34] Abrem à força

[35] Telhado

[36] Suspenso

[37] Ataque

Compreensão

1. Por que o Teatro Municipal é um alvo "desejável" para os pichadores?

2. O que as autoridades estão fazendo para protegê-lo?

3. Como vai o combate *convencional*, por parte da prefeitura, às pixações?

4. A coopção está dando resultado? Como funciona?

5. O que o pichador ganha com seu vandalismo?

6. Como é o perfil do pichador médio?

Vocabulário : (a) Relacione os termos da primeira coluna com os (quase) sinônimos da segunda e (b) empregue-os em sentenças completas.

1.	Pichação	a.	Louco
2.	Hábito	b.	Costume
3.	Exibir	c.	Chefia
4.	Segurar	d.	Reter
5.	Insensato	e.	Alcançar
6.	Inteiras	f.	Mostrar
7.	Artefato	g.	Grafite
8.	Raciocinar	h.	Deduzir
9.	Atingir	i.	Objeto
10.	Liderança	j.	Parciais

Ampliação

1. O problema da pixação existe em sua comunidade? Em sua escola? Como se caracteriza?

2. Que opinião você tem do fenômeno?

3. Será que é simbólico, como dizem alguns, do crescente desrespeito geral pela autoridade?

4. Por que ninguém parece poder eliminar a pichação, ou ao menos controlá-la?

5. Onde você acha que pichar talvez *não* seja um problema--e por que?

TEATRINHO

"Meninos de rua"

Elenco

Meia-dúzia de pessoas de ambos os sexos, na faixa de idade de 12 a 17 anos

Argumento

Vocês estão retirados a seu esconderijo improvisado ondam trocam idéias e observações acerca de sua luta pela sobrevivência que fatalmente todos têm que enfrentar diariamente. Possíveis tópicos espontâneos: de onde vem a próxima comida; onde abrigar-se; falta de atenção médica; higiene diária; medo da polícia; indiferença e até hostilidade do cidadão médio; proveniência; visão do futuro; mendicância, furtos ou roubos; necessidades afetivas, etc.

Expressões úteis

Abusado/a
Ajudar um ao outro
Ao relento
Conivência
Dar-se mal (bem) com
Desaparecido/a
Dignidade humana
Esquadrão da morte
Expulso/a
Fome
Guarda

Insatisfeito/a
Intolerância
Mandar-se
Perseguir
Policial
Ressentido/a
Roupa estragada
Sujeira
Sumir
Virar-se
Vítima

TEMAS PARA COMENTÁRIO ORAL OU ESCRITO

1. O impacto da crise econômica no tratamento do menor de rua.

2. Diz-se que a violência contra o menor (pobre), seja de rua ou não, é emblemática da sociedade brasileira como um todo.

3. Algumas das possíveis razões menos óbvias pela guerra de extermínio aos menores marginalizados.

4. O Brasil é considerado uma típica sociedade imitativa e consumista; e isto se manifesta em certos segmentos da juventude.

UNIDADE 13   RAÇA

1

Crianças negras ficam longe das câmaras de tevê

Racismo no ar

   Quando não figuram no **elenco**[1] das novelas, as crianças aparecem na televisão em bandos ruidosos, animando as **platéias**[2] de programas do tipo *Xou da Xuxa.* Há três semanas, nos bastidores
5 de um desses programas, *Dó-Ré-Mi com Vovó Mafalda,* apresentado nas tardes do **SBT**,[3] a animação foi encoberta por uma pesada cortina de **preconceito**[4] racial. Maria Alice Alves, que atuava como assistente de produção do *Dó-Ré-Mi,* foi **demitida**[5] do cargo no dia 24 de abril pelo diretor do programa, Wanderley Villa Nova. Sua falha, diz ela, foi permitir a presença de sete crianças negras entre os alunos da escola municipal Celso Leite Ribeiro, escolhidos para participar do programa naquela tarde. Maria Alice conta
10 que, ao notar as crianças, Wanderley partiu em sua direção, apontou para a platéia e perguntou: "Foi você quem escolheu aqueles dois negrinhos?"
   Villa Nova mantém uma **equipe**[6] encarregada de selecionar crianças para participar do programa. Segundo suas recomendações, as muito altas, por exemplo, devem ficar de fora. Com o episódio do dia 24, revelou-se que a cor da pele também é prova eliminatória. Durante as gravações do
15 *Dó-Ré-Mi,* que chegam a durar oito horas, um grupo de crianças é mantido à parte para que **se revezem**[7] com as que se sentem cansadas. As sete crianças negras que escaparam da **peneira**[8] naquela tarde não chegaram a sair do time reserva para a frente das câmaras. Uma inspetora de alunos que acompanhava as crianças estranhou a discriminação e questionou um funcionário do SBT. A resposta a desanimou: "Se a gente colocar aquelas crianças, cabeças vão rolar porque o Wanderley não
20 gosta de pretinhos".
   Teline Xavier Coutim, de 11 anos, uma das crianças que compareceu ao *Dó-Ré-Mi,* também pediu para "aparecer na televisão" e sair do grupo reserva. **Não teve jeito.**[9] Na realidade, Teline só foi aos estúdios do SBT porque no dia da seleção, sua mãe estava na escola e insistiu para que a menina fosse incluída no grupo--pela mal camuflada prática racista, as crianças negras são **barradas**[10] logo no
25 processo inicial. Outra garota **vetada**[11] para as câmaras, Luana Moraes da Silva, de 9 anos, percebeu a manobra feita no estúdio. "Ah, mãe, eu acho que eu não vou aparecer", queixou-se ao chegar em casa.
   A exclusão de escolares negros do *Dó-Ré-Mi,* até o episódio do dia 24, já havia chamado a atenção de Neide Maria Bittar da Cruz, moradora de um conjunto habitacional em São Paulo, que há cinco anos organiza a ida da garotada da vizinhança aos programas do SBT. Há um mês, ao formar uma
30 turma que participaria do *Dó-Ré-Mi,* surpreendeu-se com o apartheid não declarado--coisa que não ocorre em outros programas da emissora. "Eles levaram umas moreninhas, mais clarinhas, mas elas nem foram colocadas na platéia titular", lembra Neide. "Parece racismo, não é?"
   Villa Nova, que dirige outros programas do SBT, como *Show de Calouros,* diz que as acusações são "absurdas" e garante que nunca orientou seus funcionários para barrarem crianças negras. "A Maria Alice foi despedida por incompetência", afirma. Segundo Maria Alice, que trabalhou em outros programas do SBT nos cinco anos em que permaneceu na casa, a discriminação racial na emissora **se restringe**[12] a Villa Nova. (*Veja,* 13 de maio de 1992)

---

[1] Conjunto dos atores de uma peça
[2] Espectadores (Fig.)
[3] Sistema Brasileiro de Televisão (canal de tevê)
[4] Opinião formada antecipadamente, sem maior ponderação ou conhecimento dos fatos
[5] Despedida ou mandada embora
[6] Time, conjunto ou grupo de pessoas que se aplicam a uma tarefa
[7] Se substituam alternadamente
[8] Seleção (Fig.)
[9] Não foi possível
[10] Impedidas
[11] Vedada ou proibida
[12] Se limita

Coronel foi discriminado na Polícia Militar

Teórico do **papel**[13] da PM nas políticas de segurança pública e estudioso da questão racial, o Coronel Jorge da Silva, como negro, também sofreu os efeitos da discriminação racial. Na PM, onde alcançou o posto máximo na carreira militar, confessa que "senti em muitas ocasiões a discriminação". No entanto, **ressalva**:[14] "As pessoas que discriminam usam subterfúgios para dizer que não estão discriminando".

Em sua monografia para o concurso da **OAB**,[15] *O negro e a cultura racial*, Jorge da Silva procura demonstrar que, em certo sentido, a Lei Afonso Arinos, de 1951, que proibiu o preconceito racial, "foi prejudicial à luta negra; antes da lei", lembra, "a discriminação era explícita com anúncios de jornais pedindo apenas candidatos brancos nas ofertas de trabalho. Após a lei, quando os negros passaram a protestar contra a discriminação, mecanismos indiretos foram criados para barrar o negro. Hoje, quando se procura **vaga**[16] nas escolas, respondem que estão **superlotadas**.[17] Quando se vai a um restaurante, as mesas estão reservadas e na busca por um emprego, as vagas estão sempre **preenchidas**",[18] diz o Coronel. Para ele, o Brasil saiu de um racismo explícito para o implícito.

Além disso, se o negro protesta porque não foi atendido, dizem que é **recalcado**[19] e passa a ser acusado de racista. Em nada ou pouco mudou a situação do negro após a Abolição. Em qualquer comunidade de forte presença negra, você vê poucos negros trabalhando em bancos, por exemplo. Essa situação eu pude constatar na Baixada Fluminense.

O coronel Jorge da Silva participou do concurso de monografias da OAB, apenas como advogado. O fato de ser policial militar era desconhecido dos organizadores do concurso. Ao saberem que o vencedor era também coronel da PM, os organizadores ficaram surpresos. O coronel começou na PM há 46 anos ao sair da Escola de Formação de Oficiais.

(*O Dia*, 13 de maio de 1990)

---

[13] Função
[14] Emenda
[15] Ordem dos Advogados do Brasil
[16] Lugar disponível ou desocupado
[17] Cheias em demasia
[18] Ocupadas
[19] Frustrado

Compreensão

1. Em que capacidade as crianças tendem a aparecer na tevê?

2. De que o *Dó-Ré-Mi* é acusado?

3. O que se passa à pessoa que levantou queixa?

4. No final, a injustiça no programa é admitida? É corrigida?

5. Que lei proíbe o preconceito racial?

6. Como é burlada?

7. O que oferece o coronel como exemplo de que pouco mudou depois da Abolição?

8. O que se pode dizer do currículo vitae do coronel?

Vocabulário: Dê o verbo correspondente a cada um dos substantivos e empregue-o numa sentença.

1. Figura_____
2. Programa_____
3. Preconceito _____
4. Direção _____
5. Recomendação _____
6. Prova _____
7. Gravação_____
8. Reserva _____
9. Televisão _____
10. Processo _____
11. Manobra_____
12. Exclusão _____
13. Moradora _____
14. Ida _____
15. Emissora _____

Ampliação

1. Você notou algum instante de preconceito racial na tevê de hoje em dia? E antigamente?

2. O que você acha que devia ser feito no caso do *Dó-Ré-Mi* ?

3. O que você faria se fosse injustiçado/a como Maria Alice Alves?

4. Alguma vez você foi alvo de uma atitude racista?

5. Por que será que o preconceito--quer racial, quer religioso, quer étnico--é tão comum?

6. Como o racismo poderia ser combatido?

7. Você acha que o preconceito em seu país está aumentando ou diminuindo--e por que?

8. Por que às vezes as pessoas discriminadas não reagem mais vociferamente aos atos de racismo?

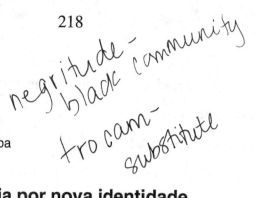

2

Afirmação da negritude mistura estilo
norte-americano e a tradição do samba

Negros *trocam* [1] militância por nova identidade

Bailes na periferia **lotados**,[2] cortes de cabelo copiados da revista da comunidade negra norte-americana *Ebony*, roupas em estilo afro-brasileiro e letras de música anti-racistas **embaladas**[3] pela forte **batida**[4] do *rap* fazem hoje o mundo da negritude em São Paulo. Essas manifestações substituíram o

5 **engajamento**[5] político que marcou o movimento negro organizado até meados dos anos 80.

"O movimento organizado de tendência política sofreu no final da década o mesmo **esvaziamento**[6] que o **sindicalismo**",[7] explica um militante e membro da executiva nacional que organiza o 1º Encontro Nacional das Entidades Negras esta semana em São Paulo. Para ele, depois de ter passado por momentos de afirmação política e ter desmantelado o mito da democracia racial brasileira,

10 os grupos negros necessitam se rearticular e partir para a ação.

O negro paulistano, que nesse processo de **amadurecimento**[8] descobriu uma forma híbrida de afirmação da negritude, optou pela dança, pela música e pelo comportamento para rever os valores da sociedade branca e protestar contra a discriminação que sofre **cotidianamente**.[9] Na busca da nova identidade, não houve preconceitos em misturar modelos importados de Nova York, Salvador, Jamaica

15 ou Nigéria.

"Os movimentos negros têm necessariamente de aprender a lidar com a modernidade", afirma o Sabé, ativista negro na Zona Leste, desde o início dos anos 70. Segundo ele, há espaço suficiente tanto para o *rap* quanto para o **afoxé**.[10] "O negro contemporâneo admite a mistura do **atabaque**[11] com o sintetizador e da **bata**[12] afro com o **tênis de cano alto**",[13] explica.

20 De acordo com Salles, o negro paulistano tem tido diversas alternativas para reconhecer sua identidade e afirmar suas diferenças em relação ao branco. "**Alisar**[14] o cabelo e assumir **padrões**[15] brancos de comportamento nunca tornou a vida do negro mais fácil", afirma.

A militante Angelina dos Reis lembra a frustração que sofria na infância por não ter cabelos longos e lisos como as atrizes de telenovelas. "Costumava usar uma toalha para simular uma longa e

25 loura cabeleira", conta. Hoje Angelina valoriza suas origens e características africanas.

Ela e a irmã, Maria de Fátima, dedicam-se à produção de roupas que definem como de estilo afro-paulistano. Fátima desenha, corta e costura batas, calças e bobôs--tipo de **boina**[16] de origem marroquina--que Angelina se encarrega de vender numa **barraca**[17] montada todo fim de semana em São

---

[1] Mudam ou substituem

[2] Cheios

[3] Ritmadas (Fig.)

[4] Ritmo

[5] Compromisso

[6] Enfraquecimento ou debilitação   (Fig.)

[7] Ação reivindicatória e/ou política dos *sindicatos* (associações para fins de estudos, defesa e coordenação do que concerne a todos aqueles que exerçam atividades ou tenham interesses idênticos, similares ou conexos)

[8] Crescimento

[9] Diariamente

[10] Forma de candomblé--a religião dos negros iorubas na Bahia

[11] Tipo de tambor de origem africana

[12] Blusa folgada e solta

[13] Sapato-tênis com parte tubular alta

[14] Desencrespar

[15] Normas

[16] Espécie de boné chato

[17] Construção ligeira, de remoção fácil, comumente feita de madeira e lona, e usada em feiras

Miguel Paulista.   Entre as roupas das irmãs, há até mesmo as de estilo afro feitas em **jacquard**[18] de lã acrílica, adaptado para o frio da cidade. "O negro precisa resgatar as origens mas também levar em conta que vive em São Paulo e não na África", diz Fátima.

(Daniel Hessel Teich, *O Estado de S. Paulo*, 12 de novembro de 1991)

Compreensão

1. Que manifestações substituiram a militância?

2. Que mito brasileiro o movimento conseguiu desmantelar?

3. Em que confluência de valores se resume a busca da nova identidade negra?

4. O que nunca tornou a vida do negro brasileiro mais fácil, segundo o Sabé?

5. Especificamente, o que fazem as Irmãs dos Reis para conciliar as necessidades materiais com seus valores éticos?

Vocabulário : Dê o verbo derivado de cada substantivo e empregue-o numa sentença completa.

1. Engajamento _____
2. Sindicalismo _____
3. Batida _____
4. Tendência _____
5. Esvaziamento _____
6. Militante _____
7. Ação _____
8. Forma _____
9. Dança _____
10. Identidade _____
11. Mistura _____
12. Alternativa _____
13. Diferença _____
14. Frustração _____
15. Origem _____

the blacks had a movement in the 80s . they tried to copy black north-americans in their hair and dress

they dance and sing "para rever os valores da sociedade branca e protestar contra a

---

[18] Tecido tipo toalha

Ampliação

1. A troca de estratégia, da militância a uma nova identidade, também representaria um simples envelhecimento (ou coopção) da geração de participantes formalmente mais atuantes? Como?

2. Como é que o mito da democracia racial brasileira difere da realidade?

3. O orgulho étnico também se extenderia a outras raças ou nacionalidades do Brasil? A quais, por exemplo?

4. Você acha que este movimento, ou qualquer outro parecido, beneficia mais do engajamento ou de reconciliação? Como?

5. Em que áreas específicas as contribuições afro-brasileiras são mais notáveis?

3

Os índios podem dar mais do que nomes para nossas cidades e aulas de ecologia. Na educação dos filhos, revelam-se particularmente sábios

Lições da selva

Na prática, entre os brancos, índio é bom para dar nome de cidade, nome de rua, nome de fruta. Mas hoje, especialmente depois da **Rio92**,[1] os estudiosos têm ressaltado outras interessantes contribuições dos índios: seu sábio manejo de florestas, por exemplo.

E o índio como pessoa? Seu **jeito**[2] de amar, casar, educar filhos, sonhar, temer a morte—o seu manejo da vida? Sim, porque humanistas sinceros muitas vezes consideram o índio um ser muito digno **e tal**,[3] mas psicologicamente limitado, de simplória organização social e incapaz de relações humanas mais elaboradas.

Ora.[4] Não foi essa a impressão de estudiosos que conviveram intimamente com tribos ainda relativamente preservadas do contato com a civilização. Para surpresa de gente como nós, que sabe **direitinho**[5] como vivem e amam os **suecos**[6] lá longe, aqui bem mais perto, em plena selva, os índios são capazes de formar sociedades complexas, com leis muito sutis, mitos grandiosos e uma linguagem muito rica.

Cito três desses **pesquisadores**,[7] que um dia ouvi para uma revista de psicologia. O antropólogo Darcy Ribeiro, hoje também político e escritor, já em 1947 participava das lendárias expedições do Marechal Rondon pelas selvas do Brasil Central e muito se impressionou com a maravilhosa integridade, o orgulho de ser dos índios que ia encontrando: "É que eles não passam como nós pela divisão da sociedade em classes. Não são, como nós, **bagaço dessa mó**".[8]

O que muito impressionou a antropóloga Carmen Junqueira, que há anos divide sua cadeira de antropologia na **PUC**[9] de São Paulo com longas visitas às aldeias dos Cinta-Larga do Mato Grosso e Kamaiurá do Xingu, foi ver o quanto os Cinta-Larga se mostram **senhores**[10] do tempo e do sentido **lúdico**[11] da vida: "Num dia trabalham direitinho. Noutro vão pegar **mel**[12] no mato e voltam três meses depois! Certa vez no caminho souberam que **estava dando**[13] **pacu**[14] num rio próximo, depois de lá resolveram visitar uns amigos de outra aldeia. E eu lá, antropóloga, esperando".

Um estudo particularmente precioso sobre a arte de viver indígena foi o desenvolvido pelo analista **junguiano**[15] Roberto Gambini que, a partir de 1983, foi morar muitas vezes com os Zoró, da Rondônia, que há pouco tinham estabelecido os primeiros contatos com os brancos: "O que mais me chamou a atenção foi a serenidade, a harmonia pessoal desses índios: parece que cada um sabe o seu lugar, o lugar dos outros, e o de todos no mundo. Em nenhum momento percebi entre eles aquilo que é o nosso **cotidiano**[16] na cidade: a tensão, o conflito, a esquizofrenia de viver sonhando uma coisa e fazendo outra".

---

[1] Ou Eco92: Conferência das Nações Unidas sobre Meio Ambiente e Desenvolvimento
[2] Modo ou maneira
[3] Etc.
[4] Pelo contrário (Fig.)
[5] Muito bem
[6] Habitantes da Suécia, país escandinavo
[7] Estudiosos ou investigadores
[8] Isto é, *corruptos* (Fig.)
[9] Pontifícia Universidade Católica
[10] Isto é, *mestres*
[11] Referente a jogos, brinquedos e divertimentos
[12] Substância doce elaborada pelas abelhas
[13] Havia
[14] Tipo de peixe da região
[15] Que adere às idéias de Carl Gustav Jung (1875-1961), um dos fundadores da psicanálise
[16] Dia-a-dia

Havia, no caso, uma pergunta obrigatória para esses nossos pesquisadores: e as crianças? Como os índios **transam**,[17] educam suas crianças? Darcy Ribeiro: "Nas relações entre pais e filhos não existem dois vícios bem comuns entre nós: **chantagem**[18] e autoritarismo". E conta duas histórias deliciosas. A vez em que um colega tentou comprar uma bela e trabalhada **cuia**[19] de um Ticuna. O índio

5 não quis vender porque a cuia era do filho e o filho não andava por ali. O antropólogo ofereceu de tudo, as mais vantajosas **trocas**.[20] Nada. O índio **nem aí**.[21] A cuia era do filho e **pronto**.[22] Darcy: "Ele não usou a sua autoridade *contra* o filho. Mesmo num caso em que a vantagem do filho era evidente". Outra cena. A mãe índia está **espremendo**[23] **massa**[24] de mandioca e dela **escorre**[25] um líquido que é um veneno mortal. Ao lado, uma criança de uns dois anos **brinca de encher**[26] a **concha das mãos**[27] com o

10 veneno. Darcy aponta o perigo, a mãe nem aí: *O menino sabe que isso não se come.* Darcy: "Por que não há mentira e chantagem entre eles? É que os filhos acreditam nos pais".

Entre as tribos que estudou, Carmen Junqueira observou cenas e filosofia educacional semelhantes. Os Kamaiurá, índios agricultores, **paparicam**[28] generosamente suas crianças. E têm outro sistema de parentesco: a criança chama de pai todos os irmãos do pai, e de mãe todas as irmãs da mãe.

15 Forma-se um incrível sistema de atendimento. Qualquer chorinho da criança, todo mundo corre. O bebê dorme **grudado**[29] com a mãe. Quando chega a hora de parar de **mamar**,[30] a mãe **esfrega**[31] um inseto na língua da criança. Aí ela sabe: acabou a **mamata**.[32] Mas tem uma coisa: só bota a língua se quiser. O fato é que cresce paparicada por pais, irmãos, e primos, e todo mundo. Carmen: "Estabelece-se a seguinte relação: quanto mais **plena**[33] uma pessoa é, menos coisas ela necessita e mais generosa pode

20 ser. Entre eles, o chefe tem que ser o mais generoso e, por isso, o mais pobre".

Entre os Cinta-Larga, índios caçadores, as crianças são educadas mais **no risco**.[34] Desde cedo formam pequenos bandos, **somem**[35] no mato e ninguém se preocupa se o rio levou ou a **onça**[36] comeu. Sua característica vai ser mais a independência do que a generosidade. Um dia, adulto, vai ter que ser capaz de entrar na floresta e, se preciso, andar 150 quilômetros dentro dela--sozinho. Um dos maiores e

25 mais justificáveis sonhos de pais brancos é dar segurança psicológica, emocional para os filhos. Resolvido isso, o resto vai.

Entre as anotações de sua rica convivência com os Zoró, Roberto Gambini **esboça**[37] algumas explicações para a **invejável**[38] segurança pessoal da criança indígena. A mãe Zoró jamais abandona o bebê. Mesmo carregando um cesto de mandioca nas **costas**,[39] de quase 40 quilos, a criança vai junto,

30 na **tipóia**.[40] O **peito**[41] da mãe está sempre à disposição do bebê, que mama quando tem vontade. Gambini: "Então o seio materno, um objeto psicologicamente da maior importância, é todo da criança.

---

[17] Aqui, *combinam, ajustam* ou *pactuam*

[18] Ato de extorquir dinheiro, favores ou vantagens de alguém sob ameaça de revelações escandalosas

[19] Vaso feito da casca da fruta do mesmo nome

[20] Transferências mútuas

[21] Nem liga; nem dá importância (à oferta)

[22] Acabou o assunto (Fig.)

[23] Comprimindo ou apertando

[24] Pasta

[25] Sai (Fig.)

[26] Faz de conta que está enchendo

[27] Junção das mãos em forma de concha

[28] Mimam; tratam com cuidados excessivos

[29] Agarrado

[30] Sugar ou chupar (o leite da mãe ou da ama)

[31] Fricciona ou roça

[32] Vida fácil (Gír.)

[33] Completa ou perfeita

[34] Correndo risco

[35] Desaparecem

[36] Jaguar

[37] Delineia ou expõe

[38] Apreciável ou valiosa (Fig.)

[39] Parte posterior do tronco humano

[40] Tira de pano que se prende ao pescoço

[41] Seio

Ela dorme com a cara grudada no seio da mãe. Pode-se imaginar coisa melhor para uma criança do que dormir sentindo o cheiro do leite e o calor do seio da mãe? E sentindo a segurança de que, se ela acordar, agitada, com fome ou insegurança, o seio está sempre ali? Penso que não vai ser difícil para esta criança ceder um dia o seio para o irmãozinho que nasce. Ela pode ceder porque já o teve por
5 inteiro. Talvez por isso os meninos Zoró sejam, desde cedo, psicologicamente tão sólidos".

Livros e livros poderiam ser escritos sobre a arte indígena de viver. Também por esta razão é importante que eles vivam. Para que _nos ajudem um pouco a viver_. A palavra final é de Roberto Gambini: "É essa imensa riqueza humana que estamos apagando da humanidade cada vez que se destrói a integridade de um grupo indígena. A se confirmar o cruel estilo da colonização amazônica, os Zoró em
10 breve estarão destruídos. Um fim **inominável**[42] para algumas das pessoas mais dignas que conheci no Brasil".

(Carlos Moraes, *Ícaro*, 96 [1992])

Compreensão

1. Na prática, como é que a ignorância do branco vê o índio?

2. E a organização social dos índios, como é comumente vista pela opinião pública?

3. O que mais impressionou Darcy Ribeiro com relação ao índio?

4. Para Carmen Junqueira, quais são os dons mais invejáveis deles?

5. E no caso de Gambini, o que ele ressalta entre as qualidades indígenas?

6. Como é o relacionamento pai-filho entre os Ticunas (ou Tucunas)?

7. Como é que os Kamaiurás tratam suas crianças?

8. E os Cinta-Larga, como educam suas crianças?

9. E o bebê Zoró, como é cuidado?

10. O que está tragicamente acontecendo no momento com todas estas tribos?

---

42 Intolerável ou vil

224

Vocabulário : (a) Relacione os termos da primeira coluna com os (quase) antônimos da segunda e (b) empregue-os em sentenças completas.

1. Sábio
2. Aldeia
3. Estudiosa
4. Íntimo
5. Orgulho
6. Harmonia
7. Simplório
8. Limitado
9. Grudada
10. Preservadas

a. Conflito
b. Vergonha
c. Formal
d. Ignorante
e. Afastada
f. Complexo
g. Metrópole
h. Desinteressada
i. Gastas
j. Ilimitado

Ampliação

1. A que se devem os prevalentes preconceitos eurocêntricos do brasileiro médio?

2. Nos demais paises do hemisfério, a cultura indígena também vem sendo (ou tem sido) desperdiçada? Aonde e como?

3. Você concorda ou discorda de quem diz que a experiência indígena não se presta para a nossa sociedade massificada.

4. O que você mais aprova dos costumes descritos?

5. Você pessoalmente se adaptaria a esta vida comunitária, igualitária e florestal? Explique os seus motivos.

4

O conflito entre Índios e brancos aumenta na medida
em que os dois vão disputando o mesmo território

Índios invadem *fazenda* [1] em Mato Grosso

Contrariando as regras, desta vez foram os índios que invadiram uma fazenda em Mato Grosso. Os Xavantes tomaram conta da Fazenda Santana, expulsando o fazendeiro Augusto Nogueira Moraes. A invasão ocorreu no final de janeiro último mas somente agora está sendo revelada pelo fazendeiro, que
5 está tentando sua reintegração, alegando que a Funai (Fundação Nacional do Índio) **agiu**[2] ilegalmente, apropriando-se da Fazenda Santana, que está numa área limítrofe da reserva indígena mas não **pertence à**[3] reserva. Augusto Moraes também está tentando **reaver**[4] na Justiça os bens que estavam na propriedade, dos quais os 150 Xavantes **se apossaram.**[5]

Os Xavantes alegam que invadiram a fazenda porque ela está em terras pertencentes à tribo e
10 informam que ocorreram anteriormente vários **atritos**[6] com o fazendeiro. De acordo com o Superintendente da Funai, responsável pela área, a Fazenda Santana, de 2 mil **hectares,**[7] está dentro de uma área indígena de 12 mil hectares.

Os 150 Xavantes que ocuparam a fazenda estão pintados para a guerra e, segundo outro funcionário da Funai, já queimaram uma ponte que dá acesso à reserva pela **rodovia.**[8] O fazendeiro
15 tentou reaver suas terras com a Justiça em Cuiabá, através de uma **portaria.**[9] O juiz, no entanto, julgou-se incompetente para decidir sobre a questão e disse que Moraes teria que se dirigir a Brasília. Foi o que fez, obtendo um mandado para reaver os bens que estavam na fazenda, além das duas mil cabeças de gado.

Conseguiu com a juíza Selene Maria de Almeida, da 4ª **Vara**[10] da Justiça Federal, em Brasília,
20 autorização para reaver seus bens. **Porém,**[11] ao retornar a Cuiabá para cumprir a determinação da juíza, Augusto Moraes foi surpreendido pela Justiça local, que impediu a posse, alegando que isso poderia provocar uma guerra com os Xavantes, e pediu mais 15 dias antes que a sentença fosse executada.

Moraes ficou preocupado, já que havia até levado policiais federais, em um ônibus, para cumprir a determinação da juíza de Brasília, pois suas cabeças de gado estavam sendo remarcadas pelos
25 Xavantes, o que deverá dificultar a sua reintegração de posse. No último dia 4, o fazendeiro tentou novamente reaver os bens que estão na Fazenda Santana, sem conseguir. A seção judiciária de Mato Grosso pediu outros 15 dias de prazo antes de permitir que o fazendeiro retome suas coisas.

O fazendeiro está se sentindo **injustiçado**[12] com a decisão do juiz da 3ª Vara de Mato Grosso, Lindoval Marques de Brito, que o impede de reaver seus bens. O juiz, por sua vez, disse que concedeu
30 os 15 dias para a Funai tentar um acordo com os índios, porque estes são **bravos.**[13]

Agora, Augusto Nogueira Moraes aguarda duas decisões da justiça: a primeira para reaver os bens que estão na sua fazenda, como máquinas e equipamentos, além de roupas e pertences de seus empregados, que foram obrigados a sair de suas casas apenas com roupa que tinham no corpo; e outra

---

[1] Grande propriedade rural, de lavoura ou de criação de gado (reses ou rebanho)

[2] Atuou ou portou-se

[3] É propriedade da

[4] Recuperar ou recobrar

[5] Se apoderaram ou tomaram posse

[6] Problemas (Fig.)

[7] Plural de *hectare* : unidade de medida agrária

[8] Estrada ou via destinada ao tráfego de veículos motorizados

[9] Documento de ato administrativo de qualquer autoridade pública que contém instruções acerca da aplicação de leis ou regulamentos

[10] Jurisdição

[11] Entretanto; todavia; contudo; por outro lado

[12] Aquele que não obteve justiça

[13] Ferozes ou selvagens

decisão, a mais importante é anular a **portaria**[14] da Funai, que integrou a Fazenda Santana à reserva Xavante.

(*Jornal da Tarde*, 7 de março de 1991)

Funai investiga morte de pescadores no Xingu

5   BRASÍLIA--A Fundação Nacional do Índio e a Polícia Federal estão com 28 homens no Parque Indígena do Xingu para **levantar**[15] as causas do conflito entre índios Crenhacarore e quatro pescadores na região do rio Manissauá-Missu, um **afluente**[16] do Rio Xingu, ocorrido na semana passada. Até agora não se sabe se o confronto ocorreu dentro dos limites do parque, mas segundo as informações que chegaram à Funai, os índios **flecharam**[17] os pescadores depois de um **tiroteio**.[18] Os quatro mortos são
10   **empregados**[19] de uma fazenda situada próximo do parque.
      O presidente da Funai afirmou, ontem, que pelo relato transmitido por índios do posto indígena do Diauarum--distante três horas de barco do local do conflito--os Crenhacarore agiram "em legítima defesa".
      O **cacique**[20] Raoni, do grupo Metutire, que habita uma área situada ao Norte do Parque do
15   Xingu, justificou a ação. "Os índios não queriam matar ninguém, mas foram atacados". Mas o líder dos Metutire voltou a afirmar que os índios do Xingu não aceitam a invasão de suas terras. Só hoje a Funai terá informações mais precisas sobre o que aconteceu na área.
      Os Crenhacarore vivem no Parque do Xingu desde 1975, quando foram transferidos de seu habitat, no rio Peixoto de Azevedo, no Norte do Mato Grosso. A tribo foi praticamente **dizimada**[21] com a
20   abertura da rodovia Cuiabá—Santarém, que cortou suas terras. Os primeiros contatos com o grupo foram feitos em 1973 pelos irmãos **Cláudio** e **Orlando Villas Boas**.[22]

(*O Estado de S. Paulo*, 9 de abril de 1993)

---

14 Decreto

15 Determinar

16 Curso de água que deságua em outro curso de água

17 Atacaram com *flechas* (setas)

18 Fogo de fuzilaria no qual os disparos são numerosos e sucessivos

19 Trabalhadores

20 Chefe

21 Destruída ou exterminada em grande parte

22 Figuras quase lendárias de devoção à causa dos indígenas

Compreensão

1. Como é que os Xavantes "contrariaram as regras"?

2. Por que os Xavantes invadiram a fazenda?

3. Que lado a Funai apóia?

4. Segundo o fazendeiro, de que mais os índios ilegalmente se apossaram?

5. Quais são as duas decisões judiciais aguardadas pelo fazendeiro?

6. Segundo os Crenhacarore, por que os pescadores foram matados?

7. O que opina o presidente da Funai?

8. Os Crenhacarore são nativos do Parque do Xingu?

Vocabulário: Dê o verbo baseado em cada substantivo e empregue-o numa sentença completa.

1. Invasão _____
2. Final _____
3. Alegação _____
4. Pertence _____
5. Guerra _____
6. Autorização _____
7. Posse _____
8. Decisão _____
9. Empregados _____
10. Confronto _____
11. Relato _____
12. Líder _____
13. Abertura _____
14. Causas _____
15. Barco _____

Ampliação

1. Você acha que o índio *aqui* está sendo tratado de maneira (mais) justa?

2. Você detecta algum preconceito contra o índio no pronunciamento do juiz? (Ele impede a reaquisição de bens pelo fazendeiro.) Como?

3. O que você imagina ser a resolução definitiva do caso da fazenda "invadida"? Por que?

4. Por que será que os intrusos estavam pescando dentro da reserva indígena?

TEATRINHO

"O racismo visto pelo prisma do absurdo"

Elenco

Os participantes deveriam representar gerações diferentes--irrespectivas da realidade histórica--incluindo gente tanto de épocas passadas quanto da atual, tudo a fim de se aventar uma variedade de perspectivas em torno dos eventos levantados.

Argumento

Forma-se uma mesa redonda em que, além do doloroso preconceito racial, também sejam registrados os modestos avanços realizados pelas populações negra e indígena, incluindo o que possa ser feito para que a situação dos dois povos melhore.

Expressões úteis

Aguentar	Maioria
Apoiar	Minoria
Contribuições	Miscigenação
Eurocentrismo	Opor-se
Ficar marginalizado/a	Orgulho
Harmonia	Perseguição
Herança colonial	Preconceito
Hipocrisia	Reconhecimento
Identidade própria	Respeito mútuo
Igualdade	Sentir (a discriminação) na pele
Intolerânca	Sociedade pluralista
Magoar	Tribos

TEMAS PARA COMENTÁRIO ORAL E ESCRITO

1. A miscigenação é um processo irreversível que um dia promete amainar o preconceito racial no Brasil.

2. A invasão das terras indígenas pelos garimpeiros é o afronto mais perigoso ao aborígene.

3. Legislar contra o racismo não funciona. Tem que se mudar a cabeça da gente.

4. O que o "civilizado" pode aprender do indígena.

5. O perigo enfrentado pelo índio através do contato prolongado e direto com o mundo dos brancos.

UNIDADE 14 O ENSINO

1

Situação do ensino primário atrasa
a nação no limiar do novo milênio

Brasil, um país que não faz sua lição de casa

Se fosse submetido a uma prova para **avaliar**[1] sua capacidade de desenvolvimento e eficiência,
5 o sistema educacional brasileiro teria, com certeza, uma **reprovação**[2] escandalosa e sem **louvor**.[3]
Sobretudo, com poucas chances de se recuperar a tempo de começar o século XXI entre os alunos
mais aplicados no mundo.

Ao contrário, com um **histórico**[4] de acentuadas desigualdades regionais e deficiências gritantes
em quase todos os níveis de ensino, a educação no Brasil caminha hoje em direção ao caos. São 18
10 milhões--cerca de 18,7% da população com mais de 15 anos--de analfabetos, pessoas que não sabem
escrever sequer um bilhete na língua portuguesa.

Índice que, segundo estatísticas da Organização das Nações Unidas para Educação, Ciência e
Cultura (Unesco), em 1990, representa 1,9% de todo o **analfabetismo**[5] mundial. Com um detalhe
bastante **constrangedor**:[6] o Brasil está ao lado da Indonésia, Paquistão e Bangladesh, entre os dez
15 paises que juntos **arcam com**[7] 73% dos analfabetos de todo o planeta. São 68 % dos eleitores que
não têm sequer o curso primário. E 31% desses mal desenham o nome, o que leva a um quadro de
outros 46% de analfabetos funcionais.

E o problema é ainda mais complexo quando os números refletem as desigualdades sociais
em cada região do país. No Sul, de cada dez pessoas, apenas uma é analfabeta, enquanto no
20 Nordeste, mais de 35%--cerca de quatro entre dez--não sabem ler e escrever. "Eliminar o
analfabetismo exige que o sistema de ensino seja capaz de **reter**[8] o aluno na fase de aprendizagem",
explica Marisa Elias, professora da pós-graduação em Pedagogia, na Pontifícia Universidade Católica,
PUC, de São Paulo. "O mais importante é o período de pós-alfabetização, onde o adulto começa a
discernir e assimilar o que aprende".
25

*Em 1989, a evasão escolar no **Primeiro Grau**[9]
chegou a 80% dos alunos*

Segundo os pedagogos, a instrução mínima, sem permanência do aluno no sistema escolar,
30 leva-o de volta ao analfabetismo, ou pelos menos ao semi-analfabetismo. O que em termos sociais
significa a mesma coisa. "Mesmo porque educação não se resume ao cidadão aprender a assinar o
nome para votar", explica Marisa. "Muito mais que isso, educar é preparar uma pessoa para a vida,
dando-lhe meios de discutir e concluir".

Mas os motivos para uma merecida nota zero para o sistema educacional brasileiro vão **muito**
35 **além**.[10] Só este ano, 4 milhões de crianças entre 7 e 14 anos estão fora da escola, dos quais 2,5
milhões nunca a frequentaram e o restante já abandonou definitivamente os estudos. A taxa de evasão
escolar no primeiro grau chegou, em 1989, a 80% dos alunos matriculados, segundo relatório do Banco

---

[1] Determinar o valor
[2] Rejeição
[3] Elogio ou distinção
[4] Exposição cronológica
[5] Falta absoluta de instrução
[6] O que causa embaraço ou timidez
[7] Possuem (Fig.)
[8] Manter
[9] Escola primária
[10] Mais longe

Mundial. Crianças que, por problemas sociais como pobreza, distância da escola ou necessidade de trabalhar, abandonam a escola nas **primeiras séries.**[11]

O índice de evasão é tão grave quanto o de repetência. Uma **amostragem**[12] do Fundo das Nações Unidas para o Desenvolvimento da Infância e da Educação (Unicef) constata que a repetência no primeiro grau cresceu 14% no período de 1979-87. Uma tendência que está sendo mantida até hoje e alarma os educadores de todo o País. "O ensino básico é **um buraco sem fundo**",[13] garante Elba Barreto, **pesquisadora**[14] na área de Educação, da Fundação Carlos Chagas. "Sem resolver esse fantasma, é inútil tentar qualquer plano de alfabetização".

O passo fundamental para segurar um aluno na escola e mantê-lo interessado junto ao ensino das primeiras séries, segundo Elba Barreto, é a reforma curricular. "A escola brasileira tem um currículo muito **exigente**",[15] explica. "Nos Estados Unidos, a criança tem um prazo de três anos para se alfabetizar. Aqui o sistema público exige um ano. A chance de um aluno do sertão nordestino, por exemplo, ser aprovado na primeira série é 0%". Mais absurdo, na opinião da pesquisadora, só mesmo o número de disciplinas ministrado durante o ensino básico. "Onze **matérias**[16] na quinta série é uma **excrescência.**[17] A quantidade de matérias não indica um bom ensino, às vezes pelo contrário".

O problema é cíclico. À medida em que o aluno não se interessa pelo que lhe estão ensinando, ele não consegue assimilar. Seu **aproveitamento**[18] é baixo e o resultado quase sempre é a reprovação. Uma ou duas repetências nas primeiras séries é fator decisivo. Por desestímulo próprio, da família e dos professores, a criança acaba abandonando a escola. O resultado é assustador: de cada 100 alunos matriculados na primeira série, 50 passam para a **segunda**[19] e apenas 10 concluem a **oitava série.**[20] "A pirâmide no primeiro grau é muito perversa", analisa Selma Garrido Pimenta, da Faculdade de Educação da Universidade de São Paulo, USP. "Esse modelo pedagógico reproduz o **fracasso**[21] na vida das crianças de classe baixa. A decisão de abandonar a escola é uma sentença de que ela só serve para trabalhar.

Em São Paulo, o "Ciclo Básico" implantado a partir de 1986, transformando as duas primeiras séries num único período de alfabetização e adaptação do estudante, sem a obrigatoriedade de aprovação, conseguiu diminuir o índice de evasão e repetência em 10% desde 1987. "Ainda é pouco", garante Selma Garrido.

"O grande **desafio**[22] é **amenizar**[23] o **afunilamento**[24] **rumo**[25] ao **segundo grau.**[26] O jovem tem direito de ser apenas estudante. Hoje, o estudo é um esforço, quase heroísmo na vida de muitos adolescentes".

(Kátia Perin, *Jornal da Tarde*, 19 de novembro de 1990)

---

[11] Os primeiros 8 anos do ensino básico, ou seja, 4 anos na série primária e 4 no ginásio

[12] Processo de seleção de *amostra* (exemplo) para ser analisada como representante de um todo

[13] Interminável

[14] Investigadora ou estudiosa

[15] Rigoroso

[16] Disciplinas escolares

[17] Excesso

[18] Progresso (nos estudos) (Fig.)

[19] Isto é, *segundo ano primário*

[20] Último ano do ginásio, e por consequência, do primeiro grau

[21] Desastre ou desgraça

[22] Problema a ser enfrentado

[23] Tornar menos difícil ou diminuir (Fig.)

[24] Caminho cada vez mais estreito

[25] Em direção

[26] Ou colegial, é composto de 3 anos

Compreensão

1. Aproximadamente qual porcentagem dos brasileiros adultos não completou o curso primário?

2. A que se reduzem as referidas desigualdades regionais no Brasil?

3. Segundo as estatísticas, o nordestino é quantas vezes mais apto de ser analfabeto que seu concidadão sulista?

4. Para os pedagogos, qual é o "segredo" de eliminar o analfabetismo?

5. O que revelam as estatísticas com relação à evasão escolar no primeiro grau?

6. Você pode dar um exemplo de como o currículo brasileiro é excessivamente exigente?

7. De cada cem alunos inscritos na primeira série, quantos conseguem concluir a oitava?

8. Como é que São Paulo está combatendo às deficiências na organização do ensino primário?

Vocabulário : (a) Relacione os termos da primeira coluna com os (quase) antônimos da segunda e (b) empregue-os em sentenças completas.

1.	Analfabetos	a.	Rejeitar
2.	Capacidade	b.	Reprovação
3.	Graduação	c.	Inaptidão
4.	Assimilar	d.	Subdesenvolvimento
5.	Fundamental	e.	Não essencial
6.	Desenvolvimento	f.	Alfabetizados
7.	Aprovação	g.	Pós-graduação
8.	Evasão	h.	Covardia
9.	Heroísmo	i.	Aceitação
10.	Deficiência	j.	Excesso

Ampliação

1. Por que será que tantos alunos do primeiro grau abandonam os estudos?

2. Você considera o currículo o problema principal, ou a causa do problema seria algo mais fundamental e extra-pedagógico?

3. O que mais tem em comum o Brasil com países como Indonésia, Paquistão e Bangladesh?

4. Você lembra a que idade foi alfabetizado/a--e aonde?

5. Você pessoalmente conhece alguma pessoa analfabeta? Chega a ser funcional?

6. Já tentou alguma vez imaginar como seria o cotidiano da ótica de um/a analfabeto/a? Que tipos de aborrecimentos, por exemplo, teria que enfrentar?

2

Porque os chineses, coreanos
e japoneses brilham nas listas de
calouros[1] das escolas paulistas

Vendaval[2] do Oriente

A cada mês de janeiro, uma **maré**[3] de jovens brasileiros **percorre**[4] **aflita**[5] as listas de aprovados no **vestibular**,[6] à procura de seu nome. Em São Paulo, na semana passada, este **garimpo com o dedo**[7] resultou no habitual **tropeço**[8] em nomes de sonoridade oriental. Não houve faculdade, na
5   lista da **Fuvest**,[9] que não **abrigasse**[10] uma gorda proporção de aprovados de origem ou descendência japonesa, coreana ou chinesa. Ou melhor, uma desproporção: embora a população oriental da Grande São Paulo seja de apenas 2,55% do total de 12,5 milhões de habitantes, **vestibulandos**[11] **oriundos**[12] dessa minoria **abocanharam**[13] 19,1% das **vagas**[14] de Ciências Biológicas da USP, 15% das vagas de Humanidades e 22,6% das cadeiras de Ciências Exatas e Tecnologia.
10   Como já se tornou **praxe**[15] nos últimos anos, além de aprovados, eles também foram os melhores colocados--os que se classificaram simultaneamente em várias das mais disputadas faculdades do Estado. São, sobretudo, os mais precoces, compondo um batalhão de geniozinhos considerados **imbatíveis**[16] por seus colegas de **cursinho**.[17] Uma **piada**[18] corrente e estereotipada entre vestibulandos paulistas diz que, se você quer garantir uma vaga na **USP**,[19] é bom arrumar uma
15   namorada para distrair o japonês que senta do seu lado.

Basta pegar as estrelas do vestibular, porém, para ver que não é fácil distrair esses jovens orientais moldados por um singular código de honra, isolamento étnico, rígida estrutura familiar e culto à disciplina. O chinês Hsueh Tsung Hsiang, de 15 anos, que se classificou em quatro faculdades de Medicina de São Paulo "só para experimentar" é um caso exemplar. Do pai, um engenheiro civil de 42
20   anos, que, em Formosa, estudava das 7 horas da manhã às 6 da tarde, Tsung Hsiang recebeu um conselho: "Vencer e ser o primeiro é uma honra especial".

Tsung Hsiang diz que seus maiores amigos, além dos pais, são seus dois irmãos de 8 e 11 anos, e que ele sente o quanto a família fica orgulhosa de seus **feitos**[20] na escola. "Mas só a partir da 6ª série, quando eu tinha 12 anos, comecei a perceber que era sempre o primeiro da classe. Eu não
25   entendia **direito**[21] o que isso significava." Como estímulo, portanto, a casa sempre teve peso maior para Tsung Hsiang do que a escola. "Me sinto na obrigação de ler todo livro novo que aparece lá em

---

1 Estudantes novatos ou principiantes
2 Vento tempestuoso ou temporal
3 Multidão (Fig.)
4 Explora
5 Angustiada
6 Exame de admissão ao primeiro ciclo de graduação de um curso superior (isto é, universitário)
7 Procura meticulosa (Fig.)
8 Obstáculo ou travanca (Fig.)
9 Um entre vários tipos de exame vestibular
10 Contivesse
11 Diz-se dos estudantes que vão prestar exame vestibular
12 Provenientes
13 Apoderaram-se ou obtiveram com astúcia
14 Vacâncias ou lugares
15 Rotina
16 Invencíveis
17 Curso preparatório pré-vestibular
18 Dito engraçado e espirituoso; anedota
19 Universidade de São Paulo
20 Ações
21 Exatamente

casa", esclarece ele, quase **sussurrando**[22] de timidez. Tsung Hsiang não tem uma fórmula pronta para ser o primeiro da classe nem para colecionar louros em vestibular, mas acha que nunca se deve deixar nada para o dia seguinte. "É preciso assimilar tudo e não ficar com dúvidas ou coisas incompletas em nada", diz.

5   Hsueh Tsung Hsiang não é necessariamente um **superdotado**.[23] Para Maria Helena Bresser, 40 anos, psicóloga, ele é, antes de tudo, fruto de estímulos extraordinariamente fortes que derivam de sua condição de imigrante de primeira geração. "Seus pais formam um **casulo**,[24] num país distante, onde mantêm costumes e tradições e para quem a palavra 'honra' tem o significado de vencer por seus méritos e de desenvolver toda sua plenitude", diz Maria Helena.

10   Daí, o que existe de concreto por trás do formidável **elenco**[25] de alunos **nota 10**[26] da descendência oriental é um forte condicionamento cultural. "Segundo a ética de Confúcio, que permeia as culturas da China, Japão e Coréia, o **desempenho**[27] escolar é a única forma de retribuir a infinita **dívida**[28] dos filhos para com os pais, de demonstrar piedade filial", explica o sociólogo William Liu. Quando a família emigra e não tem outra forma de se projetar socialmente, o estudo dos filhos adquire 15 um peso ainda maior.

      Por outro lado, segundo William Kimura, que há dez anos é editor do *Diário Nippak,* de São Paulo, escrito em português e japonês, existe uma diferença considerável entre o **empenho**[29] educacional dos japoneses que aportaram no Brasil no começo do século e já estão em sua quarta geração e os chineses, coreanos ou japoneses recém-chegados, que ainda batalham os primeiros 20 lugares como forma de se destacar e se projetar socialmente. Kimura começou a tomar contato com os problemas educacionais dos descendentes de japoneses em 1979, **fazendo a cobertura da**[30] morte do estudante Sérgio Yoshihiro Ando, **primogênito**[31] de 19 anos, que **se enforcou**[32] com uma faixa de quimono de judô ao saber que não passara no vestibular de Medicina da USP.

25   (*Veja*, 6 de fevereiro de 1985)

---

[22] Murmurando
[23] Indivíduo dotado de inteligência superior
[24] Invólucro ou, aqui, um ambiente fechado
[25] Rol, lista ou conjunto
[26] Isto é, *com o grau mais alto* e, por extensão, *sobressalentes*
[27] Atuação
[28] Obrigação ou dever
[29] Esforço
[30] Reportando sobre a
[31] Filho mais velho
[32] Se suicidou, suspendendo-se pelo pescoço

Compreensão

1. Quem mais se destaca no vestibular?

2. A discrepância entre a porcentagem populacional deles e a das vagas conquistadas é chamativa?

3. A que áreas eles dão preferência?

4. Como se explica o marcado sucesso dos candidatos orientais?

5. Por que os recém-chegados tendem a se sair melhor na escola do que seus patrícios no Brasil já há gerações?

Vocabulário : (a) Relacione os termos da primeira coluna com os (quase) sinônimos da segunda e (b) empregue-os em sentenças completas.

1.	Brilham	a.	Ademais
2.	Além	b.	Fornecia
3.	Timidez	c.	Destacam-se
4.	Providenciava	d.	Inteligência invulgar
5.	Gênio	e.	Triunfos
6.	Estímulos	f.	Incentivos
7.	Desenvolver	g.	Craque
8.	Louros	h.	Hábitos
9.	Costumes	i.	Fazer progredir
10.	Superdotação	j.	Acanhamento

Ampliação

1. Se você tivesse que indicar um fator como decisivo em explicar o sucesso dos alunos orientais, qual seria?

2. Em seu caso particular, o que lhe serviu de estímulo positivo nos estudos?

3. Onde você estuda, também brilham os alunos de ascendência oriental?

4. Sem demagogia, você seria capaz de aplicar-se igual Tsung Hsiang? Por que (não)?

5. Você acha sadia a atitude que tornou possível o êxito escolástico destes alunos?

6. Você valoriza muitas coisas acima do sucesso acadêmico?

7. Dizem que o bom desempenho nos estudos universitários muitas vezes é garantia de uma vida futura mais segura. Por que (não) concorda?

8. Você acha que as estatísticas confirmam esta premissa? A reputação da instituição também teria muito a ver? Como?

9. Por que o poder aquisitivo dos pais é importante, até mesmo crucial, para o vestibulando sair com distinção?

10. Você tem noção de que classe de aluno brasileiro tende mais a assistir a faculdades particulares?

3

A tarefa árdua de lidar com adolescente fica
ainda mais difícil em bairro desprivilegiado

As *feras*[1] da periferia

Nivalda Almeida foi dar sua primeira aula na periferia de São Paulo, há um ano, cheia de boas
intenções. Esperava encontrar jovens pobres, **carentes**[2] e **apáticos**,[3] de quem **se tornaria**[4] amiga.
Mas não foi isso que aconteceu. E até hoje, lecionando na **EEPG**[5] João XXIII, Nivalda ainda não
5   conseguiu decifrar o enigma. Em vez dos meninos "bonzinhos", ela teve que enfrentar as *feras radicais:*
os *boys* da periferia, **famintos**,[6] irreverentes, irrequietos, rebeldes como todo adolescente, mas que,
por serem pobres e, de alguma forma, saberem que têm poucas chances de ascensão social,
constituem hoje um universo peculiar. Que **se exprime**[7] através de **gírias**,[8] expressões em inglês,
bonés[9] coloridos, camisetas "cítricas", **tênis**[10] caros comprados **a prestação**,[11] tubos de tinta *spray*,
10 uma verdadeira fixação em **marcas**[12] famosas e um gosto musical que vai do rock à lambada, mas se
concentra num tipo de som copiado do exterior e recriado na própria rua, o *rap* .
Jovens que trabalham de dia e estudam à noite; que convivem ombro a ombro com a
marginalidade, e, muitas vezes, têm um pé lá e outro cá. Que transportam de um banco a outro, pela
cidade, em cheques ou dinheiro, pequenas fortunas das empresas onde trabalham, mas saltam do
15 ônibus pela porta de trás, por **farra**[13] ou para economizar, e estudam só para conseguir diploma--a
maioria conclui o **primeiro grau**[14] com o único objetivo de garantir o emprego de *office-boy*.
Muitos, críticos, não hesitam em apontar os piores defeitos que um professor pode ter:
"**Xinga**;[15] não mostrar voz ativa; aumentar as coisas; exagerar quando vai fazer relatório sobre a gente
na diretoria; desrespeitar a gente", enumera Vânia Alexandra Figueiredo Pires, 14 anos, **sexta série**,[16]
20 um caso raro de menina que anda **em turma de**[17] meninos e participa com eles em pé de igualdade,
sem discriminação por ser mulher. "Outra coisa que a gente logo **saca**[18] no professor é quando ele não
acredita no que a gente fala. Quando não quer explicar a matéria, se a gente falta na aula, e nem saber
porque a gente faltou. E tem também aqueles que faltam, faltam, depois chegam aqui dando prova",
completa Edson Aparecido da Silva,14 anos, companheiro de Vânia nas andanças pelos *shopping*
25 *centers*, lanchonetes, **danceterias**,[19] festivais de **hip hop**[20] e gravações de programas de rock.
Toda essa racionalização não impede, porém, que os adolescentes levem às últimas
consequências o ódio por um professor. Na EEPG João XXIII, os alunos já levantaram carros dos

---

[1] Animais bravos e, por extensão, pessoas muito severas ou irrascíveis
[2] Necessitados
[3] Indiferentes
[4] Se faria; se transformaria em
[5] Escola Estadual de Primeiro Grau
[6] Com fome
[7] Se expressa
[8] Linguagem popular e informal
[9] Tipos de chapéu de copa redonda, com uma pala sobre os olhos
[10] Sapatos esportivos frequentemente feitos de couro, borracha e lona
[11] Com pagamento a prazo, não à vista
[12] Etiquetas de produtos industriais, em geral roupas
[13] Diversão
[14] Primeiros 8 anos do ensino básico, ou seja, 4 anos na série primária e 4 no ginásio
[15] Dirigir insultos ou palavras afrontosas a alguém
[16] Isto é, *sexto ano do primeiro grau*
[17] Com
[18] Entende (Pop.)
[19] Casas noturnas com amplo espaço para dançar
[20] Festival de música e dança

professores **no braço**[21] e colocaram atravessados na avenida, fechando a passagem. Denise Rolemberg, professora de História, no Rio de Janeiro, enfrentou uma situação mais difícil ainda, quando dois alunos expulsos da escola pelo Conselho de Classe passaram muitos dias esperando por ela nas proximidades. "Como o diretor tinha vindo buscá-los na minha aula, eles acharam que estavam sendo
5   expulsos porque eu pedi. Queriam me bater. Fiquei muito assustada e só saia da escola acompanhada pelos colegas", lembra Denise, reconhecendo também que eles não gostavam muito dela: "É que eles querem que professor dê **decoreba**,[22] fica mais fácil pra eles, e como eu não sou assim . . . "

A busca de facilidades, para esse tipo de aluno, tem sua lógica. Ele não está na escola para aprender, apenas para pegar o diploma e garantir um lugar, qualquer que seja, no mercado de trabalho.
10   Quando se pergunta a um adolescente da periferia por que ele estuda, tanto se pode ter uma resposta vaga como: "Estudo pra aprender a dar valor nas coisas importantes" (José Hélio da Silva, 16 anos, empacotador em supermercado em Brasília); como frases que escondem esperanças de dias melhores: "Estudo para facilitar o futuro" (Jairo de Albuquerque, 16 anos, **boy**[23] da Previdência Social, em Brasília).
15   Mentir e dar respostas vagas, aliás, é coisa fácil para o *boy* da periferia. Vestido de **skatista**,[24] cabelo cortado na moda, Wilson Pereira ostenta o seu melhor olhar de desconfiança e **se recusa a**[25] tirar fotografias para a reportagem. Ele é--segundo ele mesmo--*boy* num *shopping*   do Jardim Paulista, em São Paulo (SP), e estuda na EEPG Luís Athié, outra escola do Parque João XXIII, que reúne **favela**,[26] casas populares e conjuntos habitacionais de baixa classe média ao longo da **rodovia**[27]
20   Raposo Tavares. Mas não sabe dizer em que série está, nem quando apareceu na escola pela última vez. "Eu já vou pouco, que é **pra não quebrar**",[28] deixa escapar em meio a muita desconfiança. Muitos *boys* se matriculam apenas para ter **carteira**[29] de estudante e direito a passe de ônibus, mas nunca frequentam as aulas.

Quebrar escolas é um esporte típico da periferia. A EMPG João XXIII, uma grande escola
25   municipal, é visivelmente um **alvo**[30] predileto do vandalismo dos adolescentes. Aparentemente é uma escola odiada, pois os vidros estão todos quebrados e as paredes **pichadas**.[31] A poucos metros dali, a escola estadual dá uma pista para decifrar parte do enigma. Sua pintura está intacta, nada aparece quebrado, vasos com plantas **enfeitam**[32] os corredores. "Isso aqui parecia uma penitenciária", conta a assistente de direção Neide Colpaert Sartori. "A escola era toda pichada. Até que resolvemos pôr os
30   alunos para pintar e conservar. E **deu certo**.[33] Eles agora fazem coisas bonitas, e, quando aparece uma pichação, logo pintam por cima. A punição é essa. E muita conversa, nada de castigos".

Neide não deixa explícito, mas parece claro que a escola não deve reproduzir os métodos repressivos e a violência que normalmente esses jovens já enfrentam desde pequenos em casa e nas ruas. **Bêbados**,[34] desempregados, ausentes, mal **remunerados**[35] e cansados, os pais não têm muito
35   tempo, disposição ou preparo para uma educação mais cuidadosa.   "Se o filho não passa de ano, **apanha**[36] muito. Só faltam matar, de tanto que batem. Aliás, essas crianças em geral apanham muito", conta Neide. Muitos dos *boys*, ou mesmo das meninas da periferia, **sequer**[37] moram com os pais.

(*Nova Escola*, março de 1991)

---

[21] Com as próprias mãos
[22] Temas para memorizar (Gír.)
[23] Ou *office boy*   (moço de recados)
[24] Aquele que anda de skate
[25] Não permite
[26] Conjunto de habitações populares toscamente construídas
[27] Estrada
[28] Para não ficar sem dinheiro (Gír.)
[29] Documento oficial
[30] Objetivo
[31] Cobertas de *pichações* ou grafites (frases ou desenhos geralmente de caráter jocoso, informativo, contestatório ou obsceno)
[32] Adornam ou decoram
[33] Resultou; teve sucesso
[34] Bêbados ou embriagados
[35] Pagos
[36] É fisicamente punido
[37] Nem mesmo

Compreensão

1. Como são os meninos que Nivalda encontrou?

2. Por que estão tão desinteressados dos estudos?

3. Como é que eles se reconhecem verbal e visualmente?

4. Que tipo de música mais gostam?

5. Quais são empregos comuns entre eles?

6. Por que continuam oficialmente inscritos no primeiro grau quando não têm nenhum interesse?

7. De que criticam o professorado?

8. Como é que eles exteriorizam seu desprezo por sua escola?

9. Qual forma de reduzir o índice de vandalismo foi encontrada?

10. Como são os lares de onde vêm muitas destas *feras* ?

Vocabulário : (a) Relacione os termos da primeira coluna com os (quase) antônimos da segunda e (b) empregue-os em sentenças completas.

1.	Periferia	a.	Motivados
2.	Irreverentes	b.	Incompleta
3.	Moda	c.	Centro
4.	Apáticos	d.	Respeitosos
5.	Intacta	e.	Tradição
6.	Enigma	f.	Retidos
7.	Ativa	g.	Rebeldes
8.	Expulsos	h.	Solenidade
9.	Mansinhos	i.	Obviedade
10.	Farra	j.	Passiva

Ampliação

1. A rebeldia na adolescência é inevitável? Por que (não)?

2. Você se considera ou já foi rebelde? Elabore

3. Até que ponto os "hormônios" têm a ver com a atitude negativa da maioria destes jovens?

4. A seu ver, qual é o fator decisivo na formação deficiente deles? A família? Os amigos? O professorado? A sociedade de modo geral?

5. Você vê alguma qualidade encorajadora no comportamento de muitos deles? Qual e por que?

6. Qual é sua previsão, a médio ou longo prazo, do futuro bem-estar destes meninos?

TEATRINHO

"A escola é um negócio sério"

Elenco

Alguns alunos--colegiais ou universitários--especialmente vocíferos em seu zelo pelo ensino.

Argumento

Bate-papo informal de uma turma composta de variados estratos sócio-econômicos. Todos manifestam uma mistura desigual de interesse, preocupação, confusão e esperança no tocante ao sistema educacional. Surgem referências, entre outras, à qualidade da instrução, ao alto custo da matrícula, ao currículo, ao tamanho das classes, à inabilidade de sempre pegar os cursos que a gente quer ou precisa, à atitude do professorado, às inconsistências evidentes no trato dos alunos (ou dos professores) que não se enquadrem no padrão convencional, e até aos códigos de comportamento.

Expressões úteis

Apoiar
Assalto
Aulas
Brega
(Mal) Comportamento
Cursar
Deficiência
Drogas (Tôxicos)
Entrosar-se (Enturmar-se)
Estar na moda
Estar na sua (na minha, na nossa)
Esforçar-se
Falta de verba
Gangues
Impessoal

Irrelevante
(Não) ligar para
Matar aula
Medo
Namorar
Opor-se (a)
Perigo
Pertencer à turma
Sair bem (mal)
Segundo grau
Ser popular
Vandalismo
Vestibular
Violência

TEMAS PARA COMENTÁRIO ORAL OU ESCRITO

1. Quem pode, educa os filhos em escolas particulares.

2. As universidades públicas, quase gratuitas e geralmente de boa qualidade, são o domínio dos filhos das classes privilegiadas.

3. Os universitários dedicados que pertencem à classe operária ou à classe média baixa acabam assistindo a faculdades particulares--custosas (especialmente para eles), noturnas e de qualidade duvidosa.

4. O vestibular necessariamente discrimina contra o/a aluno/a pobre a começar com o (custo do) cursinho.

5. O exemplo do/a superdotado/a encoraja (ou desestimula) o desempenho de toda a classe.

UNIDADE 15   SAÚDE

1

Uma escola de São Paulo rejeita a matrícula de
uma menina de 5 anos, portadora do vírus da Aids

Aula de intolerância

A menina Sheila Carolina Cortopassi de Oliveira nasceu com o vírus da Aids. Contaminou-se
5   no ventre da mãe e hoje, aos 5 anos de idade, já está tomando lições a respeito de solidariedade e
preconceito,[1] as duas reações que os **aidéticos**[2] costumam provocar nas pessoas **sadias**.[3] Sheila foi
abandonada pela mãe no Hospital Emílio Ribas, em São Paulo, quando tinha 8 meses de idade. Ali,
conheceu a solidariedade. Os médicos e enfermeiras deram-lhe carinho e cuidaram dela por mais de
dois anos. Sheila virou a **mascote**[4] do Emílio Ribas, o hospital onde se trata a maior parte dos
10   aidéticos de São Paulo. Em 1989, um casal sem filhos decidiu adotar a menina. Sheila ganhou uma
família. Hoje, a menina manifesta os sintomas da **doença**[5] e tem pouco tempo de vida. Mas está
aprendendo a enfrentar o preconceito. Na semana passada, o Sindicato das Escolas Particulares de
São Paulo, Sieeesp, instruiu os diretores dos colégios a **recusar**[6] matrícula de alunos portadores do
vírus da Aids.
15   Por causa de Sheila. No ano passado, a menina cursou o **maternal**[7] na escola Ursa Maior, no
bairro da Saúde, em São Paulo. Os diretores aceitaram a matrícula sem saber que a menina tinha a
doença. Em setembro, Sheila ficou doente, deixou de ir às aulas e os diretores do colégio descobriram
do que ela sofria. A princípio, não **esboçaram**[8] nenhuma reação. A surpresa veio na renovação da
matrícula. Em dezembro, a mãe adotiva de Sheila, a dona de casa Sônia Cortopassi de Oliveira, 34
20   anos, foi à escola para reservar a **vaga**[9] da menina para 1992. Foi informada de que a vaga já estava
garantida e que deveria voltar em janeiro. Voltou, mas não conseguiu matricular a menina. A escola
exigia um **atestado**[10] médico assegurando que as outras crianças não corriam risco. Sônia conseguiu
o atestado, assinado pela médica Marinella Della Negra, do Hospital Emílio Ribas. A matrícula
continuou bloqueada.
25   A escola Ursa Maior não fala sobre o assunto. Seus diretores pediram uma orientação ao
sindicato dos colégios particulares, que deu um **parecer**[11] discriminatório. Os pais de Sheila, então,
foram procurar a Justiça. O caso **virou**[12] escândalo. "Sob nenhuma hipótese nós vamos colocar em
risco a vida das crianças sadias que estão sob nossa responsabilidade nas escolas", diz José Aurélio
Camargo, presidente do Sieeesp. "A menina está doente e sempre há um risco estatístico de
30   contágio". O presidente do sindicato invoca uma lei aprovada em 1975 que proíbe o acesso às aulas
dos alunos vítimas de doenças contagiosas. Essa lei foi uma resposta à epidemia de meningite que
atingiu o país e matou 18 000 pessoas, sobretudo crianças e jovens, no início dos anos 70.
          A situação de Sheila nem de longe se compara com o ambiente da epidemia de meningite.
Não há notícia em lugar nenhum do mundo de que alguém tenha se contaminado **no convívio**[13] com
35   um aidético. Os médicos garantem que a chance de contágio é muito remota. "O risco de uma
criança contrair Aids numa escola que tem um aluno portador do vírus é o mesmo de pegar num

---

[1] Intolerância, ódio irracional ou aversão a outros diferentes de você

[2] Aqueles que têm Aids

[3] Saudáveis

[4] Pessoa, aminal ou coisa a que se atribui o dom de dar sorte, de trazer felicidade

[5] Enfermidade

[6] Rejeitar

[7] Escola para crianças de até 4 anos de idade

[8] Delinearam

[9] Lugar

[10] Certidão ou prova

[11] Opinião

[12] Transformou-se em

[13] Convivendo

ônibus ou num cinema, ou seja, praticamente nenhum", diz o infectologista Vicente Amato Neto, diretor-superintendente do Hospital das Clínicas. "As famílias dos doentes nunca se contaminam, mesmo convivendo com um aidético e tratando dele. Não há motivos para imaginar que os coleguinhas de escola possam pegar a doença".

5   A trajetória de Sheila, um dos 900 casos de Aids em criança confirmados pelas autoridades de saúde, é exemplar de como a solidariedade tem o **dom**[14] de melhorar a qualidade de vida dos aidéticos. Quando foi abandonada pela mãe ("Vou buscar mais roupas para a menina e volto logo"), Sheila pesava só 3 quilos, um terço do que era normal para sua idade. Já tinha problemas pulmonares e respirava com dificuldade. O carinho dos médicos e enfermeiras reanimou Sheila. A menina se
10 recuperou e ganhou peso.

     A dona de casa Sônia e seu marido, Sérgio, que não podem ter filhos, mantiveram o primeiro contato com Sheila numa circunstância dramática. Em 1988, um dos irmãos de Sônia estava internado no Emílio Ribas, também vítima da Aids. O rapaz usava drogas. Na mesma época, a história de Sheila, a menina abandonada no hospital de doenças infecciosas, saiu publicada na imprensa. Sônia, que
15 sempre ia ao Emílio Ribas, resolveu aproximar-se da menina. "No começo, Sheila se mostrou tímida, **arredia**",[15] conta Sônia. "Mas, quando ela se soltou e começou a me chamar de mãe, tomamos a decisão de levá-la para casa". Em dezembro de 1989, foi oficializada a adoção. O casal **tinha consciência de**[16] que estava escolhendo como filho uma pessoa que carregava uma sentença de morte. O irmão de Sônia morreu em agosto do ano passado. "Queríamos ficar com a Sheila porque
20 nos apaixonamos por ela e achamos que todo mundo tem direito à vida e a ter uma família", afirma o pai, Sérgio.

     A disseminação da Aids em recém-nascidos e o aumento da **sobrevida**[17] dos doentes estão forçando a sociedade a conviver com os aidéticos, inclusive no ambiente escolar. A presença de crianças com Aids está se tornando cada vez mais constante nas salas de aula". diz a biomédica
25 Teresinha Cristina Reis Pinto, coordenadora do Projeto Aids da Secretaria da Educação da Cidade de São Paulo. A secretaria tem conhecimento da existência de doze crianças portadoras do HIV freqüentando escolas de sua **rede**,[18] onde estudam 770 000 alunos. Na maioria dos colégios. a presença de um aluno contaminado é mantida em segredo, para não atrair o preconceito. Apenas o diretor e os professores que lidam diretamente com o aluno aidético ficam sabendo do contágio. "Como
30 são crianças pequenas, nem os alunos infectados sabem que estão doentes e levam uma vida normal", diz a biomédica Teresinha Cristina.

     A **Prefeitura**[19] também tem confirmados 24 casos de **docentes**[20] e funcionários de escolas que possuem o vírus em seu sangue. "Estimamos que haja pelo menos mais 100 alunos e 100 docentes infectados na nossa rede, mas cujo estado de saúde ainda não foi notificado", diz Teresinha.
35 O estigma da Aids é mais forte do que argumentos científicos. Vamos lutar pelos direitos de Sheila até que eles sejam respeitados", diz a mãe, Sônia. A família de Sheila entrou com uma **liminar**[21] na Justiça para obrigar o colégio a aceitar a matrícula da menina. O resultado sai nesta quinta-feira.

(*Veja*, 13 de maio de 1992)

---

[14] Habilidade ou dote
[15] Afastada ou longe dos outros
[16] Reconhecia
[17] Prolongamento da vida além de determinado prazo
[18] Sistema
[19] Governo municipal
[20] Professores
[21] Início de processo

Compreensão

1. Quais são as duas reações mais comuns que os aidéticos inspiram nas pessoas sadias?

2. Como é que Sheila começou a vida?

3. O que foi alegado ao se recusar a matrícula de Sheila?

4. Qual é o medo sem fundo que muitos pais têm de Sheila?

5. Sheila é o único caso de Aids em criança confirmado pelas autoridades?

Vocabulário : (a) Relacione os termos da primeira coluna com os (quase) antônimos da segunda e (b) empregue-os em sentenças completas.

1.	Ficar doente	a.	Expiração
2.	Renovação	b.	Isolar-se
3.	Sadias	c.	Recuperar-se
4.	Levar	d.	Desconhecer
5.	Conviver	e.	Desacatados
6.	Ter conhecimento	f.	Trazer
7.	Estimar	g.	Ignorar
8.	Respeitados	h.	Não obteve
9.	Enfrentar	i.	Especificar
10.	Conseguiu	j.	Doentias

Ampliação

1. O que se pode dizer dos pais adotivos de Sheila?

2. Você conhece ou conhecia algum(a) aidédico/a?

3. O estigma da Aids tem diminuído ou aumentado nos últimos anos?

4. Onde você mora, há alguma campanha publicitária sobre o vírus da Aids? Em que consiste?

2

A epidemia que começou no Peru e já matou quase
4 mil pessoas chega ao Brasil e **ameaça**[1] os estados do Sul

Cólera: o *vibrião*[2] invade o Brasil

Para a maioria dos historiadores, foi suicídio. Atormentado por uma vida emocional de
frustrações e **mágoas,**[3] o compositor russo Piotr Ilyich Tchaikovsky, autor de obras famosas como
Romeu e Julieta e *Abertura 1812,* decidiu pôr fim à vida--e o fez de uma maneira *sui generis:* ingeriu
5 um copo de água contaminada com a bactéria da cólera. Morreu alguns dias mais tarde, depois de
padecer de intensa diarréia e convulsões. Tchaikovsky foi um dos poucos casos conhecidos de
pessoas ilustres a morrer de cólera.

Hoje, passado quase um século, uma epidemia de cólera **alastra-se**[4] por oito países da
América do Sul (Peru, Equador, Colômbia, Chile, Argentina, Bolívia, Paraguai e Venezuela), já
10 contaminou mais de 350 mil pessoas, fez em torno de 4 mil vítimas fatais--e agora espalha-se pelo
Brasil, ameaçando prosseguir seu caminho de morte. E as vítimas, como há 100 anos, são sempre os
pobres e miseráveis.

As más condições de vida, na rota da cólera, são, de fato, propícias à proliferação das
bactérias. A falta de **saneamento**[5] básico e dos mais **comezinhos**[6] hábitos de higiene da população
15 fazem o ambiente ideal para a multiplicação da **doença.**[7] E, como não se criam **redes**[8] de água
encanada[9] e coleta de **esgotos**[10] de um momento para outro, nem se ensina de repente a população
a **ferver**[11] água antes de beber, lavar os alimentos antes de comer e lavar as mãos depois de ir ao
banheiro, resta aos especialistas em saúde manter em permanente alerta todos os hospitais para
atender as pessoas infectadas, até a epidemia ceder--em dois ou três anos, segundo cálculos oficiais.

20 Os médicos acreditam que os **estragos**[12] no Brasil não serão tão grandes como foram em
outros países da América Latina. Primeiro, porque no Peru, o país mais **abalado**[13] pela epidemia, o
ataque foi inesperado. E, para piorar as coisas, os médicos começaram a tratar as diarréias causadas
pelo vibrião colérico (ou *Vibrio cholerae,* como é conhecido cientificamente) como sendo
corriqueiras[14] intoxicações por agrotóxicos. Graças a esses fatores, a letalidade atingiu alarmantes
25 índices de 10% dos casos, dez vezes acima do nível aceitável.

Outro motivo que permite pensar numa epidemia mais branda é que as condições de vida, no
Brasil, são um pouco menos ruins que em outros países latinos. Todavia, a situação, embora melhor, é
preocupante, pois apenas 47% dos 4.426 municípios contam com rede de esgoto. E as estações de
tratamento de esgoto, o melhor método para evitar que as bactérias se espalhem, ainda não existem
30 na maioria dos estados do Norte e Nordeste.

---

[1] Põe em perigo
[2] Gênero de bactérias móveis
[3] Desgostos ou tristezas (Fig.)
[4] Espalha-se ou difunde-se
[5] Higiene pública
[6] Simples ou fáceis
[7] Enfermidade
[8] Sistemas
[9] Metida e transportada em cano ou tubo
[10] Sistema subterrâneo de canalizações destinado a receber as águas pluviais e os detritos de um
aglomerado populacional e levá-los para longe
[11] Aquecer ou esquentar muito
[12] Prejuizos, danos ou avarias
[13] Atingido (Fig.)
[14] Habituais

Uma **vantagem**[15] inegável, porém, é que no Brasil há remédios em maior quantidade. São Paulo conta com estoques de **soro**[16] fisiológico (para conter a **desidratação**[17]) e antibióticos (para combater o vibrião) para atender a 2 mil casos simultâneos de cólera. "O Brasil é possivelmente o único país da América Latina onde se aplica a terapia de reidratação oral (reposição de água e sais minerais) às vítimas de diarréias", conta Nitrini.

Apesar da gravidade que assumiu, a cólera não é uma doença complicada: se atendidos rapidamente, os pacientes voltam para casa depois de três ou quatro dias de internação. "A cólera ocorre onde existe o caos", concluiu Nitrini, aliviado por **constatar**[18] que as autoridades brasileiras estavam adotando as medidas corretas de combate à epidemia no país.

Desde o ano passado, quando a cólera ameaçou entrar no Brasil, a mobilização em torno da doença tornou-se uma típica operação de guerra, com milhares de agentes de saúde a postos para acompanhar os menores movimentos do inimigo insidioso e quase invisível, medindo 1 milésimo de milímetro. Mesmo antes de ter chegado aos estados do Sul e Sudeste, as autoridades sanitárias dessas regiões já se puseram a trabalhar. No estado de São Paulo, o grande estrategista das operações é Otávio Azevedo Mercadante, médico sanitarista da Secretaria de Saúde e coordenador da Comissão Estadual de Prevenção e Combate à Cólera. Ele articulou todas as frentes de resistência à epidemia, incluindo os serviços de água e esgoto, institutos de **pesquisa**,[19] laboratórios, corpo de bombeiros e hospitais. Nessa ofensiva, **desempenha papel**[20] preponderante o Instituto Adolfo Lutz, que realiza a maior parte dos testes para a identificação do bacilo da cólera e treina técnicos de outros laboratórios.

Mas, por maiores que sejam os cuidados, todos sabem que o fluxo de pessoas rumo às capitais do Sul torna quase impossível conter a epidemia. Só do Nordeste chegam por dia a São Paulo entre 5 mil e 6 mil pessoas de ônibus, sem contar os aviões das linhas nacionais e internacionais. Outro tanto desembarca no Rio. De tal forma que hoje os conceitos de fronteira geográfica se perdem-- e nunca os estados brasileiros estiveram tão **irmanados**[21] num problema comum. Ao mesmo tempo que se vigia as entradas da doença, o Instituto Butantã, juntamente com o Instituto de Ciências Biomédicas da Universidade de São Paulo, pesquisa uma nova vacina contra a cólera. A única existente tem poder limitado: atua sobre o organismo durante apenas seis meses e sua eficiência imunológica é de 50%. A nova, de uso oral e com efeito bem maior, deverá ser testada em seres humanos dentro de dois anos.

Os estados do Sul não são menos vulneráveis que os do Norte e Nordeste. Em São Paulo, apenas 65% da população conta com rede de esgoto. E a situação no Rio é ainda pior, especialmente nos municípios da Baixada Fluminense. Nada, porém, se compara ao Norte e Nordeste. No Amazonas, as populações ribeirinhas se valem da mesma água para alimentar-se, lavar **louça**[22] e depositar seus **dejetos**[23]--e durante gerações inteiras vêm procedendo assim. Em Recife, crianças brincam às margens do Rio Beberibe, que recebe dejetos, **lixos**[24] e resíduos de indústrias, enquanto as feiras livres exibem frutas e legumes regados com água contaminada. Em São Luís, Maranhão, o Rio Anil corta a cidade levando o vibrião a desaguar no mar, onde ele encontra melhores condições de vida devido à salinidade. Mesmo em Salvador, onde não faltam remédios e há 2 mil agentes de saúde **de prontidão**,[25] 25% da população não recebe água tratada em casa.

Por tudo isso a luta é árdua no Nordeste, **acossado**[26] por altos índices de **analfabetismo**,[27] e onde nem sempre as pessoas levam a cólera a sério, porque nunca sofreram uma epidemia desse tipo.

Mercadante está convicto de que só a implantação de redes de água e esgoto pode afastar a doença definitivamente do país. Assim foi nos Estados Unidos e na Europa, onde se registram hoje

---

[15] Benefício

[16] Antitoxina empregada para fins terapêuticos ou preventivos

[17] Perda de líquidos orgânicos; a remoção de água de uma substância

[18] Confirmar

[19] Investigação

[20] Isto é, *ocupa um lugar*

[21] Unidos (Fig.)

[22] Pratos

[23] Materiais fecais ou excrementos evacuados

[24] Tudo que se joga fora

[25] Prestes a agir

[26] Atacado

[27] Falta absoluta de instrução

apenas casos isolados. Em países como o Brasil, onde o ambiente para a propagação do vibrião vai persistir, apesar dos esforços do governo para melhorar as condições de saneamento, o melhor mesmo--recomendam os sanitaristas—é deixar o medo irracional de lado e aprender a conviver com a epidemia. Isso significa passar a tratar os alimentos como se eles já estivessem contaminados, evitar

5   comer mariscos e peixes do mar mal cozidos—e, sobretudo, jamais beber água não fervida ou não tratada. Tais cuidados podem minimizar os efeitos da guerra que virá e certamente terminará com um grande número de mortes e a constatação de que nós ainda estamos vivendo no século passado.

(*Globo Ciência*, maio de 1992)

Compreensão

1. O que Tchaikovsky tem a ver com a cólera?

2. Por que não é comum que alguém como o compositor morra da cólera?

3. O que propicia a proliferação da doença?

4. Qual é o índice de letalidade do vírus considerado "aceitável"?

5. Por que o Brasil está razoavelmente pronto para enfrentar à epidemia?

6. Que tipos de soros estão sendo utilizados?

7. Qual é a região do país mais afetada pela invasão da cólera?

8. Por que, no fundo, o país todo é vulnerável, e não só o norte-nordeste?

Vocabulário: Dê o adjetivo relacionado com cada substantivo e empregue-o numa sentença completa.

1. Letalidade _____
2. Ameaça _____
3. Mágoas _____
4. Contaminação _____
5. Proliferação _____
6. Saneamento _____
7. Movimentos _____
8. Preocupação _____
9. Vantagem _____
10. Doença _____

Ampliação

1. Onde você mora, há doenças antes consideradas erradicadas que tenham reaparecido ultimamente?

2. A poluição é problema em sua comunidade? Em sua cidade? Como se manifesta?

3. Você foi vacinado/a contra alguma doença?

4. Seu estado de saúde é adequado para uma estada prolongada no interior do Brasil? Quais precauções você tomaria, por exemplo?

3

Falar aberta e honestamente da quarta causa de
mortalidade materna no Brasil é cada vez menos estigmatizado

ABORTO: A falsa (e perigosa) ilegalidade

       *Centenas de mulheres morrem todos os anos, vítimas de complicações **decorrentes** [1] de abortos mal feitos, realizados por mãos inescrupulosas ou provocados por instrumentos rudimentares e substâncias tóxicas. Pelas mesmas razões, outras tantas ficam estéreis. Quando é denunciada, a mulher*
5 *pode ir para a **cadeia**, [2] graças a uma legislação antiquada que, em vez de permitir-lhe planejar o número de filhos que deseja ter e dar-lhe condições para criá-los, acaba punindo-a mais uma vez. Afinal, o aborto em si é uma punição, uma experiência dolorosa. Enquanto isso, enriquecem as clínicas clandestinas que se dedicam a essa prática--clandestinas é modo de dizer, porque até a polícia sabe onde estão e como funcionam. Da mesma forma, **faturam** [3] farmácias, onde, apesar de **portarias**[4]*
10 *governamentais regulando a venda, é possivel comprar um medicamento para tratamento de úlceras gástrica e duodenal, o Cytotec, que tem, como efeito colateral, o aborto. Para alguns médicos, esse remédio, dependendo das condições da **gestante**, [5] pode levar à morte.*
       ***Pesquisa** [6] do DataFolha, de 1991, mostrou que, para 68% dos brasileiros, o aborto deve continuar proibido. Que proibição? A de fazê-lo em condições de higiene e segurança? Porque, na*
15 *realidade, o aborto é mais que liberado e praticado anualmente por milhões de brasileiras. Em vez de a sociedade condenar à morte, à mulher que tomou a difícil decisão de interromper a gravidez, seria preferível apoiá-la, discutindo e aprovando uma legislação que descriminalize e legalize o aborto.*

       A Organização Mundial de Saúde estima que 3 milhões de abortos sejam realizados a cada ano
20 no Brasil. Os cálculos do Ministério da Saúde reduzem esse total quase à metade. Entretanto, cruzando os dados da OMS com outros obtidos nas secretarias estaduais de Saúde e no 44° Congresso Brasileiro de Ginecologia e Obstetrícia, ocorrido em Brasília, esse número pode chegar a 5 milhões (só para comparar: no Brasil, houve 3,5 milhões de nascimentos em 1991). Isso equivaleria a 10% do total de abortos feitos em todo o mundo anualmente. Apesar de estatísticas tão diversas--o que é compreensível,
25 **uma vez que**[7] se trata de uma prática clandestina--de um fato se tem certeza: o Brasil é recordista mundial no assunto.
       Prova de que o quadro é mesmo assustador são os atendimentos de mulheres em processo de abortamento--não se sabe se provocado ou não, porque nem todas revelam isso--nos grandes hospitais de São Paulo. O **pronto-socorro**[8] de Obstetrícia do Hospital das Clínicas recebe, em média, duas
30 mulheres por dia **com esse quadro**.[9] "Elas nunca contam o que realmente fizeram. Falam que de repente começaram a sangrar, devido a um susto, uma **queda**,[10] uma notícia, enfim, desculpas que **não têm nada a ver**.[11] **Constatamos**[12] que estão em processo de abortamento e só nos resta fazer a **curetagem**[13] uterina ou a estimulação das contrações já existentes para que o útero **se esvazie**[14] espontaneamente", diz o professor Marcelo Zugaib, que dirige o setor.
35

most important:
· stastics
·

[1] Resultantes

[2] Prisão

[3] Ganham (muito) dinheiro

[4] Documentos de ato administrativo de qualquer autoridade pública, que contêm instruções acerca da aplicação de leis ou regulamentos

[5] Mulher no período de gestação ou gravidez

[6] Investigação ou levantamento

[7] Já que ou visto que

[8] Hospital de asssitência pública para atendimento de casos de urgência

[9] Isto é, *nestas circunstâncias*

[10] Caída

[11] Não fazem sentido (Gír.)

[12] Confirmamos

[13] Raspar com *cureta* (instrumento cirúrgico em forma de colher e com bordas cortantes)

[14] Se evacue ou fique vazio

**O que acontece nas clínicas "clandestinas:" Fazer aborto
em São Paulo ou no Rio de Janeiro é simples. Basta ter dinheiro**

5

Passando-se por grávidas, Kátia Stringueto e Leila Guerreiro, repórteres de *Marie Claire*, constataram como é fácil ter acesso às clínicas de aborto, em São Paulo e no Rio de Janeiro.

O relato de Kátia: O preço de um aborto clandestino na capital paulista gira em torno de 400
10 dólares, mas pode custar bem menos, na mesma proporção em que pioram as condições de segurança e **assepsia**.[15] Descobrir o endereço de uma clínica é simples. Qualquer pessoa tem pelo menos uma amiga que já esteve em alguma, como paciente ou acompanhante. Mesmo os ginecologistas considerados sérios, e que não **atuam**[16] no ramo costumam indicar esses endereços para suas clientes. Num mesmo dia, tive a chance de 'abortar' três vezes.
15 Na primeira clínica, a recepcionista disse: "Se você estiver mesmo desesperada, o médico faz a cirurgia imediatamente". Em outra, o ginecologista mediu minha pressão, os batimentos cardíacos e faria o exame **de toque**,[17] para confirmar o tempo de gestação, se eu não tivesse antes inventado uma desculpa para ir embora. A terceira clínica ficava num casarão antigo, na rua Voluntários da Pátria, no **bairro**[18] de Santana. Na sala de espera, um cartaz da Secretaria de Estado da Saúde comunicava.
20 "Este estabelecimento está sob a **fiscalização**[19] do Serviço de Vigilância Sanitária". O médico que me atendeu me incentivava.

O relato de Leila Guerreiro: A clínica de aborto mais famosa do Rio de Janeiro tem nome de santo. Mas é conhecida mesmo pelo nome da rua onde fica (Dona Mariana), no bairro de Botafogo.
25 Entrar na clínica é fácil. Nem precisei me identificar. Bastou tocar a campainha para que o **segurança**,[20] do lado de dentro, abrisse a porta de vidro **fumé**.[21] Eu já estava na sala de espera. Atrás de um **balcão**,[22] três recepcionistas, sorridentes, com uniformes cor de vinho, nem sequer **me abordaram**[23] para saber o que eu queria. Olhei para as pessoas no sofá--cerca de 15, a maioria homens, que deveriam estar aguardando suas mulheres ou namoradas. Ninguém aparentava
30 nervosismo, a não ser uma adolescente, de uns l6 anos, esperando a sua vez de abortar, ao lado da mãe, que parecia serena. Na clínica, tenta-se dar a impressão de que tudo que acontece ali é **corriqueiro**,[24] como num consultório dentário.

---

[15] Conjunto de medidas adotadas para evitar a chegada de germes a local que não os contenha
[16] São ativos ou participam
[17] Com as mãos
[18] Zona ou vizinhança
[19] Controle
[20] Guarda
[21] Cinza-escuro
[22] Móvel, da altura de uma mesa ou pouco mais alto, para atendimento do público
[23] Achegaram-se, ou aproximaram-se de mim
[24] Comum ou normal

Os projetos de legalização

Atualmente existem no Congresso Nacional seis projetos de lei propondo a liberalização da lei do aborto. Todos parados. Para o autor de um deles, deputado José Genoíno, só a descriminalização--o que significa tirar o aborto do Código Penal--não **adianta**.[25] Além de deixar de ser crime, é preciso que seja legalizado, isto é, que se institua um regime jurídico fixando as condições para a sua prática, como a definição do limite de semanas de gestação em que pode ocorrer, as técnicas a serem utilizadas, etc. Ele defende também uma política pública de saúde que atenda a mulher que queira abortar.

"Se conseguirmos apenas descriminalizar, persiste o problema de saúde pública. As mulheres continuarão vítimas desses **matadouros**[26] que existem por aí, **travestidos**[27] de clínicas 'especializadas', cujos preços só são acessíveis a uma minoria mais **bem-aquinhoada**.[28] Abortar ou não é uma decisão individual da mulher. Mas o Estado deve entrar no processo como promotor da **cidadania**.[29] A ele compete prestar os serviços, orientar, dar informações, acompanhamento e assistência social à mulher que decide interromper a gravidez. Não podemos encarar a questão como restrita a um setor determinado. O aborto é um problema social, que uma sociedade **farisaica**[30] como a nossa **se nega a**[31] encarar como tal".

O deputado sabe que dificilmente seu projeto será aprovado. Mas não desiste. "Nossa intenção é voltar a discutlr o assunto".

(*Marie Claire,* junho de 1992)

---

[25] Ajuda (Fig.)

[26] Lugares onde se abatem animais para consumo

[27] Disfarçados (Fig.)

[28] Privilegiada

[29] Cidadãos ou membros da sociedade

[30] Hipócrita

[31] Recusa ou objeta

Compreensão

1. O aborto mal administrado é um problema sério no Brasil?

2. Por que se diz que a mulher que precisa abortar é duplamente punida?

3. Por que as clínicas "clandestinas" não são punidas?

4. O que a matéria recomenda com relação ao aborto?

5. Até quantos abortos poderá haver atualmente no Brasil? Haveria mais abortos que nascimentos?

6. De fato, quais são os únicos impedimentos a que se consiga um aborto, por exemplo, em São Paulo ou no Rio?

7. Quais são os dois pontos principais da política progressista do deputado José Genoíno?

8. Por que ele chama a sociedade brasileira de farisaica por causa de sua atitude com relação aoaborto?

Vocabulário : (a) Relacione os termos da primeira coluna com os (quase) sinônimos da segunda e (b) empregue-os em sentenças completas.

1.	Rudimentares	a.	Básicos
2.	Falsa	b.	Dificuldades
3.	Complicações	c.	Venenosas
4.	Cadeia	d.	Esperando
5.	Tóxicos	e.	Encorajar
6.	Clandestino	f.	Castigo
7.	Punição	g.	Amedrontador
8.	Assustador	h.	Ilegal
9.	Incentivar	i.	Errada
10.	Aguardando	j.	Cana

Ampliação

1. Por que a legislação referente ao aborto é considerada "antiquada"?

2. Como você explica o fato de 68% de os brasileiros se oporem à reforma na legislação do aborto apesar do número altíssimo de intervenções?

3. Por que será que as autoridades, via de regra, fazem vista grossa com as clínicas "clandestinas"?

4. Como você interpreta a quantidade astronômica de abortos? Aponta para que?

5. Por que o aborto, enquanto não legalizado, é julgado por muitas pessoas como discriminatório?

6. O que resultaria da descriminalização e legalização do aborto?

7. Você acha que os projetos de legalização do aborto terão um dia chance de passar? Por que (não)?

8. Seria uma questão de direitos da mulher, já que a legislatura, que tantas objeções vocifera, é dominada pelos homens?

9. Qual é a distinção entre "descriminalizar" e "legalizar"?

10. Como é visto o aborto em outras sociedades?

4

Nos bairros da capital baiana, uma discrepância **estarrecedora**[1]
entre rico e pobre no índice de mortalidade infantil

Índice de desigualdade infantil

Mais de 100 crianças, entre mil nascidas, morrem antes de completar um ano, nos bairros de Coutos, Águas Claras e Valéria, onde os coeficientes de mortalidade infantil são tão elevados que podem
5   ser comparados aos dos paises mais pobres da África--Angola, Moçambique e Serra Leoa--ou da Ásia, como o Afeganistão. Os **bairros**[2] localizados em áreas da chamada "zona nobre"--Barra, Vitória, Pituba, Itaigara--apresentam coeficientes tão baixos como os encontrados em países do Primeiro Mundo--Japão, Suécia, Finlândia e Canadá.

       Estes dados, que evidenciam mais uma vez os contrastes e as profundas desigualdades sociais
10 predominantes no espaço geográfico da cidade, estão nos resultados de estudos sobre mortalidade infantil em Salvador, realizados pelos professores Jairnilson Silva Paim e Maria da Conceição Costa, do Departamento de Medicina Preventiva, da Faculdade de Medicina da Universidade Federal da Bahia (UFBA).

15 *Causas*

       Segundo o professor Jairnilson Paim, na década de 60, as **doenças**[3] diarréicas eram as principais causas da mortalidade infantil. Já nos anos 80, as doenças **perinatais**[4] são as causas principais da morte de menores de um ano, como a prematuridade (baixo peso ao nascer) e as
20 síndromes respiratórias (deficiências do aparelho respiratório).

       A prematuridade, diz o **pesquisador**,[5] é causada principalmente por fatores sociais, como a nutrição materna, a idade da mãe, **gravidez**[6] na adolescência, ou mulheres **multíparas**,[7] uma vez que os últimos filhos têm baixo peso, e ainda pequeno espaçamento entre uma gravidez e outra.

25 *Perversidade*

       Enfatiza o professor Jairnilson que há uma determinação social para a distribuição desigual da mortalidade infantil em Salvador, segundo mostram claramente os estudos comparativos por nós realizados". Ele afirma que essa determinação é expressa pelos baixos salários recebidos pelas famílias
30 residentes em certas áreas da cidade e também pela perversa distribuição e investimento dos recursos públicos.

       "As políticas públicas poderiam ter um efeito compensatório, para **minorar**[8] esta situação de desigualdade **perante**[9] o risco de morrer", assegura. Acrescenta o professor ainda que se os investimentos públicos em **saneamento**[10] básico fossem dirigidos de forma prioritária para as áreas em
35 que a mortalidade infantil por doenças diarréicas é mais elevada, o impacto na redução das mortes de menores de um ano seria mais expressivo.

---

[1] Assustadora
[2] Zonas ou vizinhanças
[3] Enfermidades
[4] Diz-se dos períodos imediatamente anterior e posterior ao parto
[5] Investigador
[6] Estado da mulher durante a gestação; prenhez
[7] Diz-se das mulheres que já tiveram muitos filhos
[8] Mitigar ou reduzir
[9] Ante
[10] Higiene pública

Resultados

Segundo o pesquisador, os resultados dos estudos demonstram que houve um acentuado **decréscimo**[11] da mortalidade infantil. Ressalta que esta tendência decrescente tem sido observado em todo o mundo. Em 1984, a Organização Pan-Americana de Saúde (OPAS) promoveu uma reunião para discutir a questão da mortalidade infantil. "Uma das conclusões desse encontro era que a **taxa**[12] de mortalidade infantil já não era um bom indicador das condições de vida das populações", esclareceu.

Numa época de más notícias na Saúde Pública, **não deixa de ser**[13] surpreendente a diminuição da mortalidade infantil em Salvador. Em 1980 ocorreram 3.608 mortes de menores de um ano enquanto em 1988 esse número foi inferior a 2.000 **óbitos**.[14] No início da década passada, para cada 100 falecimentos de pessoas residentes em Salvador, 31 correspondiam a crianças com menos de 1 ano. Já no final da década, as mortes dos menores de um ano representaram 17% do total dos óbitos. Assim, no período 1980-1988, a taxa de mortalidade infantil em Salvador sofreu um decréscimo superior a 50%, passando de 72 óbitos por mil nascidos vivos para 32.

O que as estatísticas oficiais não revelam é a extrema desigualdade na distribuição dessas mortes de crianças entre os diferentes bairros da cidade ou entre os distintos estratos e classes sociais. Mesmo com a redução da mortalidade infantil na maioria das 76 zonas da cidade, inclusive naquelas que apresentavam em 1980, taxas elevadas, permanece uma distribuição bastante desigual do risco de morrer antes de completar um ano. Em 1988, as zonas da cidade com mortalidade infantil "muito elevada" apresentaram taxas três vezes maiores que as zonas com mortalidade infantil "baixa". No caso das crianças residentes em Coutos, por exemplo, havia um risco de morrer no primeiro ano de vida 27 vezes maior em relação aquelas que moravam no Campo Grande e na Vitória.

Em pesquisa anterior, realizada no Dept. de Medicina Preventiva da UFBA, foi possível demonstrar que nos locais onde a mortalidade infantil era "muito elevada", 98% das famílias recebiam menos de cinco **salários mínimos**,[15] 43% residiam em **barracos**,[16] consumiam em média 64 litros de água por dia, dispunham de menos de dois médicos nos centros e postos de saúde para cada 10 mil habitantes e não contavam com **leitos**[17] hospitalares. Já nos bairros com mortalidade infantil "baixa" apenas 23% das famílias **tinham rendimentos**[18] inferiores a cinco salários mínimos, somente 2% moravam em barracos, consumiam maior quantidade de água (110 por dia), contavam com seis médicos para cada 10 mil habitantes e dispunham de quatro leitos para cada mil residentes. As análises dessas correlações exibiram valores estatisticamente significantes.

Não há dúvidas, portanto, quanto às relações existentes entre a mortalidade infantil e as condições de vida adversas. Nem por isso é possível concluir, **apressadamente**,[19] que o declínio das taxas de mortalidade infantil tenha sido devido à melhoria das condições de vida. No caso de Salvador, a chamada "**década perdida**"[20] foi marcada pela recessão, concentração da **renda**,[21] corrosão do salário e desemprego. Não houve expansão do abastecimento de água. A cidade ostentava um dos índices mais baixos de ligação de residências à **rede de esgotos**[22] entre as capitais brasileiras.

Como explicar o **descenso**[23] da mortalidade infantil, já que não é plausível atribui-lo à melhoria das condições de vida? A utilização de técnicas simples como a terapia de **reidratação**[24] oral, as imunizações, o controle das infecções respiratórias agudas, o acompanhamento do crescimento e desenvolvimento das crianças, dentre outras, pode ter contribuído para tal redução. Também não se pode descartar a hipótese de que o declínio verificado na fecundidade seja um dos elementos

---

[11] Diminuição

[12] Índice

[13] É

[14] Mortes ou falecimentos

[15] Refere-se à remuneração mínima do trabalhor, fixada por lei

[16] Habitações toscas e improvisadas

[17] Camas

[18] Isto é, *recebiam fundos*

[19] Rapidamente

[20] A dos anos 80

[21] Aqui, *riqueza* ou *patrimônio*

[22] Sistema subterrâneo de canalizações destinado a receber as águas pluviais e os detritos de um aglomerado populacional, e levá-los para lugar afastado

[23] Diminuição ou redução

[24] Reposição de água corporal

explicativos. Na medida em que o espaçamento entre nascimentos e a **queda**[25] da fertilidade possam diminuir a proporção de nascidos vivos com alto risco de morte, torna-se **inteligível**[26] o decréscimo da mortalidade infantil, mesmo em período de crise econômica e social. Em Salvador, a taxa de fertilidade total decresceu 20% entre 1980 e 1984, tendência provavelmente mantida, como indicam os dados

5   preliminares do Censo de 1991.

Esses fatos reforçam o caráter complexo dos determinantes da mortalidade infantil e apontam para a possibilidade de sua redução através de intervenções específicas. Cabe ainda lembrar que as taxas atuais são consideravelmente altas quando comparadas com outras de capitais brasileiras e de países latino-americanos como Cuba, Chile e Costa Rica. Antes de comemorar o decréscimo da

10 mortalidade infantil em Salvador, é preciso registrar que, se as condições de vida fossem melhores, o impacto nas taxas seria mais expressivo.

(Suza Machado e Jairnilson Paim, *A Tarde*, 12 de abril de 1992)

Compreensão

1. Com que paises as taxas de mortalidade infantil de Salvador são comparáveis?

2. O que a disparidade reflete?

3. Do ponto de vista médico, a que se deve a mortalidade infantil nos anos 80? E antes?

4. Quais são os avanços médicos que possam explicar o declínio recente na taxa de mortalidade infantil?

5. No tocante ao saneamento básico, por que a política pública é chamada de perversa?

6. Quais são os bairros mais desejáveis para se morar em Salvador?

Vocabulário : (a) Relacione os termos da primeira coluna com os (quase) antônimos da segunda e (b) empregue-os em sentenças completas.

1.	Discrepância	a.	Reduzidos
2.	Elevados	b.	Abundância
3.	Contrastes	c.	Consistência
4.	Deficiência	d.	Antecipado
5.	Redução	e.	Não provam
6.	Surpreendente	f.	Aumento
7.	Menores	g.	Terceiro mundo
8.	Óbito	h.	Maiores
9.	Evidenciam	i.	Semelhanças
10.	Primeiro Mundo	j.	Nascimento

---

[25] Caída
[26] Compreensível

Ampliação

1. Qual é o paradoxo das estatísticas referentes à redução no número de mortes infantis?

2. Por que será que a municipalidade de Salvador não investe mais no saneamento público dos bairros que mais necessitam dele?

3. No dia em que você souber que vai ser mãe/pai, como vai mudar ou recondicionar seus hábitos?

4. Em sua cidade, como é a atenção médica para a gestante pobre?

5. Qual é o significado do consumo de água per capita como indicador de boa saúde?

TEATRINHO

"Socorro!"

Elenco

Indivíduos na faixa etária de 20 a 40 anos, de variadas classes sócio-econômicas

Argumento

O local é a sala de espera de um pronto-socorro onde os pacientes pós triagem estão aguardando vez. Os problemas médicos são dos mais variados--doenças crônicas, feridas acidentais e compliçōes gerais. Enquanto esperam, os pacientes, unidos pelo duplo elo comum de quererem atenção imediata e de uma crescente empatia, apresentam-se, cada vez mais à vontade na presença dos demais.

Expressões úteis

Aborto (natural, forçado)	Exame de sangue
Acidentado/a	Fazer injeção
Aidético/a	Machucado
Calmante	Medicação
Cardiáco/a	Parto (iminente)
Deixar de fumar (beber)	Raios X
Descansar	Sentir-se mal (pior, melhor, igual)
Fazer dieta	Tísico/a
Dói	Viciado/a
Dor (excruciante)	Vitimado/a

TEMAS PARA COMENTÁRIO ORAL OU ESCRITO

1. A atitude pública ao vírus da Aids está mudando para melhor.

2. A continuar como está, a cólera vai demorar muito para desaparecer do Terceiro Mundo.

3. O aborto no Brasil (não) devia ser descriminalizado e legalizado.

4. A mortalidade infantil só poderia ser eliminada na medida em que a desigualdade sócio-econômica fosse reduzida.

UNIDADE 16   *NAMORO* [1]

1

O romance passional adapta-se a um Rio cada vez mais tumultuado, violento e custoso

Namoro ao ar livre é bom e *de graça* [2]

5

10

15

20

25

30

Motéis caros, ruas inseguras, luzes brilhantes e **barulho**[3] por todos os lados. Onde namorar no Rio? **Espertamente**,[4] o carioca definiu espaços urbanos dedicados exclusivamente à atividade amorosa. São locais relativamente tranqüilos, relativamente escuros e com um bom grau de segurança, onde se vai sempre de carro e de preferência em boa companhia. Os *namoródromos*, como são chamados estes espaços, mudam sua geografia à medida que desaparecem neles os pré-requisitos para o culto do amor.

Há *namoródromos* organizados, como o falso Drive-In na Estrada Grajaú-Jacarepaguá, onde se paga Cr$ 500 para ter acesso a uma entre 80 "cabines" sob as estrelas. O preço é por **casal**,[5] e são frequentes os casos em que um casal se esconde na **mala**[6] do carro, na entrada, para economizar uma entrada. Durante a semana, o horário é das 17h às 4h. Aos sábados e domingos pode haver filas de até 200 carros disputando **vagas**.[7]

Os frequentadores do Drive-In podem ficar irritados com a proximidade de repórteres: "Somos um casal responsável, eu sou casado e ela é noiva", **esbravejava**[8] o motorista de um Monza na semana passada, fugindo a toda velocidade. Outros casais, mais ingênuos, entram no Drive-In, pagam, esperam o filme começar e ficam espantados quando notam que a produção cinematográfica deve ser feita *fora* da **tela**.[9] **Piscando**[10] **faróis**,[11] os frequentadores têm direito ao serviço--incluindo jantar--do restaurante Cabana da Serra, ao lado.

Uma **arquibancada**[12] favorita para o público de corrida submarina, a praia da Barra da Tijuca está fora de moda. É considerada deserta demais e insegura, pelo menos até o trecho que ainda não está iluminado, na entrada do Alvorada. A Joatinga, pelo contrário, é considerada um primor em termos de segurança, com uma **cancela**[13] colocada pelos condomínios da região e patrulhas frequentes da **PM.**[14]

Apesar de ser bem iluminado e haver muito movimento em torno, o *namoródromo* do princípio da Avenida Niemeyer, no final da praia do Leblon, continua a ser um favorito. Um casal de frequentadores, o engenheiro Ricardo Lozinsky e a psicóloga Isabela Fisher, **reclama**[15] que é cada vez mais difícil encontrar lugares tranquilos na cidade: "**Não dá mais para**[16] fazer *luau* nas praias, só se for **maluco**[17] ou drogado", reclama Ricardo.

---

[1] Ato de *namorar* (paquerar, cortejar, apaixonar, seduzir ou procurar inspirar amor a alguém)
[2] Grátis; sem custo algum
[3] Ruído
[4] Inteligentemente
[5] Par composto de homem e mulher
[6] Ou *porta-malas*, é a parte geralmente traseira do carro com espaço para levar carga pequena
[7] Lugares
[8] Bradava ou gritava com raiva
[9] Painel sobre o qual se projetam os filmes cinematográficos
[10] Fechando e abrindo rapidamente
[11] Singular de *farol* (lanterna dianteira dos automóveis)
[12] Local (Fig.)
[13] Porta gradeada de pequena altura
[14] Polícia Militar
[15] Queixa-se de
[16] Não se pode mais
[17] Louco ou doido (Fig.)

O vale-tudo do amor nos carros

Freqüentar *namoródromos*, ir ao *Motel das Estrelas*, assistir *corrida de submarino* pode ser algo que se faz por contingência financeira. Ou não, porque há pessoas que não conseguem inspiração a não ser em *namoródromos* bem escuros e carros bem apertados. Quem acender o farol do carro num local desses, ilumina um estranho estacionamento com dezenas de carros com janelas cobertas por camisas, folhas de jornal ou até **lençóis**,[18] com pernas e pés surgindo pelos **cantos**[19] mais improváveis dos carros. E ouvirá os mais cabeludos **palavrões**[20] e gritos que silenciam quando se apaga o farol.

Quem gosta de **badalação**[21] e de **esbarrar com**[22] **Sérgio Malandro, Sandra de Sá e seus respectivos pares**,[23] pode ir ao Sushi Bar do final do Leblon, com subida pela Rua Aperana. Quem não quiser mentir para os pais e dizer que vai assistir competição noturna de surfe pode ir ao Arpoador onde existe surfe noturno mesmo, com a recente iluminação do pedaço. Só que os namorados estacionam os carros e sobem para os cantos escuros das pedras.

O Mirante do Pasmado, entre Copacabana e Botafogo, com subida pela Rua General Serveriano, é considerado um dos mais seguros, com **rondas**[24] de patrulhinhas da PM de 15 em 15 minutos. A vista é **imbatível**,[25] e há banquinhos românticos que permitem a casais de namorados dizer que foram lá só para **bater altos papos**.[26]

O Alto da Boa Vista, à noite, é todo ele um *namoródromo*. Os pontos favoritos são a Curva do Violão, na Estrada do Contorno, e o seguro estacionamento da Cascatinha, na Floresta da Tijuca (cujos portões ficam abertos até as 24hs). Mas o que impressiona mesmo é a interminável fila de carros estacionados na escuridão total na Estrada do Redentor.

Na Ilha do Governador, a Praía de São Bento, que termina num drive-in (que passa filmes mesmo) é o *namoródromo* favorito, com direito a uma explosiva **trilha sonora**[27] de aviões que pousam no Aeroporto Internacional.

*Um olho aberto para **vigiar*** [28]

Durante o dia, a Floresta da Tijuca é considerada um *namoródromo* quase perfeito, mas há restrições. "Com a insegurança atual, nem mesmo num paraíso como a Floresta dá para ficar totalmente tranquilo. Tem que abrir o olho, porque hoje em dia não dá para **dar mole**",[29] lamenta o dentista Emmanuel Soares, que desenvolveu técnicas para namorar dentro do carro e, ao mesmo tempo, vigiar o que está acontecendo em volta.

Outra minoria erótica que procura *namoródromos* específicos é constituída de freqüentadores de pracinhas. São românticos que só se sentem bem estacionando em praças e namorando em bancos. Uma jornalista, que prefere não se identificar, indica, como a praça que reúne condições perfeitas de romantismo e segurança, a Xavier de Brito, ao lado da Avenida Maracanã, na Tijuca.

(*O Dia*, 14 de abril de 1992)

---

[18] Singular de *lençol* (as peças de tecido que cobrem a cama)

[19] Lugares (Fig.)

[20] Palavras obscenas ou grosseiras

[21] Ato de *badalar* ou comparecer a reuniões sociais, a festas, etc., de maneira ostentatória; exibir-se

[22] Encontrar

[23] Personalidades da tevê e música brasileira

[24] Inspeções ou visitas

[25] Incomparável (Fig.)

[26] Falar de assuntos importantes (Pop.)

[27] Barulho (Fig.)

[28] Observar atentamente

[29] Descuidar ou bobear

Compreensão

1. O que é um *namoródromo* , segundo o artigo?

2. Quais são alguns exemplos de *namoródromos* ?

3. Como é que os namorados se protegem do perigo ao redor?

4. O que inevitavelmente provoca uma chuvarada de palavrões entre os casais que frequentam os *namoródromos* ?

5. Por que os *namoródromos* estão ficando cada vez mais populares?

Vocabulário : (a) Relacione os termos da primeira coluna com os (quase) sinônimos da segunda e (b) empregue-os em sentenças completas.

1.	Velocidade	a.	Assistir corrida de submarino
2.	Namorar	b.	Pedaço
3.	Trecho	c.	Ficar de olho
4.	Motel das estrelas	d.	Rapidez
5.	Vigiar	e.	Concorrência
6.	Perfeitas	f.	Paquerar
7.	Competição	g.	Requerimento
8.	Requisito	h.	Comuns
9.	Frequentes	i.	Assustados
10.	Espantados	j.	Ideais

Ampliação

1. Qual é a forma de *namoródromo* favorecido por você e por que?

2. Como é que se namora em sua cidade?

3. O que você acha de um Drive-In sem filme? Será que reflete uma atitude mais honesta da parte da cultura brasileira perante a sexualidade?

4. Qual é o uso mais comum do motel em seu país? Há alguma diferença com relação ao Brasil ou ao resto da América Latina?

5. Por que o sigilo é tão valorizado pelos casais de namorados?

2

Os brasileiros casam-se menos e divorciam-se mais

A nova família

Não foi no campo da economia nem do jogo político que **brotou**[1] a primeira conseqüência prática da nova Constituição brasileira. Ela trafega pelos **escaninhos**[2] das **Varas**[3] de Família de todo o país, que andam **abarrotados**[4] de pedidos de divórcio--desde que a **Constituinte**[5] resolveu diminuir
5   de três para um ano a quarentena dos **casais**[6] **desquitados**[7] para obtenção da separação definitiva. Só em São Paulo, de janeiro até agosto de 1989, mais de seis mil pedidos de divórcio chegaram à Justiça. "Quase o dobro do movimento do ano passado inteiro", diz o juiz titular da 2ª Vara da Família, a mais movimentada em São Paulo, José Maria Mendes Gomes. Crise da família? Nada disso, apenas o **desfecho**[8] de uma situação que **está dada**[9] há pelo menos duas décadas, desde que o modelo
10   tradicional de casamento começou a **balançar**[10] sob o impacto da chamada revolução sexual, sem falar na feminista.

Na tentativa de salvar a instituição familiar, inventou-se o **casuísmo**[11] do desquite que não conseguiu **represar**[12] os casamentos que **desmoronavam**,[13] um a um, aos milhares. Em 1960, em cada dez mil brasileiros, 0,8 eram desquitados. Dez anos depois, esta taxa subia para 1,7 e, em 1980,
15   para 6,1--chegando a 13,3 em 1985. A ausência do divórcio e depois a sua aprovação, em 1978, através de uma lei **capenga**,[14] acabou estimulando o surgimento de outros tipos de união e de núcleos familiares, correndo por fora dos parâmetros tradicionais.

Desde 1980, vem caindo o número de casamentos civis enquanto aumentava o número de separações e de uniões livres--que no Brasil são chamadas de consensuais. **Embaladas**[15] pelos
20   modernos métodos de contracepção, as famílias **encolheram**[16] e cresceu o número de mulheres que cansaram de esperar pelo **príncipe encantado**[17] e se estabeleceram **por conta própria**,[18] assumindo sozinhas a maternidade. Elas somam um milhão de brasileiras e 38% têm entre 25 e 35 anos. Outras, separadas e com filhos, optaram por permanecer sós, o que fez crescer um novo modelo familiar em que a mãe é a chefe da casa. Os últimos dados disponíveis do Instituto Brasileiro de
25   Geografia e Estatística (IBGE) mostram que, em 1987, o número de casamentos era 0,5% menor do que em 1984, enquanto as separações cresceram 33% e o número de mães solteiras 22%.

A sociedade brasileira ainda é, no entanto, basicamente conjugal. Mais da metade dos brasileiros continua casando. Entre os jovens dos grandes centros urbanos, começaram nas últimas décadas a surgir sinais de mudanças mais radicais. Na Grande São Paulo, por exemplo, quadruplicou
30   o número de uniões livres entre jovens de 15 a 19 anos, entre 1970 e 1980. Este tipo de relação já aparece como primeira opção de vida conjugal, e não apenas como alternativa à dificuldade em se

---

[1] Surgiu

[2] Recantos ou esconderijos

[3] Jurisdições

[4] Cheios demais

[5] Assembléia constituinte

[6] Pares compostos de homem e mulher

[7] De *desquite* (dissolução da sociedade conjugal, pelo qual se separam os cônjuges e seus bens, sem quebra do vínculo matrimonial)

[8] Fim

[9] Existe

[10] Oscilar e, por extensão, tremer ou perigar

[11] Oportunismo (Fig.)

[12] Manter (Fig.)

[13] Se desfaziam (Fig.)

[14] Defeituosa

[15] Acondicionadas

[16] Ficaram menores

[17] Isto é, *o homem ideal*

[18] Por si mesmas

obter divórcio. Tal fato, segundo Elza Berquo, **pesquisadora**[19] do Centro Brasileiro de Análise e Planejamento--Cebrap--sugere "uma ruptura com valores e normas tradicionais". Segundo ela, no país todo as uniões sem vínculos legais praticamente dobraram entre 1970 e 1980, quando correspondiam a 12% do total de casamento. "Hoje, este percentual deve estar muito mais elevado".

O perfil da família brasileira do século XXI não deverá ser muito diferente daquele desenhado pelos paises mais industrializados. Nos Estados Unidos, por exemplo, o modelo tradicional de família esta sendo **abalado**[20] pelo aumento do número de pessoas que preferem permanecer solteiras, pelos altos índices de divórcio e pelo aparecimento cada vez mais freqüente de famílias compostas por apenas um dos membros do casal e os filhos.

(*IstoÉ-Senhor*, 18 de outubro de 1989)

---

[19] Investigadora ou estudiosa
[20] Sacudido ou enfraquecido

Compreensão

1. A que período se refere a chamada "quarentena"?

2. Quando é que o modelo tradicional começou a balançar?

3. O que a ausência do divórcio, e depois, a sua legalização, acabaram estimulando?

4. Cite algum outro tipo de união ou de núcleo familiar por fora dos padrões tradicionais.

5. Apesar de tudo, qual é o estado civil da maioria dos brasileiros adultos (embora continue a perder terreno)?

6. Como é o perfil da família brasileira do próximo século?

Vocabulário : (a) Relacione os termos da primeira coluna com os (quase) antônimos da segunda e (b) empregue-os em sentenças completas.

1.	Movimentada	a.	Calma
2.	Divorciada	b.	Conceição
3.	Machista	c.	Juntas
4.	Sós	d.	Feminista
5.	Radicais	e.	Casada
6.	Dobraram	f.	Desencorajando
7.	Contracepção	g.	Continuação
8.	Estimulando	h.	Divórcio
9.	Ruptura	i.	Dividiram pela metade
10.	Casamento	j.	Tradicionais

Ampliação

1. Você está a favor do divórcio? Por que (não)?

2. Como você explica a popularidade do divórcio, particularmente entre a população brasileira?

3. Você pretende casar um dia? Por que (não)?

4. O que você opina das alternativas ao casamento convencional?

5. Você caracteriza como um sucesso (limitado) ou um fracasso, o casamento de seus pais? De seus avós?

3

As anedotas prós e contras do namoro misto americano-brasileiro

O mito do amor gringo

Tem sempre alguém perguntando à minha mulher brasileira se ela se aproximou de mim por amor ou interesse. Mas isso não me ofende; há pessoas, eu já sei, que vêem os gringos apenas como passaportes para as oportunidades.

5   Minha mulher sempe responde aos interessados que ela me ama, apesar de eu ser americano. Mas o meu próprio dia-a-dia com ela e a convivência com outros casais gringo-brasileiros me convenceram de que o amor gringo precisa ser desmitificado.

Desde o primeiro momento, o amor gringo está sujeito a **falhar**,[1] porque frequentemente envolve duas pessoas com expectativas diametralmente opostas.

10   Alguns gringos querem **mergulhar**[2] no que eles consideram o *país tropical*, enquanto o que algumas brasileiras querem é pegar o primeiro avião para lugares onde, elas acham, poderão ter mais oportunidades do que as existentes neste *país sem saída*.

O desejo do gringo é frequentemente conhecer o sabor da cultura popular: samba, futebol, carnaval. Uma representante da classe média brasileira, apaixonada pela cultura do primeiro mundo,
15   tentará **arrastá-lo**[3] para ver balé moderno, voleibol, *free jazz* . E a da classe trabalhadora insistirá para que ele a leve à igreja e depois à casa de seus pais na Zona Norte.

Além disso, nem todos os gringos estão nadando em dinheiro. Boa parte dos que são temporariamente transferidos para cá só vivem razoavelmente bem porque são pagos em **moedas**[4] bem mais fortes do que o cruzeiro. E muitos dos que têm dinheiro são como os ricos de qualquer parte
20   do mundo: nunca te deixam esquecer quem é que está pagando a conta. Finalmente, alguns são simples aventureiros. Um dos ex-namorados de minha mulher, um argentino louro e de olhos azuis, aliviou-a dos problemas bancários, **zerando**[5]-lhe a conta sem a sua permissão.

Vamos supôr, portanto, que uma brasileira encontre seu **príncipe gringo encantado**.[6] Digamos, um americano rico, atraente, ansioso por casar e levá-la para os Estados Unidos. Várias
25   portas podem se abrir lá para ela. Mas, a menos que tenha uma alta qualificação profissional e fale bem o inglês, várias poderão ser também as portas que se fecharão. E devido aos altos salários das empregadas americanas, é possível que seja mais econômico para ela especializar-se em **prendas**[7] domésticas.

Uma outra desvantagem, a distância, vai fazer com que algumas brasileiras, principalmente as
30   do interior, sintam falta de amigos e familiares. E as morenas ou mulatas vão ser discriminadas pelo **padrão**[8] americano, que vê com outros olhos qualquer não branco.

Quando falei a meu pai que estava morando com uma brasileira, ele quis saber a cor de sua pele antes mesmo de saber o seu nome. Mas, tentando ser discreto, perguntou: "Como ela é, muito bronzeada?"
35   As etapas iniciais do amor gringo, aqui, podem ser definidas como acidentes prontos a acontecer. Por exemplo, a barreira da linguagem. Brasileiras podem achar **engraçados**[9] os **trocadilhos**[10] gringos e as palavras inventadas. Mas uma das piores **brigas**[11] que eu tive com minha mulher aconteceu por causa de um desentendimento linguístico. No **auge**[12] de uma discussão, eu disse *take it easy* (vai com calma); mas ela entendeu *tá em crise* , o que transformou a situação numa
40   crise mesmo.

---

[1] Fracassar
[2] Envolver-se (Fig.)
[3] Levá-lo à força
[4] Dinheiro (Fig.)
[5] Reduzindo a zero
[6] Isto é, *o americano ideal*
[7] Trabalhos ou afazeres
[8] Modelo ou norma
[9] Cômicos
[10] Jogos de palavra
[11] Disputas
[12] Ponto mais elevado; clímax

Algumas brasileiras também esperam ter no gringo americano ou britânico, um professor particular de inglês 24 horas por dia. Mas os gringos esperam delas o mesmo em relação ao português. E até depois de dominar a língua, a maior parte dos gringos que conheço **reluta em**[13] deixar cair em desuso esta aptidão necessária e exótica a que se acostumaram.

5   Também há gringos que gostam de usar o idioma estrangeiro como uma máscara linguística. Até minha mulher **sacou**.[14] Algumas vezes eu escondia dela os meus sentimentos, fingindo não saber explicá-los em português.

Existe ainda o mito do gringo mais liberado do que o macho brasileiro, e por isso mais desejável. Mas o que eu mais vejo é gringo **cheio**[15] das mulheres carreiristas, competitivas e auto-
10   suficientes de sua sociedade **obcecada**[16] pelo trabalho. Por isso, o que ele procura aqui é uma garota submissa e dependente. Mas depois de algum tempo, ao contrário do machão brasileiro, o americano pode cansar dessa garota por não ser ela do mesmo nível intelectual.

Pior ainda do que a dos gringos, é a situação das gringas solteiras que trabalham aqui: são normalmente mulheres do tipo mais independente, e por isso intimidam tanto o brasileiro **meigo**[17]
15   quanto o machão. E acabam passando a maior parte do tempo sozinhas, ou com aventureiros ou com outros gringos(as).

Os relacionamentos, hoje, são tão **apressados**,[18] complicados e **voluvéis**[19] como o mundo em que ocorrem. Por isso, grande parte das pessoas costuma saber mais sobre os inícios e os fins dos relacionamentos do que sobre os meios.

O amor que gringos têm para oferecer às brasileiras não é diferente do delas. É uma novidade temporária e exótica só até chegar a hora de **encarar**[20] o longo caminho do meio, em cujo **percurso**[21] as diferenças se reduzem ou pelo menos são ridicularizadas.
20   Minha mulher e eu já começamos a aceitar isso. Enquanto eu a ajudo, com aulas de inglês fora e prática em casa, ela me ensina como ser mais brasileiro. Graças às suas **dicas**,[22] agora eu vou à praia de **sunga**[23] e sandálias de borracha, em vez de **bermudões**,[24] meias escuras 3/4[25] e **boné**.[26] Assim, não apenas melhoro a minha apariência, como evito passar por **otário**,[27] ou seja, um **alvo**[28] ambulante à mercê dos **trombadinhas**.[29]

(Michael Kepp, *Jornal do Brasil*, 24 de janeiro de 1988)

mito - myth
joelhos - knees

---

[13] Resiste a

[14] Entendeu (Gír.)

[15] Isto é, *de saco cheio com* ou *farto* (Gír.)

[16] Obstinada ou teimosa

[17] Tímido

[18] Rápidos

[19] Instáveis ou voláteis

[20] Enfrentar

[21] Trajeto ou espaço percorrido

[22] Indicações ou sugestões (Pop.)

[23] Calção curto, próprio para banho de mar

[24] Tipo de calça curta que vai até os joelhos

[25] Até o joelho

[26] Tipo de chapeu de copa redonda, com uma pala sobre os olhos

[27] Indivíduo tolo, simplório, fácil de ser enganado (Gír.)

[28] Objetivo

[29] Menores delinquentes que atuam em pequenos grupos, na rua. (Gír.)

Compreensão

1. Quais são as duas razões pelas quais se casa?

2. Quais são alguns dos interesses (não amorosos) do gringo "típico"?

3. E os interesses da brasileira "típica" classe média? E da classe trabalhadora?

4. Qual é a situação financeira de muitos gringos residentes no Brasil?

5. Uma vez nos Estados Unidos, que tipo de vida aguarda a namorada brasileira média?

6. O que o autor diz do problema da discriminação nos Estados Unidos?

7. Qual é a língua que cada lado prefere falar e por que?

8. Por que o gringo valoriza a brasileira acima da americana?

9. Por que será que a gringa deixa o brasileiro médio inseguro?

10. No fundo, o que reduz, para os casais, os efeitos das diferenças entre as duas culturas?

Vocabulário : (a) Relacione os termos da primeira coluna com os (quase) sinônimos da segunda e (b) empregue-os em sentenças completas.

1.	Mulher	a.	Esposa
2.	Perguntando	b.	Necessita
3.	Ridicularizadas	c.	Arrumadeiras
4.	Empregadas	d.	Dócil
5.	Precisa	e.	Indagando
6.	Submissa	f.	Provisória
7.	Intimidam	g.	Gozadas
8.	Pegar	h.	Habilidade
9.	Temporária	i.	Ameaçam
10.	Aptidão	j.	Apanhar

Ampliação

1. Quais são as vantagens em se casar com alguém de outra cultura?

2. Há desvantagens num matrimônio ou união mista? Quais?

3. Você pessoalmente conhece casais mistos? De que nacionalidades?

4. Você acha que, se o autor e sua esposa brasileira morassem nos Estados Unidos, e não no Brasil, haveria mais ou menos complicações? Elabore.

5. Segundo o mito popular, quando gringo casa com latina, dá certo; mas quando latino casa com gringa, é muito mais difícil. Você concorda ou não? Por que (não)?

6. Você mesmo/a estaria disposto/a a casar com alguém de outro país? De que país, em particular, e por que?

TEATRINHO

"Conheça-se melhor"

Elenco

Três casais jovens, recém-casados ou namorados, todos compostos de nacionalidades mistas. São Ângela (advogada brasileira de cidade grande) e Bruce (instrutor americano); Rebeca (universitária americana) e Raul (empresário mexicano); e Lisa (professora primária brasileira de cidade interiorana) e Arthur (engenheiro inglês).

Argumento

Num *show* de tevê tipo entrevista aberta, os casais reagem à orientação do/a apresentador/a que, por sua vez, recebe perguntas da platéia, isto é, do resto da classe. Impera um ambiente sério-cômico atendendo a questões em torno dos papéis tradicionais de ambos os sexos e como diferem em cada cultura.

Expressões úteis

Adaptação	Entrosar-se (com)
Afazeres domésticos	Ficar noivo/a
Amor mútuo	Feminista
Brigar	Filhos bilíngues
Casar	Interesses comuns
Comunicar(-se)	Interferência familiar
Conflito	Machista
Conhecer(-se)	Mudar-se
Conviver	Pais
Desquitar-se	Sogros
Divorciar-se	Ter família
Estar amigado/a	Zangado/a

TEMAS PARA COMENTÁRIO ORAL OU ESCRITO

1. Namorar pelo mundo inteiro é essencialmente o mesmo.

2. O aumento na porcentagem de pessoas morando sozinhas e a probabilidade de elas continuarem assim, diz muito a respeito da moderna sociedade urbana.

3. A tradicional relação desigual norte-sul (não) é refletida no mito do amor gringo.

4. A disparidade marcante no conceito de sexualidade entre a cultura norte-americana e a brasileira.

UNIDADE 17   MACHISMO ARRAIGADO E FEMINISMO NASCENTE

1

A violência contra a mulher, seja na família ou no trabalho,
existe em todas as classes sociais: desde o médico até o **subempregado**[1]

O grande perigo de ser mulher no Brasil

Em geral, são homens acima de qualquer suspeita. Mas **espancam**[2] Antônia, **ameaçam**[3] Lia, difamam Rosa. Só no primeiro trimestre de 90 foram registradas 5.402 queixas nas seis Delegacias de Defesa da Mulher na Grande São Paulo. Os agressores não são necessariamente bêbados ou drogados. Nem vêm apenas da classe baixa. "Basta ser machista e ignorante e não ter sido educado para respeitar a mulher", diz Maria Aparecida Medrado, do Conselho Estadual da Condição Feminina.

Um fato é certo: a maior parte das agressões ocorrem dentro da própria casa, praticada pelo pai, padrasto ou marido. A causa de tantas injúrias e violência pode estar na formação do homem e da mulher. O primeiro é o super-herói da rua, que não pode dormir sem **revidar**[4] um soco. O segundo tem de saber apenas obedecer.

"Eu cresci entre brigas feias do meu pai e da minha mãe e não quero que isso ocorra com meus dois filhos", diz uma vendedora de produtos de fisioterapia, mostrando as mãos **arranhadas**[5] e **hematomas**[6] pelo braço. Aos 24 anos, disposta a se separar do marido com quem está casada há cinco, ela prefere o anonimato: nada de nome ou fotos, apenas o registro da occorrência na 3ª Delegacia de Defesa das Mulheres. "Difícil é bater pela primeira vez, depois . . . tudo fica bem mais fácil".

A hipótese de **apanhar**[7] pela segunda vez também **apavorou**[8] a vendedora de produtos da Natura e a encorajou a se dirigir à 1ª Delegacia. "A mulher que apanha, e depois dorme com o homem que a **machucou**,[9] perde o respeito por si mesma", diz ela, buscando no íntimo a coragem que a ajudará, aos 33 anos, a assumir **de uma vez por todas**[10] a criação dos quatro filhos. "Ele não é o meu pai nem o meu senhor", amarga ela, lembrando os **tapas**[11] no rosto.

Quem ouve com frequência esse tipo de **lamúria**[12] sabe bem que não é a primeira vez que isso acontece. "A mulher sempre desculpa o primeiro espancamento, acreditando que o marido vai melhorar", diz Maria Tereza Verardo, coordenadora da Casa Eliana de Grammont, uma instituição criada pela **prefeitura**[13] municipal em março deste ano com o objetivo de orientar a mulher.

De fato, com pouca insistência a vendedora de produtos de fisioterapia relembra que já houve outro "round" muito feio na sua casa. Mas daquela vez as marcas não foram profundas para ela--nem para a cozinheira Antônia Alexandre Simplício, que aceitou o marido após um espancamento que interrompeu sua **gravidez**[14] de quatro meses, em 1987. Três anos depois, o motivo de mais uma briga

---

[1] Trabalhador insignificante
[2] Batem ou agridem
[3] Intimidam
[4] Responder com
[5] Ou com *arranhaduras* : feridas leves na pele
[6] Tumores formados por sangue extravasado
[7] Ser agredida ou sofrer uma agressão física
[8] Assustou ou meteu medo em
[9] Feriu ou fez contusões em
[10] Para sempre
[11] Pancadas com a mão; bofetadas
[12] Lamentação
[13] Governo ou administração
[14] Estado da mulher, e das fêmeas em geral, durante a gestação; prenhez

foi porque o marido desconfiou que Antônia estivesse **tocaiando**[15] sua amante. Agora, com mais feridas nas **costas,**[16] nos ouvidos e principalmente no coração, ela busca a polícia para se proteger e garantir dinheiro para a comida dos dois filhos. "Não durmo, tenho medo do meu marido que me ameaça de morte".

5   Uma mulher correndo extremo risco de vida já pôde contar em São Paulo, durante 1986-88, com uma casa de abrigo: a Com Vida, pertencente à Secretaria Estadual de Segurança Pública, atualmente fechada por falta de **verbas.**[17] A Casa Eliana de Grammont espera construir, até o final do ano duas delas, cujo terreno e projeto arquitetônico já estão definidos. No total serão quatro casas, garantidas pela **Lei Orgânica**[18] do Município. Mas a quantidade é insuficiente para uma população de 11 milhões

10 de habitantes, comparando-se, por exemplo, com a cidade de Quebec, no Canadá, onde há 48 casas para uma população de cerca de 2 milhões.

      As estatísticas não mostram, mas a Casa Eliana de Grammont estima que a cada meia hora uma mulher é também **estuprada**[19] em São Paulo. As denúncias nas delegacias registram apenas entre 350 a 400 estupros **consumados**[20] por ano, embora as mulheres já tenham mais confiança nos

15 serviços à sua disposição como as 41 delegacias de defesa da mulher distribuídas pelo Estado de São Paulo e a Casa Eliana de Grammont.

      Apesar de as denúncias serem mais frequentes hoje, apenas um hospital em São Paulo--o Municipal de Jabaquara--faz aborto legal em caso de estupro comprovado. Mesmo assim, foram necessários 49 anos para que uma lei prevista no Código Penal **saísse do papel,**[21] em julho de 1989.

20   Os números dizem, porém, que as denúncias de ameaça superam em 10% as agressões de fato consumadas. O medo de deixar de ser um **réu**[22] primário, mesmo se a queixa for retirada. tem feito muitos homens moderarem na violência contra as mulheres--de acordo com lideranças femininas que deixaram os movimentos autônomos da década de 70/80 e atualmente integram partidos políticos, fazendo parte do governo.

(*Jornal da Tarde*, 5 de novembro de 1990)

---

[15] Emboscando a fim de agredir ou matar
[16] Parte posterior do tronco humano
[17] Fundos ou dinheiro
[18] Lei que serve de fundamento a uma instituição
[19] Violentada ou forçada a ter relações sexuais
[20] Aqui, *cometidos*
[21] Entrasse em vigor
[22] Indivíduo acusado de ação criminosa

Compreensão

1. Qual é "o grande perigo" referido no título?

2. Quais são as três características mais marcantes de um agressor de mulheres?

3. Onde ocorre a maior parte das agressões?

4. Como é o machão típico?

5. Para ele, como deveria ser a mulher?

6. Em que condição chegam algumas mulheres ao pedir ajuda?

7. Por que a mulher sempre tende a desculpar o primeiro espancamento?

8. Como é que São Paulo está modestamente combatendo ao problema?

9. A mulher, grávida por estupro em São Paulo, tem algum recurso?

10. Por que as denúncias de ameaça superam as agressões de fato consumadas?

Vocabulário : (a) Relacione os termos da primeira coluna com os (quase) sinônimos da segunda e (b) empregue-os em sentenças completas.

1. Espancamento
2. Apavorou
3. Injúria
4. Lamúria
5. Machucou
6. Estupro
7. Agressões
8. Tapas
9. Apanhar
10. Amargar

a. Feriu
b. Ofensa à dignidade
c. Violação
d. Ser agredido
e. Batida
f. Choradeira
g. Abusos físicos
h. Aterrorizou
i. Sofrer
j. Bofetadas

Ampliação

1. Você acha que a violência contra a mulher varia muito de cultura para cultura? Dê algum exemplo.

2. Por que será que a sociedade brasileira tem esta propensão?

3. O que fatalmente leva a uma piora deste quadro?

4. Em sua sociedade, a mulher está fazendo mais avanços em se defender dos maridos, noivos e namorados agressores? Como?

5. Qual a sua opinião da indignação do marido adúltero e violento que primeiro acusa a mulher grávida de tocaiar a amante dele e, depois, bate nela com tanta brutalidade que ela perde o bebê?

2

No Rio, mulheres comandam 40% das famílias

Matriarcado

Na casa da família Souza Paiva, quem **canta de galo**[1] é uma mulher: a matriarca Maria Adelaide, hoje com 65 anos, que criou sozinha os dois filhos--Marly, de 43, e Márcio, de 41--desde que eram bebês. O casamento de Maria Adelaide durou três anos e o de Marly, quatro: há 12, ela está
5   separada do marido, com quem teve uma filha, Sílvia Amélia, hoje com 16 anos. A adolescente ainda não pensa em casamento, mas tem certeza de que não quer muitos filhos, com medo de ter que criá-los sem um companheiro, como fizeram sua avó e sua mãe, que hoje responde pelo sustento da família com o que **fatura**[2] numa pequena loja de artigos de **umbanda**.[3]

Maria Adelaide, Marly e Sílvia Amélia são representantes de um universo que, nos últimos 20
10   anos, se livrou da sombra da **vergonha**[4] para aparecer nas estatísticas oficiais: na região sudeste do Brasil, uma em cada cinco famílias é chefiada por uma mulher, segundo a **Pesquisa**[5] Nacional de Amostragem de Domicílios, do Instituto Brasileiro de Geografia e Estatística (IBGE), feita em 1990. Os **dados**[6] do censo de 1991, que ainda estão sendo tabulados, prometem revelar números mais expressivos. Na região metropolitana do Rio de Janeiro, já seriam 40% as famílias chefiadas por
15   mulheres num universo de 12,5 milhões de habitantes.

Mais do que um fenômeno social, o que vem acontecendo é uma correção estatística. Até pouco tempo atrás, não havia na maioria dos levantamentos, a preocupação de identificar a chefia da família, que, tradicionalmente, era ocupada pelo homem. Quando não havia um homem à vista, procurava-se um, que podia ser o pai ou outro parente qualquer--lembra a socióloga Moema Toscano.
20   Se criar filhos sozinha não é mais um **bicho-papão**.[7] Um fantasma ainda **ronda**[8] a cabeça das mulheres, em especial das que pertencem às classes média e média alta: o temor de que a ausência do pai possa trazer problemas para as crianças. Mesmo assim, elas não hesitam em se separar quando percebem que o casamento **naufragou**.[9] Também não procuram mais voltar ao **porto seguro**[10] da casa paterna e assumem o sustento da família, quase sempre tendo que **encarar**[11] novamente o difícil
25   mercado de trabalho.

Entre as classes mais pobres, porém, a situação tem contornos bem diferentes. Para estas mulheres, ficar sozinha na chefia da família não é uma opção, mas uma condenação, segundo Moema Toscano. Abandonada pelo marido, **viúva**[12] por causa da violência ou mãe solteira, a mulher pobre passa a ser chefe de família por falta de alternativas, mas irá sempre buscar o relacionamento que
30   considera ideal: um homem que ocupe o papel de chefe de família.

Sempre existiu mulher chefe de família, mas havia muita vergonha de aparecer. Como a mulher está cada vez mais independente, já pode assumir sua verdadeira condição--observa a socióloga.

(Letícia Helena, *O Globo*, 9 de fevereiro de 1992)

---

[1] Manda (Fig.)
[2] Ganha
[3] Forma cultural originada da assimilação de elementos religiosos afro-brasileiros pelo espiritismo brasileiro urbano
[4] Desonra humilhante
[5] Estudo ou levantamento
[6] Fatos
[7] Monstro imaginário usado para assustar as crianças
[8] Anda à volta de
[9] Fracassou (Fig.)
[10] Estabilidade (Fig.)
[11] Enfrentar
[12] Mulher cujo marido morreu e que não voltou a se casar

Mais de 30% das mães no Brasil são solteiras

Segundo o Instituto Brasileiro de Geografia e Estatística, dos 2,8 milhões de nascimentos ocorridos em 1988, 31,1% foram de mães solteiras. De acordo com os registros, o número de mães solteiras está aumentando.

A maior parte das mães solteiras tem entre 20 e 24 anos. Em 1988, 33,8% das mulheres solteiras que **deram à luz**[13] estavam nesta **faixa etária**.[14] Entre as mães com menos de 15 anos de idade, 76,8% não eram casadas.

A demógrafa Felícia Madeira, 48, afirma que o aumento do número de mães solteiras pode estar relacionado com **gravidez**[15] entre adolescentes, que vem crescendo nos últimos anos. Em 1985, as mães com menos de 19 anos representavam 21,7% do total de mães solteiras. Em 1988, este índice subiu para 23,6%. Felícia diz que a maioria das mães adolescentes não é casada ou tem uniões de curta duração.

Outro motivo apontado para explicar o aumento do número de mães solteiras é o fato de as mulheres passarem a assumir sua condição. "Até há pouco tempo, as mães solteiras não se declaravam como tal, diziam que eram viúvas ou separadas. Recentemente passou a existir um controle social menor e elas se declaram mães solteiras com mais tranquilidade", diz.

O conceito de mãe solteira pode variar de acordo com a entrevistada, diz Felícia. "Normalmente elas se declaram solteiras quando engravidam sem ter coabitado com o companheiro. Se a gravidez ocorreu durante uma relação estável, que já terminou, elas se dizem separadas", afirma.

Em alguns estados brasileiros, o índice de mães solteiras supera a média nacional. Fernando de Noronha foi o campeão de mães solteiras. De 29 nascimentos, 20 constam como sendo de mães solteiras, o que significa que 69% das mulheres não eram casadas. No Acre, o percentual de mulheres solteiras que deram à luz chegou a 58%. No Amazonas, a maioria absoluta das **parturientes**[16] não era casada: 51%. Santa Catarina foi um dos estados que apresentou índices mais baixos: 19,3%. O Estado de São Paulo apresentou 27,9%. Do total de mães solteiras brasileiras, 21,3% moravam em São Paulo. Na capital, o índice, que era de 27,5% em 1985, passou para 32,6% em 1988, ultrapassando a média nacional. Naquele ano, São Paulo tinha 69.413 mães solteiras.

(*Folha de S. Paulo*, 27 de maio de 1991)

---

[13] Tiveram filho
[14] Grupo de pessoas em determinada idade
[15] Estado da mulher, e das fêmeas em geral, durante a gestação; prenhez
[16] Mulheres prestes a dar à luz

Compreensão

1. O que há de não tradicional na noção do matriarcado?

2. Como é que criar filhos sozinha é visto por mulheres de classe média e média alta?

3. E o que pensam as mulheres das classes mais pobres?

4. Por que falar abertamente desta situação, antes vergonhosa, deixou, em grande parte, de causar constangimento?

5. Em que faixa etária se encontra o índice mais alto de mães solteiras?

6. Em que estados do Brasil o índice de mães solteiras supera a média nacional? E onde menos ocorre?

Vocabulário : (a) Relacione os termos da primeira coluna com os (quase) antônimos da segunda e (b) empregue-os em sentenças completas.

1. Matriarca
2. Campeão
3. Sozinha
4. Bebês
5. Casamento
6. Separada de
7. Vergonha
8. Sudeste
9. Ausência
10. Violência

a. Acompanhada
b. Divórcio
c. Presença
d. Noroeste
e. Patriarca
f. Derrotado
g. Orgulho
h. Junta com
i. Calma
j. Adultos

Ampliação

1. Por que é paradoxal, num país como o Brasil, que o matriarcado comande uma faixa tão grande da população?

2. Como você reagiria ao desafio de ser mãe/pai solteira/o? Procuraria casar o mais rápido possível?

3. Acha que os filhos sofrem excessivamente quando o pai (ou a mãe) está faltando em casa?

4. Será que o fenômeno da mãe solteira vai diminuir--impulsionado, por exemplo, pelo medo de sexo casual e o que pode acontecer?

5. Como você interpreta o fato de haver um índice de mães solteiras mais alto na capital paulista do que no interior do estado?

3

O hábito machista do brasileiro de **assediar**[1]
sexualmente a mulher no trabalho **vira**[2] crime

A *cantada*[3] **enquadrada**[4]

Popular e inofensiva, a cantada continua liberada mas o constrangimento sexual, que é essa cantada levada ao extremo e passada em ambiente de trabalho, recebeu um ***chega pra lá***.[5] Com a aprovacão de um projeto de lei do deputado carioca Carlos Minc, o constrangimento sexual virou crime,
5   pelo menos no Rio de Janeiro. A lei não vai acabar com ele, mas pode inibir o número de **torpedos disparados**[6] por muitos superiores contra as suas subordinadas--tenham eles altos cargos executivos ou a subchefia de um **almoxarifado**.[7] A expressão constrangimento sexual diz tudo: obrigar a mulher a ceder sexualmente **em troca**, por exemplo, **de**[8] uma promoção ou da simples manutenção do emprego. A lei recém-aprovada também é clara: penaliza com multa de até Cr$ 15.8 milhões quem for condenado
10   por praticar um dos **jeitinhos**[9] do machismo brasileiro--aquele segundo o qual ter coleguinha nova no serviço, em cargo inferior, significa a chance de aventura sexual.

Hoje, existem aproximadamente 22 milhões de trabalhadoras no Brasil, o que corresponde a 39% das mulheres com mais de dez anos. Elas são constantemente vítimas de diversos tipos de molestamento sexual em seus locais de trabalho. Uma pesquisa realizada pelo jornal carioca *O Globo*,
15   publicada no dia 17, revelou que 75,6% de 300 mulheres do Grande Rio já sofreram assédio. O local de trabalho é o preferido de 22,27% dos assediadores. Outro dado significativo: 68% das entrevistadas que consideram esse tipo de atitude como crime informaram que não hesitariam em denunciá-lo.

Para **fazer jus ao**[10] mito do país sensual, a nova lei, antes mesmo de ser lei, já tinha um símbolo chamativo na forma de uma exuberante morena de olhos verdes, corpo bem esculpido e
20   constrangida inúmeras vezes por seus chefes: a secretária do próprio deputado Minc, a carioca Ada Rúbia Moreira de Azevedo. Foi inspirado nas histórias contadas por Rúbia, 29 anos, que Minc levou ao fim o seu projeto. Desde que começou a trabalhar como secretária de um escritório de **advocacia**,[11] aos 14 anos, Rúbia tornou-se mestra na arte de **desviar-se**[12] de torpedos e **arquivar**[13] cantadas. Algumas vezes, com certa elegância--simplesmente negando o convite ou fazendo **vistas grossas**[14] às
25   insinuações. Outras, na força mesmo. Certa ocasião, atirou uma jarra de vidro contra a cabeça do diretor de uma empresa de representação que tentou beijar o seu pescoço. Mas fosse qual fosse a sua forma de reagir, o resultado era quase sempre o mesmo: ou Rúbia era **demitida**[15] ou sentia-se obrigada a demitir-se por não suportar o ambiente hostil. "**Dá para**[16] medir o quanto me **importunavam**[17] pelo

---

[1] Perseguir com insistência
[2] Torna-se; transforma-se em
[3] Conversa cheia de lábia (manha, astúcia) com que se tenta seduzir alguém (Pop.)
[4] Punida (Gir.)
[5] Basta
[6] Assédios (Fig.)
[7] Depósito
[8] Por
[9] Propensões ou manias
[10] Ser merecedor de
[11] Exercício da profissão de advogado
[12] Esquivar-se ou evitar (Fig.)
[13] Não levar em conta as (Fig.)
[14] Fingindo não perceber
[15] Despedida
[16] Pode-se
[17] Incomodavam ou aborreciam

número de registros na minha primeira **carteira**[18] de trabalho", diz Rúbia. "Eu tenho 12 registros diferentes".

Mesmo sabendo que **padrões**[19] de comportamento não se mudam da noite para o dia com decretos, o atual chefe de Rúbia está confiante que a existência de uma lei possa inibir **chantagens**[20]
5 do tipo das resumidas na frase "**ou topa ou cai fora**".[21] Segundo ele, a primeira reação dos homens em geral é tentar **avacalhar**[22] a proposta, **taxando**[23]-a de moralista. Não é o caso do presidente do Clube dos Diretores Lojistas do Rio de Janeiro, Sílvio Cunha, 77 anos. Cunha acredita que a lei é mais inócua do que propriamente moralista. "Ela não beneficia nem prejudica as trabalhadoras", julga ele. "Não conheço nenhum **empresário**[24] que tenha confundido trabalho com intimidades sexuais". Ao declarar
10 isso, Cunha demonstra, por exemplo, desconhecer as iniciativas como as que empresas como a Dupont, a AT&T e a Corning vêm realizando há algum tempo. Dispostas a acabar com a falsa **pregação**[25] de que os impulsos da libido não frequentam o mundo dos negócios, essas empresas criaram cursos e seminários cujo objetivo é orientar as funcionárias de como agir em situações delicadas, desde o simples flerte indesejado até o constrangimento sexual. Todas as empresas asseguram não haver nenhum tipo
15 de retaliação contra a empregada que **faz reclamações**[26] de assédio.

Uma das categorias profissionais mais visadas pelo chefe constrangedor sempre foi e será a de secretária. "Ela é tratada como uma funcionária do chefe e não da empresa, e passa a **arcar com**[27] serviços típicos de **assessoria**[28] pessoal", lamenta Leide Maria Borba de Moraes, presidente do Sindicato das Secretárias do Estado de São Paulo. "Além disso, a discriminação contra a mulher já
20 aparece no próprio recrutamento, no qual geralmente somente as mais bonitas são aceitas". Uma pesquisa realizada pelo sindicato em setembro deu conta de que 59% dos anúncios publicados nos classificados exigiam boa aparência das candidatas, um **requisito**[29] que às vezes é mais importante do que a experiência e o domínio de línguas.

Nem sempre a discriminação é tão explícita para ser **alvo**[30] claro da nova lei em vigor. Na
25 véspera de 30 de setembro, Dia da Secretária, a categoria se viu vítima de uma atitude grosseira e **preconceituosa**[31] por parte do paulista Dorival Caneloi, proprietário do motel Pousada do Cawboy, no bairro paulistano da Mooca. Caneloi **escancarou**[32] um letreiro luminoso na fachada do seu motel com os dizeres "Dia da Secretária". A professora Eloíse de Almeida, coordenadora do curso de secretariado da Escola Técnica Estadual Prof. Camargo Aranha, denunciou o fato ao sindicato. A escola, com 594
30 futuras secretárias, fica próxima do motel. O dono da Pou-sada do Cawboy retirou o letreiro. Hoje não disfarça um sentimento de vingança: "Percebi que muitas das mulheres que **lotaram**[33] as minhas 60 suítes no dia 30 eram secretárias, pois chegavam com um buquê de flores", avalia ele, típico machista que vê na figura da secretária um objeto de sua satisfação sexual.

A operária paulista Inês Aparecida da Silva, de 20 anos, moradora de uma casa em que dois
35 **cômodos**[34] **abrigam**[35] nove pessoas, na periferia de São Paulo, viu os seus sonhos de tornar-se

---

[18] Documento oficial

[19] Normas

[20] Atos de extorquir dinheiro, favores ou vantagens a alguém sob ameaça de revelações escandalosas

[21] Ou aceita ou vai embora

[22] Ridicularizar

[23] Chamando

[24] Homem de negócios

[25] Afirmação

[26] Se queixa

[27] Enfrentar

[28] Ajuda

[29] Requerimento

[30] Objeto ou mira

[31] De opinião formada antecipadamente sem maior ponderação ou conhecimento dos fatos

[32] Abriu

[33] Encheram

[34] Acomodações ou quartos

[35] Acolhem

manequim[36] **se desmancharem**[37] depois de ter sido demitida da fábrica de sapatos Shoe Maker. Com o salário que recebia como empregada do setor de acabamento de sapatos, Inês custeava um curso de modelo nos finais de semana, o qual foi obrigada a interromper. Acompanhada de três colegas menores de idade, ela fez uma queixa no Sindicato de Trabalhadores da Indústria de Calçados, em abril, contra o seu chefe, o encarregado de planejamento Jair Antônio do Carmo. Segundo Inês e as outras adolescentes, que **compareceram ao**[38] sindicato acompanhadas pelos pais, ele as importunava com convites indecorosos e promessas de ascensão profissional mediante favores sexuais. Carmo negou tudo, mas poucos dias depois as moças estavam demitidas. Em seguida, ele também foi **afastado**[39] da empresa e o diretor não quer comentar o episódio.

Denúncias como essa ainda são raras, de acordo com a delegada Isilda Aparecida de Carvalho Ferreira, da 1ª Delegacia da Mulher, de São Paulo. Em geral, as ocorrências são abertas para **apurar**[40] injúria e difamação. Tanto o assédio sexual, uma forma mais grosseira e grave da cantada, como a chantagem sexual, não são **previstos**[41] pelo Código Penal brasileiro. Já a ofensa à dignidade ou ao decoro tem uma pena de um a seis meses de prisão regulada pelo Código. Neste ano, por exemplo, somente três casos foram registrados na 1ª Delegacia. Um deles diz respeito à bancária paulistana Patrícia Fonseca, de 23 anos, hoje auxiliar de vendas na empresa Lifto.

Patrícia diz ter sofrido um caso de constrangimento sexual no dia 23 de dezembro, quando trabalhava na Sociedade Brasileira de Planejamento e Serviço (SBPS), uma empresa coligada ao Banco Real. Na volta de uma festa de confraternização de final de ano, ela aceitou a **carona**[42] oferecida pelo seu então chefe, o contador Milton Castro da Silva, 42 anos. Nesse percurso, porém, Silva tentou insistentemente agarrá-la. Detalhe fundamental: uma semana antes, ele havia avisado Patrícia de que ela poderia ser promovida. Segundo o departamento de Recursos Humanos do banco, a empresa optou por transferir e não demitir o funcionário porque o fato ocorreu fora do local de trabalho. Mas Patrícia preferiu **pedir demissão**:[43] "Eu desejava que ele fosse punido para não expor outras pessoas a situações semelhantes", diz ela. O seu namorado, Ricardo Gasparetti, 22 anos, aplaude a decisão: "No Brasil existe uma mentalidade em que o mais forte gosta de abusar do mais fraco--isso tem que acabar".

A mentalidade à que Gasparetti se refere tem quase 500 anos **cravados**,[44] segundo o antropólogo americano e professor do Instituto de Medicina Social da Universidade do Rio de Janeiro, Richard Parker, autor do livro recém-lançado *Corpos, prazeres e paixões: a cultura sexual no Brasil contemporâneo*. Para Parker, o abuso sexual por parte do mais forte nasceu com a própria descoberta do Brasil, uma espécie de Éden tropical onde era comum o uso sexual das mulheres indígenas pelos colonizadores portugueses. A selva continuou. "A legislação de Minc é um passo à frente para corrigir essa distorção e proteger os interesses dos mais pobres", diz Parker. "É o tipo da coisa que vai criar polêmica e ser encarada como brincadeira, mas o assunto é seriíssimo", afirma. É também antigo. Na obra *Casa grande e senzala*, o sociólogo e antropólogo Gilberto Freyre chama a atenção para o fato de que determinadas escravas "eleitas" pelo chefe patriarcal transformavam-se em espécies de parentes pobres das famílias européias. "À mesa patriarcal das **casas-grandes**[45] sentavam-se, como se fossem da família, numerosos mulatinhos", diz um trecho do livro.

(*IstoÉ-Senhor*, 27 de novembro de 1991)

---

[36] Modelo
[37] Se desfazerem
[38] Apareceram no
[39] Removido
[40] Averiguar ou conhecer ao certo
[41] Prenunciados
[42] Condução gratuita em qualquer veículo
[43] Retirar-se do emprego
[44] Arraigados ou fixos
[45] Casas principais das fazendas antigas

Compreensão

1. O que foi declarado ilegal: a cantada ou o constrangimento sexual?

2. Qual é a diferença?

3. A atitude feminina está mudando perante o assédio sexual? Como?

4. Como é que a secretária do deputado, na longa carreira dela, conseguiu evitar situações ainda mais constrangedoras?

5. Como se define a típica chantagem machista?

6. Qual é o local preferido dos assediadores?

7. Qual é a profissão tradicionalmente suscetível ao assédio sexual?

8. O que geralmente se passa quando a mulher se queixa de ser vítima do constrangimento sexual?

9. E o que acontece com quem a acossa?

10. Segundo o antropólogo , de que deriva a atitude que o homem pode tudo com a mulher?

Vocabulário : (a) Relacione os termos da primeira coluna com os (quase) sinônimos da segunda e (b) empregue-os em sentenças completas.

1.	Constrangimento	a.	Inócuo
2.	Inofensivo	b.	Compelida
3.	Cantar	c.	Sensíveis
4.	Delicadas	d.	Acossamento
5.	Obrigada	e.	Ofensivos
6.	Indecorosos	f.	Mal-educado
7.	Demitida	g.	Desejo sexual
8.	Grosseiro	h.	Reclamação
9.	Queixa	i.	Paquerar
10.	Libido	j.	Despedida

Ampliação

1. Você acha que a atitude do homem brasileiro está mudando para melhor?

2. Em sua sociedade, a mulher constrangida que queira reagir contra, tem mais opções do que no Brasil?

3. Certamente é um problema pelo mundo inteiro, mas será que se manifesta mais virulento em paises latinos, como, por exemplo, no Brasil, do que nos anglo-saxônicos?

4. Você acha fácil delinear entre cantada e constrangimento? Por que (não)?

5. Você ou uma amiga foram alguma vez acossadas?

6. Difícil se não impossível erradicar, como é que este mau comportamento pode ser ainda mais reduzido?

4

No Grande Rio, 75% das mulheres
já sofreram algum tipo de **assédio**[1] sexual

Pesquisa[2] revela tipos e incidência da *abordagem*[3] sexual

A abordagem mais freqüente é a **cantada**[4] (32,60%). Mas não faltam **beliscões**[5] e tentativas de se conhecer pelo **tato**[6] o que os olhos não podem ver.

Se na **faixa etária**[7] entre 15 e 30 anos, as mulheres da Zona Norte são as mais cantadas (92%), após os 30, os assediadores preferem o outro lado do Túnel Rebouças: 78% das mulheres da Zona Sul já foram abordadas, contra 58% da Baixada e 52% da Zona Norte.

Os dados constam de levantamento feito pela Coordenadoria de Pesquisa do Departamento de Marketing do GLOBO, com 300 mulheres do Grande Rio. Das entrevistadas, 53% são solteiras e 36%, casadas.

Em segundo lugar, vêm os convites para ir a restaurantes ou cinemas (26,66%). Em terceiro estão os contatos físicos (toques, beliscões e abordagens mais **ousadas**[8]). A quarta abordagem mais comum é o relato de experiências e vontades sexuais (11,38%). O condicionamento de ascensão profissional a favores sexuais fica em penúltimo lugar: 9,34%. Independentemente de localização geográfica, as mais jovens foram o principal **alvo**[9].

Depois da rua, o trabalho é o local preferido de 22.27% dos assediadores. As menos assediadas no trabalho são as mulheres da Zona Sul entre 15 e 30 anos, que, em compensação, ficam em primeiro lugar nos assédios em bares, restaurantes, cinemas e praia. O assédio é praticado principalmente por desconhecidos (31,56%). Em segundo lugar vêm colegas e amigos (21,72%) e chefes e professores (16,19%).

Médicos e dentistas também fazem **cercos.**[10] em especial na Zona Norte (19,51% das mulheres entre 15 e 30 anos). Na Baixada os principais alvos são as mulheres entre 30 e 50 anos (15,69%). Na Zona Sul, somando as duas faixas, há menos de 10%. Parentes são responsáveis por 7,58% dos assédios. Aliás, as mulheres não estão livres das cantadas nem quando chegam em casa: os vizinhos (12,91%) estão em quarto lugar entre os assediadores. (Regina Eleutério, *O Globo*, 17 de novembro de 1991)

Secretária grava cantada e leva *fita*[11] à Justiça

CAMPINAS--Assediada por seu chefe desde agosto de 1991, a secretária Míriam Godoy Ormenesede, 23 anos, resolveu se **precaver**[12]: gravou as cantadas, e antes de ser **demitida**[13] da Scarpa Plásticos Ltda., no dia 31 de janeiro, registrou a ocorrência na Delegacia da Mulher. O **indiciado**[14] é o diretor comercial da Scarpa, Cláudio Barbosa, de 48 anos, casado. Com a fita, cuja

---

[1] Perseguição com insistência; acossamento; constrangimento
[2] Levantamento ou investigação
[3] Ato de achegar-se ou aproximar-se
[4] Conversa cheia de lábia (manha, astúcia) com que se tenta seduzir alguém
[5] Atos de *beliscar* (apertar a pele com as pontas dos dedos polegar e indicador)
[6] Ato de apalpar ou tatear
[7] Grupo de pessoas da mesma idade
[8] Atrevidas ou óbvias
[9] Objeto ou mira
[10] Assédios
[11] Isto é, *fita cassete*
[12] Acautelar-se ou tomar cuidado
[13] Despedida ou mandada embora
[14] Indivíduo submetido a inquérito policial

transcrição foi feita pelo Instituto de Criminalística, Miriam poderá ser a primeira mulher de Campinas a provar que perdeu o emprego por não ceder ao assédio sexual do chefe. *xa tem fita.*

5 A advogada da secretária, Isolda Santos Segurado, garantiu que a fita constitui "prova **contundente**.[15] *decisivo* "Nesses casos, nunca existem **testemunhas**,[16] o que dá um valor extraordinário à gravação." Miriam afirmou que só quer justiça. "Ele deve ser responsabilizado pelo que fez", diz.

Na época em que começou a ser assediada, no final do ano passado, a secretária ganhava Cr$ 200 mil mensais. O marido estava doente e havia perdido o emprego. "Aí começaram as conversas de que eu precisava de roupas melhores", contou. Miriam achou que talvez precisasse se vestir melhor **em razão**[17] do **porte**[18] da empresa. "Mas **me espantei**[19] *got scared* quando ele (Cláudio) começou a falar de roupas 10 íntimas e que desejava me ver vestida com elas".

Daí até os convites para sair não demorou. Miriam contou tudo ao marido e os dois foram até a Delegacia da Mulher, onde registraram a ocorrência. Na conversa gravada, Cláudio diz não ser mais possível sustentar um relacionamento "apenas profissional" com a secretária. Miriam disse ter sido **ameaçada**[20] de demissão várias vezes.

15 A delegada Terezinha de Carvalho abriu inquérito para tentar caracterizar o crime. "É muito difícil porque não existe nenhuma legislação específica no país", observou a policial. "Acredito que caiba a figura do constrangimento ilegal, **já que**[21] caso ela tivesse cedido às cantadas, teria cometido o crime de adultério, previsto no Código Penal", explicou a delegada.

O diretor comercial da Scarpa não foi encontrado para dar a sua versão. Será ouvido no inquérito 20 que, concluido, seguirá ao **promotor**[22] público. Caso a Promotoria julgue estar caracterizado crime de constrangimento, Miriam poderá, na Justiça comum, **pleitear**[23] indenização da empresa ou do próprio Cláudio Barbosa. "Não estou pensando nisso: em princípio, quero que ele seja punido por ter me tratado como uma prostituta e me tirado o emprego, como se eu fosse uma **filhinha de papai**",[24] afirmou a secretária. (*O Estado de S. Paulo,* 19 de março de 1992)

25 *Ela só quer justiça!*

Gerente tentou agarrar Sandra na caixa-forte

Em seu primeiro emprego no Rio, a cearense Sandra Alves, então com 20 anos, quase foi agarrada por um gerente *manager* do Banco Itaú dentro do **cofre de aluguel**[25] *vault* da agência. Há cerca de quatro 30 anos, teve que deixar outro emprego--num escritório de arquitetura--depois que seu chefe tentou agarrá-la após o **expediente**.[26] Mais tarde, ao se candidatar a uma vaga de **comissária**[27] na **Vasp**,[28] o chefe que a atendeu afirmou que, se passassem a noite juntos, ela amanheceria empregada. Hoje com 28 anos e trabalhando como secretária, Sandra afirma que, com a nova lei, denunciaria os assédios.

"Mas são situações muito embaraçosas e há mulheres que, por não poderem perder o emprego, 35 acabam se submetendo".

Solteira, Sandra estuda inglês, faz ginástica e natação, e gosta de astronomia. Romântica, prefere as cantadas inteligentes às que condicionam sua atenção a promoções ou empregos.

(*O Globo*, 17 de novembro de 1991)

---

[15] Decisiva
[16] Pessoas que viram ou ouviram alguma coisa
[17] Por causa
[18] Importância (Fig.)
[19] Me assustei ou fiquei com medo
[20] Intimidada
[21] Aqui, *pois*
[22] Funcionário judiciário que promove o andamento das causas e atos
[23] Falar a favor de
[24] Menininha mimada
[25] Caixa tipo cofre onde se guardam dinheiro, documentos e outros objetos de valor
[26] Horário de trabalho
[27] Aeromoça
[28] Viação Aérea de São Paulo

Compreensão

1. No Grande Rio, em cada quatro, quantas mulheres já foram vítimas de assédio sexual?

2. Qual é a abordagem mais comum?

3. Quem tende mais a admitir-se vítima do constrangimento sexual--as solteiras ou as casadas?

4. Qual é o local preferido dos assediadores?

5. Em casa, pelo menos, a mulher pode encontrar alívio do cerco sexual?

6. Em termos de faixa etária, quais são as mulheres que formam o alvo principal do agressor?

7. Qual é a "prova contundente" que vai possibilitar que Míriam seja levada a sério?

8. Em que consiste o assédio sexual perpetrado pelo chefe dela?

9. A que tipos de humilhação familiares Sandra foi submetida?

10. Afinal, qual é a cantada preferida por ela?

Vocabulário: Dê o substantivo formado de cada verbo ou adjetivo e empregue-o numa sentença completa.

1. Etária _____

2. Tatear _____

3. Abordar _____

4. Promover _____

5. Contatar _____

6. Ousadas _____

7. Entrevistadas _____

8. Submeter _____

9. Assediador _____

10. Gravar _____

11. Testemunhar _____

12. Secretariar _____

13. Demitir _____

14. Pleitear _____

15. Alugar _____

Ampliação

1. Você pode explicar por que as mulheres, entre 15 e 30 anos, da Zona Norte (abaixo da classe média) são as mais cantadas, mas, depois dos 30, os assediadores preferem mais as mulheres da Zona Sul (classe média para cima)?

2. Qualquer resultado da pesquisa é surpreendente para você? Qual e por que?

3. Por que será que a rua resulta mais propícia aos assediadores do que o local de trabalho?

4. O que você acha que deveriam fazer com o acossador de Míriam, uma vez julgado culpado?

5. O que acredita que, na verdade, a justiça e a empresa acabaram fazendo com ele?

TEATRINHO

"Em pé de desigualdade"

Elenco

Duas mulheres, dois homens, todos convictos e empenhados em defender sua posição ao detrimento do outro lado

Argumento

Um bate-papo, às vezes leve, às vezes sério, sobre o preconceito de gênero no Brasil e seu impacto na condição feminina. Os participantes diretos estão sentados à frente da sala com o/a instrutor/a servindo de apresentador/a e, se necessário, árbitro/a. Ao invés do que se supõe, cada sexo representará os interesses e os sentimentos do outro. Quer dizer: os homens vão militar a favor da mulher; as mulheres, em defesa dos homens, coitados! A platéia, isto é, o resto da classe, é encorajada a participar, comentando, fazendo perguntas e atiçando os dois casais a "botar tudo para fora." Entre os tópicos abordados: a discriminação no trabalho, na política, na igreja, em casa, etc.--e os modestos avanços também.

Expressões úteis

Abusar (de)
Acusar
Adultério
Agarrar
Aguentar
Bater em
Complexo de inferioridade
Constrangimento sexual
Dar uma cantada
Defender-se
Embaraçoso
Fazer vista grossa
Hipócrita

Humilhar
Impedir
Insultar
Machismo/machista
Machucar
Patriarcalismo
Pedir demissão
Provar
Punir
Retaliação
Ser demitido/a
Síndrome de Tarzã
Ter um caso

TEMAS PARA COMENTÁRIO ORAL OU ESCRITO

1. A mulher brasileira luta com cada vez mais força para defender seus direitos.

2. Como modificar a mentalidade machista do brasileiro médio.

3. Quando a cantada deixa de ser engraçada.

4. A famosa sensualidade brasileira ofusca a questão do constrangimento sexual contra a mulher.

5. Se eu fosse brasileira, (não) agiria diferente do que faço agora.

UNIDADE 18   TELEVISÃO

1

Ex-**rainha**[1] do otimismo, a apresentadora Xuxa,
se desencanta com a violência do Brasil real

O País perdeu a graça

De repente, o sonho de ser o símbolo do **alto-astral**[2] acabou tragado pelo tenebroso **pesadelo**[3] da realidade brasileira. Única mega-estrela nacional, apresentadora de tevê e responsável pela venda

5   de 13 milhões de discos, Xuxa, nascida Maria da Graça Meneghel, **constatou**[4] que, por aqui, ter tudo-- sucesso, alegria, beleza, dinheiro--não **adianta**[5] quase nada. E num surpreendente **desabafo**,[6] **arquivou**[7] o sorriso luminoso de seus 28 anos para contar seu desencanto com o Brasil. "Me sinto a boba da corte, a única pessoa alegre num lugar em que todos estão tristes", **disparou**[8] a apresentadora e 37ª artista mais bem paga do mundo de acordo com as contas da revista *Forbes*.

10   Filha da classe média--a mãe, dona-de-casa, e o pai, militar **reformado**[9]--que, hoje, integra a elite econômica do Brasil, Maria da Graça Xuxa Meneghel (assim mesmo, com o **apelido**[10] de infância incorporado ao registro civil) chegou à conclusão de que os problemas do Brasil atingem a todos-- literalmente. Ela demorou a perceber a dimensão da crise brasileira, mas agora **destila**[11] toda sua amargura com o **cotidiano**.[12] "Não **dá para**[13] esconder, a realidade está aí, nas ruas", **enxergam**[14] seus

15   marcantes olhos azuis. "Agora, fico imaginando como minha alegria deve **doer**[15] para quem está procurando emprego ou passando fome", acredita, dramática.

O aumento da intimidade com o mundo real leva Xuxa a conclusões **inéditas**[16] para ela: "Gosto do que faço, mas não sei se vale a pena continuar fazendo aqui", desabafa, como se procurasse acentuar que a velha alegria não existe mais. "Não chego a estar fazendo as coisas mecanicamente

20   porque gosto das crianças, mas perdi aquele contentamento de antes. Não é mais a mesma coisa", admite Xuxa, no tom confessional de quem se diz em "momento de reflexão" com relação a seu futuro.

É um futuro que passa ao largo da crise. Além de um programa em espanhol, sucesso em 15 paises da América Latina, o *Xou da Xuxa* prepara as malas para desembarcar no Primeiro Mundo: já está acertado um contrato com a Metro Goldwyn Mayer para a gravação de um programa em Los

25   Angeles. Enquanto isso, porém, o baixo-astral está se instalando no próprio *Xou*, ainda um dos últimos redutos nacionais da alegria. Aliás, as mensagens da apresentadora vêm substituindo o **afago**[17]

---

[1] Esposa do rei

[2] Bom humor ou, mais literalmente, situação favorável, atribuída à suposta influência positiva dos astros (Gír.)

[3] Sonho terrível

[4] Confirmou

[5] Ajuda

[6] Confissão

[7] Guardou

[8] Desabafou-se

[9] Aposentado ou inativo

[10] Alcunha ou cognome

[11] Deixa cair, gota por gota

[12] Dia-a-dia

[13] Se pode

[14] Vêem

[15] Ferir ou machucar

[16] Desconhecidas ou novas

[17] Carícia

carinhoso e **descompromissado**[18] pelo apelo mobilizado e chamativo. "Agora, quase sempre peço para que todos tenham fé", diz ela, num desânimo compreendido por observadores mais familiarizados com o Brasil. Afirma um: "Mesmo fazendo parte de um sistema--a televisão--em que a alegria e o otimismo são necessários, fica difícil se manter confiante num clima de insegurança e **sobressalto**".[19]

5   A **desventura**[20] de viver no Brasil é, de fato, sentida pela própria Xuxa. "Há cinco anos não sei o que é andar sozinha. Onde vou, tenho **seguranças**[21] me **cercando**",[22] conta ela. As precauções com a segurança são obsessivas e mostram uma pessoa completamente **acuada**[23] pela violência. Dona de diversos **imóveis**,[24] Xuxa nunca dorme mais de dois dias no mesmo lugar e é obrigada a **trocar**[25] os números de seus telefones a cada três meses. O motivo é muito mais perverso do que um previsível

10 **assédio**[26] dos fãs. "Vamos te pegar", "Da próxima vez você não escapa" e "precisamos saber o que você come para a hora que formos te buscar" são algumas das frases ouvidas em telefonemas anônimos. "Antes não me preocupava muito. Agora, a paranóia aumentou aqui dentro", revela, apontando para a cabeça.

         Como nos seus shows e programas, as entrevistas de Xuxa são completamente espontâneas;
15 não seguem nenhum script. Na quarta-feira passada, por exemplo, ela reuniu a imprensa para mais uma entrevista coletiva, programada para anunciar o lançamento de seu sexto disco, já com um milhão de cópias vendidas. Num determinado momento, ela surpreendeu a todos. Muito séria, anunciou que aquele era provavelmente seu último disco em português. E ainda mais: poderia ser o **derradeiro**[27] ano do *Xou* no Brasil.

20   Triste, ela lembrou outro episódio trágico: dois garotos paulistas foram **flagrados**[28] **rondando**[29] o Teatro Fênix, no que se soube depois ser uma tentativa de sequestro. Na operação policial que se seguiu, três pessoas morreram--os dois meninos e um policial. "Ainda disseram que eu queria me promover. Meu Deus, três pessoas morreram!", repete ela. Se o silêncio de Xuxa nunca foi sinônimo de conivência, a verbalização de seu desencanto não tem qualquer conotação política.

25   A tristeza da rainha dos **baixinhos**[30] guarda **no seu bojo**[31] uma ameaça--o fim de seu programa na Rede Globo e da diversão diária de mais de cinco milhões de pessoas, segundo as **pesquisas**[32] de audiência. E para quem ainda joga com o otimismo, desculpas. Xuxa também indignouse.

(Aydano André Motta, *IstoÉ-Senhor*, 25 de setembro de 1991)

---

[18] Sem compromisso (sócio-político)

[19] Movimento brusco, provocado por emoção repentina e violenta

[20] Infortúnio ou infelicidade

[21] Guardas ou guarda-costas

[22] Rodeando

[23] Perseguida ou acossada

[24] Propriedades

[25] Mudar

[26] Procura

[27] Último

[28] Pegos no ato, ou descobertos

[29] Vigiando

[30] As crianças que, ao mesmo tempo, são fãs e participantes do programa da apresentadora

[31] No fundo (Fig.)

[32] Levantamentos ou investigações

281

Compreensão

1. O que mais entristece Xuxa?

2. Em que consta a fama dela?

3. Como se chama o programa dela? E os fãs dela?

4. Ela é ouvida em outras línguas, além do português?

5. Como se caracteriza o dia-a-dia dela?

6. Que ato de violência, em particular, a abalou pessoalmente?

Vocabulário : (a) Relacione os termos da primeira coluna com os (quase) antônimos da segunda e (b) empregue-os em sentenças completas.

1.	Sonho	a.	Corriqueiro
2.	Luminoso	b.	Adultos
3.	Inédito	c.	Derradeiro
4.	Baixo-astral	d.	Seguro
5.	*Baixinhos*	e.	Pesadelo
6.	Tempestuoso	f.	Calmo
7.	Perigoso	g.	Retirar
8.	Lançar	h.	Opaco
9.	Primeiro	i.	Duvidosa
10.	Confiante	j.	Alto-astral

Ampliação

1. A que você atribui o sucesso imbatível dela?

2. Por que você acha que Xuxa esperou anos antes de assumir publicamente uma posição compromissada?

3. Você acha forçada a preocupação dela pelo Brasil real?

4. Será que Xuxa está fazendo o mesmo sucesso no Primeiro Mundo como vem sendo o caso na América Latina e especialmente no Brasil?

2

A **mesmice**[1] do **enredo**[2] torna os
dramalhões[3] de tevê iguais e previsíveis

Novelas *afogam*[4] espectador em mar de clichês

Não há seriado de aventuras, comédia de situações ou desenho animado que consiga escapar de episódios em torno de máquina do tempo, amnésia ou mapa do tesouro. Da mesma forma, são poucos os filmes que evitam associar funeral a chuva, delegacia a uma dupla de prostitutas ou rua pobre
5   nova-iorquina a **esguicho**[5] de hidrante quebrado. Na ficção nacional de TV, os **lugares-comuns**[6] também fluem às cataratas. E, a julgar pela produção ora **em cartaz**,[7] estão tornando as novelas e minisséries perigosamente previsíveis--e quase indiferenciáveis, num mesmo canal.

"É a primeira vez que a **Globo**[8] coloca no ar, ao mesmo tempo, quatro novelas praticamente iguais", avalia o **pesquisador**[9] Ismael Fernandes, 45, autor do livro enciclopédico *Memória da*
10   *Telenovela Brasileira* e seguidor fiel de centenas de **folhetins**[10] ao longo de quatro décadas. "'A semelhança é tão acentuada que às vezes fico na expectativa de ver um personagem da **reprise**[11] da tarde andando por um quarto **das 6**,[12] entrando por uma porta das 7 e saindo numa sala das 8.

De fato, "**Sassaricando**"[13] (13h30), "Gente Fina" (17h45), "Mico Preto" (18h40) e "**Rainha**[14] da **Sucata**"[15] (20h35) não coincidem apenas no tom humorístico farsesco. Os cenários e **figurinos**[16] são
15   parecidos, a época em que se ambientam é a mesma e os personagens se dividem em grupos assemelhados--moradores de mansões e suburbanos. Trata-se de universos intimamente aparentados cujos momentos de tensão dramática derivam, além de tudo, de um tema comum: o enfrentamento de ricos e pobres em meio a desencontros românticos.

Para **engrossar**[17] ainda mais as coincidências entre umas e outras, todas **lançam mão dos**[18]
20   sub-enredos-padrão, personagens-clichê, **chavões**[19] narrativos ou **cacoetes**[20] cênicos que, ao longo dos anos, foram cristalizando uma fórmula brasileira típica de tele-dramaturgia em capítulos. Rara é a novela da Globo que não inclui algum tipo de conflito à "Romeu e Julieta", dispensa tipos como o valete afeminado que executa tarefas criminosas em ambiente "**requintado**".[21] Alguns desses clichês são tão

---

[1] Inalterabilidade

[2] Plot, entrecho, argumento ou trama

[3] Peças de valor escasso mas cheias de lances trágicos e artificiosos, ou que expõem atos de perversidade requintada

[4] Asfixiam (Fig.)

[5] Jato

[6] Clichês

[7] Em exibição

[8] Isto é, a *TV* Globo

[9] Investigador

[10] Novelas ao estilo do romance novecentista, publicado em jornal a intervalos regulares e cujos capítulos suscitam o interesse do leitor

[11] Repetição

[12] Isto é, *da novela das 18 horas*

[13] Apontando ou bagunçando (Gír.)

[14] Esposa do rei

[15] Ferro-velho ou qualquer obra metálica inutilizada

[16] Roupas usadas pelos atores

[17] Fazer crescer

[18] Usam os

[19] Modelo ou padrão muito batido pelo uso

[20] Manias ou hábitos próprios de uma pessoa ou de um grupo

[21] Excessivamente luxuoso

frequentes que podem ser listados numa espécie de banco de dados para a **confecção**[22] **aleatória**[23] de uma novela.

"As idéias andam difíceis", queixa-se Cassiano Gabus Mendes, 62, um dos mais férteis **roteiristas**[24] da Globo. "Além disso, as novelas têm seus vícios e os autores estão a todo momento
5   caindo em **armadilhas**".[25] Para Cassiano, que acredita ter fugido de boa parte desses cacoetes em seu último trabalho, a extravagância pseudo-histórica "Que Rei Sou Eu?", os surtos de originalidade são tão raros quanto **capciosos**:[26] "Serei cobrado em dobro se não vier com algo **mirabolante**[27] da próxima vez.

"Há quem percorra caminho inverso e regresse ao clichê depois de um flerte com "**ousadias**".[28] É o caso de Euclydes Marinho, 40, um dos autores de "Mico Preto", atual atração das 7 na Globo. A
10   exemplo de "Rainha da Sucata", a novela abandona a comédia **descabelada**[29]--a esta altura, já um chavão--e abraça o melodrama para **bombear**[30] os índices de audiência com fórmulas testadas.

"O público está **viciado**",[31] diz Marinho. "O público está **vacinado**",[32] discorda Aguinaldo Silva, 47, atualmente **às voltas com**[33] o roteiro da mininovela "Riacho Doce". "Dependendo da maneira de contar os chavões, o espectador até **engole**[34] a pílula, mas confesso que já estou meio cansado da
15   velha **briga**[35] pelo poder numa empresa." Benedito Ruy Barbosa, 59, autor de "**Pantanal**",[36] na **Manchete**,[37] acha que a audiência **se deu conta das**[38] cartas marcadas e, por isso, busca alternativas como o clima bucólico consagrado pela nova concorrente da Globo, no setor. "Ainda assim, caio em ciladas." Não só isso. Com as séries "A Escrava Anastácia" e "O Canto das **Sereias**",[39] a Manchete tanto insiste num padrão new age que acaba criando a própria lista de chavões, como água por todos os
20   lados. Parece mesmo que a **sina**[40] do telespectador é se afogar em clichês.

Truques sujos ajudam trama

Gravadas **à razão**[41] de 30 ou 40 por dia, muitas vezes as cenas de novela são **pontuadas**[42]
25   mediante cacoetes narrativos por medida de sobrevivência. **Some-se**[43] à correria, o limite da jornada de trabalho dos atores e a inviabilidade de certas cenas externas e obtém se todo um arsenal de truques sem os quais o capítulo não sai.

"Acho virtualmente impossível escrever novela sem um "'orelhão'", diz o roteirista Euclydes Marinho. Por 'orelhão' entenda-se aquele **coadjuvante**[44] onipresente--mordomo, empregada, amiga etc.-
30   -que serve de interlocutor aos personagens principais.

Outra técnica operacional básica é a que instala aparelhos telefônicos nas casas mais modestas. "Se não fosse Graham Bell, todos os autores de novela estariam perdidos", diz Aguinaldo Silva, que

---

[22] Produção
[23] Fortuita ou acidental
[24] Autores de *roteiro* (o texto, baseado no argumento, das cenas, sequências, diálogos e indicações técnicas de um filme ou programa de tevê)
[25] Ciladas, ardis ou truques
[26] Manhosos ou ardilosos
[27] Extraordinário
[28] Audácia, temeridade ou atrevimento
[29] Exagerada (Fig.)
[30] Aumentar (Fig.)
[31] Acostumado (Fig.)
[32] Imunizado
[33] Trabalhando em
[34] Traga
[35] Luta
[36] Pântano grande
[37] Isto é, a *TV Manchete*
[38] Reconhece as
[39] Seres mitológicos, metade mulher, metade peixe
[40] Destino ou sorte
[41] Ao ritmo
[42] Aprontadas
[43] Acrescente-se
[44] Ator que interpreta papéis secundários

afirma ter sido um **"deus-nos-acuda"**[45] organizar cenas sem ajuda de telefones na isolada Mangue Seco de "Tieta".

No entanto, a verossimilhança foi relegada a um plano secundário quando o mesmo Aguinaldo Silva, juntamente com Gilberto Braga e Leonor Bassères, escrevia o roteiro de "Vale Tudo" e ignorou a existência de porteiro uniformizado ou eletrônico, em prédio de luxo. O trio chegou a marcar uma reunião para discutir a validade de encenar batidas na porta e toques de campainha sem aviso prévio no apartamento de Odete Roitman. "Decidimos que, sem esse truque sujo, a trama não sairia do lugar", diz Silva.

Sucessos sabem usar chavões

"Para fazer sucesso, uma novela deve se equilibrar entre o conhecido e o desconhecido", diz Carlos Lombardi, 32, que trabalha na sinopse da próxima novela das 19h, na Globo. "Os clichês não só **suprem**[46] uma eventual falta de imaginação como servem de ponte com o espectador, num ritual de cumplicidade". De fato, a declaração faz sentido **à luz dos**[47] casos mais recentes de comoção no horário nobre.

"Vale Tudo", por exemplo, que mobilizou o país há dois anos com uma história de ambição e choque social, soube **dosar**[48] os ingredientes antagônicos à perfeição. Por um lado esteve **recheada**[49] de clichês **ululantes**[50]--pobres que enriquecem rapidamente, **serviçais**[51] excêntricos etc.--e até recorreu ao truque de **escravizar**[52] a audiência com um assassinato misterioso. Por outro, surpreendeu ao tornar os vilões mais fascinantes que os mocinhos.

Anteriormente, "Roque Santeiro" misturara poção semelhante ao, num atrevimento **inédito**,[53] instaurar a caricatura como linha mestra, mas sem abdicar de chavões que incluíam o **surrado**[54] impasse romântico ao estilo "Romeu e Julieta".

Além do **ibope**[55] alto, a principal **decorrência**[56] do uso de novidades radicais em meio a lugares-comuns é o nascimento de tipos inesquecíveis.

(Nelson Pujol Yamamoto, *Folha de S. Paulo*, 22 de julho de 1990)

---

[45] Confusão ou desordem
[46] Substituem ou remediam
[47] Dados os
[48] Misturar
[49] Cheia ou repleta
[50] Claríssimos ou evidentes
[51] Serventes
[52] Amarrar (Fig.)
[53] Desconhecido
[54] Gasto (pelo uso)
[55] Índice de audiência e, por extensão, popularidade
[56] Resultado

Compreensão

1. Quais são alguns motivos comuns a episódios de telenovela?

2. Qual é o perigo que o abuso dos clichês pode causar?

3. O que afirma o pesquisador Ismael Fernandes?

4. Por que o truque do "orelhão" é tão importante?

5. Segundo Carlos Lombardi, qual é o grande valor do clichê no desenvolvimento da novela?

6. Qual é a técnica "nova" introduzida em *Roque Santeiro* ?

Vocabulário: (a) Relacione os termos da primeira coluna com os (quase) sinônimos da segunda e (b) empregue-os em sentenças completas.

1.	Lugar-comum	a.	Folhetim
2.	Seriado	b.	Motivo
3.	Padrão	c.	Clichê
4.	Farsesco	d.	Antagonistas
5.	Vilões	e.	Chavão
6.	Modelo muito repetido	f.	Esquisitos
7.	Comoção	g.	Ingrediente sério (demais)
8.	Flerte	h.	Namoro (ou contato ligeiro)
9.	Melodrama	i.	Com elementos de farsa
10.	Excêntricos	j.	Confusão

Ampliação

1. Em última análise, por que os roteiristas de novela empreendem tão poucas "ousadias"?

2. Por que o aparelho telefônico é chave ao andamento da novela?

3. Você acompanha alguma telenovela? Por que (não)?

4. Para você, o que todas parecem ter em comum?

5. Como você explica o tremendo sucesso da telenovela pelo mundo todo?

3

Os segredos nada secretos (nem inovadores)
dos **roteiristas**[1] de novela

Faça sua própria novela

KIT GLOBO "DE LUXE"

5 Selecione quantos itens quiser de cada **quesito**[2] e combine-os entre si para montar um **folhetim**[3] eletrônico nos moldes consagrados

Enredos [4]

*Mulher rebelde "domada"
10 *Amor "impossível" entre namorados pertencentes a famílias rivais, que lhes empurram **parceiros**[5] indesejáveis
*Amor "impossível" entre namorados que se julgam irmãos ou parentes de sangue
*Suspense em torno da identidade de um assassino misterioso
*Acusado de crime que na verdade é inocente, enquanto a justiça tarda
15 *Rica má e pobre boa em batalha pelo mesmo homem
*Ascensão social mediante casamento de rico com pobre
*Pobre que enriquece **a toque de caixa**[6] e rico que empobrece da noite para o dia
*Qualquer história de Jorge Amodo que ainda não tenha sido adaptada para a TV
***Mazelas**[7] **decorrentes**[8] de ato de infidelidade conjugal
20 *Verdadeira origem de um bastardo
***Quiproquós**[9] pilotados por **gêmeos**[10] ou **sósias**[11]
*Conflitos causados por doenças graves
*Pessoa que retorna à sociedade com nova identidade
*Marchas e contramarchas geradas por segredos do passado, **chantagens**[12] (afetivas ou criminosas),
25 cartas anônimas ou telefonemas misteriosos
*Vingança
*Choque de gerações
*Briga pelo poder numa empresa
*Briga entre irmãos, principalmente quando está em jogo o amor por uma mesma pessoa
30 *Parábola sobre o "jeitinho brasileiro", com muitos **cambalacheiros**[13] **à solta**[14]

---

[1] Autores de *roteiro*: o texto, baseado no argumento, das cenas, sequências, diálogos e indicações técnicas de um filme ou programa de tevê

[2] Ponto ou questão

[3] Novela ao estilo do romance novecentista, publicado em jornal a intervalos regulares, e cujos capítulos suscitam o interesse do leitor

[4] Intrigas, argumentos, entrechos ou *plots*

[5] Companheiros ou consortes

[6] A toda a pressa

[7] Desgostos ou aborrecimentos

[8] Derivadas

[9] Confusões de uma coisa (ou pessoa) por outra; ou situações cômicas resultantes de equívoco(s)

[10] Cada um daqueles que nasceram do mesmo parto

[11] Indivíduos fisicamente parecidos

[12] Atos de extorquir dinheiro, favores ou vantagens a alguém sob ameaça de revelações escandalosas

[13] Aqueles que fazem *cambalacho*: troca ardilosa com intenção de fraude; malandros ou vigaristas

[14] (Agindo) livremente

287

Personagens

*Industrial
*Esposa de industrial mal-amada
5   ***Mordomo**[15] meio **esquisitão**[16] disposto a cumprir ordens criminosas
*Empregada meio engraçada confidente da patroa
*Mulher **recatada**[17] que fica subitamente sexy
*Garoto **esperto**[18]
*Trabalhador bufão de oficina mecânica
10   *Yuppies de modo geral (relações-públicas, homens de marketing, publicitários, jornalistas, videomakers, cineastas, operadores da bolsa, modelos, fotógrafos etc.)
*Mulher que troca de identidade para dar proteção à filha
*Pessoa que morou fora do Brasil
*Vampiros e **lobisomens**[19] (mesmo metafóricos)
15   ***Turma**[20] da **vila**[21] (em contraposição à turma da mansão)
*Pessoas com sotaque de imigrante
*Matriarca de cantina italiana
*Milionária sem compostura
*Jovem alçado à condição de vice-presidente de uma grande empresa
20   *Três irmãos de classe média ou proletários
***Viúva**[22] que vai para o Rio com as filhas
***Beata**[23]
*Velhinhas **transviadas**[24]

25   ### *Cenas, Truques,*[25]*Ambientes e Adereços* [26]

*Cenas iniciais **rodadas**[27] fora do Brasil
*Ricos tomando café da manhã à mesa; suco de laranja obrigatório
*Pobres tomando café em **caneca**[28] de ágata
30   *Sala de pobre com **escada de sobradinho**[29] ao fundo
*Sala de rico com escadaria dupla
*Sala de rico ou outro ambiente "**requintado**"[30] com **assoalho em desnível**[31]
***Cristaleira**[32] em sala de pobre
*Pobres sem camisa ou de **bermuda**[33]
35   ***Cofre**[34] e mesa de vidro no escritório

---

[15] Serviçal encarregado da administração de uma casa
[16] Diferente
[17] Modesta ou tímida
[18] Inteligente e alerta
[19] Homens que se transformam em lobo
[20] Grupo (de amigos)
[21] Conjunto de pequenas habitações independentes, em geral idênticas, e dispostas de modo que formem rua ou praça interior, por via de regra sem caráter de logradouro público
[22] Mulher cujo marido morreu e que não voltou a se casar
[23] Mulher que se dedica em excesso às práticas religiosas
[24] Indecentes e, por extensão, prostitutas
[25] Ardil, tramóia, estratagema; maneiras habilidosas ou sutis de fazer uma coisa
[26] Acessórios cênicos de indumentária ou decoração
[27] Filmadas
[28] Vaso pequeno com asa (agarradeira)
[29] Acesso ao quarto de cima
[30] Luxuoso
[31] Chão em dois (ou mais) níveis
[32] Armário envidraçado onde se guardam objetos
[33] Calça curta ou *short* que vai quase até os joelhos
[34] Móvel de metal, resistente e com fechadura com segredo para guardar objetos de valor

288

*Desastre de automóvel **com capotamento**[35]
*Tiro com **close**[36] do revólver
*Casamento(s) no último capítulo
*Mulheres com **colar**[37] de pérolas **à moda Zélia**[38]
5   *Mulheres com **brincos**[39] chamativos
*Reportagem no rádio, na TV ou em "O Globo", veiculando notícia importante para a trama
*Doses de uísque sendo servidas a maridos executivos
*Reuniões empresariais em mesas compridas com extras de cabelos grisalhos
*Encontros "supresa" em **boates**,[40] **coquetéis**[41] ou festas
10   *Cenas em cantinas italianas
***Externas**[42] na praia
*Merchandising de **guaraná**[43]
*Amigas conversando no sofá
*Jovens conversando na lanchonete
15   *Clips de cenas urbanas
*Apartamentos em prédios, mesmo chiques, sem porteiro (humano ou eletrônico)
*Telefones sem secretária eletrônica
*Pessoas problemáticas que fumam
*Playboy em carro conversível ou lancha
20   *Cidade cenográfica limpinha
*Milhões de dólares (em maletas ou **remessas**[44] para o exterior)
*Mulher angustiada que chora enquanto **escorrega**[45] o corpo, bem devagar, de encontro à parede

KIT MANCHETE "STANDARD"

25   Combine todos os ingredientes e **tempere**[46] com uma "ficção delirante" para compor um cartão postal
animado ao estilo new age

*Água (rios, lagos, **cachoeiras**,[47] praias, etc.)
30   *Azul-celeste
*Dourado em tom pôr-do-sol
*Verde-**clorofila**[48]
*Horizontes
***Seios**[49]
35   ***Nádegas**[50]
*Música "cósmica"
*Clips prolongados com animais em movimento

---

[35] Emborcado; de rodas para cima
[36] Enfoque de um objeto muito próximo da máquina
[37] Ornato para o pescoço
[38] Como as que trajava Zélia Cardoso de Melo, ex-Ministra da Fazenda
[39] Adornos que se usam presos à orelha
[40] Casas noturnas que, em geral, constam de bar, restaurante, pista de dança e palco para apresentações artísticas
[41] Reuniões sociais em geral a partir das 19 horas, por ocasião das quais se servem em pé, coquetéis, salgadinhos e canapés
[42] Isto é, *cenas externas*
[43] Refrigerante com sabor à planta do mesmo nome
[44] Transferências
[45] Desliza ou resvala
[46] Dê *tempero* : aquilo que se adiciona a qualquer comida e serve para realçar-lhe o sabor
[47] Quedas d'água
[48] Pigmento de planta que realiza a fotossíntese em presença da luz solar
[49] Peito feminino
[50] As duas partes carnudas e globosas que formam a porção superior e posterior das coxas

*Personagens zoomórficos (mulher com **onça**,[51] mulher com peixe, etc.)
*Tomadas panorâmicas demoradas
*Locações em santuários ecológicos com **cacife**[52] turístico
***Feitiçaria**,[53] mistério etc.
5 *Problemas de **sonoplastia**[54]
*Jipes
*Barcos
*Movimentos circulares de câmera
*Pessoas lidando com câmera de vídeo ou fazendo **"enquadramentos"**[55] com as mãos
10 *Atrizes escolhidas em catálogos de agências de modelos
*Fotografias dos atores publicadas na capa de *Manchete*

(*Folha de S. Paulo*, 22 de julho de 1990)

---

[51] Jaguar

[52] Chefe de uma tribo indígena, aqui com apelo

[53] Bruxaria

[54] Arte e técnica de compor e fazer funcionar os ruídos e efeitos acústicos e musicais que constituem o elemento sonoro dos espetáculos

[55] Focalizamentos ou *closes*

Compreensão

1. Pode resumir o enredo de um amor "impossível"?

2. De uma ascensão social?

3. De uma briga?

4. Que tipos de papéis-clichê podem ser assumidos, por exemplo, pela mulher?

5. E pelo homem?

6. Quais são alguns dos ambientes citados?

7. No *Kit Manchete*, o que se nota quanto à localização do enredo--em comparação com a do *Kit Globo* ?

8. Como é que a novela da Rede Manchete consegue projetar a ecologia?

Vocabulário :   (a) Dê o verbo correspondente a cada substantivo e (b) empregue-o numa sentença completa.

1. Enredo _____

2. Impossibilidade _____

3. Namorados _____

4. Identidade _____

5. Assassino _____

6. Ascensão_____

7. Doenças_____

8. Segredos _____

9. Chantagens _____

10. Jeitinho _____

11. Contraposição _____

12. Cenas _____

13. Capotamento _____

14. Secretária _____

15. Remessa _____

Ampliação

1. Você está achando alguns dos enredos especialmente inacreditáveis? Quais e por que?

2. Há um ou outro enredo que você considere até plausível?

3. Por que será que personagens humildes estão em falta?

4. Acha as figuras propostas mais estereotipadas ou caricatas?

5. Quais são alguns dos adereços mais engenhosos para você?

6. O que você considera especialmente chamativo entre os ingredientes do *Kit Manchete* e por que?

4

Os telejornais brasileiros mostram irresistível atração pelas lágrimas

O choro e você, *tudo a ver* [1]

A complexa história de uma menina que havia se perdido da mãe, contada na edição do *Fantástico* [2] do dia 22, teve seu **desfecho**[3] apresentado no *Jornal Nacional* do dia seguinte. A mãe encontrou a filha! A frase vai com ponto de exclamação porque é assim que falam os **locutores**[4] da
5 televisão. Nessas ocasiões, saem mais exclamações do que **bolhas**[5] das bocas dos peixinhos de aquário.

A mãe havia visto a reportagem do *Fantástico* em que aparecia a criança perdida--e encontrou a filha!! O *Jornal Nacional* mostrou a cena do reencontro. A filha, incapaz, durante todo o tempo em que esteve perdida, de dizer o nome da mãe, ou do pai, apareceu primeiro sentadinha numa cadeira. A mãe
10 contempla-a de longe. Em seguida a mãe se aproxima, pega a criança no **colo,**[6] abraça-a. O que acontece, então? Voltemos à voz do locutor: "A mãe chorou ao reencontrar a filha!!! A câmara aproxima-se do rosto da mãe e **dá um flagrante nas**[7] lágrimas que lhe brotam no rosto. Termina a reportagem.

Estamos no mesmo dia, a última segunda feira, dia 23. Passou-se não mais do que uma hora e agora está no ar *o Jornal da Manchete,* apresentando uma reportagem sobre a escola em que estudam
15 as crianças de Vila Barraginha, a **favela**[8] dos arredores de Belo Horizonte que **desabou.**[9] O repórter entrevista uma aluna que **presenciou**[10] a tragédia e teve amigos e conhecidos mortos.

A menina está triste. "Está sendo difícil assistir às aulas nestes dias?", pergunta o repórter. Silêncio. A menina, sufocada de emoção, não consegue articular palavra. Já se sabe o que vai acontecer. E acontece: a menina chora. A câmara se aproxima, dá um **close.**[11] Termina a reportagem.
20 A televisão brasileira é **tarada**[12] por choro! Até vale tomar emprestada a exclamação dos locutores, para **sublinhar**[13] este ponto. Às vezes é um choro de felicidade, como o da mãe que reencontra a filha, e então é anunciado no mesmo tom triunfal de um gol do Brasil. De outras vezes é o choro do sofrimento, e então aparece envolto em silêncios e imagens **arrastadas.**[14] Num caso como no outro, pode se chegar ao close e, até, à imagem congelada.

25 A cena do choro é o grande **barato.**[15] Por isso mesmo, é sempre guardada para o final. É o **fecho**[16] de ouro, momento supremo de vitória, de ternura ou de dor. O resto é a vida que segue, com um "boa noite" do locutor, quando foi a última notícia do jornal, que pode ser triste ou **sisudo,**[17] alegre ou reconfortante, conforme o que acabou de contar.

---

[1] Isto é, *tudo tem a ver* ; *tudo é relevante*
[2] Show de variedades popular, apresentado toda noite de domingo
[3] Conclusão
[4] Profissionais encarregados de ler textos, de irradiar ou apresentar programas ao microfone das estações de rádio ou tevê
[5] Glóbulos de ar
[6] Regaço
[7] Capta as
[8] Conjunto de habitações populares toscamente construídas (por via de regra em morros) e desprovidas de recursos higiênicos
[9] Desmoronou ou caiu
[10] Testemunhou ou viu
[11] Filmagem ou fotografia de um objeto muito próximo da máquina
[12] Apaixonada (Gír.)
[13] Enfatisar
[14] Impelidas
[15] Curtição ou aquilo que proporciona prazer ou alegria (Gír.)
[16] Conclusão
[17] Grave ou circunspeto

Pena que o boa-noite não encerre o assunto. Sobra a pergunta: **por que diabos**[18] essa mania de choro, essa obsessão, às vezes até essa **forçação de barra**[19] com a qual chegam a provocá-lo, a câmara parada, **à espreita**,[20] como numa **emboscada**[21]? Na verdade, a fixação da TV brasileira pelo choro deixa uma sensação desagradável no ar.

5   Há pelo menos dois motivos para isso. O primeiro é a desconfiança de que alguém está **sendo traído**[22] em sua intimidade. Para **o comum**[23] das pessoas, choro é algo que pertence ao reino do **resguardo**[24] e do **recato**.[25] Uma câmara que espera e flagra, aproxima-se e fixa, no fundo pratica uma indiscrição tão grande quanto a de alguém que, ao **vislumbrar**[26] um outro que chora, passa a **encará-lo**[27] **detidamente**[28], chega até a **debruçar-se**[29] para procurar o melhor ângulo, depois vai chegando

10 mais e mais perto, para não perder um milímetro do espetáculo.

       O outro motivo é a **constatação**[30] da dificuldade que tem a televisão brasileira em livrar-se do **folhetim**.[31] Foram tantas as telenovelas, antes e depois do *Jornal Nacional,* do *Jornal da Manchete* e do *TJ Brasil,* que elas acabaram por contaminá-los. Não basta o drama da vida. É preciso novelizá-lo. Afinal, o drama real não tem choro. Ou, se tem, não precisa expô-lo para tornar-se mais drama ou mais

15 real.

(Roberto Pompeu de Toledo, *Veja*, 1 de abril de 1992)

---

[18] Ou seja, *por que*

[19] Insistência exagerada

[20] Em observação

[21] Ato de esperar, às escondidas, o inimigo para assaltá-lo; tocaia

[22] Sofrendo traição

[23] A maioria

[24] Decoro ou decência

[25] Pudor ou cautela

[26] Ver

[27] Olhá-lo de frente ou enfrentá-lo

[28] Demoradamente

[29] Inclinar o busto para frente

[30] Confirmação

[31] Fragmento de romance oitocentista, publicado em jornal a intervalos fixos, que suscita o interesse do leitor

Compreensão

1. Que tipos de choro podem aparecer no final dos telejornais?

2. Por que apresentá-los justamente no desfecho do programa?

3. Por que quem chora se sente violado, segundo o autor?

4. Qual é outra razão pelo apelo que o brasileiro sente pelo choro?

Vocabulário : (a) Relacione os termos da primeira coluna com os (quase) antônimos da segunda e (b) empregue-os em sentenças completas.

1.	Desfecho	a.	Encontrada
2.	Apareceu	b.	Princípio
3.	Silêncio	c.	Barulho
4.	Perdida	d.	Sumiu
5.	Favela	e.	Sem-vergonhice
6.	Rápido	f.	Comédia
7.	Recato	g.	Arredores
8.	Pelo contrário	h.	Da mesma forma
9.	Tragédia	i.	Devagar
10.	Centro	j.	Bairro nobre

Ampliação

1. Por que concluir uma edição de telejornal com um pouco de choro?

2. Você concorda que a inclusão de alguém chorando (de preferência, uma criança) é injusta para com a pessoa? Por que?

3. O choro seria o *único* excesso presente nos jornais?

4. Você considera o autor exagerado em sua crítica ao choro? Por que (não)?

5. Do que você se ressente nos jornais passados na tevê de seu país? Possuem segmentos facilmente dispensáveis para você?

6. Que opina dos locutores? Você (des)gosta do jeito de alguns deles?

TEATRINHO

"O denominador comum mais baixo"

Elenco

Várias pessoas entre roteiristas, executivos de tevê, especialistas em marketing e até atores, atrizes e estrelas de shows em potencial

Argumento

É uma reunião dos chamados craques criativos da TV Alfa, conhecida como a mais nova e inovadora do país. São tantos os participantes que sua presença assume a configuração de uma sala de aula: a maioria senta na "platéia", os mais ativos na frente com o apresentador/chefe de empresa. As idéias vão rolando em torno de programas infantis, juvenis, esportivos, documentários, filmes, enlatados (importados) e, é claro, novelas. Depois de aventada cada "inspiração", abre-se um breve papo geral dos prós e contras . . . .

Expressões úteis

Atores/atrizes
Comédia de costumes
Comerciais
Cômico
Compromisso social
Conflito de interesses
Conteúdo
Desligado da realidade
De mau gosto
Drama
Entrevista
Excesso de violência
Exposé
Farsa
Fôrmula

Frívolo
Futebol
Horário nobre
Influência americana
Jornal
Localizações
Locutor/a bonito/a
Longa (curta) metragem
Presença televisiva
Programação local
Realismo
Sátira
T.V. a cabo
T.V. educativo
Tragédia
Variedades

TEMAS PARA COMENTÁRIO ORAL OU ESCRITO

1. A popularidade da novela pelo mundo afora (não) é facilmente explicada.

2. O fenômeno Xuxa invade o resto do hemisfério, seu sucesso (longe de) garantido.

3. A embalagem dramática do novo telejornal prejudica (ou favorece) a disseminação das notícias.

4. A tevê é a forma mais sinistra e eficiente de o governo (ou de qualquer outra entidade) manipular o povo.

UNIDADE 19   MÚSICA / TEATRO / ESPORTES

1

Em oposição à **embalagem**[1] musical da geração passada,
a atual se afirma saindo do **subsolo**[2] dos anos 80

Há um estilo novo no som dos anos 90

Numa rápida retrospectiva musical das décadas de 60, 70 e 80, quais as perspectivas que **avistamos**[3] neste início dos 90? Entre fases e **defasagens**,[4] na linha de frente ou na marginal, a música feita no Brasil resiste. Não estou falando da chamada "música de mercado", esta é, e sempre foi, burramente conduzida em **linhas de montagem**[5] óbvias e **sucessórias**[6]--indo do sucesso às vertiginosas **quedas**[7] de vendas; com a posterior interrogação de por que determinado "**filão**"[8] não está mais **dando certo**?[9] Estou falando da música feita com qualidade, **advinda**[10] de estudo, da **pesquisa**,[11] da **audição**[12] de outras músicas; e acima de tudo, da necessidade criativa tão distante do imediatismo e da apelação.

Esta música na década de 60 se delineou por regiões urbanas, suburbanas, periféricas e interioranas no Brasil de norte a sul. Já com a intenção **alquímica**[13] das fusões no seu **esboço**[14] de projetos musicais de vanguarda, a década de 60, de uma maneira generalizada, foi formal. Foi uma década formal. A música era formal mesmo que o ideológico buscasse a quebra desse formalismo.

Tom (início de 60), Edu, Chico, Gil e até Caetano abriram **vertentes**[15] quase "**corporativistas**"[16] em seus estilos musicais. Com a exceção de Milton Nascimento, Egberto Gismonti e Hermeto Paschoal, artistas atípicos que transcenderam as formas sem perder a substancialidade (o primeiro mais pelo **dom**[17] e os dois últimos mais pelo estudo e conhecimento), os demais mantiveram a forma, mas não elaboraram nem evoluíram muito. Apenas popularizam-se mais e mantêm seus *fã-clubes.*

---

[1] Invólucro ou recipiente usado para embrulhar
[2] *Underground*
[3] Vemos
[4] Discrepâncias ou descompassos
[5] Instalações organizadas para operar em cadeia a fabricação de determinado(s) produto(s)
[6] Relativo a sucessão
[7] Diminuição (Fig.)
[8] Linha
[9] Tendo êxito
[10] Decorrente
[11] Investigação ou estudo mais profundo
[12] Sentido por meio do qual se percebem os sons
[13] Relativo à *alquimia* (a química da Idade Média que procurava, sobretudo, descobrir a pedra filosofal)
[14] Delineação inicial de uma obra
[15] Tendências
[16] Referente ao *corporativismo* (a doutrina que prega a reunião das classes produtoras em corporações, sob a fiscalização do estado)
[17] Habilidade natural

A década de 70 já foi o progressivo da de 60. Com o agravante da insegurança e descontinuidade próprias do momento sócio-político da época. O mercado já estava se **padronizando**,[18] a instituição dos "**jabas**",[19] as **medições**[20] questionáveis de execução, o padrão "Time Life" de qualidade massificando tudo e todos. Alguns artistas da década de 70 entraram no mercado e ficaram por estas e outras razões; outros preferiram não se "adaptar ao mercado", **desdobrando-se**[21] atividades paralelas.

Acredito que os melhores músicos de 70 foram os que se afastaram do epicentro mercadológico-fonográfico. Ao regressarem deste exílio temporário, notamos que estes artistas evoluiram tanto técnica quanto emocionalmente, voltando mais equipados.

Tanta gente qualificada de uma única vez: Luis Melodia, João Bosco, Marlui Miranda, Wauke, Sueli Costa, Toninho Horta, Fátima Guedes, Geraldo Azevedo, Walter Franco, Tetê Espindolla. Nelson Angelo, etc.

Com algumas exceções o pessoal de 70 foi o menos "carreirista" e menos comprometido com a "máquina" da **mídia**.[22] Quando chegou 80 (a década da vitória da direita em todo mundo), a música se burocratizou por completo, **virou**[23] embalagem por meio da ditadura dos meios de comunicação. O poder cultural ficou **detido**[24] nas mãos dos ricos e da classe média alta, acontecendo o inevitável: cantoras aromatizadas vendidas como Billie Holliday por *produtores-socialites*, "**João Klébers**"[25] da música (**exímios**[26] imitadores sem personalidade), grupos yuppies de jazz, de sabor duvidoso, **berkleenianos**[27] infestando casas noturnas e festivais de jazz, pseudo-**roqueiros**[28] **planaltinos**,[29] cariocas de "castas" influentes invadindo tvs e jornais com a "**crisma**"[30] até de **medalhões**[31] dos anos 60.

Talvez porque 60 e 80 foram décadas do *formal*, os anos 80 não **ameaçaram**[32] os 60, e muito pelo contrário, solidificou suas bases mitológicas.

Em compensação, "por trás das persianas", enquanto o **vestuário**[33] musical de **modismos**[34] **desfilava**,[35] estava acontecendo de forma localizada (São Paulo) a projeção de artistas **geniais**[36] como Zé Miguel Wisnik, o melhor compositor da atualidade ao lado de Guinga; também na Ozzetti, Itamar Assumpção, Vânia Bastos, Grupo Rumo, Eliete Negreiros, Arrigo etc.; e aqui no Rio, no **porão**[37]-estúdio

---

[18] Estandardizando
[19] Atividades através das quais os rádios executam o que as gravadoras impõem
[20] Medidas
[21] Dando maior incremento a
[22] Do inglês *media* : o jornalismo impresso, radiofônico e televisivo
[23] Transformou-se em
[24] Preso
[25] Imitadores--já que o João Kléber é um imitador famoso
[26] Ótimos
[27] Seguidores do filósofo George Berkeley que pregava o imaterialismo: a afirmação que só existem espíritos, não tendo a matéria outra existência que não a de ser percebida
[28] Músicos do *rock*
[29] Relativo a Brasília
[30] Aprovação (Fig.)
[31] Figurões ou gente importante (Fig. Deprec.)
[32] Puseram em risco
[33] Seleção (Fig.)
[34] Aquilo que está em moda, tendo, portanto, caráter efêmero
[35] Passava em desfile ou revista
[36] Formidáveis ou excelentes
[37] Parte de um edifício entre o chão e o assoalho

297

do Egberto Gismonti, nascia o corajoso e qualificado **selo**[38] Carmo gravando Piri Reis, Antônio José, Papavento, André Gereissati, Carioca, Nando Carneiro, e tantos outros. Houve um *underground* de criatividade e qualidade nos subsolos da década de 80. Nas décadas de 60 e 70, esses *undergrounds* eram mais acessíveis e expostos.

5   Não estou tão preocupada com a década de 90. Percebo que essa **garotada**[39] que nasceu em 70 e que estará **vivenciando**[40] plenamente seu potencial criativo no decorrer de 90, já está "vacinada". Nem mais o poder econômico das classes dominantes (que conseguiu "inventar" um presidente), nem a filosofia musical semi-alfabetizada das gravadoras de discos no Brasil poderão vender pra essa nova geração um óbvio **tão nivelado por baixo**.[41] É como num ciclo ecológico, faz parte da natureza. Já

10   conseguimos **vislumbrar**[42] a arte com potencial estético, técnico e criativo apontando novas direções e possibilidades. É questão de tempo e de comparar no tempo estas gerações que se sucedem.

(Denise Grimming, "Idéias", *Jornal do Brasil*, 22 de dezembro de 1991)

Compreensão

1. Como é a chamada "música de mercado"?

2. Como é diferente a outra, a "feita com qualidade"?

3. Como se delineou a música dos anos 60?

4. Quem surgiu na década de 60?

5. Como se caracteriza a música dos anos 70?

6. Como eram os melhores músicos dos anos 70?

7. Na década de 80, como ficou a música?

8. Como prometem ser os compositores dos anos 90?

Vocabulário : (a) Relacione os termos da primeira coluna com os (quase) antônimos da segunda e (b) empregue-os em sentenças completas.

1.	Atual	a.	Aquiescer
2.	Vanguarda	b.	Inteligentemente
3.	Resistir	c.	Certeza
4.	Periféricas	d.	Se aproximaram
5.	Insegurança	e.	Centrais
6.	Burramente	f.	Borrar
7.	Se afastaram	g.	Separações
8.	Delinear	h.	Retaguarda
9.	Infestando	i.	Passada
10.	Fusões	j.	Evadindo

---

[38] Marca
[39] Gente jovem
[40] Vivendo, sentindo ou captando em profundidade
[41] Sem qualidade
[42] Ver sem clareza

Ampliação

1. Será que *uma* década, em particular, entre todas, se destaca das demais na força e popularidade de seus artistas?

2. Por que os anos 60, em especial, conseguiram produzir tantos gênios?

3. Você também acha que a massificação da cultura (e a consolidação das telecomunicações) teve uma influência negativa sobre a MPB (Música Popular Brasileira)?

4. E como é que a censura (1968-1978) teria influenciado a produção musical?

5. Onde você mora, a música brasileira é ouvida no rádio e/ou tocada em festas e shows? Quais são os cantores mais populares? Os compositores?

6. Quem é que você mais curte e por que?

2

Livro revela o sentimento machista na música brasileira

"tom"-position (i.e. subordinate to the man)
"fada"-fairy

A mulher em *tom*[1] menor

RECIFE--A música popular brasileira de **Amélias, Carolinas e Angélicas**[2] é extremamente machista. E assim tem se mantido ao longo dos últimos 60 anos. A tendência--intensa em valsas e **modinhas**[3] dos "cantores do rádio"--atravessou as décadas e **perdura,**[4] ainda hoje, no meio dos sons

5   estridentes do rock. Também está presente nos momentos mais marcantes da **MPB:**[5] da bossa nova às canções de protesto.

Essa é a principal conclusão do livro *A musa sem máscara*, da pernambucana Maria Áurea Santa Cruz. Depois de estudar o assunto durante dez anos, e de ter **se debruçado sobre**[6] as letras de duas mil composições, a autora **dispara a sua metralhadora giratória contra**[7] os monstros sagrados

10   da MPB. As **rajadas**[8] não **pouparam**[9] os do passado, nem os do presente. Ari Barroso, Ataulfo Alves, Noel Rosa, Francisco Alves, Luíz Gonzaga, Geraldo Vandré, Chico Buarque, Caetano Veloso, e até o inquieto Roger, do grupo "**Ultraje a Rigor**"[10] são todos **nivelados.**[11]

—A música inova nos ritmos, mas pouco muda no discurso--afirma a **pesquisadora,**[12] que há 20 anos é militante feminista.

15   A pesquisa feita por Maria Áurea **abrange**[13] as letras de música escritas de 1930 aos dias de hoje. Nos anos 30, segundo ela, os compositores mostravam mulheres **diáfanas**[14] e inumanas, que não tinham corpo. É a fase da MPB chamada pela autora de A.C. (antes do casamento), quando a mulher não passava de uma **fada.**[15]

—Era a mulher vegetal e celeste, comparada às flores, à lua. às estrelas, símbolos distantes que

20   não têm relação com o corporal. A mulher tinha como único e definitivo papel, o da musa inspiradora--diz.

Em seguida vem a fase D.C. (depois do casamento), quando a mulher é vista apenas como ser **viçal,**[16] como em "Madame Baião", de Luíz Gonzaga. Ainda na fase D.C., ela se transforma, também, numa mulher traidora e vulgar.

"vexames"- harrasments
"perdura"- continue to exist
"MPB"- popular music of Brasil

---

[1] Posição (Fig.)
[2] Mulheres que aceitam toda sorte de privações e/ou vexames sem reclamarem, por amor a seu homem
[3] Gênero de cantigas populares urbanos, com acompanhamento de violão
[4] Continua a existir
[5] Música Popular Brasileira
[6] Examinado com cuidado (Fig.)
[7] Aponta ou acusa
[8] Acusações (Fig.)
[9] Deixaram escapar (Fig.)
[10] Trocadilho de *ultraje* (afronta) e *traje* (vestuário habitual), mais *a rigor* (com exatidão)
[11] Tornados iguais
[12] Investigadora ou estudiosa
[13] Inclui
[14] Transparentes
[15] Entidade fantástica feminina, a quem se atribuia poder sobrenatural e influência no destino dos homens
[16] O que exude *viço* (vida ou vigor)

—Ao referir-se à mulher, a estrutura narrativa masculina tem estilo retórico laudatório, oscilando entre o louvor e a **injúria**[17] --opina.

Do alcoolismo até mesmo à **gagueira**[18] adquirida na infância, os grandes males masculinos são atribuídos à infidelidade feminina, como acontece, por exemplo, em "O **ébrio**",[19] de Vicente Celestino e em "Gago apaixonado", gravada por Noel Rosa em 1930.

A autora não perdoa, também, aqueles criativos rapazes que no final da década de 50 e início dos anos 60, revolucionaram a MPB:

—Se os meninos da bossa nova foram moderninhos, alterando a **batidinha do sambinha**,[20] em compensação a **poeticazinha**,[21] referente à mulherzinha, foi retirada dos **baús**[22] dos vovozinhos", diz ironicamente.

Uma tese que *vem chover no molhado*[23]

Partindo dos pressupostos feministas de que vivemos num país extremamente machista, o livro de Maria Áurea Santa Cruz vem apenas chover no molhado. Afinal, nossos compositores e suas obras refletem a sociedade com todos seus erros e **acertos**.[24]

O bossanovista Ronaldo Bôscoli, um dos citados no estudo, **bate de frente com**[25] a tese de Maria Áurea. E, para ele, incluir "Lobo bobo" como exemplo de canção machista foi uma grande "**bola fora**".[26]

—O lobo não conseguiu jantar ninguém, foi a moça que se deu bem. A senhora que escreveu este livro é mal resolvida sexualmente--provoca Bôscoli, com um golpe tipicamente machista.

Alvo[27] freqüente da ira das feministas, a eterna "Amélia" não podia ficar de fora desta discussão. Para o compositor Mário Lago, no entanto, o assunto já devia estar enterrado.

—Estou cansado de falar em "Amélia", cansado da incompreensão que existe em relação a esta música. Já dei umas 400 entrevistas e as feministas ainda não conseguiram entender nada.

Um mundo politicamente correto pode até ser, digamos, mais correto. Mas também seria bem **chato**.[28] Nele, por exemplo, não existiria lugar para o humor **escrachado**[29] do Ultraje a Rigor.

—Em "**Ciúme**"[30] ela **se enganou**[31] redondamente. Nesta **letra**[32] procuro exatamente mostrar o contrário. Eu acho que tanto o machismo como o feminismo são exageros e coisas ultrapassadas. Procuro fazer crônicas e também provocar com polêmicas. Nem sempre as pessoas percebem o humor e interpretam mal--explica o **ultrajante**[33] Roger.

---

[17] Ofensa (à dignidade)
[18] Ou *gaguez*: a pronúncia das palavras com hesitação, sem clareza de sons e repetinho as sílabas
[19] Bêbado ou embriagado
[20] Batida ou ritmo do samba
[21] Ou *poética* : arte de fazer versos
[22] Malas ou caixas
[23] É uma inutilidade
[24] Coisas certas
[25] Rejeita (Fig)
[26] Erro (Fig.)
[27] Objeto
[28] Cansativo
[29] Irreverente
[30] Sentimento doloroso que as exigências de um amor inquieto, o desejo de posse da pessoa amada, a suspeita ou a certeza de sua infidelidade fazem nascer em alguém
[31] Se equivocou ou mal entendeu
[32] Texto (da canção)
[33] Ofendido (e como trocadilho por ele ser membro do conjunto musical em questão)

Preconceitos[34] explícitos do *tropicalismo*[35] ao rock

O tropicalismo também não é poupado pela feminista. Maria Áurea afirma que Caetano Veloso, ao escrever "Baby" e dizer que a moça precisa saber da piscina, da Carolina, da gasolina, do inglês e do que **rola**[36] na América do Sul, terminou por condicionar a mulher "a valores **caducos**[37] da inferioridade intelectual". Na mesma época, Chico Buarque "impõe reforço negativista relativo à imagem da mulher", aquela que fica com "lágrimas nos olhos de cortar cebola".

Com relação aos compositores mais recentes, como Cazuza e Roger, depois de analisar detalhadamente "Faz parte do meu show" (do primeiro) e "Ciúme" (do segundo), ela comenta:

-Eles fazem parte de uma geração de libertadores do corpo, mas não da mente.

Poucos compositores se salvaram do **tiroteio disparado**[38] pela pesquisadora em *A musa sem máscara*. As exeções ficaram por conta de Milton Nascimento ("Maria, Maria"), Ivan Lins ("Atrevida") e Gonzaguinha ("Infinito Desejo"). Roberto Carlos escapou por pouco ("Garota **papo-firme**"[39]).

As mulheres também não se livraram das críticas, como Martinha, da Jovem Guarda, que **estourou**[40] na década de 60 com a passiva "Eu te amo **mesmo assim**".[41] A autora mostra que, nas primeiras décadas do século, mulheres como Carolina Menezes e Gilda de Abreu precisaram recorrer a parentes e amigos para **impor**[42] seus trabalhos.

A **pernambucana**[43] abre um espaço especial para Dolores Duran e Maísa Matarazzo: -A partir delas, muda radicalmente a concepção segregacionista relativa ao **desempenho**[44] feminino na arte de compor **em pé de igualdade**[45] com os homens.

(Letícia Lins, *O Globo*, 1 de agosto de 1992)

---

[34] Opiniões formadas antecipadamente, sem maior ponderação ou conhecimento dos fatos
[35] Movimento vanguardista do final da década de 60 que abrangia uma variedade de expressões artísticas e contra-culturais
[36] Acontece (Gír.)
[37] Ultrapassados
[38] Ataque ou crítica a tudo e todos (Fig.)
[39] Quem cumpre o prometido
[40] Ficou famosa (Fig.)
[41] Isto é, *apesar de você ser como é*
[42] Obrigar a aceitar
[43] Ou seja, Maria Áurea, a pesquisadora
[44] Execução (de uma atividade)
[45] No mesmo plano; de igual para igual

Compreensão

1. O que alega a pesquisadora?

2. Ela acusa compositores tanto do passado quanto do presente?

3. Que inovação limitada é reconhecida por ela?

4. Como era retratada a mulher nos anos 30?

5. E como é que a mulher é vista na chamada fase D.C.?

6. De que é que Maria Áurea é acusada por alguns compositores (machistas)?

7. Como são avaliados Chico Buarque e Caetano Veloso, por exemplo?

8. A pesquisadora critica também as mulheres do passado e do presente?

Vocabulário : (a) Relacione os termos da primeira coluna com os (quase) sinônimos da segunda e (b) empregue-os em sentenças completas.

1.	Desmascarar	a.	Elogioso
2.	Traidora	b.	Irritante
3.	Laudatório	c.	Revelar
4.	Injúria	d.	Ofensa
5.	Erros	e.	Desatualizadas
6.	Amélia	f.	Extremo
7.	Chato	g.	Pormenor
8.	Ultrapassadas	h.	Infiel
9.	Detalhe	i.	Carolina
10.	Excessivo	j.	Equívocos

Ampliação

1. Você acha que o sentimento da música brasileira seria marcadamente *menos* machista se fosse composta por uma abrumadora maioria feminina? Por que (não)?

2. Se a pesquisadora tivesse reparado em como o homem médio é retratado na música, também teria encontrado uma figura pouco elogiosa?

3. Para você, qual é a imagem feminina mais ultrajante--a da fase A.C. ou da D.C. ? Por que?

4. Você vê, na terminologia futebolística da gozação de Ronaldo, uma segunda véia de machismo? Por que (não)?

5. O que há de machista no pouco que é revelado da letra de "Baby"?

3

As peças que retratam o universo adolescente invadem
os **palcos**[1] e conquistam público

A *moçada*[2] em cena

Não faz muito tempo, elas usavam **trancinha**[3] no cabelo e vestiam uniforme para ir à escola. Quanto a eles, **fazer** diariamente **a barba**[4] não chega a ser um hábito de longa data. Os lugares mais propícios para se cruzar com essa **patota**,[5] fora das salas de aula, são shopping centers, alguma

5 **danceteria**[6] da moda, a praia ou a piscina. Mas de repente eles e elas vêm sendo encontrados, com freqüência cada vez maior, em cenários de tradição milenar que pareciam **retratários à**[7] sensibilidade dos adolescentes: os palcos e as platéias dos teatros.

Será que o poder jovem **ameaça**[8] invadir os palcos do Brasil? Um exame atento dos espetáculos **em cartaz**,[9] ou programa dos para **estrear**[10] no Rio de Janeiro e em São Paulo, apresenta

10 claros indícios nesse sentido. No Rio, duas boas **montagens**,[11] *Confissões de Adolescente* e *Os Meninos da Rua Paulo*, já injetam sangue novo no panorama teatral ao oferecer às suas **platéias**[12]--cuja idade média não ultrapassa 19 anos--um mix **atraente**[13] de **inquietação**[14] existencial, perplexidade de adolescente diante do mundo, algum humor e vastas doses de energia. Em São Paulo, o veterano ator Paulo Goulart, já há tempos um respeitável avô, relembra sua época de garoto, faz uma comparação

15 com os problemas da moçada de hoje e o resultado é *Look Book Hip House*. São os sinais mais fortes de que, se por um lado o teatro começa a prestar mais atenção ao público adolescente, por outro, a **garotada**[15] também está descobrindo que o teatro pode **proporcionar**[16] um tipo de emoção muito peculiar. Tudo indica o começo de um belo **namoro**.[17]

Curiosamente, chama-se *Namoro* a peça em que podem se detectar os primeiros sintomas

20 desse caso de amor entre uma forma de arte que já tem mais de 25 séculos e platéias **beirando os**[18] 20 anos. Escrita por Ilder Miranda Costa. *Namoro* foi levada pela primeira vez num festival de teatro

---

[1] Tablados destinados às representações teatrais, em geral construídos de madeira
[2] Rapaziada, ou grupo de moços e moças
[3] Diminutivo de *trança* (de cabelo) : entrelaçamento de três madeixas, passando-se alternadamente
[4] Barbear ou raspar os pelos do rosto
[5] Grupo ou banda (Fig.)
[6] Casa noturna com amplo espaço para dançar
[7] Anular a
[8] Está prestes a (Fig.)
[9] Em exibição
[10] Inaugurar
[11] Produções (Fig.)
[12] Espectadores (Fig.)
[13] Fascinante ou encantador
[14] Agitação
[15] Moçada
[16] Oferecer
[17] Interesse mútuo ou paixão
[18] Na casa dos

amador,[19] chamando a atenção do diretor Roberto Lage, que **apostou**[20] em seu potencial dramático junto ao público adolescente. **Não deu outra:**[21] estreada no primeiro dia de maio em São Paulo, a peça só saiu de cartaz três dias antes do Natal, sempre com casa **lotada.**[22]

5. O que encantava as jovens platéias era ver em cena, registradas com sinceridade, situações como o primeiro beijo, o problema das drogas e o relacionamento com os pais. As meninas vibravam. Algumas vinham com namorado, outras com os pais, mas a maioria vinha em grupo.

Os conflitos das três garotas que dominam o **elenco**[23] de *Namoro* são muito parecidos com aqueles que enfrentam as quatro adolescentes retratadas em *Confissões de Adolescente*, em cartaz na Casa de Cultura Laura Alvim, no Rio. O espetáculo permite uma permanente cumplicidade entre as

10. jovens que estão em cena e os sentados na platéia. Há três semanas em cartaz, *Confissões* vem lotando o teatro em quase todas as sessões, o que do ponto de vista financeiro ajuda a tornar sua autora e uma das intérpretes, Maria Mariana, de 19 anos, cada vez menos dependente do pai, Domingos de Oliveira, ator, autor e diretor teatral. Oliveira não só foi quem mais incentivou Mariana a levar o texto ao palco como é também o diretor da montagem--um exemplo de que, pelo menos nesse caso, o conflito de

15. gerações teve final feliz.

O texto original de Maria Mariana--cuja base é o diário que ela começou a escrever quando tinha 10 anos--foi enriquecido com contribuições das outras três intérpretes, Ingrid Guimarães, de 19, Patrícia Perrone, de 18, e Carol Machado, de 16 anos. Animadas com a reação do público, as meninas já articulam a encenação de *Confissões* em outras capitais.

20. Um assíduo espectador de teatro, o psicanalista Luiz Alberto Py, que se entusiasmou com a peça de Maria Mariana, considera extremamente oportuna essa tendência de espetáculos que têm como público-**alvo**[24] os adolescentes: "O teatro brasileiro ainda é dominado por duas grandes correntes, de peças para adultos e de peças para crianças. Mas os adolescentes representam um público muito ávido por **troca de**[25] experiências e informações", comenta.

25. Um interessante contraponto à peça de Maria Mariana é *Os Meninos da Rua Paulo*, em cartaz no teatro Ipanema. Baseada num clássico da literatura infanto-juvenil, do húngaro Férenc Molnar, adaptado ao palco por Cláudio Botelho, a peça é dirigida por Ricardo Kosovski e reúne treze atores cuja idade média é 20 anos. Ambientada no final do século passado em Budapeste, **gira em torno de**[26] dois grupos de adolescentes que disputam um terreno **baldio**[27] para suas **estripulias.**[28] Ao longo de quase

30. duas horas de espetáculo, surgem temas como o companheirismo, o sentimento de pertencer a um grupo, o medo da rejeição, o heroísmo, tudo **abordado**[29] com bastante sensibilidade e nenhuma **pieguice.**[30]

Nas doze apresentações feitas até agora, já passaram pela bilheteria cerca de 2 000 espectadores, o que dá uma média de 170 pessoas diárias, números excelentes para uma platéia de 280

35. lugares, principalmente levando em conta que o grupo não tem ainda **patrocínio**[31] para publicidade. "O melhor é que o público vem crescendo a cada dia, o que indica que a divulgação boca a boca está funcionando", diz Marcelo.

(Jairo Arco e Flexa, *Veja,* 8 de abril de 1992)

---

[19] Diz-se daquele que se dedica a uma arte ou ofício por prazer, sem fazer destes um meio de vida
[20] Confiou (Fig.)
[21] Isto é, *só pôde dar certo*
[22] Cheia ou repleta
[23] Conjunto de atores
[24] Objeto
[25] Dar e receber
[26] É sobre
[27] Vazio ou desocupado
[28] Travessuras ou brincadeiras
[29] Tratado
[30] Sentimentalismo exagerado
[31] Amparo ou auxílio

Compreensão

1. Onde a moçada se encontrava antes?

2. O que atrai o espectador adolescente ao teatro em números cada vez maiores?

3. Está havendo sucesso de bilheteria também?

4. Quais são algumas das questões temáticas abordadas por *Namoro* ?

5. Quais são as duas grandes correntes que ainda definem--embora cada vez menos-- o teatro brasileiro?

Vocabulário: (a) Dê o verbo decorrente de cada adjetivo/substantivo e (b) empregue-o numa sentença completa.

1. Rejeição_____
2. Energia _____
3. Respeitável _____
4. Resultado_____
5. Emoção _____
6. Namoro _____
7. Estreada _____
8. Relacionamento_____
9. Atriz _____
10. Encenação_____

Ampliação

1. Você acha o teatro um meio de comunicação mais eficaz do que o cinema? Por que (não)?

2. O que você pensa dos que dizem que o teatro projeta suas idéias melhor que a letra impressa?

3. Em seu país, como no Brasil, o teatro de e para a juventude é comum? Por que (não)?

4. Em que contexto o adulto é também capaz de se interessar por esta forma de teatro?

4

Pela primeira vez na história, a Copa vai para uma decisão
por pênaltis, mas **no final das contas**[1] venceu o melhor

A mais longa das decisões

Uuufaaa! Que sufoco! Foi nos pênaltis, mas o Brasil chegou lá. A **seleção**[2] venceu, mas quase matou o Brasil do coração. Foi a primeira vez, em 64 anos de Copa do Mundo, que uma final foi decidida nos pênaltis. O jogo contra a Itália foi uma síntese de todas as angústias sentidas pelos brasileiros durante o campeonato. Uma síntese piorada: 0 a 0 até o fim da **prorrogação**.[3] O Brasil, naquela cadência

5 conhecida, tocava a bola para lá e para cá à espera de um golpe de sorte ou um **rompante**[4] de Romário para decidir a **parada**.[5] A Itália também se repetiu: defendeu-se, à espera de um **lance**[6] de sorte ou de Roberto Baggio para lhe dar a vitória. Santo Baggio não fez o milagre. Estava com uma perna **carunchada**[7] desde o começo da Copa. Foi esse **futebolzinho**[8] que deixou os brasileiros tão ansiosos durante a Copa. Por uma determinação da fé e a prova da aritmética, o brasileiro sentiu-se superior em campo, com razão. Faltava, é verdade, o detalhe do gol.

10 superior em campo, com razão. Faltava, é verdade, o detalhe do gol.

Nos pênaltis, Baresi perdeu **o primeiro**.[9] Alívio passageiro, **já que**[10] Márcio Santos **chutou**[11] mal e Pagliucca defendeu. Novo **empate**.[12] Albertini em seguida fez **o seu**.[13] Romário foi lá e compareceu, empatando de novo. Evani colocou vantagem mais uma vez. Branco empatou de novo no 2 a 2. Taffarel, enfim, defendeu o chute de Massaro. Dunga deu um **chutaço**[14] e **marcou**.[15] Baggio, a grande

15 esperança, chutou para fora. Brasil **tetra**[16]!! E os jogadores se lembraram de fazer uma homenagem a **Ayrton Senna**.[17]

O Brasil começou a ganhar o jogo na **véspera**,[18] e no campo da Itália: a ópera e o macarrão. Na noite de sábado, uma **platéia**[19] ilustre composta por Frank Sinatra, Gene Kelly, o ex-presidente americano George Bush e o ator Arnold Schwarzenneger ouviu a *Aquarela do Brasil*, de Ary Barroso, na voz do tenor

20 espanhol Plácido Domingo. Foi o que bastou para a platéia do Dodgers Stadium se levantar e gritar "Brasil! Brasil!" Naquela noite, a seleção brasileira comeu macarrão no hotel Marriot. Rico em carboidratos, o macarrão se transforma em energia muscular 24 horas depois.

---

[1] Ao final *ou* ao fim e ao cabo
[2] Isto é, *o time (brasileiro)*
[3] Dilação ou adiamento de prazo ou de tempo
[4] Reação impetuosa e/ou violenta
[5] Situação difícil (Fig.)
[6] Ocorrência
[7] Machucada (Fig.)
[8] Isto é, *o desempenho do time brasileiro* (Deprec.)
[9] Ou seja, *o primeiro pênalti*
[10] Visto que
[11] Deu pontapé na bola
[12] No caso, *igualou placar novamente*
[13] Isto é, *o seu gol*
[14] Chute bonito ou forte
[15] Fez gol
[16] Isto é, *conseguiu ganhar a Copa do Mundo pela quarta vez, sendo a simplificação de tetracampeão*
[17] Famoso piloto brasileiro de Fórmula 1, morto em 1994 num acidente durante uma corrida
[18] Dia anterior
[19] Espectadores (Fig.)

"Eu trouxe vocês até aqui, mas uma final de Copa do Mundo se ganha com o coração e não com táticas: a bola está com vocês", disse **Parreira**[20] aos jogadores numa **preleção**[21] no sábado. Os jogadores passaram o sábado e a manhã de domingo da decisão aparentando uma tranqüilidade que não tiveram durante toda a Copa. Romário nem treinou. Ficou na piscina **dando mergulhos**[22] coreográficos,
5   imitando um **golfinho**.[23] Os jogadores **bateram uma pelada**[24] com o goleiro Taffarel na linha. "Eles sabem tudo", dizia Parreira para **Zagalo**.[25] "Sabem até relaxar na hora certa". E souberam vencer, lavando a alma do Brasil, ainda que nos pênaltis. Depois de tantas desgraças--a corrupção de **Collor**,[26] o governo **Itamar**,[27] a morte de Ayrton Senna--o país levanta a cabeça e comemora ter, de novo, o melhor futebol do mundo. (Fábio Altman, *Veja*, edição extra, 18 de julho de 1994)
10

Como **cartolas**,[28] jogadores e a **República**
de Juiz de Fora[29] conseguiram transformar a festa
do tetra numa **trapalhada**[30] **alfandegária**[31]

15

Craques [32] da *muamba* [33]

Eram quase 11 da noite quando o DC-10 da Varig, com Romário segurando a bandeira nacional na
20   janela da cabine, taxiava no Rio de Janeiro. Era a etapa final de um dia de festa exuberante. Mais de 1 milhão de pessoas tinham tomado as ruas do Recife e de Brasília para aplaudir os tetracampeões. No Rio, separando os 22 jogadores e uma massa de 800 000 pessoas que os aguardava, **da Ilha do Governador a São Conrado**,[34] havia dois corredores que todo cidadão que já viajou ao exterior conhece muito bem--a alfândega. Se tem algo a declarar, abre a mala, mostra o que é e paga as taxas. No
25   outro corredor, aperta um botão, acende-se a luz verde, o passageiro vai em frente. Se dá vermelho, deve abrir as malas e mostrar a bagagem. Caso tenha feito compras em valor superior ao máximo permitido por lei, 500 dólares, terá de pagar os impostos antes de levá-las para casa. Esse procedimento foi **atenuado**[35] pelo chefe da **Receita Federal**,[36] Osiris Lopes Filho. **Em função do**[37] cansaço do dia, e do **desfile**[38] que os **aguardava**,[39] Osiris teve o bom senso de autorizar os jogadores a sair do

---

[20]Carlos Alberto Parreira, técnico da Seleção
[21]Lição *ou* discurso
[22]Nadando (Fig.)
[23]Delfim
[24]Jogaram (futebol) informalmente (Fig.)
[25]Coordinador técnico da Seleção
[26]Fernando Collor, ex-presidente da República, eleito em 1992 e afastado do poder sob acusação de corrupção em 1992
[27]Itamar Franco, vice-presidente sob Collor que assumiu a Presidência após o afastamento deste. O juiz-forano virou famoso pela sua indecisão e falta de decoro
[28]Indivíduos de posição elevada, desprezadores das opiniões populares; dirigentes de clube ou entidade esportiva (Gír. deprec.)
[29]Governo Itamar (Deprec.)
[30]Confusão
[31]Aduaneira
[32]Pessoas exímias e/ou famosas em qualquer ramo
[33]Contrabando
[34]Bairro onde se localiza o aeroporto e bairro de destino final do desfile de chegada dos jogadores
[35]Diminuído *ou* abrandado
[36]Entidade governamental incumbida de arrecadar compulsoriamente recursos econômicos e financeiros
[37]Por causa do; devido ao
[38]Exibição dos jogadores em carro aberto pela cidade
[39]Esperava

aeroporto com a bagagem de mão. No dia seguinte, poderiam voltar à alfândega ou enviar **procuradores**[40] para desembaraçar a bagagem.

Mas houve uma conspiração **maluca**[41] contra o bom senso. Os cartolas da Confederação Brasileira de Futebol, CBF, **esbravejaram**[42] e os jogadores **engrossaram,**[43] **ameaçando**[44] devolver medalhas e não desfilar. A República de Juiz de Fora, **atônita,**[45] vacilou, submeteu-se à **chantagem**[46] orquestrada por Ricardo Teixeira, presidente da CBF. A muamba foi liberada, mas ao custo do desagrado geral. Osiris Lopes Filho **se demitiu.**[47] Os jogadores ficaram irritados com a fama de muambeiros. O governo passou a semana tentando explicar que não tinha nada a ver com o caso. **Pesquisas**[48] de opinião mostram que 70% da população acha que os jogadores devem pagar o que devem à Receita. O que era uma festa gerou uma crise. Felizmente, uma crise típica do governo Itamar: **barulhenta,**[49] confusa, passageira e **inócua**[50] como a que **estourou**[51] quando se entusiasmou com uma senhorita sem **calcinha**[52] no Carnaval.

O compartimento de carga do avião da muamba trouxe 12 000 quilos líquidos de bagagem. É tanta coisa que, para retirá-la do avião, vinte carregadores trabalharam por duas horas. Para transportá-la, foi necessário requisitar cinco caminhões de mudança. Só de aparelhos de TV os **fiscais**[53] anotaram dezoito. O lateral Branco trouxe oito pacotes, enormes. Eram volumes tão grandes que, para levá-los até sua casa, depois de **resgatá-los**[54] no Hotel Intercontinental, na Zona Sul do Rio, precisou de um caminhão individual, só para as suas **bugigangas.**[55] Entre outras coisinhas, levou para casa um forno de microondas, um **lava-louça**[56] e uma **geladeira.**[57] Também trouxe um aparelho de ginástica para o **sogro.**[58] O técnico Parreira entrou com um **telão de TV**[59] e computadores. Zagalo admite ter trazido uma **churrasqueira**[60] a gás, mas não revela o total de suas aquisições. O presidente da CBF, Ricardo Teixeira, trouxe uma sela de cavalo. O garoto Ronaldo veio com vinte pares de tênis, 65 CDs e uma câmara de vídeo, além de oito perfumes e cinqüenta peças de roupa.

Havia 97 passageiros no avião. Além dos 22 jogadores, outros 23 integrantes oficiais da delegação, como auxiliares, preparadores e cartolas. Entre mulheres, parentes e amigos, os jogadores trouxeram quinze pessoas. Os demais são convidados da CBF ou **caroneiros**[61] de algum cartola: primos, secretários, **vizinhos.**[62] Entraram no país com uma carga de 123 quilos per capita e deixaram nos cofres da Receita, um **buraco**[63] estimado pelas autoridades alfandegárias em 1 milhão de dólares. O

---

[40]Aqueles que têm autorização legal para tratar dos interesses de outrem
[41]Louca *ou* ridícula
[42]Criaram caso
[43]Aqui, *pioraram (o conflito)*
[44]Procurando intimidar
[45]Espantada *ou* confusa
[46]Ato de extorquir dinheiro, favores ou vantagens a alguém sob ameaça de revelações escandalosas
[47]Pediu demissão *ou* renunciou
[48]Levantamentos
[49]Ruidosa *ou* agitada
[50]Inocente *ou* inofensiva
[51]Explodiu
[52]Peça íntima do vestuário feminino que parte da cintura ou dos quadris, indo apenas até as virilhas ou às coxas
[53]Aqui, *empregados aduaneiros*
[54]Retirá-los (Fig.)
[55]Objetos de pouco ou nenhum valor
[56]Máquina de lavar pratos
[57]Refrigerador
[58]Pai da esposa
[59]Isto é, *um aparelho gigante*
[60]Aparelho para assar carne, utilizado para churrasco
[61]Quem pede carona (condução gratuita em qualquer veículo)
[62]Quem mora ou trabalha perto
[63]Cavidade *ou* falta de alguma coisa (Fig.)

prefeito[64] Paulo Maluf passou 24 anos explicando-se pelos 22 **Fusca**[65] que deu aos tricampeões de 1970. O **prejuízo**[66] causado pelo prefeito é calculado, em valores de hoje, em 160 000 dólares. Processado, Maluf foi obrigado a reembolsar os cofres públicos. Resta saber quem irá pagar o 1 milhão de dólares da muamba do tetra.

5   Teixeira organizou um protesto na pista. Mandou que os jogadores descessem imediatamente dos caminhões. O agente da alfândega, sempre de forma educada, tentava acalmar os ânimos. O técnico Parreira e o seu inseparável coordenador técnico, Zagalo, o ameaçaram. "Tudo bem, se é para **vistoriar**[67] vamos abrir todas as malas agora. Não estamos preocupados com **multas**.[68] Só não esqueça que vamos passar a noite toda aqui. Quero saber o que você irá fazer com o povo que está lá fora nos

10 esperando", disse-lhe Parreira. Estimulados por Ricardo Teixeira os jogadores retiraram do pescoço as medalhas do mérito desportivo que haviam recebido de Itamar e **fizeram menção de jogá-las**[69] no chão. Branco foi além. Em tom dramático, pegou a réplica dourada da taça da Fifa e colocou-a nas mãos do atônito chefe da alfândega. "Toma. Confisque a taça também". Romário, que até então se mantinha calado, partiu também para a chantagem. "Se não liberar a bagagem não tem desfile", disse.

15   Em Copas anteriores. a alfândega nunca foi problema para os jogadores. "Lembro que em 1970 as pessoas compraram o que quiseram e ninguém teve problemas por causa disso", recorda-se **Tostão**.[70] "É errado, mas era assim. É bom que agora todos paguem". Muitos tetracampeões desembarcaram no país convencidos de que a taça da Fifa serviria como desculpa para privilégios. Descobriram que não é mais assim. Em vez de homenagens, passaram a semana dando explicações sobre as compras. Os dias

20 se passaram e, na sexta-feira, o presidente da CBF anunciava que, se a Receita cobrar, a **entidade**[71] irá pagar multas e taxas devidas pelos craques. "Aquele gol do Branco contra a Holanda valeu muito mais do que uma geladeira", disse Teixeira à repórter Maria Elisa Alves, de VEJA. "Não trouxe nada, mas acho que quem superou sua cota deveria pagar. Os jogadores não são diferentes", afirma o capitão Dunga. Não são mesmo. (Arnaldo Cezar, Eduardo Oinegue, *Veja*, 27 de julho de 1994)

Compreensão

1. Afinal, o que foi decisivo na vitória da Seleção Brasileira?

2. Quem é que o Brasil venceu para ganhar a Copa?

3. De quem, em particular, a Seleção Italiana dependia--em vão?

4. Como é que a Seleção Brasileira passou a véspera do último jogo?

5. Para muitos espectadores, como foi a atmosfera geral na noite de sábado?

6. Quem são alguns dos craques mencionados da Seleção?

7. Antes de chegar no Rio, aonde mais a Seleção tinha pousado e desfilado?

8. No fundo, qual foi o problema com a bagagem?

9. O que o público opina sobre os jogadores e o (não) pagamento das taxas alfandegárias?

10. Tipicamente, o que os atletas e a comissão técnica levaram para o Brasil?

---

[64]Aquele que está investido do poder executivo nas municipalidades
[65]Automóvel Volkswagen de motor de 1200 ou 1300 cilindradas, também apelidado de Fusquinha
[66]Dano; despesas nas finanças
[67]Inspecionar *ou* fazer verificação
[68]Penas pecuniárias
[69]Fingiram a intenção de atirá-las fora
[70]Apelido de Eduardo Gonçalves de Andrade, famoso jogador e tricampeão mundial no México em 1970
[71]Isto é, *a CBF (Confederação Brasileira de Futebol)*

11. O que é que alguns integrantes da Seleção ameaçaram *não* fazer se suas compras não fossem logo liberadas?

12. Quanto dinheiro se estima que foi perdido pela Receita Federal?

13. Em 1970, houve semelhante vexame provocado pelo comportamento dos tricampeões?

14. Na ocasião, quem foi obrigado a reembolsar os cofres públicos?

Vocabulário: (a) Relacione os termos da primeira coluna com os (quase) sinônimos da segunda e (b) empregue-os em sentenças completas.

1.	Pênalti	a.	Pelada (redonda)
2.	Chute	b.	Contrabando
3.	Bola	c.	Penalidade
4.	Vencer	d.	Exibição
5.	Muamba	e.	Triunfar
6.	Cartola	f.	Intencionar
7.	Desfile	g.	Grã-fino
8.	Descer	h.	Pontapé
9.	Superar	i.	Ultrapassar
10.	Tentar	j.	Subir

Ampliação

1. Tem alguma coisa de decepcionante em se ganhar a Copa do Mundo nos pênaltis? Por que (não)?

2. Por qual time você estava torcendo?

3. Seja qual for o esporte, você se emociona muito quando seu time ganha--ou perde?

4. Você nota, na linguagem futebolística, a forte influência do inglês? Em que palavras, por exemplo?

5. Você acha os jogadores com o direito de burlar a lei?

6. Se você estivesse numa situação parecida, também aproveitaria?

7. No passado, sua bagagem foi revistada na alfândega? Como foi?

8. Alguma vez você trouxe contrabando para casa? Que tipo?

9. Que é que você costuma trazer de volta quando viaja fora do país?

10. Alguma vez você excedeu o peso de bagagem permitido? Conseguiu passar sem pagar excesso?

5

Vivo na memória do país, Pelé comemora
seu aniversário falando em ser presidente

Rei cinqüentão

O mito não chegou ainda aos 40 anos, mas o dono do mito, desde a terça-feira, 23, é cinqüentão. O mito nasceu em 1958, na Suécia, ao longo de uma **Copa**[1] na qual o Brasil ganharia o seu primeiro título de campeão mundial de futebol. O homem, que é o dono do mito e que às vezes
5 **tempera**[2] o sentimento de imortalidade com o **pavor**[3] de cair no ostracismo, nasceu em 1940, na cidade mineira de Três Corações. O homem é Édson Arantes do Nascimento; o mito é Pelé. Na verdade, diferentes idades, homem e mito se confundem--e Pelé, que só fala de Pelé na terceira pessoa, a mostrar que também, para ele, o nome foi tomado pelo **apelido,**[4] é o único mito que resiste a um Brasil sabidamente sem memória. De Pelé, sobre Pelé: "Pelé nunca vai morrer".
10 O imortal já foi de carne e osso, ou seja, nem sempre existiu em Pelé a convicção plena de que o tempo passa mas Pelé fica. Depois de 21 anos de carreira, 32 títulos acumulados, 112.760 minutos jogados, 1.279 gols marcados, Pelé ainda hesitava. Ao se despedir definitivamente do futebol, em outubro de 1977, já então jogando pelo Cosmos dos Estados Unidos, numa partida em que o time que o revelou para o mundo, o Santos, perdeu por 2 a 1, Pelé perguntava: "Será que vão me esquecer?"
15 Ninguém o esqueceu. O cinqüentão, rico, famoso, namorador, político e planejando ser futuro candidato à Presidência da República, **teima**[5] na memória do país. Como teimava jogando, mostrando que seu futebol era capaz de **superar**[6] até corrupções fora de campo e que nele podiam **se refletir.**[7]
Quem quiser anular o mito Pelé, parece estar **fadado**[8] ao desapontamento também. "Pelé sempre esteve e está acima do bem e do mal", diz o antropólogo Carlos Alberto Messeder. "É preciso
20 ressaltar, no entanto, que Pelé resiste como ídolo num contexto que não é mais o que o produziu como tal. Hoje, por maior que seja o talento e a projeção de um jogador, ele terá a sua vida questionada exaustivamente".
Há o que questionar em Pelé? Como jogador, é ele unanimemente considerado o melhor do mundo. Como um jogador falando do mundo, aí as opiniões já se dividiram--embora Pelé continue, ainda
25 nesse terreno, sendo paixão. Em 1969, ao marcar seu milésimo gol contra o Vasco da Gama, no Maracanã, numa cobrança de pênalti, Pelé dedicou o gol às crianças pobres, aos necessitados e às casas de caridade. Com o gol número mil viria a crítica número um, não ao jogador, mas ao homem-- parte dessa crítica feita por aqueles que identificavam o futebol como um *braço esportivo* do autoritarismo militar no país e, conseqüentemente, **enquadravam**[9] Pelé como um **patrocinador**[10] do
30 *futebol como ópio do povo.* **Aproveitou-se**[11] do futebol, é certo, a ditadura militar. **Patrulhamento**[12]

---

[1] Isto é, *Copa do Mundo de Futebol*, um torneio desportivo em que se disputa uma copa ou taça
[2] Mistura (Fig.)
[3] Medo
[4] Alcunha ou cognome que se põe a alguém e pelo qual se fica sendo conhecido
[5] Insiste
[6] Vencer ou dominar
[7] Isto é, *estar encarnadas ou presentes*
[8] Condenado
[9] Consideravam
[10] Protetor ou defensor
[11] Tirou vantagem
[12] Atividade daqueles que se auto-denominam "guardiões do bem-estar público", geralmente com inclinações esquerdistas

mais que exagerado existe, no entanto, em se achar que Pelé fazia parte do **jogo**[13] ao dedicar seu gol às crianças carentes e às casas de caridade. "O Pelé é uma figura conservadora", diz o professor de Sociologia da Universidade de São Paulo, Orlando de Miranda. "Mas ele se firma como um mito pelo fato de acreditar sobretudo em si mesmo".

5   O mito resistiu a esse primeiro ataque. Outro viria. Em 1977, Pelé declarou que "o povo brasileiro, ainda pouco interessado em política, é despreparado para a escolha de seus dirigentes. Ainda se vota pela amizade e não se escolhe o candidato pelos seus méritos". Novamente, o patrulhamento ideológico saiu em bloco e traduziu: -Pelé disse que o povo não sabe votar. Dois a zero para Pelé, o patrulhamento não **pegou**.[14] Na área da política, o pretendente à Presidência diz que ainda não está

10 pronto para o alto cargo mas que está se preparando e pensa em organizar um partido.

       A revista *Realidade* publicou uma matéria sobre a sua riqueza que não **batia**[15] com sua declaração para o **Imposto de Renda**.[16] Foto de Pelé na capa da revista: ele produzido como se tivesse 60 anos, duas bolas nas mãos, uma de futebol, outra de dinheiro. Sua declaração à **Receita Federal**[17] foi devolvida, junto enviaram-lhe a matéria e a proposta de que fizesse novamente as contas e um

15 comercial para a Receita que seria veiculado na televisão. **Aí,**[18] Pelé se calou.

       Colocado ou colocando-se em acontecimentos políticos, fato é que o mito **não carrega um arranhão**.[19] Pelé volta agora ao tema, aos 50 anos, afirmando que o tempo vai passando e "vão me aumentando as responsabilidades, me batem preocupações". Ele se diz contra a corrupção e volta às crianças abandonadas "que já são 25 milhões". Afirma que não aceitaria outro cargo, pois somente na

20 Presidência poderia resolver os problemas do País, mas reconhece que se existisse um Ministério dos Esportes, aí, sim, seu coração poderia vestir outra camisa.

       Foi apenas o Pelé político ou apolítico que construiu o mito Pelé? Para o antropólogo Messeder, "a candidatura de Pelé é muito mais um adorno a sua mitificação do que a vontade concreta do ex-jogador". Messeder anota que "Pelé é uma figura, e outra, mais **desgastada**,[20] é a do Édson Arantes do

25 Nascimento". Lembra ele: "Ainda me recordo da frase que dizia: excelente Pelé, péssimo Édson Arantes".

       Há quem coloque o mito sobre a base de ser ele, principalmente, um excelente empresário. "O Pelé sabe como promover sua imagem", afirma o professor de história José Carlos Sebe Meihy. "Consegue relacioná-la muito bem com assuntos atuais". **A rigor,**[21] não vai aí nenhum pecado. Segundo

30 Meihy, o fenômeno Pele é **decorrente**[22] sobretudo de um trabalho constante. Assim, Pelé não seria um mito, mas alguém que sabe, com inteligência, produzir um mito em torno de si e que compreende muito bem esse processo. "Ele é antes de tudo um **empresário**[23] bem-sucedido de si próprio", diz o historiador. Um exemplo é o de que Pelé, morando em Nova York e no Brasil ao mesmo tempo, lá de maio a setembro, aqui de outubro a abril, constrói sempre um mito. "Nos Estados Unidos, sem dúvida,

35 ele consegue **mexer com**[24] a imagem do homem negro e pobre que acaba com sucesso na vida", diz Meihy. Se é certo que Pelé joga com a cor entre os americanos, como diz o historiador, no Brasil o rei do futebol, título que lhe foi dado pela revista francesa *Paris-Match* em 1958, já declarou que não existe no país "qualquer discriminação de cor e, sim, diferença de classes sociais". E, em defesa dos negros,

40 afirmou: "Não existe mais espaço para se jogar futebol nas grandes cidades e os jovens negros são as primeiras vítimas desse fenômeno".

---

[13] Isto é, *política governamental*
[14] Deu resultado ou convenceu
[15] Combinava ou estava de acordo
[16] Tributo que pessoas físicas ou jurídicas pagam ao estado
[17] Orgão do Governo Federal responsável pela arrecadação dos impostos
[18] A esta altura
[19] Isto é, *tem sua imagem intacta*
[20] Gasta ou consumida pelo atrito
[21] Em termos formais
[22] Resultado
[23] Homem de negócios
[24] Aqui, *projetar*

Na verdade, o caminho para oportunidades iguais aos negros onde exista discriminação racial não estará somente na chance de praticar mais futebol. Para Pelé, eleito atleta do século pela revista francesa *L'Équipe*, tendo como **concorrentes**[25] Jesse Owens, Muhammad Ali e Mark Spitz, o futebol foi o caminho para o homem tornar-se super-homem. "Tudo o que tenho, devo ao futebol", declarou Pelé. "Se eu pudesse, me chamaria Édson Arantes do Nascimento Bola. Seria a única maneira de agradecer o que ela fez por mim". Por Pelé, a bola fez tudo aquilo que Pelé podia sonhar para chegar aos seus 50 anos anunciando que chegará aos 100--ainda que tenha, então, mais trabalho em atender à **vaidade**[26] e arrancar com uma pinça os cabelos brancos como faz atualmente. Saudável vaidade, não **vergonha**[27] da idade. "Ainda ouço gente que me pergunta por que não volto **à seleção**",[28] **orgulha-se**[29] Pelé.

Assim, correndo atrás do seu centenário, Pelé **festeja**[30] os 50 anos com bastante conforto. "Hoje, não marco compromisso antes das 11 h da manhã", diz ele. "Passei mais de 20 anos acordando bem cedo para treinamentos." Nos Estados Unidos, Pelé anda em um de seus dois carros, em um Lincoln Continental que a Ford, por intermédio de um contrato publicitário, renova anualmente, ou em um Cadilac que a Time Warner Inc., para a qual Pele funciona como **relações públicas**,[31] lhe mantém à disposição. Mora num amplo apartamento de quatro quartos na rua 54, esquina com a Segunda Avenida embora seja mais fácil encontrá-lo em East Hampton. Em sua casa de praia, vizinha da residência do cineasta Steven Spielberg, Pelé executou recentemente uma reforma de aproximadamente US$ 300 mil. No cinema brilhou em dois filmes, uma produção americana atuando ao lado de Sylvester Stallone e outra brasileira com a participação de Renato Aragão e os Trapalhões. No Brasil, possui um apartamento no Rio de Janeiro, outro em São Paulo, e uma casa no Guarujá, no litoral paulista. Segundo Pelé, o único fato que o faz lembrar dos 50 anos são os filhos: "Quando penso na idade deles é que percebo que estou mais velho". Pelé tem três filhos, todos do casamento com Rose Cholbi Nascimento, de quem se separou em 1978.

(*IstoÉ-Senhor*, 31 de outubro de 1990)

---

[25] Competidores
[26] Desejo de atrair admiração ou homenagens
[27] Desonra humilhante ou opróbrio
[28] Isto é, *a jogar futebol*
[29] Ufana-se
[30] Celebra
[31] *Pessoa* que trabalha em relações públicas

Compreensão

1. Quando e onde nasceu o mito Pelé?

2. Qual é o maior medo dele?

3. Você pode citar algumas das conquistas quantitativas dele?

4. Aonde Pelé foi jogar em 1977? Para que time?

5. Quais são as suas aspirações políticas?

6. O que Pelé fez/falou que provou ser politicamente incorreto?

7. Como é Pelé do ponto de vista comercial?

8. Com quem, entre outros, concorreu pelo título de "Atleta do Século" ?

9. Ele está bem de vida em termos materiais? Como assim?

10. Ele tem família?

Vocabulário : Combine o evento (ou declaração/alegação) com a data em que ocorreu, explicando a conexão numa sentença completa.

1.	Copa do Mundo conquistada	a.	1977
2.	Sonegação de impostos	b.	1958
3.	50º aniversário natalício	c.	1990
4.	"Povo despreparado para votar"	d.	1977
5.	Futebol como ópio do povo	e.	1940
6.	Separação da mulher	f.	1971
7.	Milésimo gol	g.	1958
8.	Nascimento de Pelé	h.	1969
9.	Escolha como "Rei do Futebol"	i.	1978
10.	Despede-se definitvamente do futebol	j.	1969

Ampliação

1. Por que as aspirações políticas dele podem ser consideradas sério-cômicas?

2. Há casos na história de seu país onde mito e realidade se confundam? Cite um.

3. Por que será que o mito de Pelé é mesmo irreprimível?

4. Como você acha que Pelé é visto por brasileiros com certo grau de instrução?

5. Quem comporia o grosso dos admiradores dele?

6. Você acha que ele se deixou manipular pelo governo militar? O que ele fez para se auto-promover?

7. Você ainda o considera o futebolista mais conhecido de todos os tempos?

8. Haverá outros atletas que tenham superado Pelé em termos de popularidade?

TEATRINHO

"Qual te parece o melhor entretenimento?"

Elenco

Dois ou três times compostos de até três pessoas; e os espectadores que quiserem fazer perguntas ou oferecer suas próprias observações a respeito do que dizem os comentaristas.

Argumento

Um debate meio brincalhão em torno da seguinte questão (bem subjetiva e nada científica): o que mais entretém--música, teatro ou esporte? Além de outras preferências serem expressas, também se ouvem tanto estatísticas de veracidade duvidosa quanto alegações pouco comprováveis; e tudo contribui para um ambiente de leveza, gozação e, é claro, entretenimento.

Expressões úteis

Adaptar	Jazz
Aparelho estereofônico	Jogador
Apostar	Lambada
Ator/atriz	Letra
Basquete	Músico/a
Batucada	Música roqueira (ou *rock*)
Bossa Nova	Olimpíadas
Cantor/a	Palco
Copa do Mundo	Perder
Cúmbia	Ritmo
Encenar	Salsa
Escutar	Samba
Espectador/a	Seleção
Fã	Suave
Futebol (americano)	Televisão
Ganhar	Tocar (algum instrumento musical)
Hipódromo	

TEMAS PARA COMENTÁRIO ORAL OU ESCRITO

1. Todos os super-heróis têm pés de argila.

2. Os tetracampeões e seus lados heróico e cômico.

3. A significância do aspecto "circo" no Brasil contemporâneo.

4. O valor vicário dos triunfos esportivos.

5. Incentivar um movimento teatral dirigido para e pela juventude só traz vantagens.

6. A música é a reflexão da alma de um povo.

UNIDADE 20   ECOLOGIA

1

As plantas do Brasil são **que nem**[1] as pessoas.
Algumas já nasceram aqui, outras vieram de longe.
E os segredos delas são passados de pai para filho.

Em se plantando, tudo *dá* [2]

Assim como o povo brasileiro é uma mistura de um monte de gente de origens diferentes, no Brasil crescem plantas de todos os lugares do mundo. Algumas já estão tão integradas com o país
5   adotivo que a gente pode chamá-las de brasileiras. É o caso do café, do coco e da manga, por exemplo, que vieram de outros continentes e convivem super-bem com as espécies nativas. As frutas, folhas e raízes das plantas não só **viram**[3] **suco**,[4] **chás**,[5] doces e comidas gostosas, como também servem de remédio e produto de beleza.

Aqui, a gente fez uma **bula**[6] de 20 plantas para você conhecer seus poderes e usar, mas sem
10 abusar (cuidado com os exageros!). Muitas delas você conhece bem e outras com certeza já viu no supermercado. na feira ou no **mato**,[7] mas não sabia o que eram. Em alguns casos, as qualidades médicas e cosméticas da planta já foram comprovadas cientificamente. Em outros, são pura sabedoria popular. Mas quem ensina, garante que funcionam, porque essas **receitas**[8] são usadas desde o tempo dos nossos antepassados.

15 Os primeiros brasileiros--os índios--foram os descobridores da maioria dos segredos dessas plantas. Eles moravam no meio da mata e por isso as usavam para tudo: comida, casa, instrumentos, roupa, canoa, **enfeite**,[9] remédio . . . A ligação deles com as plantas é tão forte que elas entraram para a história das tribos. Existem lendas para quase todas as plantas da floresta, e elas eram ensinadas para cada indiozinho que nascia.

20

*Guaraná

Hoje em dia, o guaraná que a gente conhece é o **refrigerante**.[10] Mas o que serve como remédio é o **pó**[11] da **semente**[12] **torrada**.[13] Ele contém guaranina, uma espécie de cafeína, e por isso é usado como tônico e estimulante. Também ajuda a digestão e desperta o apetite. Com o pó dissolvido em
25 **água de rosas**,[14] **dá para**[15] fazer uma máscara para **amaciar**[16] a pele. Deixar uma hora e lavar com água fria.

---

[1] Como
[2] Cresce e prospera (Fig.)
[3] Tornam-se ou se convertem em
[4] Líquido com propriedades nutritivas contidas nas substâncias vegetais
[5] Bebida feita com água e a infusão das folhas de certas plantas
[6] Impresso que acompanha um medicamento e contém informações acerca de sua composição e uso
[7] Mata, floresta ou selva
[8] Fôrmula para preparação de um medicamento
[9] Decoração ou adorno
[10] Bebida gasosa
[11] Tenuíssimas partículas de qualquer substância
[12] Fruto
[13] Tostada
[14] Tipo de colônia
[15] É possível
[16] Tornar macia ou suavizar

Maracujá

Esse todo mundo já sabe que é calmante e os cientistas comprovaram. Só que não adianta sair tomando um monte de **picolé**[17] de maracujá quando estiver nervosa porque não é o suco da fruta que serve para acalmar e sim o chá das folhas secas. Você conhece a maracujina, um calmante natural? Ela nada mais é do que um extrato das folhas do maracujá.

*Babosa

O que um xampu de babosa e um creme **hidratante**[18] de Aloe Vera têm em comum? Os dois são feitos da mesma planta. As folhas da babosa, ou aloe, têm uma resina que é usada desde a antiguidade para fortalecer e dar brilho ao cabelo. Se você quiser usá-la em casa, **descasque**[19] a folha, e bata no liquidificador. Depois é só **esfregar**[20] nos cabelos e deixar por uma hora, **enxaguando**[21] com água quente. Essa receita também serve para queimaduras de sol, só que tem que lavar tudo com água fria.

*Macela

A **boneca**[22] Emília, do **Sítio do Pica Pau Amarelo**,[23] de Monteiro Lobato, era **recheada**[24] de macela. Essa florzinha é a camomila brasileira. Faz tudo o que a sua prima européia faz: clareia o cabelo, é ótima para pele sensível e o chá é digestivo e calmante.

*Carqueja

Ela é da família dos chás que só servem mesmo para remédio, porque é super-amarga. Para problemas de **fígado**[25] existe uma receita infalível que junta carqueja com **losna e boldo**:[26] misturar uma porção das folhas dos três com **hortelã**;[27] **ferver**[28] por cinco minutos, botar 1 colher dessa mistura em 1 **xícara**[29] de chá e tomar--**tampando**[30] o nariz porque é super-amargo--meia hora antes das **refeições**.[31]

---

[17] Sorvete solidificado numa das extremidades dum pauzinho e que se toma segurando pela outra extremidade

[18] Aquilo que devolve à pele a umidade natural ou evita que se resseque

[19] Tire a casca, ou pele

[20] Friccionar

[21] Lavar ligeiramente

[22] Figura que imita a forma feminina e que serve de brinquedo

[23] Mais recentemente, um show de tevê infantil

[24] Repleta ou atulhada

[25] Víscera glandular que desempenha funções tais como secreção de bílis, produção de glicogênio, etc.

[26] Plantas

[27] Menta

[28] Aquecer muito ou produzir ebulição

[29] Taça

[30] Cobrindo

[31] Ato de alimentar-se

*Mamão

Puro, misturado com suco de laranja ou batido com sorvete, ele é uma delícia e ajuda o intestino a funcionar. Além disso, ele serve de produto de beleza. **Na roça,**[32] os lavradores usam o leite de mamão verde para retirar **calos**[33] e **verrugas**[34] e deixar as mãos **lisas**[35] quando vão ver as namoradas. É que a fruta contém papaína, uma enzima que **corrói**[36] os **tecidos.**[37] Do mamão papaia madura pode-se aproveitar a parte de dentro da casca para esfregar no rosto e fazer um "peeling" vegetal. Só não é bom exagerar, para não irritar a pele.

*Cacau

Era chamado pelos índios de "chocolath", por isso as sementes **moídas,**[38] torradas e misturadas com açúcar ficaram logo conhecidas como chocolate. Além de fortificantes, 4 colheres de cacau em pó em 1 xícara de leite servem como um laxante suave. E também tem a manteiga de cacau que é ótima para lábios ressecados.

*Babaçu

É uma espécie de palmeira muito comum no Nordeste. O óleo das sementes do babaçu é usado para fazer **batom.**[39] Misturado ao chá de folhas de malva, ele vira uma máscara para os cabelos, para dar brilho.

*Ipê-roxo

Sua mãe com certeza deve conhecer essa árvore, que é plantada em jardins e até nas ruas das cidades. O chá das cascas do tronco serve para fazer banhos contra doenças da pele.

*Milho

Milho não serve só para fazer **pipoca,**[40] **curau,**[41] **canjica,**[42] **pamonha**[43] e outras coisas gostosas. O chá da **barba**[44] de milho é **diurético.**[45] A maisena (ou amido de milho), misturada com leite ou água de rosas, funciona como uma máscara para fechar os poros e melhorar peles oleosas. A mesma pasta de maisena com água serve para aliviar queimaduras de sol.

*Losna

O nome é feio e o gosto é pior ainda. Mas o chá de losna é bom para a digestão (ver *carqueja*). A planta serve também como **vermífugo**[46] para cães e gatos. É só **triturar**[47] bem **um punhado de**[48] flores e folhas e adicionar uma colher na ração para gatos; ou 2 colheres para cachorros de **porte**[49] médio.

---

[32] No campo
[33] Endurecimentos da pele formados em determinados pontos por compressão ou fricção contínua
[34] Tumores epidérmicos
[35] Suaves ou macias
[36] Destrói progressivamente
[37] Composição básica do corpo
[38] Pulverizadas
[39] Pintura de lábios
[40] Grão de milho rebentado ao calor do fogo
[41] Comida feita de carne salgada pilada junto com farinha de mandioca
[42] Pasta de consistência cremosa, feita com milho verde ralado a que se acrescenta açúcar, leite de vaca ou de coco, e polvilha com canela
[43] Espécie de bolo feito de milho verde, leite de coco, manteiga, canela, erva-doce e açúcar
[44] Pelos ásperos e curtos, muitas vezes agrupados em pequenas mechas
[45] O que facilita a secreção urinária
[46] Aquilo que afugenta ou destrói os vermes
[47] Pulverizar
[48] Algumas
[49] Tamanho

*Malva

O chá de malva é um anti-séptico **bucal**[50] natural. A infusão das flores, **bochechada**[51] todos os dias antes de dormir, melhora gengivites, **aftas**[52] e outras inflamações da boca. As folhas, fervidas em um copo de água por cinco minutos, são calmantes para irritações dos olhos. É só aplicar em compressas **mornas**.[53]

*Stévia

Era utilizada pelos índios Guaranis como anti-concepcional. Mas, calma, não é por isso que você vai achar que não precisa mais da **pílula**.[54] Cientificamente, só o que se sabe dessa plantinha é que é 600 vezes mais doce que o açúcar, não engorda e é ideal para diabéticos ou para regimes.

*Café

O café é de origem africana e foi trazido para cá em 1727. Adaptou-se tão bem que chegou a ser o principal produto de exportação do país e entrou para a história. Além de servir como uma bebida digestiva e estimulante, é bom para baixar a febre, tomado em **jejum**.[55] Para diabetes, colocar 10 sementes de café cru em 1 copo de água fervente. Deixar em repouso por uma noite e beber em jejum.

*Capim limão

Também é conhecido como erva-cidreira, capim-cheiroso ou chá-de-estrada (porque era plantado nos **barrancos**[56] das estradas, para firmar a terra). O chá é usado como calmante, digestivo e para baixar a febre.

*Caju

A fruta do cajueiro é gostosa, cheia de vitamina C e serve para fazer sucos e doces. A **castanha**[57] serve de **salgadinho**.[58] E a casca, em forma de chá, de remédio para diabete. Também é bom **cicatrizante**[59] de **frieiras**[60] e outras doenças de pele.

*Mandioca

Foram os índios que ensinaram como plantar, preparar a mandioca e fazer a **farinha**[61] que virou um prato típico brasileiro. E os caboclos (mestiços de índio com branco) inventaram um remédio para queimaduras de sol: tapioca (ou polvilho) misturada com **pinga**[62] e passada na pele.

---

[50] Relativo à boca
[51] Agitada na boca, movimentando as *bochechas* (as partes mais salientes de cada uma das faces)
[52] Pequenas ulcerações superficiais da mucosa bucal
[53] Quentinhas
[54] Isto é, a *pílula anticoncepcional*
[55] Abstinência total ou parcial de alimentação em determinados dias
[56] Despenhadeiros ou precipícios
[57] Fruto ou semente do cajueiro
[58] Comidinha miúda de paladar salgado, servida, em geral, como aperitivo ou em reuniões festivas
[59] Que *cicatriza* ou facilita a marca deixada numa estrutura anatômica pelo tecido fibroso que recompõe as partes lesadas
[60] Inflamações causadas por excesso de umidade nos dedos dos pés
[61] Pó a que se reduzem os cereais moídos
[62] Aguardente

*Banana

Yes, nós temos banana: nanica, brava, maçã, prata, da terra, ouro . . . Banana para dar e vender! Além de engordar e fazer crescer, como já dizia a marchinha de carnaval, a banana é **emoliente**.[63] Verde, é usada para **estancar**[64] o sangue e cicatrizar feridas. Do suco das flores se prepara um xarope para bronquite.

*Coco

Cocada,[65] **doce de coco**,[66] **quindim**,[67] sorvete, tudo isso é feito de coco. Dele também é extraído um óleo, muito usado no Nordeste como bronzeador. Mas quem não está acostumado, tem que tomar cuidado para não acabar "fritando" a pele no sol. A água de coco é diurética e pode ser usada para amaciar a pele.

*Carambola

O suco é usado para tirar manchas de tinta das roupas e para baixar a febre. As folhas, amassadas, em **picadas**[68] de insetos venenosos.

Mais um segredo das plantas

Todo mundo já ouviu falar de homeopatia ou já se tratou com ela. Existem cerca de 10, 000 médicos homeopatas no Brasil, que é um dos países onde esse tipo de medicina é mais popular e a sua prática é reconhecida pelo Conselho Federal de Medicina. Algumas faculdades têm cursos especiais sobre ela no seu currículo, mas a maioria dos médicos se especializam depois de formados em cursos de um ou dois anos feitos por associações homeopáticas.

A maior diferença entre a homeopatia e a medicina tradicional (alopatia) é que os remédios não são feitos para atacar a doença, mas para fortificar e equilibrar o organismo da pessoa para que ela mesma se cure. Se os remédios alopáticos tentam matar os germes, os homeopáticos os deixam morrer de fome. Por isso a cura pode demorar.

A homeopatia usa o princípio da semelhança (muito parecido com o da vacina). Para uma pessoa que está sentindo dores de cabeça e estômago, receita-se um remédio feito de uma essência que provocaria os mesmos sintomas (dores de cabeça e estômago) numa pessoa saudável. Assim, estimula-se o organismo a usar suas próprias defesas para ficar bom.

E por que estamos falando de homeopatia numa matéria sobre plantas brasileiras?

1--A homeopatia, como muitas dessas plantas, é uma coisa que veio de fora (foi inventada por um médico alemão chamado Samuel Hahnemann em 1810), mas se adaptou super-bem, fez o maior sucesso e tem a cara do Brasil.

2--Os remédios homeopáticos são feitos com tinturas de ervas e plantas (e também de alguns minerais e animais). Essas tinturas são superdiluídas e agitadas, até **sobrar**[69] só a "energia vital" delas, um **cheirinho**[70] do que era a planta. Por isso, remédios homeopáticos não **atrapalham**[71] o equilíbrio do corpo. Eles não têm substâncias em quantidades suficientes para serem tóxicas.

(*Capricho*, abril de 1992)

---

[63] Aquilo que amolece ou abranda uma inflamação
[64] Parar ou coagular
[65] Doce seco, de coco ralado e calda de açúcar
[66] Cocada
[67] Doce feito com gema de ovo, coco e açúcar
[68] Mordida
[69] Restar
[70] Aroma
[71] Interferem com

Compreensão

1. Qual é a analogia entre o povo brasileiro e as plantas?

2. Em geral, que partes das plantas são as mais indicadas para a ingestão?

3. Quais são as qualidades principais das plantas?

4. Para que serve o guaraná, por exemplo?

5. Que tipos de comida são feitos na base do milho?

6. O que o caju tem de versátil?

7. E o coco?

8. Essencialmente, o que é a filosofia da homeopatia?

9. E da alopatia?

10. De que são feitos os remédios homeopáticos?

Vocabulário: Procure no texto um derivado dos termos à esquerda e empregue-os no contexto certo numa sentença completa.

1. Enxaguar _____

2. Inflamar _____

3. Hidratar _____

4. Bochechar _____

5. Moer _____

6. Descascar _____

7. Jejuar _____

8. Calmar _____

9. Coar _____

10. Estimular _____

11. Picar _____

12. Pingar _____

13. Vacinar _____

14. Diluir _____

15. Digerir _____

Ampliação

1. Da lista de plantas, você pode citar alguma que não seja nativa ao Brasil? E outra?

2. Você consome algumas destas plantas? Em que forma?

3. Das plantas que você não reconheça, alguma lhe interessa experimentar? Por que?

4. Você acredita no valor medicinal de muitas delas? Quais?

5. Das frutas mencionadas, qual é a sua preferida e por que?

6. Você tem mais confiança na alopatia ou na homeopatia? Por que?

7. Você acredita que a floresta ainda guarda segredos capazes de conquistar doenças hoje em dia classificadas de incuráveis?

8. Após ler esta matéria, pode-se generalizar quanto à dieta brasileira?

2

O polêmico governador do Amazonas oferece sua perspectiva terceiro-mundista da campanha universal em prol da natureza

Entrevista / Gilberto Mestrinho

*O que houve com o governador que considerava a **Rio92**[1] uma **plenária**[2] para discussões inócuas e ameaçava **boicotar**[3] a conferência com um evento paralelo no Amazonas?*

5 --Continua o mesmo. Acontece que o governo mudou muito de postura com relação à Amazônia. Parte dessa mudança veio também com as discussões que **antecederam**[4] a Conferência do Rio. Agora, já não existe mais aquele consenso mundial de que o Brasil é um país anti-ecológico porque queima sua floresta amazônica. Todos sabem, hoje, que apenas 8,5% da floresta foram afetados por algum tipo de agressão ambiental. No Estado do Amazonas, que tem três vezes a superfície da França, este
10 percentual cai para 1,24%.

A conferência, então, passou a ser extremamente produtiva?

--Também não é assim. Se não houver consenso entre os pontos mais polêmicos da
15 conferência, como o **aquecimento**[5] da Terra, a biodiversidade ou a troca de tecnologias, então discutiremos **à toa**[6] e tudo ficará **na mesma**.[7] Mas há um ponto positivo. Acabou o mito do Brasil destruidor de florestas. E, por outro lado, não se pensa também em manter a floresta como algo sagrado. O próprio governo brasileiro já admite hoje que a floresta não é mais intocável e **acena**[8] com ações de aproveitamento racional deste imenso recurso natural. Neste sentido, a Rio92 abriu espaço para o
20 crescimento Amazônico.

*Mas alguns paises, sobretudo os mais ricos, continuam defendendo a tese de que a floresta é um **patrimônio**[9] universal.*

25 --Exato. Todos nós sabemos disso. São grupos de pressão de países ricos interessados em manter a floresta inexplorada, deixando os 17 milhões de habitantes da região na miséria, ou numa exploração unilateral, sem **contrapartidas**.[10]

Quais são estes grupos de pressão?
30

--São grandes corporações industriais do setor de mineração, madeiras e bancos de biogenética. Veja bem. Quando se começou a explorar a **cassiterita**[11] na Amazônia, os preços do estanho **desabaram**[12] de US$ 12 para US$ 6 dólares o quilo. As grandes mineradoras da Malásia e da Tailândia ficaram loucas. **Daí**[13] a pressão. Que é a mesma das grandes **madeireiras**[14] americanas, canadenses
35 ou finlandesas.

---

[1] Conferência das Nações Unidas sobre Meio Ambiente e Desenvolvimento
[2] Isto é, *sessão plenária* ou *assembléia*
[3] Punir, geralmente em represália, recusando sistematicamente relações sociais ou comerciais
[4] Precederam
[5] Esquentamento
[6] Por nada
[7] Igual (a antes)
[8] Aqui, *entusiasma-se*
[9] Propriedade ou riqueza
[10] Compensações
[11] Minério de estanho
[12] Caíram vertiginosamente (Fig.)
[13] Por isso
[14] Estabelecimentos comerciais que se dedicam à exploração industrial da madeira

E qual o ponto mais importante, para a região, entre as discussões da Rio92?

--Sem dúvida a biodiversidade. Os laboratórios querem continuar explorando nossos genes
5   biogenéticos e vender para cá remédios caríssimos sem qualquer contrapartida. A indústria farmacêutica
mundial **faturou**[15] US$ 200 bilhões, ano passado, explorando princípios ativos tirados de plantas. Deste
total, pelo menos 80% são genes obtidos de plantas de florestas tropicais. Mas isto vai mudar. Nós
estamos criando um centro de biotecnologia e engenharia genética no Amazonas.

10   *O governo federal entrará com alguma contrapartida?*

--Nem vai precisar. A ajuda do governo federal para a Amazônia está acontecendo em outros
flancos. Há uma política **do não**[16] para a Amazônia. Existe hoje uma série de obstáculos de ordem legal
que impedem o desenvolvimento da Amazônia. Um deles tem a ver com os preços agrícolas. O preço
15   mínimo para a agricultura, por força de leis burocráticas e que não levam em consideração as forças de
mercado, é a metade do preço mínimo praticado no sul do país. Esta injustiça acaba **inviabilizando**[17] o
desenvolvimento agrícola das **várzeas**[18] na região. Isto é terrorismo puro.

Quais são as vocações econômicas da Amazônia?
20

--A mineração, o manejo florestal, a cultura de várzea, a **piscicultura**,[19] o cultivo de frutas e a
exploracão biogenética, sendo que este último ítem, apesar de ser o menos explorado, é com certeza a
vocação maior e mais **promissora**.[20]

25   *Onde entra a **Zona Franca**[21] de Manaus?*

--As pessoas criticam a Zona Franca mas estas críticas não resistem a maiores análises. Você
pode ir ao *free-shop* do aeroporto e tem direito de comprar até US$ 500 dólares em caixas de uísques.
Se você quer trazer dois pares de **tênis**[22] da Zona Franca, não pode. **São dois pesos e duas**
30   **medidas**.[23]

*Mudando de assunto, o senhor visitou o **Fórum Global**[24]?*

--Visitei, sim, e achei o encontro das organizações não-governamentais muito interessante. Mas
35   os **picaretas**[25] ainda estão soltos.

---

[15] Ganhou

[16] Isto é, *de impedimentos*

[17] Tornando inviável ou insustentável

[18] Planícies férteis ou terras chãs

[19] Arte de criar e multiplicar os peixes

[20] Cheia de promessa

[21] Região submetida a um regime administrativo especial, à qual se concede franquia aduaneira

[22] Isto é, *sapatos tênis*

[23] Tratamento injusto, muitas vezes preconceituoso

[24] Um dos eventos mais significativos da Rio92

[25] Pessoas (desonestas) que usam de expedientes ou embustes para alcançar favores

Quem são os picaretas?

--Eu acho engraçada a retórica de algumas destas organizações. Elas se declaram não-governamentais mas vivem pedindo **verbas**[26] a governos para manter programas ecológicos. Então, são organizações não-governamentais que querem ser governamentais (risos). Muitas são um meio de vida. São organizações ecológicas **de fachada**.[27] Por trás, servem apenas para enriquecer seus dirigentes.

O que o senhor pensa da organização Greenpeace?

--São uns ecofacistas. Baseiam **reivindicações**[28] em teorias que não possuem base científica necessária. Aliás, toda a convenção debate teorias sem fundamento científico exaustivamente comprovado. Por exemplo, dizem que a **camada**[29] de ozônio está se reduzindo. Mas um estudo da Nasa mostrou recentemente que a camada aumentou. A indústria de cosméticos se lançou na preparação de cremes de proteção, hoje **encalhados**.[30] São informações contraditórias. Alguns cientistas afirmam que o buraco na camada de ozônio sobre a Antártida é consequente do ciclo normal da radiação solar. Então, podemos todos estar **assombrados**[31] com coisas que não são verdadeiras. Mas tudo isto é muito irônico.

Por que?

--Por que ninguém **avalia**[32] os efeitos dos testes atômicos na atmosfera? Porque são prerrogativa dos ricos. Ninguém toca neste assunto e ficam todos **se debruçando sobre**[33] assuntos mal resolvidos cientificamente.

*O que aconteceu no episódio dos **out-doors**[34] com a frase **Ecologists, Go Home! State of Amazonas, The Home of The Ecologists** (Ecologistas, vão para casa! Estado da Amazônia, a casa dos ecologistas)?*

--Isto foi engraçado. Quando me falaram que havia **cartazes**[35] mandando os ecologistas para casa, fiquei assustado. Isto é uma indelicadeza, pensei. Fiquei **aborrecido**[36] e disse que não tinha nada a ver com aquilo. **Aí**[37] me telefona o **prefeito**[38] de Manaus e me pergunta se estava tudo bem na conferência. Eu disse a ele que sim, com exceção da **brincadeira**[39] de mau gosto que haviam feito comigo. O prefeito me disse então que havia sido ele quem ordenara a colocação dos cartazes e me narrou a frase completa, uma espécie de convite bem-humorado para uma visita à Amazônia. Tratava-se de uma surpresa. Foi até ótimo. Deu uma repercussão grande e o Amazonas ficou **badalado**[40] por aí. Outro cartaz virá em breve. Será *Amazônia, The Real Greenpeace.* (risos)

(*Jornal do Brasil*, 8 de junho de 1992)

---

[26] Fundos ou dinheiro

[27] Que não cumprem com o seu objetivo declarado

[28] Atos de *reivindicar* (tentar recuperar [alguma coisa]; exigir)

[29] Capa

[30] Não sendo mais vendidos

[31] Assustados

[32] Determina o valor (ou impacto) de

[33] Se concentrando em

[34] Designação genérica de qualquer propaganda exposta ao ar livre e que se caracteriza por forte apelo visual

[35] Anúncios ou avisos de grande formato

[36] Irritado ou chateado

[37] Aqui, *a essa altura*

[38] Chefe municipal

[39] Gracejo ou pilhéria

[40] Divulgado favoravelmente (Gír.)

Compreensão

1. Segundo o governador, que porcentagem da floresta amazônica foi afetada pela agressão ambiental?

2. Como se compara o tamanho do Estado do Amazonas à França?

3. O que é que Mestrinho opina da idéia de a floresta amazônica ser um patrimônio universal?

4. Quais são alguns dos grupos de pressão que estão prejudicando o desenvolvimento racional da floresta?

5. Ironicamente, quem mais impede o desenvolvimento do Amazonas?

6. O que é que o governo do Amazonas está criando para aproveitar melhor sua riqueza biodiversificada?

7. Cite algumas das chamadas "vocações econômicas" da Amazônia.

8. Quem está sendo acusado de picareta pelo governador?

9. Quem são os ecofacistas?

10. Que falácia alegam, segundo Mestrinho?

Vocabulário : (a) Relacione os termos da primeira coluna com os (quase) antônimos da segunda e (b) empregue-os em sentenças completas.

1.	Mudança	a.	Sucederam
2.	Inexplorada	b.	Harmonioso
3.	Contraditório	c.	Desvantagem
4.	Prerrogativa	d.	Virgem
5.	Boicotar	e.	Superficial
6.	Inócuas	f.	Permanência
7.	Antecederam	g.	Cortesia
8.	Sagrado	h.	Daninas
9.	Exaustivo	i.	Apoiar
10.	Indelicadeza	j.	Profano

Ampliação

1. Você acha hipócrita a atitude do Primeiro Mundo para com o Terceiro, notavelmente para com o Brasil?

2. Você acha que a indústria farmacêutica internacional deveria alterar sua política de exploração das selvas amazônicas?

3. Logicamente, quem mais apoia a troca de tecnologias? Quem mais objeta e por que?

4. Você concorda com o quadro positivo do governador, alegando que não há perigo nem do aquecimento da Terra nem de a camada de ozônio estar sendo reduzida?

5. Será que ele tem segundas intenções em pregar sua versão de um desenvolvimento acelerado para o Amazonas? Ou está apenas servindo os melhores interesses do povo amazonense?

6. Por que ele fala tão mal dos ecologistas e ONG's?

7. A quem você dá mais razão e por que?

8. Da maneira como Mestrinho fala, dá para avaliar um pouco a personalidade dele?

3

Enquanto se discute o futuro da última reserva
natural da Terra, o **extrativismo**[1] ganha mais força

Amazônia e a lei da selva

Filho pródigo da riqueza, o **desperdício**[2] é um monstro tropical que já devorou a **mata**[3] atlântica e agora se dedica a comer a floresta amazônica, enquanto, nas horas **vagas**,[4] traça pedaços do **cerrado**.[5] Da mata atlântica que cobria todo o **litoral**,[6] do Sul ao Nordeste, penetrando até 500 quilômetros para o interior, resta cerca de 8% da área original. A maior parte foi **derrubada**[7] para dar
5 lugar a estradas, cidades, **lavouras**,[8] indústrias, **pastagens**,[9] **represas**[10] e **usinas**[11] ao longo de quase cinco séculos de colonização.

Última grande reserva selvagem da Terra, a Amazônia perdeu 8% de suas matas, no processo que se acelerou nos últimos 20 anos. Parece pouco, mas em apenas duas décadas as **moto-serras**[12] **ceifaram**[13] 40 milhões de hectares, ou seja, mais da metade da área cultivada em todo o Brasil. A
10 devastação, que caiu de 2,2 milhões de **hectares**[14] por ano para 1,1 milhão em virtude da crise econômica e da comoção ecológica, foi feita para extrair madeira ou simplesmente para plantar pastos, com dinheiro deduzido do **Imposto de Renda**[15] por grandes empresas do Centro-Sul.

Tanto quanto a área **desmatada**,[16] não há contabilidade precisa do gigantesco **empreendimento**[17] colonizador tentado pelos governos brasileiros, especialmente nos anos 70 e 80, **em**
15 **parceria**[18] com grandes empresas nacionais e estrangeiras. Mais da metade das **fazendas**[19] abertas com incentivo fiscal não está operando, algumas por falta de recursos, outras por falta de viabilidade e muitas por uma mistura de fatores como a megalomania, o manejo inadequado e o excessivo isolamento dos mercados consumidores.

Um **vazio**[20] semelhante ocorre tanto na **Zona Franca**[21] de Manaus como em projetos de
20 colonização privados pelo interior da Amazônia e até em belas **jogadas**[22] agro-industriais perto de Belém do Pará. A Superintendência para o Desenvolvimento da Amazônia (Sudam), que aprovou todos esses projetos, argumenta que a palavra "**fracasso**"[23] não serve para definir o que aconteceu. Primeiro, porque faltam parâmetros para medir os empreendimentos na Amazônia, uma região rica em matérias-primas,

---

[1] Atividade econômica destinada à extração de riquezas naturais (vegetais, animais e minerais)
[2] Perda ou desaproveitamento
[3] Floresta, selva ou mato
[4] Livres
[5] Tipo de vegetação caracterizado por árvores baixas, retorcidas, em geral dotadas de casca grossa
[6] Costa
[7] Abatida, cortada ou desmatada
[8] Cultivos da terra ou lavras
[9] Lugares onde o gado pasta
[10] Obras destinadas à acumulação de água empresada para diversos fins; barragens
[11] Quaisquer estabelecimentos industriais equipados com máquina, destinados à produção de energia; fábricas; engenhos de açúcar
[12] Instrumentos cortantes ou serrotes motorizados e portáteis
[13] Abateram ou cortaram
[14] Unidades de medida agrária
[15] Tributo que pessoas físicas ou jurídicas pagam ao estado
[16] Desflorestada
[17] Realização
[18] Em sociedade
[19] Grandes propriedades rurais, de lavoura ou de criação pecuária (de gado)
[20] Vácuo
[21] Região submetida a um regime administrativo especial, à qual se concede franquia aduaneira
[22] Negócios tramados e elaborados por meio de ardis, maquiavelicamente
[23] Desastre, desgraça ou malogro

mas que, por falta de mercado consumidor, tem de se dedicar à exportação. Segundo, como afirma o economista Fernando Costa Silva, diretor da Sudam, os incentivos fiscais aplicados na Amazônia (**fora**[24] Manaus) representam apenas 8% do total. Na Zona Franca, foram aplicados aproximadamente outros 15%. Em relatórios, a Sudam reconhece que os investimentos via incentivos tiveram modestos
5 resultados econômicos e tímidos efeitos sociais. O que **restou**?[25]

A Amazônia já não é o vazio demográfico dos tempos da construção da **rodovia**[26] Belém—Brasília, na década de 50. Hoje ela tem 16 milhões de habitantes e outras tantas cabeças de gado, estradas, aeroportos, usinas hidrelétricas e alguns milhares de empreendimentos agrícolas, **pecuários,**[27] minerais, turísticos e industriais. Vasta e isolada, a Amazônia não suporta análises do tipo relação
10 custo/benefício. Por isso, é quase consenso que tudo o que se fez em anos recentes foi um **vôo no escuro**[28] que **rendeu**[29] sobretudo experiência. De acordo com o raciocínio dos **amazônidas,**[30] foi um **ensaio**[31] positivo. É bem verdade que os habitantes da Amazônia não **medem**[32] as distâncias em metros, mas em horas de barco, o que configura uma singular noção de espaço e tempo. Para eles, os desmatamentos realizados nessas últimas décadas foram pouco mais do que um **arranhão.**[33]
15 Na sede da Sudam, em Belém, os diretores apontam o mapa para mostrar que as derrubadas se concentraram no sul do Pará, no norte do Mato Grosso, em Rondônia e no Alto Tocantins (antigo extremo norte de Goiás). **Tombaram**[34] principalmente florestas de transição entre os cerrados e a mata amazônica densa. O Estado mais devastado foi Rondônia, que perdeu 23% de sua vegetação original. O menos atingido foi o Amapá, que perdeu 1%. "A **Hiléia**[35] permanece intacta", afirma Augusto Silva,
20 diretor de recursos naturais da Sudam, advertindo que os amazônidas podem não saber o que é melhor para a Amazônia, mas já sabem o que não serve.

Um dos grandes ensinamentos deixados pela Amazônia, nesse século de tentativas e experiências, é que ela não aceita os monocultivos comuns em ambientes ecológicos menos complexos. **Seringueira,**[36] ou capim-colonião--tudo que foi plantado intensivamente, substituindo a mata nativa--não
25 deram bons resultados. Não é **à toa**[37] que a região abriga a maior diversidade biológica do planeta. É um sistema ecológico que encontra seu equilíbrio, por excelência, na variedade de formas de vida que se entrelaçam em **simbioses,**[38] **parasitismos**[39] e processos biológicos interdependentes. Não é estranho, portanto, que a Amazônia continue a sustentar as mais variadas formas de extrativismo--o sistema econômico mais primitivo da história humana.
30 Com todos os investimentos públicos e privados realizados na implantação de empreendimentos modernos, a Amazônia **fornece**[40] ao Brasil e ao mundo um fabuloso volume de produtos extraídos da natureza: madeira, **borracha,**[41] **castanha,**[42] **palmito,**[43] **açaí,**[44] ouro, ferro, manganês, peles de animais,

---

[24] Com a exeção de

[25] Ficou

[26] Estrada

[27] Relativo a gados (reses)

[28] Experiência às cegas

[29] Produziu

[30] Pessoas que nasceram ou habitam na Amazônia

[31] Tentativa

[32] Calculam

[33] Ferida leve ou pouco profunda

[34] Desmataram

[35] Nome da floresta (densa) como definido pelo naturalista Alexandre von Humboldt (1769-1859)

[36] Árvore de cujo látex se fabrica a borracha

[37] Por nada

[38] Associações de duas plantas ou de uma planta e um animal, nas quais ambos os organismos recebem benefícios, ainda que em proporções diversas

[39] Condições de vida de *parasito* (organismo que se alimenta de outro)

[40] Proporciona ou dá

[41] Substância elástica feita do látex coagulado de várias plantas, principalmente a seringueira

[42] Fruto (noz) do castanheiro ou do cajueiro

[43] Gomo terminal, longo e macio, do caule das palmeiras, comestível em algumas espécies

[44] Palmeira de cujos frutos se faz uma espécie de refresco

essências vegetais, **corantes**[45] naturais, **babaçu**,[46] **dendê**,[47] **copaíba**,[48] **andiroba**,[49] **guaraná**,[50] **piaçava**,[51] **jaborandi**,[52] **ipeca**,[53] **pirarucu**,[54] camarão-rosa . . . A lista de produtos vegetais com a mínima base econômica chega a 37 itens.

5 Calcula-se que o extrativismo vegetal mobilize um exército de 100 mil pessoas na Amazônia, gerando do 10 a 20% do produto primário da região. Junto com a mineração, ele está mais viva do que nunca. É na verdade o **eixo**[55] da discussão sobre o futuro da Amazônia. Uma discussão que envolve paixão e violência, mobilizando ecologistas, missionários, agentes governamentais, líderes **sindicais**,[56] índios, seringueiros e **catadores**[57] de castanhas.

10 A comoção gerada pelo assassinato do líder seringueiro Chico Mendes, em 1988, no **bojo**[58] de conflitos **fundiários**[59] que já provocaram a morte de três centenas de agricultores na Amazônia, favoreceu a idéia de manter áreas de trabalho para os seringueiros, que exercem uma atividade centenária na floresta. As reservas extrativistas são áreas públicas enormes que chegam a ter, cada uma, mais de 1 milhão de hectares. Já são 16 as reservas espalhadas pelo Acre, Amapá e Rondônia, somando 5,8 milhões de hectares. Nelas vivem cerca de 55 mil famílias. Somando-se às 124 áreas de

15 conservação ecológica (florestas, parques e estações, num total de 33 milhões de hectares) e às terras dos índios existentes na região (cerca de 40 milhões de hectares), fica claro que cerca de 15% do território amazônico está sob a **tutela**[60] oficial, em nome do equilíbrio ecológico e da sobrevivência da fauna, da flora e dos povos da floresta.

Pela sua própria riqueza vegetal e baixa densidade populacional, a Amazônia ainda tem muito a

20 tirar do sistema extrativo antes que surja o modelo econômico mais apropriado para a região--talvez, o extrativismo pós-moderno. Mas é preciso avançar. Um passo além do extrativismo, agora, seria a agro-indústria, baseada no beneficiamento de alguns produtos primários: fábricas de **óleos**,[61] cosméticos, **móveis**.[62] "**Chega de**[63] pensar na Amazônia como reserva de matérias-primas florestais ou empório de artigos eletro-domésticos", diz Costa Silva, da Sudam, um amazônida convencido de que é preciso parar

25 de pensar em milagres ou **panacéias**[64] para a região. Ou seja, nem transplante de outros modelos nem extrativismo puro, exclusivo.

Independentemente de filiação a movimentos ecológicos, os técnicos que trabalham na Amazônia concordam que, agora, o mais racional é fazer um bom **aproveitamento**[65] das áreas desmatadas. Elas podem servir à pecuária, às lavouras temporárias e perenes ou à **silvicultura**.[66] Ou à

30 combinação dessas atividades. Nas regiões desmatadas do sul do Pará e norte do Mato Grosso, além do

---

[45] Substâncias que dão cor

[46] Palmeira de cujos frutos se extrai um óleo empregado sobretudo na alimentação

[47] Óleo extraído do fruto do dendezeiro

[48] Árvore cujo fruto produz um óleo medicinal

[49] Árvore conhecida por sua madeira e na medicina polular

[50] Grande cipó que fornece substâncias excitantes e, por isso, adequadas à fabricação de refrigerantes e certos medicamentos

[51] Palmeira cujas fibras são empregadas na fabricação de vassouras

[52] Arbusto cujas folhas, quando mascadas, exercem certo efeito anestésico sobre a mucosa bucal

[53] Ou *ipecacuanha* : erva que fornece emetina, utilizada como medicamento e poderoso emético (o que provoca vômito)

[54] Um dos maiores peixes de água doce

[55] Essência (Fig.)

[56] Relativo ao *sindicato* : associação para fins de defesa e coordenação de interesses econômicos e profissionais, de todos aqueles que exerçam atividades idênticas, similares ou conexas

[57] Aqueles que *catam* (recolhem) um a um

[58] Âmago, cerne ou centro

[59] Agrários

[60] Controle

[61] Designação comum a substâncias gordurosas, líquidas a temperatura ordinária, inflamáveis e de origem vegetal ou animal

[62] Mobílias

[63] Não se devia mais

[64] Recursos sem nenhum valor

[65] Aqui, *uso*

[66] Ciência que tem por finalidade o estudo e a exploração das florestas

Acre, Rondônia e Tocantins, há cerca de 500 mil agricultores itinerantes que usam a cada ano um total de 1 milhão de hectares para produzir arroz, feijão, milho e mandioca. Essas roças **de queimada**[67] respondem por 80% do consumo de alimentos na região amazônica. O satélite que denuncia as queimadas não sabe se esse fogo é de mata recém-derrubada, de **capoeira**[68] que sucede a
5 desmatamento mais antigo ou, ainda, de pasto em renovação. O fogo é um instrumento usado por ricos e pobres, pecuaristas ou agricultores, em toda a Amazônia.

O agricultor migrante, que chegou **embalado**[69] pela ilusão da terra própria ou **tangido**[70] pela miséria em sua região de origem, é o maior contingente rural a desafiar soluções técnico-econômicas na Amazônia. Na situação atual, ele é incapaz de sair do círculo vicioso dos desmates semi-clandestinos.
10 Entretanto, em algumas regiões, especialmente no Pará, alguns produtores começam a alcançar certa estabilidade econômica graças à combinação de atividades. A **Embrapa**[71] batizou-os de modelos agro-silvo-pastoris, porque integram lavouras, criação animal e exploração de floresta. É assim em Paragominas, ao sul de Belém. Ou na região bragantina, no litoral paraense, onde as derrubadas foram feitas há mais de um século. Cita-se também como uma alternativa interessante para a Amazônia o
15 modelo implantado em Tomé-Açu, por imigrantes japoneses que exploram a pimenta-do-reino e outras culturas, à sombra da floresta praticamente intocada. São soluções **caipiras**[72] que começam a obter o **aval**[73] dos técnicos.

A **fitoterapia**[74] começa a ser **pesquisada**[75] a fundo na Amazônia. O Museu Emílio Goeldi, a mais antiga instituição de pesquisa da Amazônia, com sede em Belém, estuda atualmente os óleos
20 essenciais, com grande procura industrial. E a Embrapa, em convênio com um órgão japonês, iniciou um trabalho com várias plantas. O maior destaque (e certa pressa) vai para a ipecacuanha, pequeno arbusto da família do café, que cresce na sombra da mata úmida e serve para o tratamento de vários problemas de saúde, especialmente as gastroenterites infantis. Os testes com cultivo irrigado, sem cobertura da floresta, vêm gerando grande animação na **equipe**[76] da farmacêutica Irenice Alves, que pilota talvez um
25 novo caso de domesticação vegetal. A ipeca nativa praticamente sumiu do mapa em regiões como o Mato Grosso. Um dos mais antigos produtos de exportação da flora brasileira, a ipeca é coletada cada vez mais longe dos centros urbanos da Amazônia. O mesmo acontece com espécies como o jaborandi, já cultivado no Maranhão pelo laboratório Merck, que entretanto não fornece dados aos pesquisadores.

Essas histórias de escassez, segredo, oferta e procura de **ervas**[77] medicinais estão sendo
30 organizadas em livro pela Doutora Irenice. Mesmo copiando livros do século passado e compilando as pesquisas mais recentes, sua antologia das plantas medicinais da Amazônia não deve passar de 200 espécies. "Na realidade, nós conhecemos pouquíssimo da flora amazônica", diz ela. Calcula-se que a ciência não conheça mais do que 5% das espécies vegetais existentes na região. Isso explica por que a fitoterapia e a **farmacologia**[78] têm tanto futuro na Amazônia. Ou por que **vingam**[79] lendas sobre o poder
35 afrodisíaco das plantas locais. "Aqui", diz com ironia a agrônoma Maria Elisabeth van den Berg, do Museu Emílio Goeldi, "basta o sujeito se **esfregar**[80] no tronco de uma árvore que ele já sai todo cheio de energia . . ."

Com toda a abundância vegetal da Amazônia, a própria exploração madeireira não foi além de 100 espécies e, hoje, concentra-se em apenas uma dúzia, sob a liderança do **mogno**.[81] Best-seller da
40 floresta, o mogno foi tão cortado, na Amazônia, que em março passado quase entrou para a lista internacional de espécies ameaçadas de extinção.

A Amazônia, na verdade, não é um eco-sistema único. São pelo menos 112 eco-sistemas diferentes. Esses sistemas ecológicos definem-se por características peculiares à vegetação e que

---

67 Isto é, *desmatadas* ou *preparadas por meio de queimadas* (incêndios)
68 Terreno em que o mato foi queimado ou roçado para cultivo da terra
69 Empolgado ou animado (Fig.)
70 Tocado
71 Empresa Brasileira de Pesquisa Agropecuária
72 Simples (Fig.)
73 Apoio
74 Tratamento de doenças com plantas
75 Investigada
76 Time ou grupo de apoio
77 Aqui, *plantas*
78 Parte da medicina que estuda os medicamentos sob todos os aspectos
79 Aqui, *prosperam*
80 Friccionar ou roçar
81 Árvore cuja madeira é das mais valorizadas para a produção de móveis

condicionam toda a vida animal ao redor. São matas densas, abertas, **várzeas**,[82] campos, cerrados, **serras**[83] e diversas combinações desses ambientes, gerando um intricado jogo de relações entre os reinos vegetal e animal. E aí que mora a famosa biodiversidade da Amazônia, um mundo complexo e delicado que até hoje fascina os cientistas.

5   Desmatamento zero? Ou a continuação da devastação? "O verdadeiro problema ecológico brasileiro não está na floresta amazônica", diz o agrônomo Alfredo Homma, "mas nas selvas de pedra sem **saneamento**[84] básico". De fato, a corrida para a Amazônia não pode ser dissociada dos problemas de outras regiões, como o Nordeste e o Sul, tradicionalmente exportadoras de **mão-de-obra**,[85] especialmente a rural.

10   Para criar uma política de desenvolvimento para a Amazônia, é preciso antes pensar no país. Enquanto essa região for **encarada**[86] como válvula de escape ou campo de fuga para os problemas do Brasil, dificilmente se conseguirá extrair dela toda sua riqueza, sem **danos**[87] ambientais nem desperdícios. Tanto quanto o romantismo, a improvisação não é boa conselheira para **se chegar lá**.[88]

(*Globo Ecologia*, junho de 1992)

---

[82] Planícies férteis e cultivadas
[83] Montanhas
[84] Higiene pública
[85] Trabalhadores (Fig.)
[86] Vista
[87] Estragos ou destruição
[88] Isto é, *para se resolver a questão*

Compreensão

1. Que floresta já foi devastada?

2. Que porcentagem da Amazônia já foi devastada?

3. Por que o ritmo de deflorestamento da Amazônia diminuiu nos últimos anos?

4. Que setores são mais responsáveis pelo desmatamento?

5. Por que este "desenvolvimento" não foi exatamente um êxito?

6. Qual foi o estado mais atingido e que parte de sua vegetação foi destruída?

7. Que produtos, por exemplo, a Amazônia já está fornecendo ao Brasil e ao mundo?

8. Quem mais se serve das reservas extrativistas?

9. Em que se basearia a agro-indústria?

10. Para que, segundo todos, podem servir as áreas já desmatadas?

11. O que mais vem inspirando a migração interna para a Amazônia?

12. Calcula-se que a ciência conheça apenas qual porcentagem das espécies vegetais existentes da região?

13. A Amazônia pode ser considerada um só eco-sistema?

14. Segundo Alfredo Homma, onde é que o futuro da região vai ser decidido?

Vocabulário : (a) Relacione os termos da primeira coluna com os (quase) sinônimos da segunda e (b) empregue-os em sentenças completas.

1.	Derrubada	a.	Agricultura
2.	Lavoura	b.	Interdependência benéfica
3.	Devastação	c.	Noz
4.	Em virtude	d.	Abateram
5.	Mata	e.	Savana
6.	Tombaram	f.	Desmate
7.	Simbiose	g.	Por causa
8.	Coletada	h.	Floresta
9.	Cerrado	i.	Recolhida
10.	Fruto	j.	Destruição

Ampliação

1. Por que a biodiversidade é tão importante a qualquer referência ao desenvolvimento da Amazônia?

2. Por que será que a Sudam avalia de forma otimista os estragos à região?

3. Por que a farmacologia e a fitoterapia têm tanto potencial na Amazônia?

4. O uso de uma região grande, pouco povoada e isolada, como alternativa para os problemas do resto do país, têm paralelos em outras partes do mundo? Em quais?

5. Dadas as contínuas explosão demográfica brasileira e a má distribuição de renda per capita, você é otimista a respeito do futuro da Amazônia? Por que (não)?

6. O que a comunidade de nações pode fazer--em termos concretos--para assegurar, se não a preservação da região, pelo menos o uso inteligente e benéfico de seus recursos?

4

As discussões da **Eco92**[1] chegam ao fim com
queixas[2] **veladas**[3] dos países ricos e pobres

O Rio já é história

O **tiroteio**[4] acabou em festa--ou em samba, como os cariocas gostam de dizer. Frustrou-se
quem esperava no encerramento da Eco 92 a primeira carga de cavalaria entre os ricos do Norte e os
5   pobres do Sul divididos pela ecologia. Depois de doze dias de conversa entre a **nata**[5] da burocracia
diplomática mundial, a **pendenga**[6] que **ameaçava**[7] tomar lugar da defunta Guerra Fria diluiu-se em
discursos açucarados de presidentes, primeiros-ministros e ditadores. Na sexta-feira, **caciques**[8] de
nações grandes, médias e pequenas posavam sorridentes para fotos, na entrada do auditório das
sessões plenárias no **Riocentro**,[9] ao lado dos livros com as assinaturas das convenções sobre clima e
10   biodiversidade. As **desavenças**[10] mais **espinhosas**,[11] envolvendo a soberania das florestas e a conta a
pagar pela **faxina**[12] planetária, consumiram madrugadas inteiras de discussão mas ninguém estava
disposto a **estragar**[13] a festa. As divergências que o jeitinho diplomático não foi capaz de eliminar foram
varridas[14] para baixo do **tapete**.[15] Com as **bênçãos**[16] de todos.

Apesar do clima de encontro de **escoteiros**[17] nos últimos dias da Eco92, **proporcionado pela**[18]
15   organização eficiente da conferência e pelo alívio dos diplomatas pelo fim das reuniões, havia de **lado a
lado**[19] um gosto amargo pelos objetivos não alcançados. Os países pobres não conseguiram arrancar
promessas de recursos nos **montantes**[20] sonhados pela ONU. Dos 125 bilhões de dólares que seriam o
pontapé[21] inicial num amplo programa de financiamentos ecológicos ao Terceiro Mundo, os paises ricos
comprometeram-se com 10 bilhões. Os ricos lamentavam que no tratado das florestas, os paises
20   tropicais não saíram da conferência obrigados a preservar áreas de interesse biológico. Eles foram
apenas incentivados a fazê-lo.

As conversas sobre dinheiro não foram fáceis. Nem parecia que se estava discutindo sobre
recursos públicos, tradicionalmente comprometidos pelos políticos com **leveza de alma**.[22] Rubens
Ricúpero, embaixador brasileiro em Washington, manteve-se fechado por dezoito horas, numa das salas
25   de reunião do Riocentro, com representantes das 27 delegações **habilitados**[23] a falar de finanças. De 10

---

[1] Conferência das Nações Unidas sobre Meio Ambiente e Desenvolvimento
[2] Reclamações ou motivos de ressentimento
[3] Dissimuladas, ocultas ou disfarçadas
[4] Literalmente, fogo de fuzilaria no qual os tiros são numerosos e sucessivos
[5] Elite
[6] Bate-boca ou discussão
[7] Estava próxima a (Fig.)
[8] Chefes
[9] Local onde se realizou a Rio92
[10] Discórdias ou diferenças
[11] Difíceis (Fig.)
[12] Limpeza
[13] Arruinar ou sabotar
[14] Feitas desaparecer (Fig.)
[15] Carpete pequeno e não estacionado
[16] Aprovação (Fig.)
[17] Jovens organizados do escotismo, uma entidade voluntária, dedicada à educação extra-curricular, e à disciplina, fundada por Baden-Powell
[18] Decorrente
[19] Juntamente
[20] Somas ou quantidades de capital
[21] Ativador (Fig.)
[22] Isto é, *sem hesitação*
[23] Autorizados

horas da manhã de terça-feira até as 1 horas da madrugada de quarta, um grupo de cinqüenta pessoas debateu, até a exaustão, cada **vírgula**,[24] cada ponto e cada palavra das quase 2 000 que compõem o documento. Tiveram apenas vinte minutos para ir ao banheiro e fazer um lanche. "Nunca vi nada tão tenso em minha vida", comentou o diplomata Bohlen Curtis, delegado dos Estados Unidos nessa

5   comissão. Ricúpero sentiu essa tensão na própria pele. Por volta das 2 horas da madrugada de quinta-feira, **reparou**[25] que as mangas de sua camisa estavam ensangüentadas. De tanto **esfregar**[26] os cotovelos na mesa, acabou ferindo-os.

"As dificuldades na questão financeira não me surpreenderam. Mas os resultados da conferência não podem ser vistos com uma perspectiva preta e branca", disse uma repórter de *Veja*. O relatório

10   Brundtland de 1987 foi o primeiro documento da ONU a **exortar**[27] os países a buscar formas de progresso compatíveis com a capacidade da natureza de suportar a atividade econômica, o chamado desenvolvimento sustentado. A conferência do Rio, aliás, chegou ao fim sem que se soubesse exatamente o que essa expressão implica de mudanças e tampouco como implementá-las no cotidiano das nações. "A expressão tem o mesmo apelo de outras causas contra as quais ninguém pode ser

15   eticamente contra mas que pouca gente **vislumbra**[28] como podem ser aplicadas na prática", diz o ecologista britânico Michael Jacobs. O presidente norteamericano resumiu o sentimento geral nas despedidas da Eco92: O caminho para o Rio foi importante. Mas o fundamental será o caminho daqui para a frente".

20   (*Veja*, 17 de junho de 1992)

Os resultados da Eco92

Dinheiro --Paises ricos se comprometem a destinar 0,7% do **PIB**[29] para a limpeza do planeta. O Brasil

25   ganhou 2,6 bilhões de dólares para seus projetos ecológicos.

Clima --Cada país deve reduzir suas emissões de gás carbônico aos níveis de 1990, mas a conversão não dá **prazo**[30] para que se cumpra o prometido.

30   *Floresta* --Aprovada apenas uma declaração de princípios, sem força de lei, pela preservação das florestas, inclusive as do Primeiro Mundo.

Biodiversidade --Empresas dos paises ricos devem transferir tecnologia e pagar royalties para as dos paises pobres nos negócios que fizerem juntos. EUA **estão de fora**.[31]

35

População --Mereceu apenas um dos quarenta capítulos da Agenda 21, o maior documento da Eco92. O capítulo é vago e não faz exigências sobre planejamento familiar.

(*Jornal do Brasil*, 8 de junho de 1992)

---

[24] Sinal de pontuação que denota pausa e, por extensão, detalhe
[25] Notou
[26] Friccionar
[27] Incentivar
[28] Vê
[29] Produto Interno Bruto
[30] Tempo determinado
[31] Não estão incluídos

Compreensão

1. Como concluiu a Eco92 (Rio92)?

2. Quem participou e quanto tempo durou?

3. O que criou a maior discórdia?

4. O que os paises "pobres" não conseguiram?

5. O que lamentavam os paises industrializados?

6. Afinal de contas, quanto dinheiro aparentemente vai passar do Primeiro para o Terceiro Mundo?

7. Qual é a importância do Relatório Brundtland?

8. O que o ex-presidente norte-americano notou, com toda razão?

Vocabulário: (a) Relacione os termos da primeira coluna com os (quase) antônimos da segunda e (b) empregue-os em sentenças completas.

1.	Veladas	a. Resmunguentos
2.	Ditadores	b. Em teoria
3.	Exaustão	c. Óbvias
4.	Na prática	d. Retido
5.	Sorridentes	e. Descanso
6.	Proporcionado	f. Democratas
7.	Bênçãos	g. Doce
8.	Exortar	h. Inauguração
9.	Amargo	i. Desencorajar
10.	Encerramento	j. Condenações

Ampliação

1. Qual é a queixa que mais justificativa tem--para o Terceiro Mundo ou para o Primeiro?

2. Em quem você tende a confiar mais e por que--nas delegações oficiais ou nas ONG's (Organizações Não Governamentais)?

3. O que você opina de "Os resultados da Eco92"?

4. Você acredita que, sem estipulações específicas e prazos fixos, alguma coisa vai mudar?   Como?

5. Você pode imaginar um cenário internacional quando acordos sérios serão realmente cumpridos? Por que (não)?

6. De todos os pontos cobertos na lista de resultados, qual lhe parece mais significativo e por que?

TEATRINHO

"Terreno comum ou confronto norte-sul?"

Elenco

Vários universitários uspianos (da USP). Entre eles, domina a ala brasileira mas também há uns poucos alunos de intercâmbio, primeiro-mundistas.

Argumento

É um bate-papo de sexta-feira à tarde, entre amigos e colegas reunidos casualmente num barzinho popular perto do campus. Surgem algumas das questões tocadas na Eco92, só que sentidas de forma mais humana e pessoal. Enquanto não faltam acusações meio sectárias, o que mais se ouve são soluções mais equilibradas que exigem sacrifícios de ambos os lados e não procuram bodes expiatórios. É um ambiente descontraído apesar da seriedade do assunto.

Os participantes mais empenhados são poucos--de 3 a 5--enquanto quem restar da classe interrompe à vontade com perguntas e apartes.

Expressões úteis

Biodiversidade
Capitalismo selvagem
Compartilhar
Comunidade global
Controle (do desmatamento,
   da natalidade, da poluição, etc.)
Extrativismo
Exploração controlada
Explosão demográfica
Incentivar
Índio
Mata
Meio ambiente

Preservação
Primeiro Mundo
Proteger
Poluição
Recursos naturais

Região amazônica
Reserva (floresta, indígena, etc.)
Respeitar o próximo
Rico/pobre
Riqueza vegetal, mineral ou animal
Terceiro Mundo
Turismo

TEMAS PARA COMENTÁRIO ORAL OU ESCRITO

1. A hipocrisia da política primeiro-mundista para com a riqueza natural do Terceiro Mundo.

2. As maravilhas surpreendentes da flora e fauna tropicais.

3. A injustiça de o Amazonas não ter o direito de se desenvolver como os demais estados.

4. Há suficiente riqueza para todos os setores sócio-econômicos da Amazônia prosperarem em paz.

5. A invasão do migrante sulista e os estragos que causa na Amazônia.

6. Legislar sobre a preservação do meio ambiente em si não é particularmente difícil, mas só isso também não resolve o problema.

UNIDADE 21 TURISMO

1

Maior centro financeiro do país, a Avenida Paulista
faz 100 anos e confirma sua vocação para elite

O corredor do poder

Às vésperas de completar o seu centenário, a Avenida Paulista, o principal corredor econômico e financeiro do País, desfaz um **equívoco**[1] e confirma uma vocação. O equívoco é o de ter sido associada
5 sempre à aristocracia de São Paulo. A vocação confirmada é a burguesa. Quando foi aberta, em 1891, a Paulista começou a abrigar residências de uma elite enriquecida na indústria. Hoje, a avenida é o principal centro de operações do capital do comércio, **empresas**[2] e bancos. Como centro residencial ou financeiro, o certo é que a Paulista sempre foi um símbolo do poder. Chega assim aos 100 anos com um dos metros quadrados mais caros do Brasil, em torno de US$ 10 mil, atraindo diariamente cerca de um
10 milhão de pessoas .

Ao longo de seus 2,8 quilômetros de extensão, estão cada vez mais **escassos**[3] os terrenos disponíveis para as edificações. Na Paulista se localizam, por exemplo, a Federação do Comércio e a Federação das Indústrias do Estado de São Paulo, que reúne os maiores industriais do país. Também nela estão as sedes de bancos como o Citibank, Banco de Tóquio, Nacional e Real, as diretorias de
15 grandes empresas e escritórios dos mais **conceituados**[4] profissionais liberais.

Desde os seus primeiros tempos, a história da avenida esteve ligada à ascensão da burguesia. Quando o engenheiro uruguaio Joaquim Eugênio de Lima, em companhia de dois sócios, começou a comprar as terras da Chácara Bela Cintra, em 1890, em São Paulo, causou curiosidade e espanto em muita gente. Por que tanto interesse naquelas terras recobertas por densa vegetação nativa da Mata
20 Atlântica e **recortadas**[5] por uma **trilha**[6] onde passavam apenas **tropeiros**[7] conduzindo **boiadas**[8] até o **matadouro**[9] do Bexiga? Mas aquilo que se apresentava como péssimo negócio foi capaz de atrair a atenção dos capitães da indústria e do comércio nascentes que logo nos primeiros anos **ergueram**[10] ali **casarões**[11] que ocupavam até quadras inteiras. Localizada estrategicamente no alto do **espigão**[12] que divide as bacias dos rios Pinheiros e Tietê, a Avenida Paulista já nasceu sob a **égide**[13] do poder. Aos
25 100 anos, contudo, este **empreendimento**[14] gigantesco certamente superou até a mais otimista das previsões feitas pelos seus idealizadores, Joaquim Eugênio de Lima e os engenheiros paulistas José Borges de Figueiredo e João Garcia. Hoje, no lugar da trilha **percorrida**[15] pelas boiadas, existem oito pistas de tráfego e, no subsolo, o metrô que transporta diariamente 150 mil passageiros.

Embora não seja mais o endereço de moradia dos grandes **empresários**[16], a Avenida Paulista
30 continua sendo o local ideal para trabalhar. Além disso, a avenida **caiu no agrado**[17] popular e converteu-

---

[1] Engano

[2] Firmas comerciais

[3] Raros

[4] Celebrados ou renomados

[5] Separadas

[6] Pista, vereda ou senda

[7] Indivíduos que compram e vendem tropas de gado, de mulas ou de éguas

[8] Manadas de bois (touros castrados)

[9] Lugar onde se abatem reses e outros animais domesticados para consumo público

[10] Construiram

[11] Mansões

[12] Pico

[13] Escudo ou proteção

[14] Realização

[15] Atravessada

[16] Homens de negócio

[17] Aqui, *conquistou a simpatia*

se no principal **cartão-postal**[18] da cidade, como demonstraram os resultados de uma **pesquisa**[19] recente. No ano passado, o Banco Itaú promoveu uma campanha, propondo a **escolha**[20] de um local-símbolo da cidade. Dos 1,5 milhão de votos coletados, a Paulista ganhou **em disparado**,[21] deixando em segundo lugar o parque Ibirapuera e jogando para **o quinto**,[22] o viaduto do Chá, uma das imagens mais
5   divulgadas de São Paulo.

      A aura de poder que reveste a avenida, hoje espelhada na moderna arquitetura internacional, já encontrou a sua fiel tradução nos pomposos casarões, atualmente reduzidos a pouquíssimos exemplares. Algumas das casas mais famosas, como a Mansão das Rosas, transformada em museu aberto, e a da família Matarazzo, que está sendo negociada pelo grupo Gafisa, resistem ao tempo
10   bravamente. Junto a esses **remanescentes**[23] da arquitetura do início do século, sobrou um engano repetido **à exaustão**:[24] aquele que associa a Paulista à avenida dos barões do café.

      "Na verdade, esses barões não tiveram **fôlego**[25] financeiro para instalar-se na Paulista", esclarece o professor Benedito Lima de Toledo, da Faculdade de Arquitetura e Urbanismo da Universidade de São Paulo (USP) e autor do *Album* **iconográfico** [26]*da Avenida Paulista* de 1987.
15   Segundo ele, os sobrenomes dos pioneiros confundem-se, isto sim, com a **arrancada**[27] industrial do Estado. Assim, falar dos primeiros momentos da avenida significa lembrar os alemães Von Bullow e Zerener, diretores da Cervejaria Antárctica; o italiano Francesco Matarazzo, que, em sua fase áurea, chegou a comandar 365 fábricas; e os **sobrenomes**[28] árabes, enriquecidos com o comércio, como os Rizkallah, os Lotaif e os Mattar. "A Paulista continuará a ser nos próximos anos, o centro dinâmico das
20   atividades financeiras", aposta o diretor da Empresa Brasileira de Estudos sobre o Patrimônio (Embraesp). Uma opinião com a qual concorda outro especialista em mercado financeiro em São Paulo, o presidente do Sindicato de Compra, Venda e Locação de Imóveis (Secovi). "Tal como a 5ª Avenida em Nova York, a Paulista tem um futuro **a perder de vista**,[29] profundamente ligado aos negócios", afirma ele.
25   A história da Paulista encontra-se marcadamente ligada à história do poderio econômico e das mudanças do dinheiro de mãos. "Apesar da fortuna do nosso bisavô, nenhum dos 50 descendentes possui um centímetro sequer de terreno na avenida", revelam em uníssono Vera Helena Freitas Poci e sua prima Newmar Antogini, membros da Comissão dos Festejos dos 100 anos e bisnetas de Joaquim Eugênio de Lima, morto em 1902, aos 54 anos de idade, por causa de uma **queda**[30] de cavalo. Ao
30   contrário delas, Yvette Sanchez, 43 anos, descendente de um rico morador da Paulista, continua a respirar os ares do local--mas numa condição bem mais modesta que seu avô, o industrial João Miguel Sanchez.

      A casa do avô de Yvette tornou-se hoje o prédio comercial Galeria 2001, na esquina com a Alameda Padre João Manuel. A família de Sanchez ainda possui uma área nesse edifício, onde Yvette
35   administra o condomínio. A roda do dinheiro acabou também por transformar a mansão do fazendeiro Joaquim Franco de Melo num **bufê**[31] de festas. Impedido de vender a casa que se encontra em processo de **tombamento**,[32] o neto do fazendeiro, o antiquário Renato Franco de Melo, optou por alugá-la para grandes comemorações, ao preço de US$ 5 mil. "Não penso em morar aqui como um Hamlet decadente, mas preciso manter este lugar vivo para **arcar com**[33] os custos da manutenção", diz o antiquário.

---

[18] Vista (Fig.)
[19] Investigação ou levantamento
[20] Seleção
[21] Com grande vantagem ou facilmente
[22] Isto é, *o quinto lugar*
[23] Sobreviventes
[24] Ao extremo
[25] Meios (Fig.)
[26] Relativo à *iconografia* : a arte de representar por meio da imagem
[27] Partida súbita ou violenta; arranco
[28] Nomes de família
[29] Sem limite
[30] Cair (do cavalo)
[31] Escolha (Fig.)
[32] Ato de pôr sob a guarda do estado para conservar e proteger
[33] Enfrentar ou assumir

Quando o assunto é a Avenida Paulista, uma profunda conhecedora da sua arquitetura não **poupa**[34] críticas. Para a arquiteta Lina Bo Bardi, "os prédios da Paulista não dizem coisa alguma". Segundo ela, "cada um fez o que bem entendeu do local e hoje a avenida não tem memória". Na sua opinião, a Paulista foi perdendo a sua dignidade com a demolição dos casarões, que estavam ligados à história das famílias européias. "Quando eles foram destruídos, desapareceu uma parte da alma da cidade e da própria Paulista", lamenta a arquiteta.

A substituição dos casarões por prédios de escritórios teve a **largada**[35] nos fins da década de 50, quando o processo de industrialização do país começou a mudar o perfil da riqueza em São Paulo. Os tempos são outros, mas para o presidente da Federação do Comércio do Estado de São Paulo, a Paulista é quase a mesma: "Ela mudou, mas continua sendo uma miniatura do que São Paulo oferece de melhor", sentencia.

(Maria Inês Camargo, *IstoÉ-Senhor*, 4 de dezembro de 1991)

---

[34] Modera suas
[35] Arrancada

Compreensão

1. O que inicialmente ocupou a Paulista?

2. O que veio a desalojar estas residências luxuosas?

3. Em termos de comércio, o que representa hoje em dia a Paulista?

4. Por que se alude a uma ligação contínua entre a história da Avenida e a ascensão da burguesia?

5. Em que situação sócio-econômica os descendentes dos "capitães da indústria" se acham atualmente?

6. O que está acontecendo com os poucos casarões que ainda não foram demolidos?

7. Qual é a crítica arquitetônica feita por uma conhecedora da Paulista?

8. Em que década o perfil da Paulista mudou radicalmente--e como?

Vocabulário : (a) Relacione os termos da primeira coluna com os (quase) antônimos da segunda e (b) empregue-os em sentenças completas.

1.	Aristocracia	a.	Excessivo
2.	Escasso	b.	Desamparar
3.	Sobrenome	c.	Proletariado
4.	Abrigar	d.	Indiferença
5.	Atraindo	e.	Prenome
6.	Burguesia	f.	Barraco
7.	Curiosidade	g.	Plebe
8.	Péssimo	h.	Repelindo
9.	Pomposos	i.	Modestos
10.	Casarão	j.	Ótimo

Ampliação

1. Quais são alguns paralelos entre a Paulista e a Quinta Avenida?

2. Com que corredores do poder ela é parecida onde você mora?

3. Você acha a transformação--de residências de elite para escritórios comerciais (mesmo de alto gabarito)--algo positivo ou negativo?

4. O que reflete a alta porcentagem de bancos estrangeiros na Paulista?

5. Mesmo não a conhecendo pessoalmente, que imagem você faz da Avenida Paulista?

2

Copacabana, a princesinha do mar, faz 100
anos com saudades dos tempos dourados

A *gata borralheira* [1]

Nas décadas de 40 e 50, ela era chique. Seu nome, Copacabana, que no idioma dos incas significa "mirante azul", tornou-se sinônimo de status, vanguarda e classe. Sua melhor definição talvez tenha sido a do compositor João de Barro, o Braguinha, que em 1946 eternizou numa canção a nobreza
5 da "princesinha do mar". Embora ela fosse **soberana**,[2] o músico não quis dar-lhe o título de "Rainha", **temeroso**[3] de, com isto, **envelhecê-la**.[4] Cuidado inútil. Em 6 de julho de 1992, Copacabana completará 100 anos. E chega a esta idade desgastada pelos problemas de uma ocupação desordenada: o bairro mais famoso do Brasil enfrenta hoje a **evasão**[5] de moradores--gente que não quer mais viver no que se transformou em bairro decadente--e atitudes como a do consulado americano do Rio de Janeiro, que há
10 um ano deixou de **hospedar**[6] no **bairro**[7] seus funcionários. "Adotamos esta medida **em razão**[8] d o grande número de assaltos e **arrombamentos**[9] dos quais foram vítimas visitantes de Copacabana", justifica oficialmente o consulado. Nos Estados Unidos, o Departamento de Estado deu para distribuir panfletos em agências de turismo, aconselhando os turistas que se dirigem ao Brasil a evitar a **outrora**[10] recomendadíssima Copacabana.
15 Situações como estas inspiraram a **Prefeitura**[11] do Rio, através da empresa municipal de turismo, a Riotur, no lançamento de uma campanha de recuperação do bairro. Durante um ano, os festejos do centenário, já em fase de preparação, estarão associados à tentativa de **resgatar**[12] para Copacabana as qualidades que a fizeram cantada em prosa e verso.
Copacabana tem hoje uma população estimada em 218 mil habitantes espalhados pela área de
20 maior densidade populacional do município do Rio de Janeiro: 28 mil pessoas por quilômetro quadrado, ou 28 pessoas por metro quadrado. Ali trafegam diariamente cerca de 80 mil veículos, que **lotam**[13] suas 83 ruas tanto quanto os **camelôs**[14] enchem suas **calçadas**.[15] São mais de 400 **quiosques**[16] enfileirados ao longo da avenida Nossa Senhora de Copacabana, a mais movimentada do bairro, que oferecem toda sorte de produtos, de sabão **em pó**[17] a **engenhocas**[18] contrabandeadas. É justamente em um de seus
25 trechos que está localizado um dos pontos mais **barulhentos**[19] do Brasil, a esquina da rua Figueiredo de Magalhães, onde há muito tempo os índices suportáveis de **decibéis**[20] **foram largamente ultrapassados**.[21]

---

[1] Mulher muito dada aos serviços domésticos, que geralmente não gosta de sair
[2] Suprema
[3] Com medo
[4] Torná-la mais velha ou idosa
[5] Fuga ou êxodo
[6] Alojar
[7] Distrito (de Copacabana)
[8] Por causa
[9] Abertura forçada (de residência)
[10] Em outro tempo
[11] Governo municipal
[12] Salvar
[13] Enchem ou ocupam em excesso
[14] Vendedores ambulantes
[15] Caminhos pavimentados para pedestres, quase sempre mais altos que a parte da rua destinada aos veículos
[16] Pavilhões de madeira, alumínio, etc., no qual ordinariamente se vendem jornais, revistas, cigarros, etc.
[17] Pulverizado
[18] Aparelhos de fácil invenção
[19] Ruidosos
[20] Singular de *decibel* : medida de diferenças de nível de sensação acústica
[21] Excederam o limite

Se no passado Copacabana refletia o espírito dos anos dourados do país, hoje seu caos **espelha**[22] a perda de qualidade de vida dos brasileiros, mesmo dos mais privilegiados. "Tenho saudade da Copacabana de 17 anos atrás, sem mendigos e camelôs", diz, nostálgica, a socialite Regina Marcondes Ferraz, moradora há 17 anos do aristocrático edifício Chopin, **vizinho**[23] do Hotel Copacabana Palace, na Avenida Atlântica. Ela acredita, no entanto, que a decadência não é exclusividade do bairro, que, apesar de criticar, adora e não abandona.

A **colunável**[24] Regina não é a única a resistir à deterioração, embora seja cada vez maior o número de pessoas que, em busca de uma vida melhor, trocam de endereço. Este movimento de migração, segundo o antropólogo Gilberto Velho, iniciou-se há 20 anos. Autor do livro *A utopia urbana*, Velho na época já perguntava quando Copacabana **deixaria**[25] de ser "o paraíso". A resposta não demorou: de acordo com números divulgados pelo último censo do **IBGE**,[26] em 1970, o bairro tinha uma população de 239 mil habitantes. Dez anos depois este número cairia para 223 mil. Mais dez anos e a estimativa aponta para uma queda de mais cinco mil habitantes. "O conceito de ascensão social, intimamente ligado a Copacabana décadas atrás, hoje parece **deslocado**[27] para Ipanema, Leblon e, mais recentemente, Barra da Tijuca", observa, com a autoridade da experiência própria, o antropólogo. Ele há dez anos trocou Copacabana por Ipanema, **a vizinha**[28] que herdou da princesinha a coroa e o trono.

Mas não levou a majestade. Copacabana ainda hoje é o bairro mais famoso da cidade, e mesmo do Brasil. Muitos dos que abandonam o bairro não conseguem se livrar da paixão por sua praia e o **burburinho**[29] frenético de suas ruas, e **recusam-se a**[30] romper definitivamente os laços. "Estou sempre lá, na praia, jogando bola ou conversando com os amigos", admite o futebolista Leovegildo Lins Gama Júnior, o Júnior, que recentemente se mudou para a Barra. "Em Copacabana dificilmente eu poderia criar meus filhos em uma casa", justifica. Quem atesta essa transformação é Braguinha, hoje com 85 anos e há 25 morando no bairro que ajudou a popularizar. "Ainda me lembro do tempo em que belas casas adornavam a **orla**.[31] Hoje só vejo **espigões**.[32] Copacabana mudou muito", afirma o compositor.

Mas é justamente o lado moderno e cosmopolita de Copacabana que atrai a atenção do escritor Fausto Fawcett, nascido e criado no bairro e, atualmente, "exilado em Laranjeiras". "É deste universo heterogêneo que retiro material para escrever minhas poesias. O bairro é uma fonte inesgotável de inspiração", filosofa Fawcett. Em Copacabana pode-se, de fato, encontrar de tudo: l5 mil estabelecimentos comerciais, 50 drogarias, 12 teatros, 11 cinemas, 11 discotecas e 19 **inferninhos**.[33] Apesar da **veste**[34] cosmopolita, Copacabana guarda ainda **resquícios**[35] do que foi um dia--como a arquitetura elegante do Copacabana Palace, construído em 1923 e até hoje um dos endereços **prediletos**[36] da classe A carioca. Também nos **idos**[37] da década de 20, o bairro abrigava o famoso Hotel Vogue, que em 1955 um grande incêndio transformou em cinzas, num dos mais marcantes capítulos da história do bairro.

História repleta de episódios importantes, como o **atentado**[38] à vida de Carlos Lacerda, em 1954, na rua Toneleros, que vitimou o major Rubem Vaz e que seria apontado como uma das causas do suicídio de Getúlio Vargas. Foi também numa das extremidades do bairro, no **Posto 6**,[39] que ocorreu

---

[22] Reflete ou mostra
[23] Ou seja, que fica ao lado
[24] Diz-se da pessoa que é digna de figurar, ou que figura nas colunas de acontecimentos sociais
[25] Pararia
[26] Instituto Brasileiro de Geografia e Estatística
[27] Transferido
[28] Isto é, *o bairro vizinho*
[29] Som confuso e prolongado de muitas vozes
[30] Rejeitam
[31] Beira ou margem
[32] Edifícios grandes
[33] Boates (discotecas) em recinto pequeno com música muito barulhenta
[34] Fachada (Fig.)
[35] Vestígios
[36] Preferidos
[37] Tempos
[38] Tentativa ou execução de crime
[39] Ponto de referência da orla marítima

o famoso episódio dos "18 do Forte", como ficou conhecida a tentativa de **amotinação**[40] de 18 militares que, em 1922, saíram do forte de Copacabana em direção à rua do Barroso para **derrubar**[41] o governo de [o Presidente] Epitácio Pessoa. De verdade, os revoltosos eram 28, entre civis e militares. Houve **tiroteio**,[42] vários ficaram **feridos**[43] e quatro morreram, dois militares e dois civis.

5   Nem tudo foi violência, no entanto, **em proveito de**[44] uma saudável irreverência, marcando Copacabana como **palco**[45] de acontecimentos culturais. Por exemplo: ali mesmo, no chamado Beco das Garrafas, uma **ruela**[46] aparentemente despretensiosa, surgiram na década de 50 os primeiros acordes do movimento batizado de bossa nova. Hoje o Beco não existe mais. Seu romantismo cedeu lugar ao barulho dos inferninhos que lotam a **travessa**,[47] antes frequentada por Tom Jobim, Johnny Alf, Carlos

10 Lyra e Vinícius de Moraes. Mas, ainda que **super-povoada**[48] e invadida por **trombadinhas**[49] e camelôs, Copacabana provoca paixão em seus moradores, dos mais simples aos mais ilustres. "Todos os dias fico pelo menos dez minutos parado na janela, olhando o mar. Ele me revigora", conta o governador Leonel Brizola que, em 1980, quando voltou do exílio, fez questão de comprar um apartamento com vista para o mar de Copacabana. Sensação parecida viveu o escritor José Lins do Rego, que, em 1954, deixou

15 escapar, num momento de inspiração: "Todas as vezes que regresso ao Rio de Janeiro e vejo Copacabana... **remoço**[50] dez anos". Surpreso ficaria o famoso escritor se hoje olhasse o bairro. É bem provável que ele ficasse assustado, por exemplo, com a **poluição**[51] da praia.

      No início de julho, autoridades sanitárias descobriram um **esgoto**[52] clandestino responsável pelo surgimento de várias "**línguas negras**"[53] nas areias da praia a poucos metros do prédio do governador

20 Brizola. Problemas como este são cada vez mais frequentes no bairro. Ainda assim não se pode dizer que Copacabana não seja de certa forma exemplar até hoje, assim como o foi no passado, quando seus dias melhores correspondiam a um Brasil bem mais feliz do que hoje.

(Débora Ghivelder e Marcela Esteves, *IstoÉ-Senhor*, 24 de julho de 1991)

[40] Revolta

[41] Fazer cair

[42] Fogo de fuzilaria no qual os tiros são numerosos e sucessivos

[43] Atingidos

[44] Graças a

[45] Teatro (Fig.)

[46] Ruazinha

[47] Rua transversal entre duas outras mais importantes

[48] Com gente demais

[49] Menores delinquentes que atuam em pequenos grupos, na rua

[50] Rejuvenesço ou me torno mais moço

[51] Contaminação

[52] Sistema subterrâneo de canalizações destinado a receber as águas pluviais e os detritos de um aglomerado populacional, e levá-los para lugar afastado

[53] Sinais de poluição

Compreensão

1. Qual foi a época áurea de Copacabana?

2. O que revelam as estatísticas demográficas com relação à Copacabana de hoje em dia?

3. A que se deve esta evasão contínua?

4. O que se sabe da densidade populacional do bairro?

5. Que tipos de estabelecimentos comerciais têm?

6. Cite algum evento histórico que tivesse acontecido em Copacabana.

7. A quem já serviu de inspiração musical?

8. Quem já "invadiu" Copacabana em detrimento dos moradores?

Vocabulário : (Associação Livre) Relacione os termos da primeira coluna com os da segunda e justifique sua escolha em sentenças completas.

1.	Década	a.	Charmoso
2.	Consulado	b.	Fala incaica
3.	Braga	c.	Aniversário
4.	Chique	d.	Música e dança
5.	Centenário	e.	Desconfia
6.	Idioma	f.	Rua
7.	Acredita	g.	Século
8.	Inferninho	h.	Embaixada
9.	Travessa	i.	Cidade
10.	Município	j.	Braguinha

Ampliação

1. O que há de diferente no nome Copacabana quando comparado a tantos outros toponímios indígenas do país?

2. Em que sentido Copacabana é um microcosmo espelhando os problemas do país inteiro?

3. Como você imagina que seja o dia-a-dia de Copacabana?

4. Você poderia se adaptar à vida diária do bairro?

5. O que você ainda vê de positivo em Copacabana?

6. O mesmo fenômeno--de um bairro ser chique numa época e, depois, entrar em decadência--vem ocorrendo onde você mora(va)?

3

No contraste entre o antigo e o moderno,
ainda sobressaem os arcos e torres das igrejas

Salvador: Terra de homens e deuses

   Quando, em 29 de março de 1549, Thomé de Souza pisou as terras do Brasil para fundar a
Cidade do Salvador da Bahia de Todos os Santos, jamais iria imaginar que a praia onde desembarcou
viria a transformar-se no ponto obrigatório de morenas, louras e mulatas a se banharem quase com tão
pouca roupa quanto as índias que o receberam, na famosa praia do Porto da Barra de hoje em dia.
   Salvador foi **fadada**[1] a um destino tanto mais rico quanto mais **prolixo**[2] e **caldeado**.[3] Nasceu
sob o signo do **barroco**,[4] arma maior da Contra-Reforma. E logo a cidade-fortaleza partiu para ser uma
cidade santa. Nos seus **outeiros**[5] multiplicaram-se as igrejas **avantajando-se**[6] em número sobre os
fortes. E os planos iniciais da vila foram-se orientando ao sabor das conveniências de seus habitantes
que, desde os primeiros viajantes que aqui aportaram, foram classificados como uma gente alegre e
acolhedora.[7] Acolhedora é sem dúvida a palavra certa para a Cidade do Salvador.
   O sol dos trópicos **embebe**[8] Salvador numa atmosfera de luz, cor e alegria. No crepúsculo as
águas **se douram**[9] dos mais diversos tons e, **ao findar**[10] do dia, a cidade se envolve de sombra e
misticismo. Dessa alegria tropical emanam manifestações **lúdicas**[11] populares que encantam todos os
visitantes. De dezembro a fevereiro Salvador vive um clima de alegria com as **festas de largo**,[12] que se
iniciam a 8 de dezembro com a monumental festa da Conceição da Praia e só acabam mesmo no
carnaval. Depois da Conceição, Santa Luzia; depois Boa Viagem, culminando com a procissão de Nosso
Senhor dos Navegantes no primeiro do ano. Depois da Boa Viagem, a Lapinha com seus tradicionais
desfiles de **Ternos de Reis**.[13] Logo em seguida começa o Bonfim, com a famosa quinta-feira onde
milhares de turistas e baianos se ajuntam para ver a lavagem da igreja, num incrível fenômeno de
sincretismo[14] religioso. Do Bonfim, a festa muda para a Ribeira, e da Ribeira para o Rio Vermelho,
quando acontece um dos mais importantes eventos do ciclo de festas da Bahia: o tradicional presente
das águas e oferendas para **Iemanjá**,[15] **Ogum**[16] e **Nanã**,[17] os **orixás-sereias**.[18] E do Rio Vermelho as
barracas[19] movimentam-se para a Pituba, para Itapuã, e aí já estamos em pleno **reinado**[20] de **Momo**,[21]
nas portas do Carnaval.

the street parties move to ≠ cities

---

[1] Predestinada

[2] Longo

[3] Amalgamado (Fig.)

[4] Relativo ao estilo caracterizado pelo excesso ornamental

[5] Pequenos montes

[6] Levando vantagem

[7] Hospitaleira

[8] Ensopa, encharca ou penetra (Fig.)

[9] Tornam-se brilhantes

[10] No final

[11] Referente aos jogos, brinquedos e divertimentos

[12] Celebrações nas ruas

[13] Ou seja, *roupa* dos reis

[14] Fusão de elementos culturais diferentes, ou até antagônicos, num só elemento

[15] O próprio mar divinizado; rainha do mar; Janaína

[16] Divindade da guerra nagô (relativo ao povo da Africa Ocidental e/ou aos iorubas)

[17] Divindade iorubana que é considerada a mais velha das mães-d'água

[18] Divindades africanas das religiões afro-brasileiras, em forma de seréia (um ser mitológico, metade
    mulher, metade peixe que, pela maviosidade de seu canto, atrai os navegantes para o fundo do mar)

[19] Construções ligeiras, de remoção fácil, comumente feitas de madeira e lona, e usadas em feiras

[20] Supremacia (Fig.)

[21] Ou *Rei Momo*: a figura que personifica o carnaval

O carnaval na Bahia é um fenômeno que merece ser estudado. Não se trata de um carnaval-espetáculo em que o povo assiste estático a desfiles intermináveis. Trata-se de um carnaval envolvente e dinâmico, onde mesmo os **foliões**[22] se vêem **arrastados**[23] no **embalo**,[24] pulando nas ruas, **blocos**,[25] **afoxés**,[26] **batucadas**[27] e **esbaldando-se**[28] atrás do **Trio Elétrico**.[29] Certo está Caetano Veloso quando
5   diz que atrás do Trio Elétrico só não vai quem já morreu. O que vem de fora a princípio se assusta. Depois se engaja e se solta neste mar de corpos **em frenesi**,[30] **curtindo**[31] toda alma desta festa de todos que é o carnaval da Bahia.

     Algo que caracteriza bem a Cidade do Salvador é sua personalidade marinha. Localizada no Cabo de Santo Antônio e praticamente rodeada de mar, a cidade tem como vivos elementos de sua
10   paisagem natural o mar, os coqueiros, os peixes, as sereias. Um baiano não consegue viver muito tempo longe do mar, **vez que**[32] no seu dia-a-dia a presença constante do azul já se transportou para o fundo dos seus olhos e de sua alma . . .

     Essa vivência de mar impregna as mentes e as almas, **afunda**[33] no inconsciente coletivo da cidade, e seus artistas não tem como fugir a este impulso de um mar interno e eterno que lhe bate nas
15   **veias**,[34] lhes movimenta o coração. O grande cantor da terra baiana é um homem do mar, um pescador entre os pescadores, um **praieiro**[35] de corpo e alma. Quando Dorival Caymmi abre a boca é o mar da Bahia que canta, e podemos sentir o seu barulho, perceber suas ondulações musicais. Outro grande artista, Carlos Bastos, reproduz em suas telas toda a beleza marinha que lhe vem de seu interior barroco e **salgado**.[36]

20   A verdadeira arte colonial da Bahia está no imenso e rico **acervo**[37] do Museu de Arte Sacra, onde peças raríssimas e inclusive anteriores ao período colonial brasileiro podem ser vistas. Vale a pena uma visita demorada ao secular Convento de Santa Teresa para ver a arte sacra da Bahia.

     A resistência cultural na Bahia é um fato incontestável. Seu secular espírito de adaptação, que pelo **caldeamento**[38] agrega e transforma os valores para evitar sua destruição, mantém sua
25   personalidade ímpar. Por esta razão Salvador não foi desfigurada. De dentro do mar ainda se pode admirar um conjunto arquitetônico onde sobressaem os arcos e as torres de igrejas.

     Se a cidade resistiu e resiste ainda à desfiguração arquitetônica, resiste ainda mais a destruição de seus valores culturais. Trazidos das mais diversas regiões da África para serem escravos nas plantações da Bahia, os negros aqui também se caldearam e se uniram, tomando uns emprestados dos
30   outros valores culturais comuns à negritude, quer no âmbito de atividades religiosas, quer no de atividades lúdicas. De fato, em quase todos os setores da vida cotidiana da Bahia, encontramos o forte traço da cultura negra como dominante. O espírito de adaptação dos negros fez com que aqui desenvolvessem sofisticados mecanismos de resistência cultural, fingindo **na superfície**[39] aceitar as regras do **jogo**[40] branco, mas preservando, em sua essência, as tradições e cultos da velha África. Isso
35   ocorreu de forma tão sutil que no processo de branquear culturalmente os negros, os brancos se foram enegrecendo ao ponto de hoje, ao se falar em cultura baiana, só se poder pensar em termos de uma

---

[22] Pessoas que celebram o carnaval

[23] Levados ou puxados à força (Fig.)

[24] Ritmo (Gír.)

[25] Sociedades carnavalescas

[26] Cortejos carnavalescos de negros que cantam canções de candomblé (em termos gerais, a religião dos negros da Bahia) em nagô ou ioruba

[27] Reuniões populares, geralmente nas ruas, onde se toca o samba em instrumentos de percussão, com ou sem acompanhamento vocal

[28] Divertindo-se

[29] Caminhão-palco onde os músicos tocam e por onde o som é transmitido

[30] Em delírio

[31] Apreciando (Gír.)

[32] Uma vez que; dado/visto que

[33] Mergulha ou penetra

[34] Canais que conduzem ao coração o sangue distribuído pelas artérias

[35] Pessoa que ama ir à praia

[36] Impregnado de sal

[37] Conjunto de obras

[38] Miscigenação ou mistura de raças

[39] Superficialmente

[40] Aqui, *política* ou *doutrina*

cultura mulata. Gera uma visão de mundo mulata e realmente brasileira, porque apesar do pouco de índio que subsistiu ao massacre físico e cultural, ainda há marcas índias na cultura baiana e podemos ver nesta terra de Todos os Santos uma cultura produto das três raças forjadoras de nossa nacionalidade.

5   A resistência cultural assume a forma de **mimetismo**[41] religioso quando se pensa nos cultos negros da Bahia. Proibidos de praticarem suas religiões, os negros fingiram aceitar a **catequese**[42] e escolheram santos católicos que se assemelhavam com seus orixás, que adoravam fingindo adorar os santos. Assim Iemanjá virou Nossa Senhora da Conceição; **Iansã**,[43] Santa Bárbara, e **Oxóssi**,[44] São Jorge. Assim, nas festividades para o Senhor do Bonfim, o ponto alto é a lavagem da igreja, quando na
10 realidade os negros lá vão **cultuar**[45] **Oxalá**,[46] que mimetiza com o santo baiano. Na famosa procissão de Santa Bárbara, a 4 de dezembro, que abre o ciclo das festas religiosas do fim do ano na Bahia, o clímax é um grande **caruru**[47] de mais de sete mil **quiabos**[48] ofertado a Iansã no Mercado de Santa Bárbara. E às segundas-feiras, dias de **Omolu**,[49] este orixá é cultuado na Igreja de São Lázaro, pois com ele mimetiza-se.
15   A capoeira, luta disfarçada em dança, ainda hoje é praticada ao som do **berimbau**,[50] **atabaque**,[51] **pandeiro**[52] e **caxixi**.[53] Permaneceu como luta vigorosa, apesar de proibida e perseguida pela Polícia, como foram os **candomblés**.[54]

     E no recesso de milhares de casas de culto negro, os atabaques inundam a noite baiana, invocando à terra, a presença protetora dos orixás. Sem dúvida, um destino maior que o de fortaleza
20 estava marcado para Salvador. Um destino profundamente místico que a envolve e faz desta cidade um território mágico. E, nascida sob o signo do barroco, Salvador revela em toda sua fisionomia os traços do ponto **fulcral**[55] desta atitude estética que é o **fusionismo**.[56] Em nenhuma outra cidade se fundem tão bem o humano e o divino, o velho e o novo, o belo e o feio.

     E em sua arquitetura antiga e em sua arte o visitante **deslumbrado**[57] **enxerga**[58] caracteres
25 marcantes. Desde a secular Igreja do Bonfim, que do alto de uma colina sagrada **vigia**[59] **sobranceira**[60] os **fados**[61] desta terra, uma igreja onde se pode ver, em sua fabulosa coleção de **ex-votos**,[62] uma clara evidência da enraizada religiosidade do povo baiano e sua fé **imbatível**[63] nos poderes sobrenaturais; até

---

[41] Adaptação

[42] Doutrinação católica

[43] Orixá feminino, mulher de Xangô, a qual preside aos ventos e às tempestades

[44] Orixá dos caçadores

[45] Tornar objeto de culto

[46] Ou *Orixalá* , o grande orixá (divindade) sincretizado com Jesus Cristo

[47] Prato regional de esparregado (guisado de ervas, depois cozidas, picadas e esprimidas) a que se ajuntam camarões secos, peixe, etc., temperando com azeite-de-dendê e muita pimenta

[48] Fruto capsular cônico, verde e peludo, produzido pelo quiabeiro comum

[49] Ou *Obaluaê:* o orixá da varíola (doença infecciosa, contagiosa e epidêmica que se manifesta por febre alta; bexiga)

[50] Instrumento de percussão com o qual se acompanha a capoeira

[51] Tipo de tambor

[52] Quadrado ou aro de madeira, sobre o qual se estica uma pele, que se tange batendo-a com a mão; tambor basco

[53] Saquinho de palha, provido de alça, que o tocador de berimbau segura juntamente com a vareta com que tange (toca) o instrumento

[54] Grandes festas dos orixás

[55] Básico

[56] Ato de unir coisas diferentes

[57] Seduzido (Fig.)

[58] Vê

[59] Observa

[60] Orgulhosa (Fig.)

[61] Destinos

[62] Quadros, imagens, inscrições ou órgãos de cera, madeira, etc., que se oferecem e expõem numa igreja ou numa capela em comemoração de voto ou promessa cumpridos; milagres

[63] Invencível

a maravilhosa Igreja de São Francisco, com suas paredes e altares **recamados**[64] de ouro, e uma profusão de **estatuária**[65] barroca, onde o **crente**[66] se vê **abatido**[67] pelo luxo e grandiosidade e sente-se pequeno, como se estivesse no céu que lhe é prometido como recompensa de uma vida pura. Menor não é a imponência do Pelourinho o mais belo conjunto arquitetônico colonial do Brasil, onde o visitante
5   fica extasiado com as marcas de um passado que ali se congelou nas pedras irregulares, no **casário**[68] colorido, na antiga Igreja de Nossa Senhora do Rosário dos Pretos. E toda essa complexa e intrincada estrutura cultural se reflete nas obras dos escritores baianos, que de um certo modo se integraram tão bem na paisagem que alguns deles são como parte viva da Bahia, encabeçados, é claro, por Jorge Amado. Recriam e redimensionam em suas obras, tanto mais universais quanto refletem uma realidade
10   humana típica e bem caracterizada.

Nos seus filhos, em sua paisagem, em sua magia, a Bahia renasce a cada dia, convidando todos a conhecê-la, pois saberá dar a maior recompensa que um ser humano pode desejar--um íntegro e quente abraço de amor.

(Ildásio Tavares, *Guia ABAV*, 91)

---

[64] Revestidos ou cobertos
[65] Estátuas
[66] Aquele que tem fé (religiosa)
[67] Prostrado
[68] Aglomeração de casas

Compreensão

1. Qual é o nome completo de Salvador?

2. Numa palavra, como se pode caracterizar a arquitetura colonial baiana?

3. O que mais se destaca no perfil moderno da cidade?

4. Como é que a gente da cidade é vista em termos de personalidade?

5. Quais são algumas festas populares que irradiam este temperamento?

6. Que procissão, peculiar a Salvador, melhor caracteriza o carnaval?

7. O que melhor descreve a relação entre as religiões afro-brasileiras e o catolicismo?

8. Como é que a política escravocrata tratava os costumes trazidos da África?

9. E como o negro conseguiu superar este genocídio cultural, especialmente no âmbito religioso?

10. Pode dar algum exemplo deste mimetismo?

11. Qual é a luta disfarçada em dança que é praticada até hoje? E ao som de que instrumentos musicais?

12. O que é o Pelourinho e qual é sua atração?

Vocabulário : Associação Livre--(a) Relacione os termos da primeira coluna com os da segunda e (b) justifique sua escolha em sentenças completas.

1.	Praia	a.	Hospitaleira
2.	Barroco	b.	Procissões
3.	Acolhedora	c.	Areal
4.	Tropical	d.	Santa Bárbara
5.	Desfiles	e.	Catedral
6.	Iansã	f.	Contra-Reforma
7.	Igreja	g.	Candomblés
8.	Caldeamento	h.	Enegrecer
9.	Branquear	i.	Ártico
10.	Capoeira	j.	Miscigenação

Ampliação

1. Qual é a ironia entre as índias seiscentistas e as banhistas modernas que frequentam as praias de Salvador?

2. Como é que a influência marinha, crucial à cultura de Salvador, se manifesta de modo geral?

3. Por que será que há tantos exemplos de arquitetura colonial em Salvador?

4. Até hoje, o que distingue a cidade das demais do Brasil em matéria de composição racial?

5. Salvador é também conhecida pelos artistas que vem produzindo. Cite alguns, ou mencionados no texto ou de seu próprio conhecimento, e a área à que contribuem.

TEATRINHO

"Venham conhecer o Brasil"

Elenco

Três agentes de turismo brasileiros, participantes entusiasmados e ouvintes

Argumento

Sentados à mesa, estão reunidos os agentes de turismo, cada um promovendo sua cidade predileta-- Salvador, o Rio ou São Paulo, respectivamente. É um bairrismo bem-humorado, participado e expandido pelos ouvintes (isto é, os demais alunos). Muitos destes têm suas próprias preferências, ou a favor de uma das três cidades ou de outros centros urbanos brasileiros. A cena acaba dando uma boa troca de observações turísticas, prós e contras de interesse mais para o visitante estrangeiro do que para o residente.

Expressões úteis

Acessível
Acesso ao mar
Acolhedora
Aeroporto moderno
Ambiente
Artesanato
Atrações
Bairros
Barato
Cinema
Criminalidade
Cultura
Divertir-se
Ex-capital
Fascinante
Festividades

História
Hotéis (de cinco estrelas)
Infra-estrutura
Inigualável
Luxo ou lixo
Museus
Passar bem
Patrimônio
Pensão estudantil
Perigo
Povo hospitaleiro
Recomendar
Restaurantes
Táxi
Teatro
Transporte público

TEMAS PARA COMENTÁRIO ORAL OU ESCRITO

1. A atração única de Salvador do ponto de vista afro-brasileiro.

2. Copacabana na época áurea e agora: um caso de contrastes.

3. O ambiente cosmopolita e sofisticado da Avenida Paulista.

4. As várias faces da metrópole brasileira.

5. O que mais me interessou ver nestes panoramas urbanos e por que.

Índice Inflacionário 1990-1992 (a partir da variação do dólar, valor de venda, no mercado paralelo, a intervalos de aproximadamente quinze dias)

	(NCZ$ ou Cr$)
2 de janeiro de 1990	27,50
15 de janeiro de 1990	33,00
29 de janeiro de 1990	37,00
12 de fevereiro de 1990	52,00
28 de fevereiro de 1990	65,00
12 de março de 1990	82,00
26 de março de 1990	65,00
9 de abril de 1990	70,00
23 de abril de 1990	68,00
7 de maio de 1990	78,00
21 de maio de 1990	88,00
4 de junho de 1990	88,00
18 de junho de 1990	89,00
2 de julho de 1990	86,00
16 de julho de 1990	86,00
30 de julho de 1990	83,00
13 de agosto de 1990	84,30
27 de agosto de 1990	83,00
10 de setembro de 1990	78,00
24 de setembro de 1990	88,50
9 de outubro de 1990	96,00
22 de outubro de 1990	108,00
5 de novembro de 1990	119,50
19 de novembro de 1990	137,50
3 de dezembro de 1990	170,00

17 de dezembro de 1990	170,50
2 de janeiro de 1991	190,00
14 de janeiro de 1991	220,00
28 de janeiro de 1991	222,00
13 de fevereiro de 1991	253,00
25 de fevereiro de 1991	250,00
11 de março de 1991	249,00
25 de março de 1991	262,00
8 de abril de 1991	280,00
22 de abril de 1991	290,00
6 de maio de 1991	300,00
20 de maio de 1991	308,00
3 de junho de 1991	318,00
17 de junho de 1991	331,00
1 de julho de 1991	346,00
15 de julho de 1991	364,00
29 de julho de 1991	383,00
12 de agosto de 1991	407,00
26 de agosto de 1991	435,00
9 de setembro de 1991	463,00
23 de setembro de 1991	507,00
7 de outubro de 1991	615,00
21 de outubro de 1991	683,00
4 de novembro de 1991	850,00
18 de novembro de 1991	830,00
2 de dezembro de 1991	920,00
16 de dezembro de 1991	1.040,00
2 de janeiro de 1992	1.130,00
13 de janeiro de 1992	1.155,00

27 de janeiro de 1992	1.260,00
10 de fevereiro de 1992	1.380,00
24 de fevereiro de 1992	1.540,00
9 de março de 1992	1.660,00
23 de março de 1992	1.890,00
6 de abril de 1992	2.070,00
20 de abril de 1992	2.220,00
4 de maio de 1992	2.650,00
18 de maio de 1992	2.800,00
1 de junho de 1992	3.000,00
15 de junho de 1992	3.350,00
29 de junho de 1992	3.700,00
13 de julho de 1992	3.970,00
27 de julho de 1992	4.460,00
10 de agosto de 1992	4.880,00
24 de agosto de 1992	5.750,00
8 de setembro de 1992	6.100,00
21 de setembro de 1992	6.900,00
5 de outubro de 1992	7.250,00
19 de outubro de 1992	7.700,00
3 de novembro de 1992	8.600,00
16 de novembro de 1992	10.100,00
30 de novembro de 1992	10.900,00
14 de dezembro de 1992	12.600,00
28 de dezembro de 1992	14.600,00

(*Fonte* : Fundação Getúlio Vargas)